高等院校金融学专业系列教材

保险学原理(第 2 版)

张　虹　陈迪红　编著

清华大学出版社
北京

内 容 简 介

本书以市场经济条件下的商业保险理论与实务为主要内容,共有十二章。本书从风险与风险管理开始,围绕保险的经济和法律属性,阐述保险制度的本质、功能、种类与原则等基本原理,财产保险、人身保险和再保险实务,保险公司经营业务流程以及保险市场与监管的发展,使读者能由浅入深、系统全面地学习并轻松理解和掌握保险专业理论和实际操作技能。

本书侧重于对保险基本原理的阐释,注重理论与实践相结合,既可作为高等院校金融、保险、经济等专业学生的教学用书,也可作为保险理论工作者和保险从业人员以及对保险感兴趣的广大读者的参考用书。

本书封面贴有清华大学出版社防伪标签,无标签者不得销售。
版权所有,侵权必究。举报: 010-62782989, beiqinquan@tup.tsinghua.edu.cn。

图书在版编目(CIP)数据

保险学原理/张虹,陈迪红编著. —2 版. —北京:清华大学出版社,2024.3(2024.8重印)
高等院校金融学专业系列教材
ISBN 978-7-302-65516-9

Ⅰ. ①保⋯　Ⅱ. ①张⋯　②陈⋯　Ⅲ. ①保险学—高等学校—教材　Ⅳ. ①F840

中国国家版本馆 CIP 数据核字(2024)第 038186 号

责任编辑:张　瑜
装帧设计:刘孝琼
责任校对:周剑云
责任印制:曹婉颖

出版发行:清华大学出版社
　　　　网　　址:https://www.tup.com.cn, https://www.wqxuetang.com
　　　　地　　址:北京清华大学学研大厦 A 座　　邮　编:100084
　　　　社 总 机:010-83470000　　邮　购:010-62786544
　　　　投稿与读者服务:010-62776969, c-service@tup.tsinghua.edu.cn
　　　　质量反馈:010-62772015, zhiliang@tup.tsinghua.edu.cn
　　　　课件下载:https://www.tup.com.cn, 010-62791865
印 装 者:涿州汇美亿浓印刷有限公司
经　　销:全国新华书店
开　　本:185mm×260mm　　印　张:20.5　　字　数:469 千字
版　　次:2018 年 7 月第 1 版　2024 年 3 月第 2 版　印　次:2024 年 8 月第 2 次印刷
定　　价:59.00 元

产品编号:104076-01

第 2 版前言

《保险学原理》一书自 2018 年 7 月出版以来，得到了很多高校老师和学生的认可。近年来，我国保险法规不断完善，保险业务和保险监管发展迅速，在此背景下，编者对原书进行了修订。

本书在 2018 版的基础上，融合了近年来保险理论与实务的最新研究成果，体现了保险业的最新发展动态和趋势。例如，国际保险监管"三支柱"框架、民法典与责任保险、交强险与商业车险的综合改革、个人养老金制度以及健康保险新的分类等。本版删去了不符合现行法律法规和保险合同条款的案例，全面更新了数据、案例、专栏、拓展阅读材料和习题，以有利于满足新形势下保险教学的新要求。

本书体系完整，内容丰富，有理论、有实务、有法规、有案例、有拓展阅读、有习题，体现了保险的理论性、实务性和时代性的有机结合。本书可作为普通高等院校保险、精算和金融、经济等专业的教学用书，也可作为管理类专业本科生及各种相关培训机构的教学用书，还可以作为广大保险从业人员业务进修的参考书。

本书另有配套的电子课件，以及章后习题和实训课堂的答案，为教师授课提供便利。

编　者

第 1 版前言

保险作为现代金融体系的组成部分，在保障国民经济、安定人民生活、促进经济发展、实现社会管理等方面发挥着越来越重要的作用。保险学原理是高等院校金融、保险、精算专业的一门专业基础课，也是经济学等相关专业的公共选修课，它主要研究市场经济条件下的保险制度、保险市场和保险产品等内容，揭示现代商业保险的发展规律。保险业的发展使保险学科的内涵在不断地丰富和深化，这就要求我们要不断研究一些新问题、新理论和新方法，培养出一批具有扎实的理论基础和勇于探索、敢于创新的保险专业人才。为了适应这一需要，我们编写了这本《保险学原理》。

本书以经济学理论为指导，结合最新的保险法律法规和保险条款，对保险基础理论、保险主要业务、保险公司经营以及保险市场与监管进行论述，既注重对保险基本原理的阐释，又突出理论与实践相结合，体系完整，内容丰富，结构新颖。

全书共十二章。第一章，风险与风险管理，主要阐述风险的构成、特征与种类，分析风险管理的各种技术手段以及风险管理与保险之间的关系。第二章，保险的本质，论述保险制度的本质，分析商业保险与社会保险以及银行储蓄、赌博之间的异同，从不同角度介绍保险分类以及保险的起源与发展。第三章，保险的职能与作用，着重研究保险的基本职能和派生职能，以及保险职能发挥对于国民经济和居民家庭的积极作用。第四章，保险合同，主要从法律角度解读保险，分析保险合同的法律要求、基本特征以及主体、客体、内容要素，阐述保险合同订立、变更、终止及争议的处理方式。第五章，保险的基本原则。这是保险学原理的核心内容，详细阐述了可保利益原则、最大诚信原则、近因原则、损失补偿原则及其派生原则。这些原则不仅是保险理论最重要的内容，也是保险实践中必须遵循的原则，许多保险合同的纠纷，都要依据这些基本原则来解决。第六章，财产保险，在分析财产保险特征与业务体系的基础上，介绍了火灾保险、货物运输保险、运输工具保险和工程保险业务的基本内容。第七章，责任保险，研究责任保险与法律之间的关系、责任保险的主要内容，介绍公众责任保险、产品责任保险、雇主责任保险、职业责任保险业务。第八章，信用保险与保证保险，主要研究信用保险和保证保险的特点，介绍出口信用保险、投资保险和产品质量保证保险业务。第九章，人身保险，在分析人身保险特征及其重要合同条款的基础上，对人寿保险、人身意外伤害保险和健康保险进行介绍。第十章，再保险，主要研究再保险与原保险之间的关系、再保险的作用和种类，阐述了比例再保险和非比例再保险的责任分配。第十一章，保险经营，主要分析保险公司经营与一般工商企业经营的不同之处，并对保险经营中的保险费率、展业、承保、防灾、理赔和投资各个环节的具体内容进行介绍。第十二章，保险市场及其监管，以经济学理论为指导，分析保险市场的特征、模式、保险市场的供给和需求，介绍保险监管的目标、方式和主要内容。

为便于读者学习，本书在每一章开始时给出了"学习要点及目标""核心概念""引导案例"，在每一章结束时给出了"本章小结"，概括本章的要点。在每一章的"本章小结"

之后特别安排了与本章知识点密切相关的"实训课堂"及"复习思考题"，以便于读者检查学习效果。

本书由张虹、陈迪红编著。具体分工为：第一、十章由刘革编写；第二、三章由沈建美编写；第四章由刘娜编写；第五章由王敏编写；第六、七、八章由张虹编写；第九章由杨卫平编写；第十一章由张宁编写；第十二章由陈迪红编写。张虹对全书进行了修改和统稿。

在本书的编写过程中，参阅、引用了有关著作、教材和文献，在此对所有的原作者表示衷心的感谢！

为方便教师教学，本书配有内容丰富的教学资源包(包括电子课件、习题集及参考答案)，下载地址：http://www.tup.tsinghua.edu.cn。

由于编者的水平和经验有限，书中难免有疏漏之处，恳请同行及读者斧正。

编　者

目　　录

第一章　风险与风险管理 1

第一节　风险概述 2
　　一、风险的定义 2
　　二、风险的度量 2
　　三、风险的构成要素 3
　　四、风险的特征 4

第二节　风险的分类 6
　　一、按风险的性质分类 6
　　二、按风险作用的对象分类 6
　　三、按风险产生的环境分类 7
　　四、按风险产生的原因分类 7

第三节　风险管理与保险 9
　　一、风险管理及其起源 9
　　二、风险管理的目标 10
　　三、风险管理的基本程序 11
　　四、风险管理技术 13
　　五、可保风险 15
　　六、风险管理与保险的关系 15

本章小结 16
实训课堂 17
复习思考题 18

第二章　保险的本质 20

第一节　保险的定义 21
　　一、有关保险的学说 21
　　二、保险的概念 22

第二节　保险特征以及与类似经济行为的比较 24
　　一、保险的特征 24
　　二、保险与类似制度及行为的比较 25

第三节　保险的分类 27
　　一、按保险性质分类 28
　　二、按立法形式分类 28
　　三、按实施方式分类 28
　　四、按保险标的分类 29
　　五、按风险转移层次分类 29
　　六、按其他方式分类 30

第四节　保险的产生与发展 31
　　一、保险产生的基础 31
　　二、保险的起源及其发展 32
　　三、中国保险业的发展 35

本章小结 40
实训课堂 41
复习思考题 41

第三章　保险的职能与作用 43

第一节　保险的职能 43
　　一、保险职能说 44
　　二、保险的基本职能 45
　　三、保险的派生职能 48

第二节　保险的作用 52
　　一、保险的微观作用 52
　　二、保险的宏观作用 54

本章小结 56
实训课堂 56
复习思考题 57

第四章　保险合同 59

第一节　保险合同的特征及形式 59
　　一、保险合同的定义 59
　　二、保险合同的法律要求 60
　　三、保险合同的基本特征 60
　　四、保险合同的形式 64
　　五、保险合同的组成 66
　　六、保险合同的种类 68

第二节　保险合同的要素 71
　　一、保险合同的主体 71

二、保险合同的客体 74
　　三、保险合同的内容 74
第三节　保险合同的订立与履行 76
　　一、保险合同的订立 76
　　二、保险合同的成立与生效 77
　　三、保险合同的履行 79
第四节　保险合同的变更与终止 81
　　一、保险合同的变更 81
　　二、保险合同的终止 84
第五节　保险合同的解释原则与
　　　　争议处理 86
　　一、保险合同的解释原则 86
　　二、保险合同争议的解决方式 87
本章小结 88
实训课堂 89
复习思考题 90

第五章　保险的基本原则 92

第一节　可保利益原则 93
　　一、可保利益及其构成条件 93
　　二、可保利益原则的含义及作用 96
　　三、财产保险的可保利益 97
　　四、人身保险的可保利益 99
第二节　最大诚信原则 101
　　一、最大诚信原则的含义 101
　　二、最大诚信原则的基本内容 102
第三节　近因原则 111
　　一、近因及近因原则的含义 111
　　二、近因原则的应用 113
第四节　损失补偿原则 116
　　一、损失补偿原则的含义 116
　　二、保险人履行损失赔偿责任的
　　　　限度 116
　　三、损失补偿的实现方式 117
　　四、损失赔偿的计算方式 118
　　五、损失补偿原则在保险实务中的
　　　　特例 120
第五节　损失补偿原则的派生原则 121
　　一、代位原则 121
　　二、分摊原则 127
本章小结 130
实训课堂 131
复习思考题 132

第六章　财产保险 135

第一节　财产保险概述 136
　　一、财产保险及其业务体系 136
　　二、财产保险的特征 137
第二节　火灾保险 138
　　一、火灾保险及其特点 138
　　二、火灾保险的主要险种 139
　　三、火灾保险的基本内容 139
第三节　货物运输保险 143
　　一、货物运输保险及其特点 143
　　二、我国海洋货物运输保险 144
第四节　运输工具保险 146
　　一、机动车保险的概念 147
　　二、机动车交通事故强制责任
　　　　保险 147
　　三、商业机动车保险 149
第五节　工程保险 153
　　一、工程保险及其特点 153
　　二、建筑工程保险 154
本章小结 155
实训课堂 156
复习思考题 157

第七章　责任保险 159

第一节　责任保险概述 160
　　一、责任保险的概念及特征 160
　　二、责任保险的作用 162
　　三、责任保险承保的民事法律
　　　　责任 162
　　四、责任保险保险事故成立的
　　　　条件 164
　　五、责任保险的承保基础 164

六、责任保险的主要内容............165
第二节　责任保险的主要种类............166
　　一、公众责任保险....................166
　　二、产品责任保险....................168
　　三、雇主责任保险....................169
　　四、职业责任保险....................170
本章小结....................................173
实训课堂....................................174
复习思考题.................................174

第八章　信用保险与保证保险............177

第一节　信用保险........................177
　　一、信用保险概述....................177
　　二、国内信用保险....................179
　　三、出口信用保险....................180
　　四、投资保险.........................183
第二节　保证保险........................184
　　一、保证保险的概念.................184
　　二、保证保险的特点.................184
　　三、保证保险的种类.................184
本章小结....................................187
实训课堂....................................187
复习思考题.................................188

第九章　人身保险............190

第一节　人身保险概述..................191
　　一、人身保险的概念与分类........191
　　二、人身保险的特征.................191
　　三、人身保险合同的常见条款.....193
第二节　人寿保险........................200
　　一、人寿保险的概念与种类........200
　　二、传统型人寿保险.................200
　　三、创新型人寿保险.................204
第三节　人身意外伤害保险............207
　　一、人身意外伤害保险的概念与
　　　　分类................................207
　　二、人身意外伤害保险的保险
　　　　责任................................208

　　三、人身意外伤害保险的保险金
　　　　给付................................210
第四节　健康保险........................211
　　一、健康保险的概念及特征........211
　　二、健康保险的种类.................212
本章小结....................................214
实训课堂....................................215
复习思考题.................................216

第十章　再保险............218

第一节　再保险概述....................219
　　一、再保险及其相关术语...........219
　　二、再保险与原保险的联系和
　　　　区别................................220
　　三、再保险的作用....................222
　　四、再保险的分类....................223
第二节　比例再保险....................224
　　一、成数再保险.......................224
　　二、溢额再保险.......................225
第三节　非比例再保险.................227
　　一、险位超赔再保险.................227
　　二、事故超赔再保险.................228
　　三、赔付率超赔再保险..............228
本章小结....................................230
实训课堂....................................230
复习思考题.................................231

第十一章　保险经营............234

第一节　保险经营概述.................235
　　一、保险经营的特征.................235
　　二、保险经营的原则.................236
第二节　保险费率.......................237
　　一、保险费率及其厘定准则........237
　　二、非寿险费率的厘定..............239
　　三、寿险费率的厘定.................240
第三节　保险展业与承保..............241
　　一、保险展业.........................241
　　二、承保..............................245

第四节　保险防灾与理赔 247
　　　　一、保险防灾 247
　　　　二、保险理赔的意义及原则 249
　　　　三、保险理赔的程序 252
　　第五节　保险投资 255
　　　　一、保险投资及其意义 255
　　　　二、保险投资的资金来源 256
　　　　三、保险投资的原则及形式 258
　　本章小结 261
　　实训课堂 261
　　复习思考题 263

第十二章　保险市场及其监管 265

　　第一节　保险市场概述 266
　　　　一、保险市场的概念 266
　　　　二、保险市场的特征 266
　　　　三、保险市场的要素 267
　　　　四、保险市场的模式 269

　　第二节　保险市场的供给与需求 270
　　　　一、保险市场供给 270
　　　　二、保险市场需求 271
　　第三节　保险监管 274
　　　　一、保险监管及其发展 274
　　　　二、保险监管的原因 276
　　　　三、保险监管的目标 277
　　　　四、保险监管"三支柱"框架 277
　　　　五、保险监管的方式 279
　　　　六、保险监管的主要内容 280
　　本章小结 285
　　实训课堂 286
　　复习思考题 287

附录　中华人民共和国保险法 289

各章参考答案 310

参考文献 315

第一章　风险与风险管理

【学习要点及目标】

- 掌握风险构成要素及其之间的关系。
- 了解各类不同的风险。
- 重点掌握风险管理的含义、程序及风险管理的技术。
- 掌握可保风险要件以及风险管理与保险的相互关系。

【核心概念】

风险　风险因素　风险事故　纯粹风险　投机风险　风险管理　可保风险

【引导案例】

河南特大洪涝灾害致 302 人遇难　保险业已赔款 18.51 亿元

截至 2021 年 8 月 2 日 12 时，此次特大洪涝灾害导致河南省共有 150 个县(市、区)，1663 个乡镇，1453.16 万人受灾。全省组织紧急避险 93.38 万人，转移安置最高峰值达 147.08 万人；倒塌房屋 30106 户，89001 间；农作物成灾面积 872 万亩，绝收面积 380 万亩，直接经济损失 1142.69 亿元。此次特大洪涝灾害共造成 302 人死亡，50 人失踪。其中，郑州市遇难 292 人，失踪 47 人；新乡市遇难 7 人，失踪 3 人；平顶山市遇难 2 人；漯河市遇难 1 人。

《中国银行保险报》记者从河南银保监局获悉，截至 8 月 3 日，河南省银行业累计为防汛救灾和支持灾后重建准备信贷资金 1362.18 亿元，已发放信贷资金 571.01 亿元；保险业共接到理赔报案 54.58 万件，初步估损 112.21 亿元，已决赔付 10.93 万件，已决赔款 18.51 亿元。

(资料来源：https://baijiahao.baidu.com/s?id=1707223548881994050.)

【知识导入】

人生有三大风险，我们谁都无法逃避：意外总是突如其来，疾病总是不请自来，养老总是如期而来。无论你是否购买保险，你都要为风险买单。

保险是一种风险管理工具，是为无法预料的事情作准备。作为企业管理者，需要考虑利用保险来分散风险损失，使企业一旦发生风险事故，能获得保险赔偿，有能力及时恢复生产。作为家庭经济支柱的你，是否考虑过一旦发生风险事故，自己年迈的父母悲伤之余有没有经济能力维持生活，年幼的孩子在失去父亲(母亲)之后该如何成长，接受怎样的教育，而孤独的妻子(丈夫)又会独自承受怎样的生活压力。为了需要赡养的父母，为了需要照顾的爱人，为了需要抚养的孩子，是否应好好地思考我们的责任，好好地为家人建立一份保障呢？

第一节　风　险　概　述

一、风险的定义

关于风险，学术界可谓见仁见智，至今没有统一的定义。常见的几种关于风险的观点如下。

——风险是不幸事件发生的可能性；

——风险是危险的集合体；

——风险具有不可预测的趋势，是实际结果与预测结果的可能差异；

——风险是损失的不确定性；

——风险是对特定情况下关于未来结果的主观疑虑。

基于保险的性质，目前我国保险业界关于风险的定义大多倾向于"损失的不确定性"。该定义至少揭示了两层含义：一是风险的结果是可能的损失，对此以后章节将详细讨论；二是不确定性是风险的核心。

不确定性具有两重性。其主观性表现为它是人的主观意识的反映，即由于人的知识缺乏或能力的不足而对未来产生的怀疑；其客观性表现为客观事件发生的各种可能性，正是这种客观存在性使人有可能对风险的内在规律进行探求。概率论和统计学就是探索其内在规律的最重要的数学工具。

二、风险的度量

风险是损失的不确定性，损失频率和损失程度是度量风险的两个重要指标，风险事件导致的损失频率和损失程度的大小具有随机性。

(一)损失频率的估计

损失频率表示的是给定时间区间内损失发生的次数。如果有大量风险单位的历史数据，可以将损失的次数除以风险单位的数目，得到对每一单位发生损失的概率估计。例如，某种损失的损失频率为每年 0.5 次，说明该损失平均每两年发生一次。

损失概率越高，表明事故发生越频繁；损失概率越低，表明事故越少发生。

【小贴士】

概率论与大数法则

概率也称或然率或几率，它是随机事件发生的可能性大小的一种数学表示尺度。例如，随机抛落匀质骰子出现特定数字的可能性、特定年龄的人发生死亡的可能性、火灾以及意外事故发生的可能性都可通过概率描述。在一定条件下，概率大，则意味着某种随机事件出现的可能性就大；反之，该随机事件出现的可能性就小。与不确定性概念一样，概率也有主观和客观两方面的意义。因信息不充分而只能依靠人的主观估计获得的概率是主观概率；客观概率则表现为特定结果在充分长的时期内发生的频率(假定其他条件不变)。

以概率为尺度，从数量的角度来研究随机现象变动的关系和规律性的科学称为概率论。大数法则是概率论的主要法则之一。其含义是：通过对特定的随机事件进行大量重复试验，人们将获得随机变量取值的统计规律性。例如前面提到的掷骰子试验，我们随机地投掷两次、三次甚至十几次骰子，各面朝上的次数是不规则的，但当我们反复试验上万次、上亿次甚至更多次时，会发现各面朝上的机会接近于均等，即1/6。保险原理正是建立在大数法则之上的。保险人承保同质风险单位越多，对这一风险损失的概率就能作出越精确的估计。

(二)损失程度的估计

损失程度表示每起事故所发生损失的规模。一种估计损失程度期望值的方法是：采用一个时期内每一事故损失程度的平均值。例如，一个钢铁厂里有1500起工人受伤事故，总共花费了300万元，那么工人受伤事故的损失程度的期望值就可估计为2000元(300万元/1500起)。也就是说，平均每一起工人受伤事故将使公司遭受2000元的损失。

三、风险的构成要素

风险是由多种要素构成的，这些要素的共同作用决定了风险的存在、发生和发展。一般认为，风险由风险因素、风险事故和损失构成。

(一)风险因素

风险因素(hazard)也称为风险条件，是指引发风险事故或在风险事故发生时致使损失增加的条件，是导致损失的间接原因或内在原因。因此，风险因素是就产生或增加损失频率(loss frequency)与损失程度(loss severity)的情况来说的。例如，对于面临火灾风险的房屋，风险因素包括易燃材料、自然界中的风和雷电等；对于人的生死而言，风险因素包括健康状况和年龄等。风险因素通常可分为三类。

(1) 实质风险因素。这是指有形的并能直接影响物体的物理功能的风险因素。例如，汽车的生产厂家、刹车系统、安全保护装置、发动机功能等，建筑物的坐落地址、建筑材料、结构、消防系统等，均属实质风险因素。

(2) 道德风险因素。这是指与人的品行修养有关的无形因素。例如，故意拖欠债务、诈骗、纵火等恶意行为或不良企图均属道德风险因素。

(3) 心理风险因素。这是指与人的心理状态有关的无形因素。例如，人的疏忽、过失，投保后片面依赖保险等均属心理风险因素。

实质风险因素与人无关，故也称为物质风险因素；道德风险因素和心理风险因素均与人密切相关，前者侧重于人的恶意行为，后者侧重于人的心理素质，因此这两类因素也可合并称为人为风险因素。

(二)风险事故

风险事故(peril)也称为风险事件，是指损失的直接原因或外在原因，即指风险由可能变为现实，以致引起损失的结果。风险要通过风险事故的发生才能导致损失，风险事故是损失的媒介物。火灾、爆炸、车祸、疾病等，都是风险事故。

风险事故和风险因素的区分有时并不是绝对的。例如，如果暴风雨直接毁坏房屋、庄稼等，暴风雨就是风险事故；如果暴风雨造成路面积水、能见度差、道路泥泞，从而引起连环车祸，暴风雨就是风险因素，车祸就是风险事故。在这里，判定的标准就是看其是否直接引起了损失。

(三)损失

损失(loss)作为风险管理和保险经营中的一个重要概念，是指非故意的(unintentional)、非计划的(unplanned)和非预期的(unexpected)经济价值(economic value)的减少。这一定义包含两个重要的要素，一是"非故意的、非计划的、非预期的"，二是"经济价值减少"，两者缺一不可，否则就不能构成损失。例如，恶意行为、折旧、面对正在受损的物资可以抢救而不抢救等而造成的后果，因分别属于故意的、计划的和预期的，因而不能称为损失。再如记忆力的衰退，虽然可以满足第一个要素，但不能满足第二个要素，因而也不是损失。但是，车祸使受害者丧失一条胳膊，便是损失，因为车祸的发生满足第一个要素，而人的胳膊虽不能以经济价值来衡量，即不能以货币来度量，但丧失胳膊后所需的医疗费以及因残疾而导致的收入减少却可以用金钱来衡量，所以车祸的结果也满足第二个要素。

基于风险管理的需要和保险经营的技术性要求，损失通常分为两种形态，即直接损失与间接损失。前者是指风险事故直接造成的有形损失，即实质损失(physical loss)；后者是由直接损失进一步引发或带来的无形损失，包括额外费用损失(extra expense loss)、收入损失(income loss)和责任损失(liability loss)。任何风险所造成的损失，都不会脱离上述形态。因此，有人将损失直接分为四类，即实质损失、费用损失、收入损失和责任损失。

(四)风险因素、风险事故与损失三者之间的关系

风险因素、风险事故与损失三者之间存在因果关系。首先，风险因素引发风险事故，即风险因素是引起或增加风险事故发生之原因，风险事故是结果；其次，风险事故导致损失，即风险事故是导致损失的原因，而最终损失是结果。如果将这种关系连接起来，便得到对风险形成的直观解释，如图1-1所示。

四、风险的特征

(一)风险的客观性

自然界的地震、台风、瘟疫、洪水，社会领域的战争、冲突、意外事故等，都不以人的意志为转移，它们是独立于人的意识之外的客观存在。这是因为无论是自然界的物质运动，还是社会发展的规律，都是由事物的内部因素所决定，即由超出人们主观意识而存在的客观规律所决定的。人们只能在一定的时间和空间内改变风险存在和发生的状态，降低风险发生的频率和损失幅度，但是，从总体上说，风险是不可能彻底消除的。因此，风险是客观存在的。

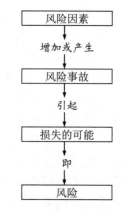

图1-1 风险因素、风险事故与损失之间的关系

(二)风险的普遍性

自从人类出现后,就面临着各种各样的风险,如自然灾害、意外事故、疾病、伤害、战争等。随着科学技术的发展、生产力的提高、社会的进步以及人类的进化,又产生新的风险,且风险事故造成的损失也越来越大。在当今社会,个人面临着生、老、病、死、残等风险;企业则面临着自然风险、社会风险、市场风险、技术风险和政治风险等。总之,风险已渗入社会、企业和个人生活的方方面面,风险无处不在,无时不有。

(三)风险的社会性

风险与人类的利益密切相关,即无论风险是源于自然现象、社会现象,还是源于生理现象,它必须是相对于人身及其财产的危害而言的。就自然现象本身而言无所谓风险,如地震对大自然来说只是自身运动的表现形式,也可能是自然界自我平衡的必要条件。只是由于地震会对人类的生命和财产造成损害或损失,所以才会对人类造成一种风险。因此,风险是一个社会范畴,而不是自然范畴。没有人,没有人类社会,就没有风险可言。

(四)风险的不确定性

风险及其所造成的损失总体上说是必然的、可知的,但在个体上却是偶然的、不可知的,具有不确定性。正是风险的这种总体上的必然性与个体上的偶然性(即风险存在的确定性和发生的不确定性)的统一,才构成了风险的不确定性,主要表现为以下三个方面。

(1) 空间上的不确定性。如火灾,就总体上来说,所有的房屋都存在发生火灾的可能性,而且在一定时间内必然会发生火灾,并且必然会造成一定数量的经济损失。这种必然性是客观存在的。但是具体到某一幢房屋来说,一定时期内是否会发生火灾,则是不确定的。

(2) 时间上的不确定性。例如,人总是要死的,这是人生的必然现象,但是某个人何时死亡则是不可能预知的。

(3) 结果上的不确定性。即损失程度的不确定性,例如,沿海地区每年都有可能遭受台风的袭击,但是我们却无法预知某次台风是否会造成财产损失或人身伤亡以及损失程度如何。

(五)风险的可测性

单个风险事故的发生是偶然的,不可预知的。但通过对大量风险事故的观察会发现,风险往往呈现出明显的规律性。运用统计方法去处理大量相互独立的偶发风险事故,其结果可以比较准确地反映风险的规律性。根据以往大量资料,利用概率论和数理统计的方法可测算出风险事故发生的概率及其损失幅度,并且可构造出损失分布的模型,成为衡量风险的基础。例如,死亡对于某个人来说是偶然的不幸事件,但是经过对某一地区大规模人口各年龄段死亡情况的长期观察统计,就可以测算出每个年龄段的人的死亡率。

(六)风险的发展性

风险会因时间、空间因素的发展变化而有所发展与变化。人类社会自身进步和发展的同时,也创造和发展了风险,尤其是当代高新科学技术的发展与应用,使风险的发展性更为突出。

第二节　风险的分类

人类社会面临的风险多种多样，不同的风险具有不同的性质和特点，它们发生的条件、形成的过程和对人类造成的损害大不相同。为了便于对各种风险进行识别、估测和管理，对种类繁多的风险按照一定的方法分类显得十分必要。尤其对于保险的经营，风险的分类更具有特别重要的意义。

一、按风险的性质分类

风险按性质不同，可分为纯粹风险和投机风险。

(一)纯粹风险

纯粹风险是指那些只有损失机会而无获利可能的风险。自然灾害和意外事故以及人的生、老、病、死、残等，均属此类风险。

(二)投机风险

投机风险是指那些既有损失机会，又有获利可能的风险。例如商业行为上的价格投机，就属于此类风险。

纯粹风险与投机风险相比，前者因只有净损失的可能性，人们必然避而远之，而后者却有获利的可能，甚至获利颇丰，人们必为求其利甘冒风险而为之。

二、按风险作用的对象分类

风险按作用的对象，可分为财产风险、责任风险、信用风险和人身风险。

(一)财产风险

财产风险是指导致一切有形财产毁损、灭失或贬值的风险。例如，建筑物有遭受火灾、地震、爆炸等损失的风险；船舶在航行中，有遭到沉没、碰撞、搁浅等损失的风险；露天堆放或运输中的货物有遭到雨水浸泡、损毁或贬值的风险等。

(二)责任风险

责任风险是指个人或团体因行为上的过失或无过失，造成他人的财产损失或人身伤亡，依照法律、合同或道义应承担经济赔偿责任的风险。如驾驶机动车不慎撞人，造成对方伤残或死亡；医疗事故造成病人的病情加重、伤残或死亡；生产或销售有缺陷的产品给消费者带来损害；致害人对受害人依法应承担的经济赔偿，均属于责任风险。

(三)信用风险

信用风险是指在经济交往过程中，权利人与义务人之间，由于一方违约给对方造成经济损失的风险。

(四)人身风险

人身风险是指可能导致人的伤残死亡或丧失劳动能力的风险。如疾病、意外事故、自然灾害等。这些风险都会造成经济收入的减少或支出的增加,影响本人或其所赡养的亲属经济生活的安定。

三、按风险产生的环境分类

风险按其所产生的环境,可分为静态风险和动态风险。

(一)静态风险

静态风险是指自然力的不规则变动或人们行为的错误或失当所导致的风险。静态风险一般与社会的经济、政治变动无关,在任何社会经济条件下都是不可避免的。

(二)动态风险

动态风险是指由社会经济或政治的变动所导致的风险。比如,人口的增加、资本的增长、技术的进步、产业组织效率的提高、消费者偏好的转移、政治经济体制的改革等,都可能引起风险。

静态风险与动态风险的区别在于:首先,损失不同。静态风险对于个体和社会来说,都是纯粹损失;而动态风险对一部分个体可能带来损失,但对另一部分个体则可能从中获利,从社会总体上看也不一定有损失,甚至受益。例如,消费者偏好的转移,会引起旧产品失去销路,增加对新产品的需求。其次,影响范围不同。静态风险通常只影响少数个体;而动态风险的影响则比较广泛,往往会带来连锁反应。再次,发生特点不同。静态风险在一定条件下具有一定的规律性,也就是服从概率分布;而动态风险则不具备这一特点,无规律可循。最后,性质不同。静态风险一般均为纯粹风险;而动态风险包含纯粹风险和投机风险。比如厂商决策失误导致产品大量积压,属于投机风险,而商品积压,遭受各种意外事故所致损失的机会就大,此为纯粹风险。

四、按风险产生的原因分类

风险按产生的原因不同,可分为自然风险、社会风险、政治风险和经济风险。

(一)自然风险

从人类社会的编年史可以看出,地震、水灾、火灾、风灾、雹灾、冻灾、旱灾、虫灾以及各种瘟疫等自然现象是经常地、大量地发生的。这种因自然力的不规则变化引起的种种现象,所导致的对人类经济生活和物质生产及生命造成的损失和损害,就是自然风险。自然风险是保险人承保最多的风险,它具有如下特征:第一,自然风险形成的不可控性。自然灾害的发生是受自然规律作用的结果。人类对自然灾害具有基本的认识,但对灾害的控制往往束手无策,如地震、山洪、飓风等自然灾害。第二,自然风险形成的周期性。虽然自然灾害的形成具有不可控性,但它却具有周期性,使人类能够对灾害予以防御。如夏季可能出现涝灾和旱灾，冬季可能出现冻灾，秋季可能出现洪灾，春季可能出现瘟疫等。第三，自然风险事故引起后果的大规模性。自然风险事故一旦发生，其后果所涉及的对象往往很广（某一地区、某一国家，甚至全世界），一般地讲，自然风险事故引起后果的大规模性越大，人类所蒙受的经济损失就越惨重；反之，人类所受的经济损失则较轻。

(二)社会风险

社会风险是指由于个人或团体的行为，包括过失行为、不当行为及故意行为对社会生产及人类生活造成损失的可能性，如宠物伤人、玩忽职守、抢劫以及恐怖爆炸等行为对他人的财产或人身造成损失或损害的可能性。

(三)政治风险

政治风险又称为国家风险，它是指在对外投资和贸易过程中，因政治原因或订约双方所不能控制的原因，使债权人可能遭受损失的风险。如因输入国家发生战争、革命、内乱而中止货物进口；或因输入国家实施进口或外汇管制，对输入货物加以限制或禁止输入；或因本国变更外贸法令，使输出货物无法送达输入国，造成合同无法履行而形成的损失等。

(四)经济风险

经济风险是指因贸易条件等因素变化的影响，或经营者决策失误，对前景预期出现偏差等，导致经济上遭受损失的风险。比如产量的增减、价格的涨落、经营的盈亏等方面的风险。

【拓展阅读1-1】

安联：网络风险仍为2023年全球企业十大风险之首

在数字化、全球经济不确定性、通货膨胀、地缘政治以及气候变化的影响下，2023年全球企业将面临哪些风险？

安联在2023年3月29日发布的《安联风险晴雨表》(下称"报告")中，通过对94个国家和地区2712名受访者的调查，列出了全球企业所认为的2023年将面对的十大风险。和前两年一致，网络风险是受访者认为将面临的最大风险，有34%的受访者选择此项。而本次报告中，业务中断和供应链中断仅以几票之差排名第二。据了解，这2712名受访者来自安联客户(全球企业)、经纪机构和行业贸易组织。

安联在报告中表示，网络风险登上榜首反映了当今数字经济的重要性，勒索软件和敲诈勒索风险不断升级，以及地缘政治对抗和冲突日益蔓延至网络空间。网络风险与业务中断密切相关，网络风险也被列为企业最担心的业务中断原因。

事实上，调查结果表明，由于新冠疫情和俄乌冲突，世界经济和政治格局产生了前所未有的变化，很多与业务中断相关的风险在2023年的排名有所上升。其中包括能源危机的影响，这是2023年调查中的新增项目，排名第四；而宏观经济走势，如通货膨胀和潜在衰退，排名跃升至第三位，这是其自2012年《安联风险晴雨表》首次发布以来的最高排名。

报告显示，政治风险和暴力是最新纳入全球十大风险的另一项风险，排名第十，熟练劳动力短缺上升到第八位，而在前十名之外，关键基础设施中断或故障风险(第十二位)也比

12个月前更受受访者关注。相反，由于疫苗接种的普及，大多数主要市场结束或大幅放松了限制措施，疫情爆发在关注事项列表中的排名大幅下降(2022年第四位，2023年第十三位)。

与2022年同期相比，中型企业(年收入2.5亿美元至5亿美元)仍然将业务中断(包括供应链中断)选为头号风险，而对于小型企业(年收入低于2.5亿美元)而言，网络事件仍是头号风险。业务中断和网络风险在每个细分市场中均属于排名前三的风险。

报告分析称，对于这些企业而言，自新冠疫情爆发以来，网络风险形势发生了重大变化。很多企业不得不迅速实现业务数字化，而IT安全技术的发展并不总是能够保持同步。很多小企业仍然存在一种误解，认为自身不会遭受网络攻击，但随着很多大企业加大网络安全投入，事实恰恰相反。因此，越来越多网络安全防护措施不到位的小微企业成为攻击对象，它们特别容易受到供应链攻击。"现实情况是，如果一家小企业发生重大网络事件，而该企业未能充分管理这种风险，那该企业可能无法长期生存下去。企业需要更好地了解自身面临的风险，加大网络安全投入，提高员工意识，并制订风险响应计划。"报告称。

除了网络风险外，能源危机和不利的宏观经济走势也是中小企业排名的重要影响因素。两者是中型企业面临的新增风险。而对于小型企业而言，能源危机是新增风险，排名第四，宏观经济走势则从2022年的第八位攀升至第二位。通胀压力、货币紧缩、能源危机导致的成本飙升、供应链中断和明显的人员短缺，将会对大多数小型企业的现金流造成影响。报告数据显示，在安联分析的国家中，有一半国家在2022年上半年的企业破产数量出现了两位数增长，其中欧洲顶尖中小企业市场(英国、法国、西班牙、荷兰、比利时和瑞士)的企业破产数量占三分之二。

(资料来源：https://finance.sina.com.cn/jjxw/2023-02-24/doc-imyhvfmm1705327.shtml。)

第三节 风险管理与保险

一、风险管理及其起源

风险管理(risk management)可以描述为：一个组织或个人通过对各种风险进行识别、估测，选择适当的风险处理方法，以最小的成本将风险的负面影响降到最低程度的决策过程。不同类型的风险及其管理存在很大差别，本节着重介绍的是纯粹风险的管理。

风险管理的起源，至少可以追溯至公元前4500年古埃及石匠中盛行的一种互助基金组织。它通过收缴会费来支付会员死亡后的丧葬费用，这实质上是对未来死亡费用风险的预防。据记载，我国远在公元前3000年，一些商人从事水路货物运输时，把每人的货分别装在几条船上，以避免货物装在同一条船上遭受全部损失的风险。这种分散风险的方法体现了现代保险和风险管理的一些基本原理。

近代风险管理于20世纪50年代起源于美国。推动风险管理理论体系进一步发展的契机主要有两大事件：1948年美国钢铁工人工会与厂方就养老金和团体人身保险等损失问题进行谈判。由于厂方不接受工会所提出的条件，钢铁工人罢工长达半年之久。1953年8月12日通用汽车公司在密歇根州利佛尼的一个汽车变速箱工厂因火灾损失了5000万美元，它是美国历史上损失最严重的重大火灾之一。自从第二次世界大战以来,技术至上的长期信仰受到挑战。当人们利用新的科学和技术知识来开发新材料、新工艺、新产品时,也面临着技术是否会导致生态平衡破坏的问题,1979年3月28日美国宾夕法尼亚州发生三里岛核电站爆炸事故,1984年12月3日美国联合碳化物公司在印度博帕尔市经营的一家农药厂发生毒气泄漏重大事故都说明了这一点。由于社会、法律、经济和技术的压力,风险管理运动在美国迅速开展起来。

在以往50余年中,对企业的人员、财产和自然、财务资源进行适当保护已形成了一门新的管理学科,这门学科在美国被称为风险管理,风险管理已被公认为是管理领域内的一项特殊职能。从本质上讲,风险管理是指应用一般的管理原理去管理一个组织的资源和活动,并以合理的成本尽可能减少意外事故的损失和它对组织及其环境的不利影响。1960年,美国的华裔学者段开龄博士在亚普沙那(Upsala)大学企业管理系率先开出"公司风险管理"这门课程。在20世纪60和70年代,美国许多主要大学的工商管理学院都开设了风险管理课程。传统的保险系把教学重点转移到风险管理方面,而保险仅作为一种风险筹资的工具加以研究,有的工商管理学院把保险系改名为风险管理和保险系。美国大多数大企业把风险管理的任务分配到一个专职部门。从事风险管理工作的人员被称为"风险经理"(risk manager)。大多数企业的风险经理是"风险和保险管理学会"(RIMS)这一全国性职业团体的会员,该学会的宗旨是传播风险管理知识,并出版一份月刊,定期举行全国性的学术会议。

在20世纪70年代,风险管理的概念、原理和实践已从它的起源地美国广泛传播到加拿大和欧洲、亚洲、拉丁美洲的一些国家。在欧洲,日内瓦协会(又名保险经济学国际协会)协助建立了"欧洲风险和保险经济学家团体",该学术团体的会员都是英国和其他欧洲国家大学的教授,每年聚会一次讨论风险管理和保险学术问题。

中国对风险管理的研究则始于20世纪80年代后期,一些企业引进了风险管理和安全系统工程管理的理论,运用风险管理的经验识别、衡量和估计风险,取得了较好的效果。我国高等院校普遍开设了风险管理的课程。目前风险管理理论和实务在我国还仅仅处于初步发展的阶段,随着科学技术的发展带来的有关负效应逐步加大、政府对风险管理的重视,以及企业和个人风险管理意识的增强,风险管理理论和实务在我国将获得飞速发展。

二、风险管理的目标

风险管理的基本目标是以最小成本获得最大安全保障。风险管理的具体目标可以分为损失前目标和损失后目标。前者是指通过风险管理消除和降低风险发生的可能性,为人们提供较安全的生产、生活环境;后者是指通过风险管理在损失出现后及时采取措施,使受损企业的生产得以迅速恢复,或使受损家园得以迅速重建。

(一)损失前目标

(1) 减小风险事故的发生机会。风险事故是造成损失发生的直接原因,减小风险事故的发生机会,直接有助于人们获得安全保障。

(2) 以经济、合理的方法预防潜在损失的发生。这需要对风险管理各项技术的运用进行成本和效益分析,力求以最小的费用支出获得最大的安全保障效果。

(3) 减轻企业和个人对潜在损失的烦恼和忧虑。

(4) 遵守和履行社会赋予家庭和企业的责任和规范。如交通管制、噪声限制、环境污染控制、公共安全等，都是政府规定的种种社会责任。企业、家庭和个人都要认真遵守、履行社会责任和行为规范。

(二)损失后目标

(1) 减轻损失的危害程度。损失一旦出现，风险管理者必须及时采取有效措施予以抢救和补救，防止损失的扩大和蔓延，将已出现的损失后果降到最低程度。

(2) 及时提供经济补偿，使企业和家庭恢复正常的生产和生活秩序。及时向受损企业提供经济补偿，可以保持企业经营的连续性，稳定企业收入，为企业的成长与发展奠定基础；及时向受灾家庭提供经济补偿，使其能尽早获得资金，重建家园，从而保证社会生活的安定。

三、风险管理的基本程序

风险管理的基本程序由风险识别、风险估测、风险评价、选择风险管理技术和风险管理效果评价等五个环节组成，如图1-2所示。

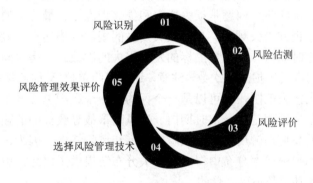

图1-2 风险管理基本程序

(一)风险识别

所谓风险识别，就是经济单位和个人对潜在的和客观存在的各种风险加以判断、归类整理和鉴定性质的过程。它是风险管理的第一步，政府、企业和个人面临的风险是错综复杂的，需要进行识别和分析。风险识别是风险管理中最重要的环节，只有全面、准确地识别风险，才能估测风险和选择风险管理技术。

风险管理的主体不同，其运用的风险识别方法也不同。不同的风险识别阶段，运用的风险识别方法也不同。为了更好地识别风险，风险管理者往往首先获得具有普遍意义的风险管理资料，然后运用一系列具体的风险识别办法，去发现风险管理单位面临的风险。风险识别的方法有许多，主要有风险清单分析法、现场调查法、事故树分析法、流程图分析法、财务报表分析法等。

(1) 风险清单分析法。该方法是经济单位识别风险因素的重要方法。为了识别企业所面临的各种风险，风险管理者必须有整体分析框架囊括所有可能发生的损失，且编制出许多种风险损失清单。其中，大多数风险清单是针对可保风险和纯粹风险编制的。如果能够制订出一张比较全面的清单，就可以根据风险清单确定某一企业所面临的大部分风险。

(2) 现场调查法。现场调查法是指风险管理部门就风险管理单位可能遭遇的风险进行详尽的调查，并出具调查报告书，供风险管理者参考的一种识别风险的方法。

(3) 事故树分析法。这种分析方法起源于 20 世纪 60 年代，是美国贝尔电话实验室在从事空间项目研究时发明的，后来，这种方法被广泛用来分析可能产生事故的风险事件。事故树法就是从某一事故出发，运用逻辑推理的方法寻找引起事故的原因，即从结果推导出引发风险事故的原因。该方法是我国国家标准局规定的事故分析的技术方法之一。

(4) 流程图分析法。流程图分析法是将风险主体按照生产经营的过程、活动内在的逻辑联系绘成流程图，是一种针对流程中的关键环节和薄弱环节调查风险、识别风险的方法。

(5) 财务报表分析法。财务报表分析法是按照企业的资产负债表、财产目录、损益表等资料，对企业固定资产和流动资产的分布进行风险分析，以便从财务的角度发现企业面临的潜在风险和财务损失。

(二)风险估测

风险估测是指在风险识别的基础上，通过对所收集的大量详细损失资料加以分析，运用概率论和数理统计，估计和预测风险发生的概率以及损失程度。

风险估测所要解决的两个问题是损失概率和损失程度，其最终目的是为风险决策提供信息。所谓损失概率也称损失频率，是对损失发生的规律性描述。一般有两种定义：一是空间说法，即在一定时期内一定数量的标的发生损失的次数。二是时间说法，即某一个风险单位在足够长时间内发生损失的次数。注意，这里风险单位(又称危险单位)是指一次保险事故可能造成的最大损失范围，它可以是一个标的、一个组织单位或个人，也可以是一个地理区域等。所谓损失程度是指一定时期内一次风险事故导致标的的毁损状况。这两个特性综合起来可以帮助我们理解所考虑的风险的范围和风险特性。因为风险的相对严重性可以从各类风险载体的损失概率分布中得出。损失分布还提供了信息，用来确定损失在多大程度上是难以忍受的甚至是不可忍受的。

(三)风险评价

风险评价是指在风险识别和风险衡量的基础上，把风险发生的概率、损失程度结合其他因素综合起来考虑，得出风险单位发生损失的可能性及其危害程度，并与公认的安全指标比较，确定危险等级，然后根据危险等级，决定是否需要采取控制措施以及控制措施采取到什么程度。

风险评价是风险管理活动的重要一环，其中运用安全指标对风险单位进行衡量是风险评价的关键。风险管理者通过风险衡量，估测出风险单位的损失概率和损失程度大于安全指标时，则说明该风险单位已经处于危险状态，应采取相应的风险管理措施，消除或降低风险的危害程度。如果实际估测结果远大于安全指标，则说明该风险单位必须采取紧急措施控制风险。而当估测的结果小于安全指标时，则可以认为该风险单位是安全的。

(四)选择风险管理技术

风险管理者对于风险单位所面临的风险进行识别和衡量、评价之后，就需要选择合理有效的技术对风险进行处理。也就是说，风险管理者要针对风险的实际情况，根据自身的资源状况以及各种风险管理技术的特点，合理选择和组合风险管理技术，作出科学的风险管理决策，实现最终的风险管理目标。风险管理技术通常可以分为两大类：一是风险控制技术，二是风险财务处理技术或称风险融资技术。

(五)风险管理效果评价

风险管理效果评价是指对风险处理手段的效益性和适用性进行分析、检查、评估和修正。由于环境的变迁和风险的变化发展会导致风险因素的变化，因此，风险管理者还应该对前一阶段选择并实施的风险管理方法的效果进行适时的评价，并不断修正计划，以适应风险的变化，努力达到最佳的管理效果。

综上所述，风险管理程序的一个阶段即风险识别、风险估测、风险评价、选择风险管理技术和风险管理效果评价，周而复始、循环往复，形成一个风险管理周期。

四、风险管理技术

风险管理的技术手段可以分为控制型和财务型两大类。

(一)控制型风险管理技术

控制型风险管理技术的实质是在风险分析的基础上，针对企业所存在的风险因素采取控制技术以降低风险事故发生的频率和减轻损失程度，重点在于改变引起自然灾害、意外事故和扩大损失的各种条件。主要表现为：在事故发生前，降低事故发生的频率；在事故发生时，将损失减少到最低限度。控制型风险管理技术主要包括以下几种。

1. 风险避免

风险避免是一种最常用的风险控制方式。风险避免是指在考虑到某项活动存在风险时，采取主动放弃或改变该项活动的一种控制风险的方式。一般来说，风险避免的方法有两种：一种是放弃或终止某项活动的实施，即在尚未承担风险的情况下放弃或终止某项活动进而拒绝承担风险。例如，一家化学品公司计划在农村进行一项实验。在准备过程中，研究人员发现，实验可能会对该地区造成巨大的损害。该公司接受了风险经理的建议，放弃了此项实验，进而也就避免了损失的发生。另一种风险避免的方法是改变某项活动的性质，也就是在已经承担风险的情况下，通过改变工作地点、工艺流程、原材料等途径避免未来生产经营活动中所承担的风险。例如，企业采用无毒电镀工艺取代传统的有毒电镀工艺，以避免对员工的人身伤害。

2. 损失预防

损失预防的目标就是要减少损失发生的次数，或者完全消除发生损失的可能性。损失预防的重点在于：第一，改变风险因素。例如，对于洪水风险事故，损失预防的措施就是建水坝、进行水源管理等。第二，改变风险因素所在的环境。例如，对于高速公路的交通事故风险，损失防范措施就是安装路边护栏、指示灯、指示牌等。第三，改变风险因素和其所处的环境相互作用的机制。例如，加热过程可能使周围的设备过热而导致火灾，为此可以采取引水降温系统等损失预防措施。

3. 损失抑制

损失抑制，就是指采取措施使风险事故发生时或发生后能减少损失范围或损失程度。损失抑制措施大体上分为两类：一类是事前措施，即在损失发生前为减少损失程度所采取的一系列措施；另一类是事后措施，即在损失发生后为减少损失程度所采取的一系列措施。损失抑制更常见的是事后的措施，如抢救、追偿等。

(二)财务型风险管理技术

由于受种种因素的制约，人们对风险的预测不可能绝对准确，而防范风险的各种措施都具有一定的局限性，所以某些风险事故的损失后果不可避免。财务型风险管理技术是以提供基金的方式，降低发生损失的成本，即通过事故发生前所作的财务安排，来解除事故发生后给人们造成的经济困难和精神忧虑，为恢复企业生产、维持家庭正常生活等提供财务支持。

财务型风险管理技术主要包括以下几种。

1. 风险自留

风险自留是一种最常见的风险融资方法，是指经济单位自己承担由风险事故所造成的损失，而资金来源于其自身，包括向别人或其他组织的借款。风险自留的实质在于，当风险事故发生并造成一定的损失之后，经济单位通过内部资金的融通来弥补所遭受的损失。与风险转移不同，风险自留不是把风险转移给别的经济单位，而是留给自己承担。自留风险可能是消极的，也可能是积极的；可能是有意识的，也可能是无意识的；可能是有计划的，也可能是无计划的。

风险自留主要适用于下列情况：第一，在其他处理风险的方法不可取得的情况下，风险自留是最后的方法；第二，对于损失程度并不严重的风险，自留不失为最经济的方法；第三，在损失能够被较为精确地预测的情况下，自留也是一种很适用的方法。

企业在进行风险自留和保险的选择决策时，主要考虑的因素是：风险自留的管理费用比保险的附加费用低；预期损失比保险人估计的低；最大可能损失和最大预期损失较低；企业财力可以承受；企业有高收益的投资机会，保险费的支付所产生的机会成本增加；企业具有很高的风险管理能力。

风险自留的具体措施包括：将损失摊入经营成本；建立意外损失基金；借款；成立专业自保公司。

2. 风险转移

风险转移是指经济单位将自己不能承担或不愿承担的风险损失转移给其他经济单位的一种风险管理技术。风险转移包括非保险转移和保险。

1) 非保险转移

非保险转移是指单位或个人通过经济合同，将损失或与损失有关的财务后果，转移给另一些单位或个人去承担，如保证互助、基金制度等；或人们可以利用合同的方式，将可能发生的、指明的、不定事件的任何损失责任，从合同一方当事人转移给另一方，如销售合同、建筑合同、运输合同和其他类似合同的免责规定和赔偿条款等。

2) 保险

从风险管理的角度看，保险是个人或组织通过订立保险合同，将其面临的财产、人身、责任或信用风险等转移给保险人的一种风险管理技术。作为一种财务型风险转移手段，保险有许多优越之处，因此在社会经济活动中得到广泛应用。

保险是处理风险的一种非常重要的财务型技术，保险公司便是专门经营风险的特殊企业，因为"没有风险，就没有保险"。如果说保险企业的产品是保险合同，那么风险便是保险企业的"原料"。

五、可保风险

(一)可保风险的概念

可保风险是指符合一定条件、可以被保险公司接受或可以向保险公司转移的风险。

在现实经济活动中，存在着各种各样的风险，但并非所有的风险都可以向保险公司进行转移。在一定条件下，只有那些符合保险公司承保技术要求的风险才能被保险公司接受。而可保风险的条件也并非一成不变，随着风险的不断发展、风险管理及保险技术的提高，对可保风险的要求也会有所改变。

(二)可保风险的要件

一般来说，作为理想的可保风险，通常需要符合以下条件。

(1) 必须是纯粹风险。纯粹风险的结果是只有损失而没有获利，这种性质有助于对损失的预测。同时，该风险的一大特征表现为个人受损时，社会也受损。当社会有相当多的人参加保险时，可充分发挥保险的风险配置作用，将个别人的损失转化成多数人分担。

(2) 风险所致的损失可以预测。要预测损失，就需要大量的损失数据。如果没有足够多的损失数据，就会增加预测的困难，至少是影响预测的精确性。如果特定风险的损失缺乏可度量性和可预测性，那么保险本身的科学性必将受到质疑。

(3) 损失的程度不要偏大或偏小。风险的损失偏大，超过保险公司财务上所能承受的范围，保险经营难以为继。过于微小的损失，则会加大保险经营的成本，因而也不理想。

(4) 存在大量同质风险单位。同质风险是指风险单位所面临的风险在种类、品质、性能、价值等方面大体相近。如果风险不同质，那么风险事故发生的概率就不同，集中处理这些风险将十分困难。只有存在大量同质的风险单位且只有其中少数风险单位受损时，才能体现大数法则所揭示的规律，正确计算损失概率。

(5) 损失的发生纯属意外。保险损失不能是由于被保险人的故意行为所引起的，否则就有悖保险的宗旨。

六、风险管理与保险的关系

(一)风险管理与保险的对象都是风险

风险的存在是保险得以产生、存在和发展的客观原因与条件，并成为保险经营的对象。但是，保险不是唯一的处置风险的办法，更不是所有的风险都可以保险。从这一点上看，风险管理所管理的风险要比保险的范围广泛得多，其处理风险的手段也比保险多。保险只是风险管理的一种财务手段，它着眼于可保风险事故发生前的预防、发生中的控制和发生后的补偿等综合治理。尽管在处置风险手段上存在这些区别，但它们所管理的对象都是风险。

(二)保险是处理风险的传统有效手段

从历史上看，最早形成系统理论并在实践中广泛应用的风险管理手段就是保险。从20世纪50年代初期风险管理在美国兴起，到20世纪80年代形成全球范围内的国际性风险管理运动，保险一直是风险管理的主要工具，并越来越显示出其重要地位。同时，保险业是经营风险的特殊行业，除了不断探索风险的内在规律，积极组织风险分散和经济补偿之外，保险业还造就了一大批熟悉各类风险发生、变化特点的风险管理技术队伍。他们为了提高保险公司的经济效益，在承保风险后，还从事有效的防灾防损工作，使大量的社会财富免遭损失。

(三)风险管理与保险相互促进

一方面，保险公司具有风险管理方面的丰富经验，企业通过投保，可以获得保险公司对风险识别和损失管理的专业指导，提升企业风险管理水平；另一方面，由于企业风险管理的加强，又对保险服务提出了更高的要求，这促进了保险行业的发展。

本 章 小 结

(1) 无风险就无保险，风险是保险产生和发展的基础。保险界通常将风险定义为损失的不确定性。

(2) 风险由风险因素、风险事故和损失构成。三者之间存在因果关系：风险因素引发风险事故，风险事故导致损失的可能即风险。

(3) 风险具有客观性、普遍性、社会性、不确定性、可测性和发展性的特征。

(4) 风险按照性质不同，分为纯粹风险和投机风险；按照作用的对象不同，分为财产风险、责任风险、信用风险和人身风险；按照产生的环境不同，分为静态风险和动态风险；按照产生的原因不同，分为自然风险、社会风险、政治风险和经济风险。

(5) 风险管理是指一个组织或个人通过对各种风险进行识别、估测，选择适当的风险处理方法，以最小的成本将风险的负面影响降到最低程度的决策过程。

(6) 经济单位遵循风险识别、风险估测、风险评价、选择风险管理技术和风险管理效果评价这一程序进行风险管理。

(7) 风险管理技术分为控制型和财务型两大类。控制型风险管理技术包括风险避免、损失预防和损失抑制；财务型风险管理技术包括风险自留和风险转移。保险是处理风险的一种非常重要的财务型技术。

(8) 保险并非无险不保。可保风险是指符合一定条件、可以被保险公司接受或可以向保险公司转移的风险。作为理想的可保风险，通常必须满足纯粹风险、风险所致的损失可以预测、损失的程度不要偏大或偏小、存在大量同质风险单位、损失的发生纯属意外这些条件。

(9) 风险管理与保险之间有着密切的关系：风险管理与保险的对象都是风险；保险是处理风险的传统有效手段；风险管理与保险相互促进。

实 训 课 堂

基本案情：

2011年3月11日，日本发生里氏9.0级大地震，这是日本自130年前有现代仪器记录以来的最强烈地震，也是1900年以来地震强度排名全球第四的特大地震。此次地震释放的能量相当于2008年中国汶川地震的32倍。此外，地震和海啸导致受灾地区的核电站受到破坏，并发生核泄漏。目前核泄漏的局面还未得到有效控制。核电站的安全问题给日本社会造成了巨大的心理恐慌，并给救灾活动及灾后重建带来了巨大困难。

此次大地震及其带来的严重次生灾害，造成了巨大的人员伤亡和财产损失。高盛公司初步预计，此次大地震造成的包括建筑及厂房在内的物资损失约为16万亿日元(约1950亿美元)，是1995年阪神大地震的1.6倍。在阪神大地震10万亿日元的损失中，建筑物损失接近60%，港口损失10%，工业设施损失6%，其余损失主要来自城市基础设施。日本作为地震多发国家，建筑物抗震等级普遍较高，并主要通过采用木质等轻体材料减轻房屋重量达到抗震效果。但由于此次地震引发了严重的海啸，木制房屋在海啸中不堪一击，因此预计此次大地震中建筑物的损失程度将显著大于阪神大地震。此外，若考虑核电站的重建费用，此次大地震的损失规模可能更加巨大。

这次大地震严重影响了全世界经济的稳定发展，给日本和世界经济以及保险业造成了重创。日本大地震向社会各界和保险业提出了一系列值得认真研究的问题。

(1) 保险和再保险市场损失巨大，全球保险市场费率面临上调。

日本大地震之后，日本及全球保险业和再保险业面临巨额赔偿。专门从事保险公司信用研究的贝氏评级(A.M.Best)发布报告称，日本地震海啸对保险和再保险业而言是个"大事件"。风险评估公司RMS在2011年3月21日发布的报告中预计，日本地震带来的经济损失将达到2000亿~3000亿美元，而其中大部分没有保险。同类公司AIR全球预计，保险业最终的理赔账单可能达350亿美元，这不包括核泄漏问题带来的影响。日本大地震发生后，全球最大再保险公司慕尼黑再保险3月22日发布公告预计，日本大地震及海啸给其带来的赔付损失为15亿欧元(约合21亿美元)；瑞士再保险公司预计，日本地震及海啸给其带来的赔付损失为12亿美元；汉诺威再保险公司同样因日本地震遭遇至少2.5亿欧元(约合3.5亿美元)的损失；美国国际集团(AIG)宣布，日本地震和海啸给其带来的赔付损失为7亿美元。2010年以来，新西兰地震、澳大利亚洪灾和中东乱局接连发生。全球自然灾害频率增加，加大了保险市场的需求，也造成了国际再保险市场供求关系紧张，再保险费率上调压力加大，承保条件趋于收紧，这将对各国财险的直接保险市场产生间接影响，直接保险费率可能出现上调。

(2) 保险产品创新亟待提高。

此次日本大地震带来了严重的人员伤亡以及巨大的财产损失，也凸显了保险保障功能的重要性。1994年1月，新西兰《地震委员会法案》确定的家庭财产地震保险制度被誉为全球现行运作最成功的灾害保险制度之一，它以强制地震保险为主，自愿地震保险作为补充。除地震多发国家外，一般国家在企业财产保险或大型工程保险中，地震险是作为附加险进行投保的，实际投保率并不高。2011 年以来，地震、飓风等全球极端灾害不断，这次日本大地震的巨大危害将使全世界居民与企业在相关方面的保险意识进一步增强，巨灾保险以及与之对应的金融衍生品等相关产品的研究和开发进一步得到重视。

(资料来源：雷华北，朱疆. 保险实务[M]. 北京：北京师范大学出版社，2013.)

思考讨论题：

1. 通过对日本 2011 年大地震事件中风险与保险的分析，谈谈对风险发展及保险发展的认识。

2. 通过该案例，试具体分析风险管理与保险之间的关系。

分析要点：

1. 随着人类文明的推进、高科技的运用，风险在发展，进行风险管理的技术也必须随之发展。保险公司面临着多种风险，从不同方面受到风险管理发展的压力，保险公司应注意总结风险管理中长期积累的经验、吸取教训，从而更好地为保险客户提供各项服务。

2. 风险的存在是保险存在的前提，但保险公司不是风险的唯一承担者，更不是对所有可能存在的风险都进行承保；风险管理使人们有意识地去认识、控制风险，减少和转嫁风险。风险管理的这一积极意义，对保险有很大影响。风险管理与保险相辅相成、相得益彰。

复习思考题

一、基本概念

风险　风险因素　实质风险因素　心理风险因素　道德风险因素　风险事故　损失　纯粹风险　投机风险　静态风险　动态风险　财产风险　责任风险　信用风险　人身风险　风险管理　可保风险

二、判断题

1. 当损失概率为 0 和 1 时，风险不存在。　　　　　　　　　　　　　　（　）
2. 某一风险的发生具有必然性。　　　　　　　　　　　　　　　　　　（　）
3. 纯粹风险所导致的结果有三种，即损失、无损失和盈利。　　　　　　（　）
4. 运用控制型风险管理技术的目的是降低损失频率和减少损失程度。　　（　）
5. 权利人因义务人违约而遭受经济损失的风险是责任风险。　　　　　　（　）
6. 风险管理中最重要的环节是风险识别。　　　　　　　　　　　　　　（　）

三、不定项选择题

1. 房主外出忘记锁门属于(　　)风险因素。
   A. 道德　　　　　　B. 社会　　　　　　C. 心理　　　　　　D. 物质
2. 按风险的性质分类，风险可分为(　　)。

A. 人身风险与财产风险　　　　　　B. 纯粹风险与投机风险
　　C. 经济风险与技术风险　　　　　　D. 自然风险与社会风险
3. 驾驶机动车不慎撞人而被索赔，属于(　　)。
　　A. 财产风险　　　B. 责任风险　　　C. 自然风险　　　D. 信用风险
4. 对于损失频率高而损失程度不大的风险应该采用的风险管理方法是(　　)。
　　A. 保险　　　　　B. 自留风险　　　C. 避免风险　　　D. 减少风险
5. 下列风险适合用保险的方法进行管理的是(　　)。
　　A. 损失频率高、损失程度较大　　　B. 损失频率低、损失程度较大
　　C. 损失频率高、损失程度较小　　　D. 损失频率低、损失程度较小
6. 属于可保风险特性的有(　　)。
　　A. 风险不是投机性的　　　　　　　B. 风险所导致的损失是可以预测的
　　C. 损失的发生必须是意外的　　　　D. 损失的程度是巨大的
7. 下列有关风险的陈述正确的是(　　)。
　　A. 总体上风险是可能彻底消除的
　　B. 风险是风险因素、风险事故与损失的统一体
　　C. 风险在空间、时间和结果上都是确定的
　　D. 没有人类，也就不存在风险
8. 控制型风险管理技术主要有(　　)。
　　A. 预防　　　　　B. 抑制　　　　　C. 转移　　　　　D. 避免
9. 下列事件中，属于投机风险的是(　　)。
　　A. 车祸　　　　　B. 赌博　　　　　C. 疾病　　　　　D. 股票买卖
10. 商业保险一般可以承保(　　)。
　　A. 纯粹风险　　　B. 自然风险　　　C. 责任风险　　　D. 战争风险

四、简答题

1. 关于风险的定义有哪些？你认为哪种比较科学？
2. 简述风险的特征。
3. 风险的分类对风险管理有意义吗？
4. 简述可保风险的理想条件。

五、论述题

1. 论述风险管理的基本程序。
2. 论述风险管理与保险之间的关系。

第二章 保险的本质

【学习要点及目标】

- 了解保险学说的流派。
- 重点掌握保险的定义和特性。
- 掌握商业保险与社会保险、赌博、储蓄、救济之间的区别。
- 识别自愿保险和强制保险。
- 区分共同保险和重复保险。
- 了解定值保险和不定值保险。
- 掌握保险各险种的起源与发展。

【核心概念】

保险　商业保险　社会保险

【引导案例】

保险思想的核心：互助

一家五星级大酒店有 100 个学徒工学习厨艺，学徒们的薪水不高，但是该酒店的餐具名贵，如果哪个学徒不小心打坏了一个盘子，那么他不仅要赔偿1000元，还可能会被开除。因此学徒们都非常小心谨慎，但还是每年都有人打碎盘子。

有个聪明的财务人员提出了一个方案：如果每个学徒每年愿意交一点钱，把这些钱集中起来，那么无论谁打碎了盘子，就用这钱来赔偿盘子，而且学徒们都不再受到处罚。大家都觉得这个方案很好，都愿意花一点钱买个放心，那么需要交多少钱呢？

假定一年内需要赔偿四个盘子，则每个人要交 40 元钱。聪明的财务人员又建议大家聘请一名经纪人来帮助大家管理这些钱财。按照当时的市场情况，聘一名经纪人大概一年需要 600 元，为经纪人租办公室要 400 元(预订费用)。这 1000 元的费用分摊到每个学徒身上是 10 元，算下来每个学徒一年只交 40 元(保障成本)+10 元(费用)=50(元)。这样，学徒们在互助中可以各自获得安全保障。

(资料来源：http://www.baobao18.com/Seller/f_1428.html.)

【知识导入】

因为风险是客观存在的，所以人们必须采取各种方法进行风险管理。在现代社会中，保险已然成为人们常用的风险管理工具。那么，什么是保险？其本质及特性是怎样的？它又是如何产生和发展的呢？

第二章 保险的本质

第一节 保险的定义

一、有关保险的学说

对保险的认识，各国学者由于研究角度不同而形成了不同的观点和学说，归纳起来，大致可以分为三类：损失说、非损失说和二元说。

(一)损失说

损失说以"损失"这一概念为核心，主要从损失补偿的角度来解释保险，可以分为损失赔偿说、损失分担说和风险转嫁说三种。

1. 损失赔偿说

损失赔偿说起源于海上保险，其代表人物为英国学者马歇尔(Samuel Marshall)和德国学者马修斯(E. A. Masius)。马歇尔说："保险是当事人的一方收受商定的金额，对于对方所受损失或发生的危险予以补偿的合同。"马修斯说："保险是约定当事人的一方，根据等价支付或商定承保某标的物发生的危险，当该项危险发生时，负责赔偿对方损失的合同。"

该学说认为保险的目的在于补偿人们因各种特定事件发生所导致的损失；保险就是保险人与被保险人之间的一种合同：保险人根据合同约定收取保费，当被保险人的损失符合合同的约定时，保险人即给予补偿。该学说从法律的角度说明保险是一种损失赔偿的合同，体现了保险的法律特征，指出了保险的基本职能：损失补偿。这一学说对财产保险的解释是适当的，但不能很好地解释人寿保险，因为人寿保险具有储蓄性质，一般认为人的寿命不能用货币来衡量其价值，也就不存在补偿的说法。

2. 损失分担说

该学说的代表人物为德国学者瓦格纳(A. Wagner)。他认为："从经济意义上说，保险是把个别人由于未来特定的、偶然的、不可预测的事故在财产上所受到的不利结果，由处于同一危险之中但未遭遇事故的多数人予以分担，以排除或减轻灾害的一种经济补偿制度。"该学说强调保险即由众多人互相合作、共同分担损失，并以此来解释财产保险、人身保险和自保等各种保险现象。这一学说着眼于事后的损失。

3. 风险转嫁说

该学说的代表人物为美国学者魏莱特(A.H. Willett)。魏莱特认为："保险是为了赔偿资本的不确定损失而集聚资金的一种社会制度，它是依靠把多数的个人风险转嫁给他人或团体来进行的。"该学说注重团体或组织在损失赔偿中的地位与作用，从风险处理的角度对保险的本质进行阐述。这一学说着眼于事前的风险。

(二)非损失说

非损失说认为"损失说"不能总括保险的属性，应该撇开损失这一概念，寻找一种能全面解释保险含义的途径，于是产生了技术说、需要说和相互金融说。

1. 技术说

该学说的代表人物为意大利学者费芳德(C. Vivante)。他认为："保险合同是保险企业在发生偶发事件时，用根据这种事件所发生的概率计算出来的保险费公积金来承担一定金额的支付义务的合同。"这一学说强调保险的数理基础，特别是保险在技术方面的特性。其理论依据是：保险基金的建立和保险费收取的标准，是通过计算损失的概率来确定的。从而把保险的性质归结为这种技术要素。保险在具体的运作过程中，其费率的厘定更多地依靠概率论的技术工具，但据此就把具体技术作为保险的特征显然是片面的。

2. 需要说

该学说又称欲望满足说，其代表人物为意大利学者戈比(Gobbi)、德国学者马纳斯(Manes)。这一学说从经济学的角度，以人们的经济需要和金钱欲望来解释保险的性质。在保险中，投保人缴付少量保费，而在发生保险事故后获得部分或全部的损失补偿。由于保费缴付与赔偿金额的不对等，由此可以满足人们的经济需要和金钱欲望。这种学说体现了保险的经济保障作用，但是又具有一些功利主义与唯心主义色彩。

3. 相互金融说

该学说的代表人物为日本的米谷隆三和酒井正三朗。这一学说认为，保险与银行和信用社一样，是一种互助合作基础上的金融机构，它具有融通资金的功能。诚然，尤其是现代保险业，正逐渐成为金融市场的重要组成部分，保险业所形成的资金规模也越来越大。在保险经营过程中，从保费收取、保险给付、保单贷款到保险资金投资，保险公司具备了金融机构的一些特性。但因此就将保险等同于金融机构，无异于是将保险等同于保险公司，因而是不妥的。

(三)二元说

二元说主张根据财产保险和人寿保险的不同特点分别给予解释。该学说的代表人物为德国学者爱伦伯格(N. Ehrenberg)。这一学说认为，和损失保险一样，人寿保险也是保险，但由于它又有储蓄和投资的特性，因此财产保险与人寿保险不应当作统一解释。财产保险合同是以损失赔偿作为目的的合同，而人寿保险合同是以给付一定金额为目的的合同。此种见解为许多国家的保险法所采用。但是，也有很多学者认为，财产保险和人身保险之间具有共性，应当给予其统一的定义。

二、保险的概念

从广义上来说，保险是集合具有同类风险的众多单位或个人，以合理计算分担金的形式，实现对少数成员因约定风险事件所致经济损失或由此而引起的经济需要进行补偿或给付的行为。

在现代，各国学者大都从经济与法律两个角度对保险的概念进行解释。

(一)从经济角度看

作为一种经济制度，保险是人们为了保障生产生活的顺利进行，将具有同类风险保障需求的个体集中起来，以合理的计算方式建立风险准备金的经济补偿制度或资金给付安排。

(1) 保险是一种经济行为。从需求角度看，整个社会存在着各种形态的风险，与之有利害关系的主体愿意付出一定的代价将其转移给保险人，从而获得损失补偿或资金给付，保证经济生活的稳定；从供给角度看，保险人通过概率论、大数法则的科学测算可以在全社会范围集中和分散风险，提供风险保障服务。

(2) 保险是一种金融行为。保险人通过收取保险费聚集了大量的资金，对这些资金进行运作，实际上在社会范围内起到了资金融通的作用。

(3) 保险是一种分摊损失的财务安排。保险的运行机制是全体投保者缴纳保费，共同出资，组成保险基金，当某一被保险人遭受损失时，由保险人从保险基金中提取资金对其进行补偿。因此受损人实际获得的是全体投保人共同的经济支持。

经济视角下的保险如图2-1所示。

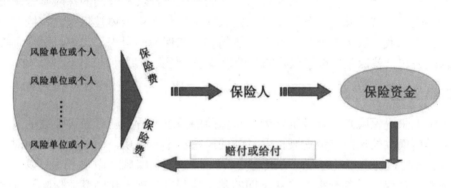

图 2-1　经济视角下的保险

(二)从法律角度看

从法律角度看，保险是当事人双方通过订立合同的方式规定双方的权利义务，依此建立起风险的保障机制。

(1) 保险是一种合同行为。投保人与保险人是在平等自愿的基础上，通过要约与承诺，达成一致并签订合同。

(2) 保险双方的权利义务在合同中约定。投保人的义务是依照合同约定缴纳保险费，权利是在合同约定的风险事故发生后要求保险人进行赔偿或给付保险金。保险人的义务是按合同约定在事故发生后向被保险人支付赔款或保险金，权利是向投保人收取保险费。

(3) 保险合同中所载明的风险必须符合特定的要求。在保险合同中保险人所承保的风险一般是在概率论和数理统计的基础上可测算，且当事人双方均无法控制风险事故发生的纯粹风险。

《中华人民共和国保险法》(以下简称《保险法》)第二条对保险是这样定义的："本法所称保险，是指投保人根据合同约定，向保险人支付保险费，保险人对于合同约定的可能发生的事故因其发生所造成的财产损失承担赔偿保险金责任，或者当被保险人死亡、伤残、疾病或者达到合同约定的年龄、期限等条件时承担给付保险金责任的商业保险行为。"可见，我国的《保险法》是一部商业保险法。

第二节 保险特征以及与类似经济行为的比较

一、保险的特征

保险作为一种"人人为我，我为人人"的风险分担经济机制，在其产生和发展的过程中逐渐形成了以下特征。

(一)互助性

这是从众多的被保险人的角度来看保险。保险的运行机制是所有投保人共同出资通过保险人建立保险基金，当其中少数被保险人遭受损失时，就从共同的保险基金中提取资金进行损失补偿。这就意味着任何一个被保险人的损失都是由全体被保险人共同来承担的，体现了"人人为我、我为人人"的互助共济精神。在保险的组织形式中，至今仍然存在的相互制保险公司，就深刻体现了保险的互助性特点。因此互助性是保险最基本的特征。

(二)经济性

从根本上来说保险是一种经济行为。从保险的需求来看，随着经济社会的发展和不断进步，人类所面临的风险有增无减，并且新的风险在不断出现，而单个个体面对风险时也更加脆弱。人们迫切希望通过某种方式将损失的不确定性(即风险)转移出去，甚至宁愿付出一定的成本。从保险的供给来看，从早期的基尔特制度到现代化的商业保险，其经营的基本理念是不变的，都是保险人通过集合大量的同质风险，运用大数法则和概率论等相关工具进行合理定价，设计出将不确定的风险损失转化为确定的小额费用支出的保险产品。于是在保险的经营中，投保人通过缴纳保费，购买保险产品，将自身所面临的风险损失转嫁给保险人；保险人收取保费，形成保险基金，用于未来可能的赔付。

(三)法律性

从法律关系的角度来看，保险是一种合同行为。保险双方当事人通过合同的形式约定双方的权利义务，并且合同的履行以及变更等都要受到相关法律的制约。依据我国保险法的规定，投保人提出保险要求，经保险人同意承保，保险合同成立；保险人收到被保险人或者受益人的赔偿或者给付保险金的请求后，应及时作出核定，对属于保险责任的，在与被保险人或者受益人达成有关赔偿或者给付保险金额的协议后 10 天内，履行赔偿或者给付保险金义务。因此保险双方当事人的意愿通过履行保险合同而体现，而双方意愿的改变通过合同的变更而实现，因此保险的法律性是保险的一个重要特征。

(四)科学性

保险的健康快速发展离不开相应的技术，意大利的学者费芳德认为保险的性质主要体现在技术方面。在保险的经营过程中，保险人运用概率论和大数法则等工具，通过将大量面临相同风险的个体集中起来，对整体风险发生的概率进行测算，计算出保险产品的价格，从而建立起科学的保险基金，保证保险的稳健发展。保险经营雄厚的数理基础正是保险科学性的体现。而随着保险精算技术的发展与应用，保险自身的经营将更加稳健和科学。

二、保险与类似制度及行为的比较

(一)商业保险与社会保险

商业保险与社会保险都属于广义上的保险，它们互为补充，共同为社会成员提供经济保障。

社会保险是指国家通过立法，集中建立保险基金，在劳动者或全体社会成员因年老、疾病、生育、伤残、死亡等原因丧失劳动能力或因失业而中止劳动，本人及其家庭生活发生困难时，由政府给予补偿和帮助的社会保障制度。社会保险主要包括基本养老保险、基本医疗保险、工伤保险、失业保险和生育保险。

商业保险与社会保险有以下相似之处：它们都具有互助性质，都是对特定风险事故的损失分摊，均须交纳保险费建立保险基金，基本目的都是保障人们经济生活的安定。

商业保险与社会保险的区别在于下述各方面。

1. 实施方式不同

商业保险一般采取自愿原则，投保人是否投保、投保什么险种、投保多少等，由投保人自行决定；而社会保险一般采取强制方式实施，凡属于社会保险范围内的保险对象，无论其是否愿意，都必须参加，并缴纳保费，当被保险人在遇到生育、年老、疾病、伤残、失业等情况而没有收入时，政府必须按法定标准给付。

2. 保险关系建立的依据不同

商业保险中保险人和投保人之间的保险关系以保险合同为依据，通过保险合同确定双方的权利义务关系；而社会保险中保险人与被保险人之间的保险关系主要以有关的社会保险法律法规和社保政策为依据，双方当事人不能另有约定。

3. 经办主体及经营目的不同

商业保险一般由依法设立的保险公司经办，保险公司作为自负盈亏的经济实体，经营保险业务，以营利为主要目的；而社会保险作为政府的一项社会政策，一般由政府部门或其设立的社会保险机构经办，其基本目的在于使劳动者或全体社会成员的生活获得基本保障。这就决定了它不以营利为目的。

4. 权利与义务对等关系不同

商业保险的权利义务建立在合同关系上，保险公司与投保人之间的权利与义务关系是一种等价交换的对等关系，表现为多投多保，少投少保，不投不保；而社会保险的权利与义务关系建立在劳动关系的基础之上，社会保险的权利与义务关系并不对等，个人缴纳保费的多少并不取决于将来给付的多少或风险程度的高低，而是决定于投保人的工资水平。

5. 资金来源不同

商业保险的资金只能来源于投保人所缴保险费，虽然保险公司通过对保险资金的投资管理可以获得一定的投资收益，但是管理费用却需要保险客户承担；而社会保险的资金来源有政府的财政拨款、用人单位缴纳的保险费和个人缴纳的保险费三个渠道，其最终目的是集国家、企业、个人等社会各方面力量来保障社会成员的基本生活要求。

6. 给付标准依据和保障水平不同

商业保险给付标准与投保人所缴保费的多少之间有密切联系，奉行多投多保、少投少保的原则，保险水平高低悬殊，明显有利于高收入阶层巩固自己的生活保障；而社会保险的给付标准主要取决于能提供满足基本生活需要的保障水平，其保障水平一般在贫困线以上、一般水平之下，保障水平统一，有利于低收入阶层、不幸者及退休者。

(二)保险与赌博

从表现形式上看，保险与赌博具有较大相似性。首先，二者都是以特定事件发生的不确定性为前提，保险所承保的风险事故发生与否是不确定的，赌博更是如此，两者都有赖于偶然因素。其次，二者都具有给付的确定性和反给付的不确定性，并且在缴付与所得上都不保持等价交换关系。保险费的缴纳是保险成立的重要条件，而保险金的给付与否则取决于保险期限内特定事件的发生与否。如果保险事件没有发生，被保险人或受益人得不到任何赔付；如果保险事件发生了，被保险人或受益人获得的赔付会远超投保人缴纳的保险费。赌博中下赌注是参与赌博的前提，而赌博结局的输赢则是不确定的。

但是，从本质上看，保险与赌博有根本的不同。

(1) 与标的是否存在关系。保险经营中所要遵循的重要原则之一是可保利益原则，它要求投保人必须对保险标的具有可保利益，否则保险合同无效。而赌博中则不存在这样的规定性，赌博双方可以与标的无任何关系。

(2) 保险是对纯粹风险进行管理的一种方法，通过支付一定的保费换得对不确定损失的保障；而赌博行为则产生出一种新的投机风险。

(3) 从社会利益的角度来看，保险具有较大的社会效应。在保险经营中，保险人与被保险人都有防灾防损的利益要求，对全社会防范风险起到了重要作用。而赌博则是一种非生产性行为，赌博中赢的一方是以对方赌输为前提和代价的，具有较大的社会负面影响。因此，大部分国家不提倡赌博行为，有的国家甚至以立法的形式对之予以取缔。

(三)保险与储蓄

保险和储蓄均是以现在的积累来满足未来的不时之需，共同体现了有备无患的思想，且二者在实际运行中均受到利率因素的影响，这是它们的相似之处。但二者有较大的不同，主要表现在下述几方面。

(1) 经济关系不同。保险使用众人的积累来补偿少数人的损失，体现了一种互助合作的关系；而储蓄纯属单个储户的自主行为。

(2) 目的不同。保险的目的是应付一些意外灾害事故所造成的损失；而储蓄主要是用于一些预计的费用支出。

(3) 支付与反支付是否对等。保险的保费支付换取的是对未来的风险保障，如果约定时间里发生了保险事故，则被保险人将获得大大高于保费的补偿；如果约定的事故未发生，则被保险人将得不到任何对于保费的补偿。而储蓄则不同，其支付与反支付基本是对等和确定的，二者的差额只是随着时间长短而有不同的利息而已。

【拓展阅读 2-1】

购买人寿保险"合算"吗？

有些人喜欢把人寿保险与银行储蓄作比较，认为买保险回报低，"不合算"。你认为这种观点正确吗？

人寿保险最主要的功能是保障，一些人寿保险产品具有投资理财功能。在人寿保险中，"保多少，领多少"，即在保险有效期间内，若发生风险事故，便可获得相对保险费而言高额的赔偿。相反，银行储蓄只能"存多少，领多少"，只能到期领回本金和利息。因此，人寿保险的重要性在于抵御风险，它在个人和家庭面临危机时发挥出的强大力量是其余任何投资手段所无法企及和替代的。

每个人面对生、老、病、死、伤、残等不可预知的每一天或每一个阶段，都需要通过有效的途径来分散人身风险，解除经济困境。由此应运而生的人寿保险虽然不能阻止风险的发生，但能够在人们最需要帮助的时候做经济后盾。

通过人寿保险，我们可以保证家庭生活的相对稳定，安排子女的教育基金，维护晚年的生活尊严。在市场经济体制逐步确立，社会保障制度改革日渐深化之际，个人或家庭已成为风险的主要承担者。在这种情况下，购买人寿保险已成为人们必然而明智的选择。因此，购买人寿保险主要不是看投资回报率，而是考虑安全保障问题。

(资料来源：http://news.vobao.com/news/global/765750258145.shtml.)

(四)保险与救济

救济是指用金钱或物资帮助灾区或生活困难的人。保险和救济均是以补偿损失为宗旨，都能减轻灾害事故所造成的损失。两者的主要区别如下。

(1) 给付对象的确定方式不同。保险给付的对象以保险合同中规定的被保险人或受益人为准；救济金的给付对象则具有不确定性，原则上所有的受灾者或生活有困难者均在受救济之列。

(2) 提供给付的主体不同。保险金给付由特定的保险公司来履行；而救济金的提供者可以是政府、企业或公民个人，具有一定的不确定性。

(3) 权利义务对等与否不同。保险双方当事人是一种合同关系，他们的权利义务明确地写入合同，双方只有履行了相应的义务才能享有对应的权利；而救济则是一种单方的给付行为，被救济方在接受救济的同时无须承担任何义务。

第三节　保险的分类

通常我们按保险性质、立法形式、实施方式、保险标的和风险转移层次等不同的标准把保险分成不同的类型。

一、按保险性质分类

以保险性质为标准分类，保险可分为商业保险和政策保险。商业保险体现的是保险经济领域中的商品性保险关系，政策保险则体现的是保险经济领域中的非商品性保险关系。

商业保险是指由保险公司经营、以营利为目的的保险。政策保险是政府出于政策上的目的，运用普通保险技术而开办的保险。政策保险的种类包括：①为实施社会保障政策目的的社会保险，如基本养老保险、基本医疗保险、工伤保险、失业保险、生育保险。②为实现国民生活安定政策目的的保险，如交通事故责任强制保险等。③为实现农业增产农民增收政策目的的保险，如种植业保险、养殖业保险等。④为实现扶持中小企业发展政策的保险，如小额贷款保证保险等。⑤为促进国际贸易政策目的的保险，如出口信用保险、海外投资保险等。

二、按立法形式分类

以各国立法形式为标准分类，保险可分为以下种类。

财产保险与人身保险。我国《保险法》第九十五条将保险公司的业务范围分为两大类，即财产保险业务和人身保险业务。前者包括财产损失保险、责任保险、信用保险等保险业务；后者包括人寿保险、健康保险、意外伤害保险等保险业务。此种保险立法分类，除我国保险法外，美国若干州保险法也有类似规定。

损害保险与生命保险。此种分类方法源于德国，在日本得到广泛应用。日本是一个采取"民商分立"立法体例的国家。在日本，保险法并不以单行法的形式出现，而是作为商法典的组成部分之一，它与公司法、商行为法和海商法等共同组成了商法典。与我国保险法相似，日本保险法以保险标的为划分标准，将保险分为损害保险和生命保险(我国保险法中称之为财产保险和人身保险)。

财产、意外保险与人寿、健康保险。这种分类标准为美国各州保险立法所采用。美国保险立法中所说的"意外保险"，是指火灾保险、人寿保险、海上保险之外的其他各种保险，包括责任保险、伤害保险、疾病保险、汽车保险、盗窃保险、玻璃保险、航空保险、犯罪保险、机器锅炉保险、劳工补偿保险等。人寿保险有狭义与广义之分，广义的人寿保险包括健康保险。美国保险立法上所说的人寿保险是一种狭义的人寿保险。

此外，国际上习惯按照资金核算的特点，将保险划分为寿险和非寿险两大类。所谓寿险，是指与人的生存或死亡有关的长期性保险，其范围比我国的人身保险要窄；非寿险是指寿险以外的短期性保险，其范围比我国的财产保险要广，它除了包括财产保险以外，还包括人身意外伤害保险和健康保险。

三、按实施方式分类

以保险实施方式分类，保险可分为自愿保险和强制保险。

自愿保险，是指在自愿原则下投保人与保险人双方在平等的基础上通过订立保险合同而建立的保险关系。自愿保险的保险关系，是当事人之间自由决定、彼此合意后所成立的合同关系。投保人可以自由决定是否投保、向谁投保等，也可以选择所需保障的类型、保障范围、保障程度和保障期限等。保险人也可以根据情况自愿决定是否承保、以怎样的费率承保以及以怎样的方式承保等。

强制保险也称法定保险，是指国家对一定的对象以法律、法令或条例规定其必须投保的一种保险。法定保险的保险关系不是产生于投保人与保险人之间的合同行为，而是产生于国家或政府的法律效力。法定保险的范围可以是全国性的，也可以是地方性的。法定保险的实施方式有两种：或是保险对象与保险人均由法律限定；或是保险对象由法律限定，但投保人可以自由选择保险人。不论何种形式的法定保险，大都具有下列特征：一是全面性。法定保险的实施以国家法律形式为依据，只要属于法律规定的保险对象，不论是否愿意，都必须参加该保险。二是统一性。法定保险的保险金额和保险费率，不是由投保人和保险人自行决定，而是由国家法律统一标准规定。

四、按保险标的分类

以保险标的为标准分类，保险可分为财产保险、责任保险、信用保证保险和人身保险。

财产保险是指以财产及其相关利益为保险标的，因保险事故的发生导致财产损失，保险人给予补偿的一种保险。财产保险有广义和狭义之分。广义的财产保险是人身保险之外的一切保险业务的统称；狭义的财产保险也可称为财产损失保险，是指以有形的财产物资及其相关利益为保险标的的一种保险。

责任保险是以被保险人依法应负的民事损害赔偿责任或经过特别约定的合同责任为保险标的的一种保险。企业、团体、家庭和个人在各种生产活动或日常生活中，由于疏忽、过失等行为对他人造成人身伤亡或财产损害，依法应承担的经济赔偿责任，可以通过投保有关责任保险转移给保险人。

信用保证保险是一种以商务往来中一方当事人的资信作为保险标的的保险。信用保险是指权利人(债权人)向保险人投保债务人的信用风险。保证保险是被保证人(债务人)根据权利人(债权人)的要求，请求保险人担保自己信用的保险。

人身保险是以人的寿命和身体为保险标的的一种保险。根据保障范围的不同，人身保险可以区分为人寿保险、人身意外伤害保险和健康保险。人寿保险是以人的生命为保险标的，以人的生死为保险事件，当发生保险事件时，保险人履行给付保险金责任的一种保险。人身意外伤害保险是以被保险人因遭受意外伤害造成死亡、残疾为给付保险金条件的一种人身保险。健康保险是以人的身体为对象，保证被保险人在疾病或意外事故所致伤害时的费用或损失获得补偿的一种保险。

五、按风险转移层次分类

按风险转移层次分类，保险可分为原保险、共同保险、重复保险和再保险。

原保险，是相对于再保险而言的，是指由投保人与保险人直接签订保险合同而建立保险关系的一种保险。

共同保险，是指投保人与两个以上保险人之间，就同一可保利益、同一保险标的，对同一风险共同缔结保险合同的一种保险。在实务中，通常由承保份额最多的那一个保险人向被保险人签发保险单。

重复保险，是指投保人以同一保险标的、同一可保利益同时向两个或两个以上的保险人投保同一风险，并且每张保险单累计的保险金额超过了保险标的的保险价值。

再保险，也称分保，是指保险人将其承担的保险业务，部分或全部转移给其他保险人的一种保险。

原保险、共同保险和重复保险是风险的初次转移，即从投保人向保险人转移；而再保险是风险的再次转移，即从保险人向其他保险人转移。

六、按其他方式分类

(一)按照投保单位

以投保单位为标准，保险可分为团体保险、企业保险与个人保险。

团体保险是由雇主、工会和其他团体为其雇员或成员购买的保险。投保的团体与保险人签订一份保险总合同，向团体内的成员提供保险。团体保险多用于人身保险，其保险费率要低于个人保险。

企业保险是指企业为了转移财产、责任和信用风险而购买的保险。

个人保险是指个人为满足自己和家庭需要而购买的保险。

(二)按照保险价值确定的时间

以保险价值确定的时间为标准，保险可分为定值保险与不定值保险。

定值保险是指在保险合同订立时由当事人双方确定好保险标的的保险价值，并以此作为保险金额，载明于保险合同的保险。当保险事故发生时，保险人不论保险标的损失当时当地的市场价值如何，如果全损就按保险金额进行赔付，如果部分损失，就按保险金额的损失程度进行赔付。

不定值保险是指在保险合同订立时不列明保险标的的保险价值，仅列明保险金额，等到保险标的发生保险事故之后再确定其保险价值的保险。当保险事故发生时，保险人先按照保险金额占损失当时保险标的的保险价值的比例计算出保障程度，再按照实际损失额与保障程度进行赔偿。

(三)按照保险金额与保险价值之间的关系

以保险金额与保险价值之间的关系为标准，保险可分为足额保险、不足额保险和超额保险。

足额保险是指保险合同中约定的保险标的的保险金额与其出险时的保险价值相等的保险。

不足额保险也称部分保险，是指保险合同中约定的保险标的的保险金额小于其出险时保险价值的保险。产生不足额保险的原因有：一是投保人为了少缴保险费或认为标的物发生全损的可能性非常小，没有必要足额投保；二是因为保险标的发生危险事故的可能性非常大，保险人为了控制风险，只接受保险标的的保险价值的一部分作为保险金额；三是保险合同签订以后，因为保险标的的价值上涨，导致最初的足额保险变成了不足额保险。

超额保险是指保险合同中约定的保险标的的保险金额大于其出险时保险价值的保险。

超额保险有些是投保人故意所为,有些是因为保险合同签订以后,保险标的的价值跌落而形成的。

第四节 保险的产生与发展

一、保险产生的基础

保险产生的基础主要有自然基础、经济基础和数理基础三方面。

(一)自然基础

风险的客观存在是保险产生的自然基础。人类社会的发展史就是人类不断地与各种风险做斗争的历史。各种自然灾害和意外事故所导致的风险一直给人类造成很大的威胁。一方面,人类需要利用各种自然资源来发展经济;另一方面,各种灾害事故给人们带来了越来越大的损失。为了防范风险的发生以及减少灾害事故造成的损失,人们采取了各种各样的措施来对付风险,但由于风险事故的发生具有时间和空间的不确定性,以及个人力量的弱小,所以风险防范的效果十分有限。唯有通过合理的制度安排,集合众多人的力量,采用科学的技术手段,掌握风险发生发展的特点,才能有效地控制和管理风险。而保险正是在这样的基础上产生的。因此正是风险的客观存在,以及它给人们的生产生活所带来的巨大威胁成为保险产生的自然基础。

(二)经济基础

商品经济是保险产生和发展的经济基础。在原始社会里,生产力水平非常低下,人们的劳动成果很有限,基本上没有剩余产品。在这种情况下并不存在保险产生和发展的经济基础。进入奴隶社会,商品生产有了一定的发展。在一些比较发达的地区出现了保险的萌芽和赈灾后备制度。封建社会的生产力水平较以前有了较大的提高,商品交换频繁进行,运输业和商业有了一定的发展。这时期相继出现了一些互助合作性质的保险组织。但由于封建社会是以自然经济为基础,资金后备只能以经济单位自留形式为主,难以形成社会性的后备基金。资本主义经济是高度发达的商品经济。商品生产和商品交换的充分发展,形成了大量的剩余产品,随着商品经济高度发达,生产者之间具有普遍的经济联系,能够实现风险的分摊和损失的补偿,从而进一步推动保险的产生。

(三)数理基础

概率论和大数法则是保险产生的数理基础。概率论是从数量的角度研究随机现象变动关系和规律性的科学。大数法则是概率论的主要法则之一,其含义是,通过对特定的随机事件进行大量重复实验,人们将获得随机变量取值的统计规律性。计算保险费要运用概率原理,对以往的经验数据进行分析。在人寿保险中,生命表体现了将概率原理应用到以往的经验数据。火灾保险要把概率原理,应用到以往火灾损失的经验数据。大数法则在保险中的重要意义表现为:风险单位的数量越多,实际损失的结果就会越接近从无限风险单位数量得出的预期损失可能的结果,据此,保险人就可以比较精确地预测风险,合理地厘定保险费率,使在保险期限内收取的保险费和损失赔偿及其他费用开支相平衡,从而使保险公司的经营保持稳定。

二、保险的起源及其发展

(一)海上保险的起源及其最初的发展

海上保险是一种最古老的保险。正是海上保险的发展,带动了整个保险业的繁荣与发展。公元前 2000 年,地中海一带较大规模的海上贸易,推动了这一地区的经济发展。而用于海上运输的船只,结构简单,抗风浪能力差,再加上航海技术也较落后,经常出现较大的事故,给货运双方造成了较大的损失。为了减少损失的发生,有时人们不得不抛弃部分货物,但当危机过后,人们又都不愿补偿受害方的损失,导致很多纠纷的发生。人们在长期的海运实践中,形成了一套通行的做法,即在危险来临需要抛弃部分货物时,由船长作出相关决定,由此而造成的损失由其他受益的货主来共同补偿。这就是所谓的"一人为众、众为一人"原则。后来该原则被公元前 916 年的罗地安海商法采用,并正式规定为:"凡因减轻船只载重投弃大海的货物,如是为全体利益而损失的,须由全体进行分摊。"经过后来的罗马法等法律法规的补充完善,最终形成了著名的"共同海损"基本原则。这被人们称为海上保险的萌芽。

通常认为海上保险的雏形是盛行于意大利和地中海沿岸的船舶与货物抵押借款。大约在公元前 8 世纪至公元前 7 世纪,人们在进行海上贸易的过程中,由于各种条件的限制,经常发生的海损使得船东和货主面临较大的风险。于是他们就将船舶或货物作为抵押取得贷款。如果船货安全抵达目的港,船主或货主就将偿还贷款与约定的利息;如果中途发生沉没,则借贷关系解除。公元 533 年,罗马帝国的法典中将这种贷款的利息率限制在 12%,当时的一般放款利率为 6%。在这种借贷关系中,船主或货主就是被保险人,而放款人就是保险人,贷款额视同保险金额,其中约定利率与一般利率的差额就是费率。它实质上是最早形式的海上保险。

真正以收取保险费形式进行经营的海上保险起源于意大利。14 世纪的意大利已经成为国际贸易的中心,在一些经济繁荣地区出现了现代意义的海上保险。现存世界上最早的保险单就是由一位热那亚商人于 1347 年出立的船舶保险单。该保单规定:如船舶在六个月内安全到达,合同自动无效;如果中途发生损失,则由合同规定的一方负责损失的赔偿。但该保单并未明确规定保险人所承担的风险,它还不是完全意义上的保险合同。而最早的纯粹保险单是一组保险人在 1384 年 3 月 24 日为 4 包纺织品出立的从比萨到沙弗纳的保险单。

起源于意大利的近代海上保险在英国得到了进一步的发展。随着英国对外贸易的迅猛发展,世界保险的重心转移到了英国。1568 年伦敦成立第一家海上保险交易所,取代了以前露天广场交易的做法。1575 年成立英国保险商会,负责制定标准保险单和条款,以及办理保险单登记手续。1601 年英国颁布第一部海上保险法,后来英国大法官曼斯菲尔德通过搜集海上保险的案例所编制的海上保险法案,为海上保险纠纷的解决提供了法律依据。而英国劳合社的成立则进一步推动了海上保险的发展。劳合社的前身是成立于 1683 年的劳埃德咖啡馆,起初它只是人们交换航运信息、购买保险、交流商业新闻的场所。1691 年劳埃德咖啡馆迁至伦巴第街,逐渐成为海上保险的交易中心。后来,劳合社为了适应业务发展的需要，改组为社团组织，投保人通过经纪人向劳合社成员投保。

1906 年英国颁布了海上保险法，这既是英国海上保险发展到一定阶段的标志，又对世界海上保险的发展起到了巨大的推动作用。

(二)火灾保险的起源及其最初的发展

火灾保险是继海上保险之后出现的又一重要的保险业务。火灾保险是在 17 世纪中叶以后逐渐发展起来的，而其萌芽状态则可追溯到 1118 年，那年冰岛成立了互助社，对火灾及家畜的死亡所导致的损失承担赔偿责任。1591 年，汉堡的酿造业者成立了火灾救助协会，凡加入者，遭遇火灾时，可获得救助。到了 1676 年，由 46 个协会在汉堡合并设立了火灾保险局，这就是公营火灾保险的开始。18 世纪以后，这种公营火灾保险局在德国各地普遍设立起来。

私营火灾保险始于英国。1666 年的伦敦大火，烧毁了全城的一半，火灾持续了 5 天，导致 13000 栋房屋被烧毁，近 20 万人无家可归。伦敦大火促使人们树立火灾保险的观念，从而推动了英国火灾保险的大发展。1667 年，英国牙科医生巴蓬开办了承保火灾保险的营业所，开创了私人火灾保险的先例。而在火灾保险业务经营过程中，巴蓬首次采用差别费率，即根据不同的房屋结构区分风险等级，适用不同的费率。巴蓬因此也被称为"现代保险之父"。

18 世纪末到 19 世纪中期，随着欧美主要资本主义国家完成工业革命，社会财富急剧增加和集中，使得火灾保险的社会需求不断增加，从而推动了火灾保险的发展。那时火灾保险公司的组织形式以股份公司为主，如 1710 年成立的"太阳保险公司"等。这一时期也出现了一些相互制的保险公司，如 1714 年成立的联合火灾保险公司，而它的特别之处还在于：它在进行费率计算时，采用分类法来区分不同的建筑条件、建筑结构等。这一点实为火灾保险的一大进步。

进入 19 世纪以后，世界火灾保险公司大量涌现，主要集中在欧美等发达资本主义国家。在这些国家，其火灾承保能力大大加强。如 1871 年芝加哥的一场大火所造成的 1.5 亿美元的巨额损失，其 70%的部分由火灾保险公司进行补偿，显示出了强大的保障能力。欧美各国也非常重视保险市场的健康发展，通过建立保险行业公会，统一火灾保险的条款费率，以抑制保险同业间的恶性竞争。美国的火灾保险保单标准化首先从马萨诸塞州开始，1873 年该州开始使用统一的标准火险单，随之使用的范围不断扩大，减少了理赔的麻烦和相关的法律纠纷，促进了火灾保险的健康发展。在此基础之上，为了更好地满足人们的保险需求，增强火灾保险的承保能力，火灾保险的再保险也得到了发展。德国的再保险业尤为发达，截至 1926 年，各国共建立了 156 家再保险公司。德国也成为世界再保险业的中心。

(三)责任、信用保险的起源及其最初的发展

最早的责任保险是 1855 年英国开办的铁路承运人责任保险。自此之后，责任保险日益引起人们的重视。1870 年，保险人开始对因爆炸造成的第三者财产毁损和生命伤害提供赔偿。1880 年，英国通过了雇主责任法，其规定雇主经营中因过错使工人受到伤害的，应负法律责任。同年，就有雇主责任保险公司宣告成立。1890 年海上保险公司开始经营产品责任保险，1896 年出现了职业责任保险，随后会计师责任保险(1923 年)、个人责任保险(1932

年)、农户及店主责任保险(1948年)也相继出现。

19世纪末,汽车出现后,汽车责任保险随之产生。最早的汽车保险是1895年由英国一家保险公司推出的汽车第三者责任保险。1898年,美国开办了这项业务。进入20世纪后,汽车第三者责任保险得到了极大发展,时至今日它已成为责任保险市场最主要的业务之一。20世纪后期大部分西方国家对各种公共责任采取了强制保险的办法,有些国家还实行了严格责任制度,进一步使责任保险成为制造商和自由职业者不可或缺的一种保险。

信用与保证保险是随着商业信用的发展而产生的一种新兴保险业务。在18世纪末19世纪初,忠诚保证保险就已出现。该项保险的投保人一般是雇主,如果雇员的不忠诚行为使雇主蒙受损失,保险人将负有赔偿责任。19世纪中期英国又出现了保证公司。稍后出现了合同保证保险,这种保险主要运用于工程建设上。1901年,美国马里兰州的城市存款公司推出了合同担保保险。1919年,英国政府为了保证贸易的进行,专门成立了出口信用担保局,对有关贸易进行担保,创立了一整套信用保险制度,于是各国争相效仿,1934年伯尔尼联盟(国际信用和投资保险人联合会)的成立标志着出口信用保险已为世界所公认。此后,各国信用保险业务都开始得到稳步发展。

(四)人身保险的起源及其最初的发展

人寿保险是人身保险中产生最早的险种。人寿保险的起源是由三个方面的情况及其汇集演变而成的。其一是来源于海上保险。15世纪末期,当时商人将海上运输贩卖的奴隶损失,也当作货物一样投保海上保险。以后又发展到承保旅客因被海盗绑架而需支付的赎金,后来逐渐又普及海员和所有的自由人。其二是来源于古代的殡葬制度。公元前20多年,埃及的石匠成立了丧葬的互助组织,用交付会费的办法解决殡葬资金;古罗马时的士兵,以集资形式帮助战死士兵遗属获得生活抚恤费。其三是来源于中世纪欧洲的"行会制度"。中世纪是行会制度的全盛时代,分商人行会和工人行会两种职业互助团体,行会组织的基本目的是保护成员职业上的利益,除此之外,当其成员死亡或遭遇火灾、盗窃等意外灾害事故时,由全体行会成员出资救济。后来,这种行会组织发展成一种专门以救济为目的的行会。这种组织著名的有英国的友爱社、德国的扶助金库存和互助会等。

1551年,德国纽伦堡市长博尔茨创立了一种儿童强制保险制度,在子女出生后,由父母为其每年缴纳定额的保费,待到子女达到一定年龄时将数倍返还本金。1689年法国国王路易十四采用佟蒂法筹措战争经费,具体做法是要求每一位国民缴纳300法郎,若干年后开始只支付利息,并依据年龄的不同实行差别利率。这实际上是一种养老年金。1693年,英国数学家和天文学家埃德蒙·哈雷根据德国布雷斯劳市1687—1691年间的公民死亡统计资料,编制了第一张生命表,为现代人身保险奠定了数理基础。1762年成立的世界上第一家人寿保险公司——人寿及遗属公平社,首次将生命表用于人寿保险费率的计算,开启了人身保险发展的新篇章。1774年,英国颁布了人身保险法,在人身保险的经营中引入了可保利益原则,将投保人对于被保险人具有可保利益作为投保的前提,这部法律对于防范道德风险、促进人身保险健康发展起到了重要的作用。随后英国又颁布了一系列法律法规,不断地规范着人身保险的发展。

工业革命在促进经济发展的同时,由于各种机器的应用,使得人们职业伤亡和意外伤害事故不断增多,不仅不利于经济的发展,对社会的稳定也造成了较大的影响。而很多人身保险产品兼具保障和储蓄的功能，因此在这个时期社会对人身保险的需求增大，加快了人身保险的发展。

三、中国保险业的发展

(一)旧中国的保险业

1. 我国现代保险是随着外国资本输入而出现的

19世纪初，西方列强开始侵略东方，保险也作为其资本输出与经济侵略的工具进入中国。1805年英国商人在广州成立了广州保险会社，主要经营海上货运险。随后扬子保险公司、巴勒保险公司、太古洋行保险部相继成立。至此初步形成了中国的保险市场，但在这个市场中，外资保险公司处于唯一的垄断地位。

2. 民族资本保险业的兴起和发展

19世纪后半期，随着洋务运动的兴起，中国民族资本涉入保险业。1865年，我国首家民族资本的保险企业——上海华商义和公司保险行成立。1885年轮船招商局在上海创办了仁和、济和两家保险公司，后合并为"仁济和保险公司"，主要承保招商局所有的轮船、货栈及货物运输。随后一批民族人寿保险公司成立。第一次世界大战期间，帝国主义列强忙于战争，放松了对中国保险市场的控制，从而使中国的民族保险业获得了一个较快的发展。20世纪30年代，官僚资本介入保险业中，先后成立了中国保险公司、中央信托局保险部、中国农业保险公司等一批实力较强的保险公司，在一定程度上动摇了外资保险公司的垄断地位。抗战期间，外资保险公司纷纷关闭停业，民族保险则大举内迁重庆，保险业的发展陷入停顿阶段。抗战胜利后，内迁的公司纷纷迁回上海。当时上海保险市场有近400家各类保险公司，投机性的保险公司不断出现，整个市场呈现一派虚假繁荣的景象。

(二)新中国保险业的建立与发展

1. 新中国保险业的建立与初步发展

新中国的保险业是从整顿和改造旧中国保险业开始的。作为旧中国保险业的中心，上海保险市场首当其冲，上海市军管会财经接管委员会保险组，专门负责接管官僚资本的保险公司及管理私营保险公司，当时共接管官僚资本保险公司21家。并对私营保险公司实行重新登记，经批准后才能复业，这样淘汰了一大批投机性的保险公司。对外资保险公司则采取限制其业务来源的办法，1952年年底，外资保险公司全部撤离。对私营保险公司则采取公私合营的办法，到1956年完成了对旧中国保险业的整顿改造。1949年10月20日，经政务院财经委员会批准，中国人民保险公司在北京成立，它标志着人民保险事业的初步建立。在之后的十年间，人民保险事业取得了长足的发展，在全国范围内建立了较为完整的保险体系，为我国的社会主义经济建设作出了重要的贡献。

2. 国内保险业的停办

正当我国保险业快速发展之际，人民公社化运动云涌而至，一些人无视保险已经发挥的巨大作用，认为"一大二公"的人民公社能够解决人民的保险需求，巨灾事故造成的损失也可以由国家负责解决，保险已无存在的必要，于是在1958年召开的全国财贸工作会议上决定停办国内保险业务，国外业务由人民银行总行国外局负责办理。全国范围内停办保险业务给中国保险业造成了巨大的损失，同时进一步加大了与国外保险业的差距。

(三)我国保险业发展的新阶段

1979年的人民银行分行长会议提出了恢复国内保险机构和业务的建议，经国务院批准，我国国内保险业务从1980年起正式恢复。自此中国保险业迎来发展的一个契机。从恢复至今，中国保险业取得了巨大的发展。

1. 保险规模迅速扩张，保险服务领域不断扩大

我国保险业从20世纪80年代开始在全国范围内逐渐开展起来，90年代步入了快速发展阶段。进入新世纪，保险业的发展更加迅速。2006年，国务院颁布保险"国十条"以鼓励和推动保险业的发展。2014年8月，"新国十条"发布，表明了中央对保险业的重视，翻开了保险业加快发展和走向腾飞的新篇章。借着政策的东风，保险业在此期间飞速发展，到2017年我国保险市场规模首次超过日本，成为全球第二，并以16.4%的年保费增速领跑世界保险业市场。表2-1显示了我国自2000年以来保费收入及其增长率以及保费结构情况。

表2-1　2000—2022年我国保费收入及其增长率

年份	保险费收入/亿元	增长率/%	财产险保费/亿元	增长率/%	人身保险费/亿元	增长率/%
2000	1 595.9	14.6	598.4	14.8	997.5	14.4
2001	2 109.0	32.2	685.0	14.5	1 424.0	42.7
2002	3 053.1	44.7	778.3	13.6	2 274.8	59.7
2003	3 880.4	27.1	869.4	11.7	3 011.0	32.4
2004	4 318.1	11.3	1 089.9	25.4	3 228.2	7.2
2005	4 927.3	14.1	1 229.9	12.8	3 697.4	14.5
2006	5 641.4	14.4	1 509.4	22.6	4 132.0	11.8
2007	7 035.8	24.7	1 997.7	32.6	5 038.1	21.9
2008	9 784.1	39.1	2 336.7	16.9	7 447.5	47.8
2009	11 137.3	13.8	2 875.8	23.1	8 261.5	10.9
2010	14 500.0	30.2	3 895.6	35.5	10 600.0	28.3
2011	14 339.3	-1.1	4 617.9	18.5	9 721.4	-8.3
2012	15 487.9	8.0	5 331.0	15.4	10 157.0	4.5
2013	17 222.2	11.2	6 212.2	16.5	11 010.0	8.4
2014	20 234.8	17.5	7 203.4	15.9	13 031.4	18.4
2015	24 282.5	20.0	7 994.9	11.0	16 287.6	25.0
2016	30 959.1	27.5	8 724.5	9.1	22 234.6	36.5
2017	36 581	18.2	9 834.7	12.7	26 746.3	20.3
2018	38 016.6	3.9	10 770.1	9.5	27 246.5	1.9

续表

年份	保险费收入/亿元	增长率/%	财产险保费/亿元	增长率/%	人身保险费/亿元	增长率/%
2019	42 645	12.2	11 649	8.2	30 995	13.8
2020	45 257.3	6.1	11 928.6	2.4	33 328.8	7.5
2021	44 900.2	−0.8	11 671.1	−2.2	33 229.1	−0.3
2022	46 957.2	4.6	12 712.4	8.9	34 244.8	3.1

资料来源：根据历年《中国统计年鉴》《中国保险年鉴》等整理。

为适应新经济形态、新业态的需要，我国保险服务领域不断扩大。一是责任险业务快速发展。随着法律制度的完善，民众维权意识的增强，以及国务院、政府部门的推动，承运人责任保险、医疗责任保险、旅行社责任保险等涉及民生福祉的保险业务迅速发展，并在救济、抚恤等领域也引入了责任保险机制。二是互联网保险相关业务蓬勃发展。互联网保险业务规模大幅增长的趋势显而易见。通过互联网渠道销售保险，已经成为拉动保险市场增长的一个不可或缺的因素，同时为互联网经济风险管理服务的险种，如账户安全责任保险、退货运费损失险、"云计算"保险、"微医保"等纷纷问世。三是各种创新型保险如雨后春笋般涌现。为满足各行各业多元化的保险需求，如活动取消保险、航班延误险、手机碎屏险、赏月险等纷纷出现。四是出口信用保证保险大力发展。国际化是我国经济发展的趋势之一，"走出去"战略无疑使出口信用保证保险得到了大力发展。五是保险服务将承保端与投资端并行，充分发挥保险风险管理与保障功能，拓宽保险资金支持实体经济渠道，促进保险业持续向振兴实体经济发力、聚力，提升保险业服务实体经济的质量和效率。

【拓展阅读 2-2】

发挥险资优势 提升服务实体经济质效

数据显示，保险资金通过债券、股票、股权等多种方式，为实体经济提供中长期资金支持，资金规模由 2012 年的 4 万亿元增加至 2022 年 6 月末的 21.85 万亿元，累计增长 4.46 倍。

在服务区域协调发展方面，保险资金参与京津冀协同发展投资 5.88 万亿元，参与长江经济带建设投资 5.59 万亿元，参与粤港澳大湾区建设投资 2.10 万亿元。保险资金还为南水北调、西气东输、京沪高铁、大数据中心、特高压、商用大飞机等重大工程项目提供了有力支持。在服务养老产业方面，保险资金参与养老社区项目 59 个，计划投资规模 1412.16 亿元。此外，保险资金服务制造业、战略性新兴产业等投资余额 2.19 万亿元，支持绿色发展产业投资余额 1.22 万亿元。

党的十八大以来，银保监会引导保险机构坚守价值投资、长期投资和审慎投资理念，维护资本市场健康有序发展。例如，允许保险资金参与创业板、科创板和北交所股票投资等拓展保险资金股票投资范围；取消股票投资单一托管人要求等，以释放保险资金股票投资活力；允许保险资金参与证券出借业务，丰富资本市场券源供给。截至 2022 年 6 月末，保险资金投资股票2.67万亿元，累计增长5.51倍，占A股流通市值的3.77%，保险机构成为债券市场、股票市场最大的机构投资者之一。

(资料来源：金融时报，2022年11月10日.)

2. 保险市场主体数量增多，实力增强

保险公司作为保险市场主要的经营主体，在这30多年的发展中各个方面都有了长足的进步。1984年，中国人民保险公司从中国人民银行分离出来，独家经营国内保险业务；1986年，新疆生产建设兵团农牧业生产保险公司成立；1991年，交通银行保险部组建为中国太平洋保险公司，成为继中国人民保险公司之后成立的我国第二家全国性综合性保险公司；1988年，我国第一家股份制保险公司——平安保险公司成立，1992年该公司更名为中国平安保险公司，成为我国第三家全国综合保险公司。随后天安、大众等区域性的保险公司和新华、泰康、华泰等全国性的保险公司的成立，以及一批保险代理公司、保险经纪公司、保险公估公司的成立，使得保险市场的主体数目大增，众多新公司的加入使得中国保险市场的主体结构发生了根本性的变化。截至2022年，中国境内保险机构(总公司)共有239家。其中，保险集团12家，保险控股公司1家，财产险公司86家，人身险公司93家，再保险机构14家，保险资产管理公司29家，其他类型保险公司4家。保险专业中介机构2582余家。其中，保险中介集团5家，全国性保险经纪公司493家，全国性保险代理公司1707家，保险公估公司377家。此外，还有保险兼业代理机构2万余家。从总体来看，中国保险市场主体的实力也随着保险业的发展在不断增强。

3. 保险法律法规不断完善

1995年6月《保险法》颁布，为规范我国保险市场提供了法律依据。随后《保险代理人管理规定》《保险管理规定》《保险经纪人管理规定》《保险公估人管理规定(试行)》相继出台，这样，我国的保险法律体系初步建立。2001年我国正式加入世界贸易组织，旧的《保险法》有些条文已不能适应形势，于是2002年10月28日第九届全国人大第三十次会议通过了经修改的《保险法》，并于2003年1月1日正式实施。随着我国保险业的快速发展，保险监管出现了一些新的情况和问题，特别是保险合同法部分难以适应新的发展要求，2009年2月28日，第十一届全国人大常委会第七次会议表决通过了新修订的《保险法》。新修订的《保险法》更强调保护投保人、被保险人的合法权益。修订后的《保险法》于2009年10月1日起施行。2014年全国人大常委会再次对《保险法》做了小幅的修改。随着保险市场化改革，"偿二代"纷至沓来。为了与保险市场的快速转变相适应，2015年《保险法》进行了第四次修订。

4. 保险市场的对外开放度不断加大

1992年邓小平的南方谈话促进了中国进一步的改革开放。1992年9月国际保险业巨头——美国国际集团的子公司友邦保险公司正式在上海设立分公司，成为我国境内保险市场上首家外资公司。1994年11月，日本东京海上火灾保险公司被批准在上海设立分公司。1996年11月，中国第一家合资保险公司——中宏人寿保险有限公司在上海成立。第一家在华获准开业的欧洲保险公司瑞士丰泰保险集团于1997年5月9日在上海开业。2001年12月11日，中国正式加入世界贸易组织，根据入世协议规定，中国将在入世以后的五年内逐步放开对服务贸易的限制。2003年中国保险市场对外开放步伐逐渐加快，2004年12月11日起，允许外资寿险公司提供健康保险、团体险和养老金/年金险业务，取消对设立外资保险机构的地域限制，设立合资保险经纪公司的外资股权比例可达到51%。除了外资产险公司不得经营法定保险业务，外资设立寿险公司必须合资且股比不超过50%等限制外，对外资没有其他限制。至此，中国保险业基本实现了全面对外开放，这意味着中国保险业可以在更广领域和更深层次参与国际保险市场的竞争与合作。截至2021年11月末，境外保险机构在我国设立了66家外资保险机构，在华外资保险公司总资产达2万亿元。

我国保险业的对外开放过程，也是保险业不断改革发展的过程。保险市场开放带来了大量境外资金，通过设立外资保险机构和参股中资保险公司进入我国保险业，有力地促进了行业的发展。与外资相伴随进入我国的还有先进的保险经营理念、营销管理经验和风险管理技术，推动了国内保险公司的改革创新。在对外开放进程中，保险业充分利用国内外两个市场、两种资源，加快发展，推进改革，在经济社会建设中的作用和地位不断提高。

5. 互联网作为生产关系重构保险商业模式

互联网具有成本低、效率高、覆盖广、发展快以及风险大等特征，互联网下的保险业具有不受时间与空间的限制、信息高度透明，并且可以借助大数据精准定位人群等特征。互联网保险作为一项新兴事物，在我国发展的历史只有短短十几年，在这期间深刻地影响着保险业的方方面面。2017年11月21日，中国保险行业协会正式发布《2017中国互联网保险行业发展报告》。据统计，2021年共有60家人身险公司开展互联网保险业务，累计实现规模保费2916.7亿元，同比增长38.2%；互联网财产保险累计实现保费收入862亿元，同比增长8%，较财产险行业整体保费增速高出7个百分点。互联网财产保险业务各渠道保费收入占比呈差异化发展，其中，专业中介渠道累计保费收入412亿元，占48%；保险公司自营平台累计保费收入195亿元，占23%；营销宣传引流累计保费收入248亿元，占29%。

我国互联网保险正在经历从表层渠道变革向中层模式优化的发展，网络比价平台、直销网站、APP等模式基本已经落地，而基于线上场景的拓展和新技术的应用，包括从数据来源的扩展到业务流程数据的获取为风险定价、核保、理赔流程再造提供支持等内容，已成为现阶段互联网保险发展的重要内容。从全球保险业发展态势来看，传统保险公司、大型互联网公司、保险科技创业企业以及监管机构共同参与的，一个全新的保险科技生态系统正在形成。传统保险公司在已有的数据资源和风险保障能力基础上，加大科技投入，将有望获取明显的竞争优势；科技的兴起扩展了保险产品和服务范围，也为一些互联网公司带来发展机遇，通过保险产业链的解构，此类公司有望构建起保险科技基础设施，为保险公司提供技术支撑并开展合作。

【拓展阅读2-3】

互联网保险

中国保险行业协会的统计数据显示，2013年到2022年，开展互联网保险业务的企业已经从60家增长到129家，互联网保险的保费规模从290亿元增加到4782.5亿元，年均复合增长率达到32.3%。但上述报告数据显示，总体来看，我国目前的互联网保险渗透度不足10%，仍处于较低水平。

报告认为，目前互联网保险呈现两大趋势。

一是传统保险机构积极布局互联网渠道，大力开展数字化转型。当前，传统保险机构的互联网保险业务开展主要是以第三方渠道合作为主、险企官网自营为辅，2021年人身保险业通过第三方渠道实现的互联网保险保费占比为86.7%。同时，越来越多的传统保险机构开始将大数据、云计算等新型技术，运用到产品创新、核保承保、运营服务全流程，以及队伍建设、风险控制、经营决策等全方位优化中。

二是互联网保险中介机构蓬勃发展。随着互联网保险规模不断增长，蚂蚁保、微保等诸多服务于主体保险公司的互联网保险中介机构如雨后春笋般出现，这些依托场景、流量和科技的数字化保险中介平台，更能精准切入互联网保险消费者的需求，提供更为个性化、多元化的服务；同时，它们也积极对接保险公司数字化转型的需求，帮助传统机构降本增效，有效提高了保险业的线上服务能力，成为互联网保险业不可或缺的服务者。

尽管目前互联网保险渗透率仍然不高，但随着80后、90后甚至00后逐渐成为保险消费的主要群体，互联网保险的未来被业内看好。

报告预测称，假设互联网保险保费收入和保险业总体保费收入以25%和10%的年复合增速增长，2025年互联网保险保费收入规模将超过9000亿元；2030年互联网保险保费收入规模将超过2.85万亿元，整体理赔金额也将接近1万亿元。

(资料来源：《2023年互联网保险理赔创新服务研究报告》.)

展望未来，我国保险市场充满希望，随着我国经济形势向好，保险业将不断提高保险的覆盖广度和深度，继续保持平稳增长，更好地发挥保险服务经济社会的作用。

本 章 小 结

(1) 保险学说包括损失说、非损失说和二元说。

(2) 保险是集合具有同类风险的众多单位或个人，以合理计算分担金的形式，实现对少数成员因约定风险事件所致经济损失或由此而引起的经济需要进行补偿或给付的行为。我国《保险法》对保险的定义：本法所称保险，是指投保人根据合同约定，向保险人支付保险费，保险人对于合同约定的可能发生的事故因其发生所造成的财产损失承担赔偿保险金责任，或者当被保险人死亡、伤残、疾病或者达到合同约定的年龄、期限等条件时承担给付保险金责任的商业保险行为。

(3) 保险具有互助性、经济性、法律性和科学性。

(4) 保险虽然与社会保险、赌博、储蓄以及救济存在一定的共性，但它们之间存在根本的区别。

(5) 保险按照不同的标准可分成不同的类型。以保险性质为标准，可分为商业保险和政策保险；以保险标的为标准，可分为财产保险、责任保险、信用保险和人身保险；以保险实施方式，可分为强制保险和自愿保险；按风险转移层次，可分为原保险、共同保险、重复保险和再保险；以保险经营主体为标准，保险可分为公营保险与私营保险；以投保单位为标准，保险可分为团体保险、企业保险与个人保险；以保险价值确定的时间为标准，保险可分为定值保险与不定值保险；以保额金额与保险价值之间的关系为标准，保险可分为足额保险、不足额保险和超额保险。

(6) 风险的客观存在为保险的产生提供了自然基础，商品经济的发展为保险的产生提供了经济基础。概率论和大数法则是保险产生的数理基础。海上保险是保险的最早形式，随后出现了火灾保险、人身保险、责任保险和信用保证保险。中国保险业的发展虽历经坎坷，但终究得以新生，对于我国经济社会的发展作用强大。

实 训 课 堂

基本材料：

材料一：王先生和李女士路上遇见，聊起买保险的事情。王先生说："我有社保，就不需要购买商业保险了。"李女士说："是啊，我有城镇职工医疗保险，我就不买商业医疗保险了，很多商业医疗保险很贵啊。"

材料二：有人会持有这样的观念：单位给上了社保，甚至还有团体补充医疗保险，保障已经很全面了，没有必要购买商业保险了。虽然随着保险意识的普及，越来越多的人认识到商业保险是社会保险强有力的补充，但还是有很大一部分人群没有打破固有的传统理念，认为没有必要购买商业保险。

思考讨论题：

1. 结合上述材料，讨论商业保险与社会保险是互相冲突还是互为补充。
2. 结合上述材料，说说生活中我们应该持有怎样的理念才是正确的。

分析要点：

1. 商业保险与社会保险具有相同的本质，但两者在经营目的、实施方式、保障程度、保费资金的来源、保险关系建立的依据以及权利与义务对等关系等方面具有明显区别。
2. 在生活中，我们面临各种风险。针对不同的风险，有的是可以通过保险来转移，例如人身保险(死亡保险、养老保险、健康保险、意外保险)、财产保险(火险、运输保险、农业保险、工程保险等)、责任保险、投资保险等。

复习思考题

一、基本概念

保险　商业保险　社会保险　政策保险　重复保险　共同保险　定值保险　不定值保险　原保险　再保险　足额保险　超额保险　个人保险　团体保险　财产保险　人身保险　信用保险　保证保险　责任保险　人寿保险　健康保险　人身意外伤害保险

二、判断题

1. 从经济角度看，保险是分摊意外事故损失的财务安排。　　　　　　　　　( )
2. 保险与赌博本质上是都是以小博大。　　　　　　　　　　　　　　　　( )
3. 保险和储蓄都体现互助合作的性质。　　　　　　　　　　　　　　　　( )

4. 保险产生的数理基础是概率论和大数法则。　　　　　　　　　　　　(　　)
5. 经济性是保险最基本的特征。　　　　　　　　　　　　　　　　　(　　)
6. 我国《保险法》将保险分为财产保险和人寿保险。　　　　　　　　(　　)

三、不定项选择题

1. 对保险的认识，各国学者由于研究角度不同而形成了不同的观点和学说，归纳起来，大致可以分为(　　)。
   A. 损失说　　　　B. 非损失说　　　　C. 二元说　　　　D. 三元说
2. 保险产生的基础主要有(　　)方面。
   A. 自然基础　　　B. 经济基础　　　　C. 文明基础　　　D. 数理基础
3. 以保险标的为标准分类，保险可分为(　　)。
   A. 财产保险　　　　　　　　　　　　B. 责任保险
   C. 信用与保证保险　　　　　　　　　D. 人身保险
4. 在人寿保险中，体现了把概率原理应用到以往的经验数据的是(　　)。
   A. 统计表　　　　B. 生命表　　　　　C. 费率表　　　　D. 概率表
5. 以保险金额与保险价值之间的关系，保险形态可分为(　　)。
   A. 足额保险　　　B. 定额保险　　　　C. 超额保险　　　D. 不足额保险
6. 法定保险是依法实施的保险，一般具有(　　)。
   A. 统一性　　　　B. 足额性　　　　　C. 全面性　　　　D. 义务性
7. 保险的主要特征有(　　)。
   A. 互助性　　　　B. 经济性　　　　　C. 科学性　　　　D. 法律性
8. 有关保险与救济的说法正确的是(　　)。
   A. 保险和救济均是以补偿损失为宗旨，都能减轻灾害事故所造成的损失
   B. 两者都以生活困难者作为给付对象
   C. 救济金的提供者可以是政府、保险公司、企业和个人
   D. 保险是双方的合同行为，救济是单方的给付行为
9. 最早产生的保险业务是(　　)。
   A. 火灾保险　　　B. 海上保险　　　　C. 再保险　　　　D. 人寿保险
10. 保险的发源地是(　　)。
    A. 英国　　　　　B. 美国　　　　　　C. 比利时　　　　D. 意大利

四、简答题

1. 简述关于保险性质的三种主要学说。
2. 比较保险与赌博的区别。
3. 简述商业保险与社会保险的异同。
4. 比较重复保险和共同保险的异同。
5. 法定保险有什么特点？

五、论述题

1. 谈谈你对保险的认识。
2. 我国保险业发展的现状如何？未来发展趋势如何？

第三章 保险的职能与作用

■【学习要点及目标】

- 重点掌握保险的基本职能和派生职能。
- 理解保险在微观和宏观上的作用。

■【核心概念】

保险职能 保险作用

■【引导案例】

携手共抗"莫兰蒂"台风

2016年9月,第14号台风"莫兰蒂"登陆我国,登陆时中心附近最大风力15级,这既是2016年登陆我国的最强台风,也是新中国成立以来登陆闽南沿海风力最强的台风。台风导致厦门、泉州、宁波等地遭受巨大损失,面对灾情,保险业高度重视,迅速启动应急预案,取消中秋节休假,全力以赴投入到"莫兰蒂"灾后救援、查勘、理赔中。

据不完全统计,本次台风保险业共接到财产险报案113 153件,总涉案损失金额约44.95亿元。其中车险案件78 657件,涉案金额9.76亿元;非车险案件34 496件,涉案金额35.19亿元。截至2017年2月,已决案件件数99 730件,件数结案率88.14%,目前保险业仍在稳步有序推进"莫兰蒂"台风的各项理赔工作。

"莫兰蒂"台风理赔应对中,各保险机构查勘、理赔两手抓,多方联动,共同救援抗灾。保险业快速高效的理赔,对帮助企业及受灾群众恢复生产生活、重建家园起到了重要作用,体现了保险业勇于承担社会责任、保障社会经济发展的巨大职能。

(资料来源:http://www.tjia.org.cn/a/baoxianxinwen/xingyezixun/2017/0316/17177.html.)

【知识导入】

由保险的本质,我们可以进一步认识到保险的职能,及其在微观和宏观上的效应,即保险的作用。保险的职能与作用并非一成不变的,随着客观条件的变化,保险的职能在其基本职能的基础上又衍生出其他职能,保险1.0逐渐发展为保险2.0或是更高版本的保险,同时,保险又在更多的领域履行其职能并发挥着不可估量的作用。

第一节 保险的职能

所谓职能,是指某种客观事物或现象内在的、固有的功能,是由事物或现象的本质属性所决定的。保险的职能是指保险作为一种制度安排,在其运行过程中所固有的、内在的功能，它是由保险的本质和内容决定的，是不以人的意志为转移的客观存在。

长期以来，不同国家、不同地区和在同一国家或地区的不同时期，人们往往结合本地区或某一时期保险业在当地社会经济中的发展实际，对保险的功能提出了不同看法，存在着不同的认识。在当代，随着保险业在社会经济发展中的地位日益突出，保险业已经渗透到社会生产和生活的各个领域，保险的功能也得到了空前的发挥。

一、保险职能说

迄今为止，我国关于保险职能问题的探讨存在多家之说。

(一)单一职能论

单一职能论主张保险只有经济补偿的唯一职能，认为经济补偿是建立保险基金的根本目的，也是保险形式产生和形成的原因。在再生产过程中，保险通过经济补偿恢复生产。

单一职能论只是强调了保险机制的目的和社会效应，但是对于保险如何达到其目的和取得其效应却未能说明。也就是说，单一职能论不能完整地说明保险运行机制的全过程，从而也不能完整地反映保险的性质。

(二)基本职能论

持这一观点的人认为，保险具有分摊损失和补偿损失的职能，两个职能相辅相成。分摊损失是处理偶然性风险事故的技术手段，这是保险经济活动所特有的内在功能；而补偿损失作为积极体现保险行为内在功能的现实表现形式，是保险经济活动的外部功能。

基本职能论表述了保险机制运行过程中目的和手段的统一，完整地表现了保险的性质，所以说分摊损失职能与补偿损失职能的统一就是保险。

(三)二元职能论

持这一观点的人认为，保险具有补偿职能和给付职能。从财产保险的角度，保险具有经济补偿的职能；从人身保险的角度，保险又具有保险金给付的职能。

二元职能论比较传统，多见于我国的各类保险教科书中。这一观点主要是在西方保险二元性质说的影响下产生的。但我们一般认为保险作为独立的经济范畴应该有一个统一的概念，由此，其职能也应该可以是统一的。

(四)多元职能论

持这一观点的人认为，保险不仅具有分散风险和经济补偿两个基本职能，还应包括给付保险金、积累资金、融通资金、储蓄、防灾防损等职能，或者其中的若干个。

多元职能论认为随着市场经济的发展，保险的职能也应该有所发展。但是，多元职能论往往把一些属于保险公司的职能归属于保险的职能，这就混淆了保险经济范畴与保险公司经济组织的概念。此外，储蓄是货币信用的一种形式，将它作为保险的职能也是不合适的。

那么，应该如何认识和科学概括保险的职能？随着保险内涵的不断丰富，保险的职能也必然丰富和发展起来。一般来说，根据现代保险职能的内在稳定性不同，保险的职能具体可分为基本职能和派生职能。基本职能是指保险在一切经济条件下均具有的职能;而派生职能是指随着社会生产力的发展、社会经济制度的演进,从保险的基本职能中逐渐衍生出来的职能。保险的基本职能是经济补偿,通过分摊损失来补偿损失;保险的派生职能是资金融通和社会管理,如图3-1所示。

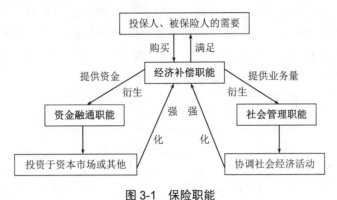

图 3-1　保险职能

【拓展阅读3-1】

保险不同职能间的关系

首先,保险的职能有基本职能与派生职能之分;其次,基本职能与派生职能之间相互影响。但是,有些保险公司却将保险的基本职能与派生职能加以混淆,舍本逐末,甚至本末倒置,在实践中产生了不良影响。例如,自1999年以来,国内寿险公司纷纷推出具有投资功能的新型寿险产品作为其化解利差损风险、应对低利率时期的一件法宝,并广泛运用。的确,该类产品对于应对利差损风险具有一定的积极作用,并拉动了寿险业务的快速发展。但从另一个角度看,新型寿险产品市场表面繁荣的背后却隐藏着深刻的危机。例如,某保险公司发生了集体退保挤兑事件,对保险市场造成了恶劣影响。

(资料来源:http://www.lanxicy.com/read/52bed68ac52cc52533b480f4.html.)

二、保险的基本职能

(一)分摊损失

从本质上来说,保险是一种分摊损失的机制。这种分摊损失的机制是建立在灾害事故的偶然性和必然性这种矛盾对立统一基础上。对个别投保单位和个人来说,灾害事故发生是偶然的和不确定的,但对所有投保单位和个人来说,灾害事故发生却是必然的和确定的。保险机制之所以能运转自如,是因为被保险人愿意以缴付小额确定的保险费来换取大额不确定的损失的补偿。保险组织通过向众多的投保成员收取保险费,分摊其中少数不幸成员遭受的损失。可用一个简单例子来说明保险分摊损失的职能。

假设有1000位住户,他们的住房价值均为500 000元,且都面临着因火灾失去房子的风险。为了转移风险,于是他们全部向保险人投保房屋火灾保险,保险人则承诺在保险期限内房屋发生火灾就予以赔付。保险人由过去的经验得知,每年该类房屋因火灾造成的损失相当于这些房屋价值的1‰。根据这一预定的损失率,保险人可知:

财产价值总额=500 000×1000=500 000 000(元)
预计的损失总额=500 000 000×1‰=500 000(元)
每位住户分摊的损失额=500 000/1000=500(元)
每千元财产价值分摊的损失额=500 000/500 000=1(元)

其经济意义就是，在每座住房价值相等的情况下，由这 1000 位住户每户缴纳 500 元就可以分摊预计的 500 000 元的火灾损失。如果每户住宅的价值不同，每位住户可按 1000 元财产价值缴付 1 元保费来分摊预计的损失，这个例子很好地说明了保险分摊损失的职能。图 3-2 描绘了一个火灾保险人是如何进行损失分摊的。

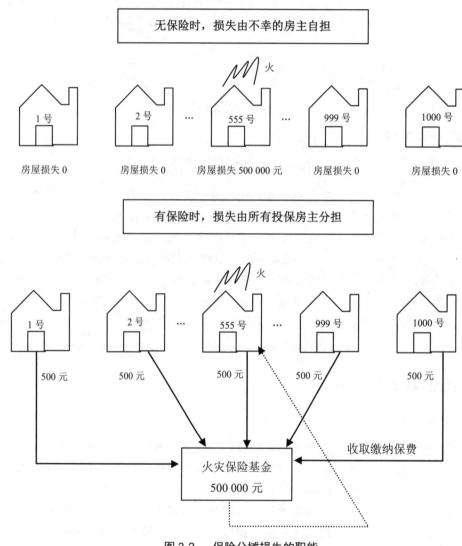

图 3-2　保险分摊损失的职能

上述例子有些不现实，因为它假定保险经营没有费用支出，财产的实际损失恰好等于预计的损失，且保险人收取的保险费也没有带来任何投资收入。若考虑这些因素，保险费的构成应调整为：保险人预计的损失赔付、经营费用和未预料的损失准备金之和扣除保险投资收益之后的余额。

保险分摊损失职能的关键是预计损失，运用大数法则可以掌握灾害事故发生的规律，从而使保险分摊损失成为可能，大数法则是保险合理分摊损失的数理基础。

【拓展阅读3-2】

大数法则及其在保险中的应用

例：甲和乙在未来一年之内都有可能遭受事故损失。每人都有20%的可能损失2500元，80%的可能没有任何损失。假设两人的事故损失是相互独立的。

损失结果	概率
0	0.80
2500元	0.20

期望损失=0.80×0+0.20×2500=500

方差= $0.8 \times (0-500)^2 + 0.2 \times (2500-500)^2 = 1\,000\,000$

标准差= $[1\,000\,000]^{1/2} = 1000$

如果两人愿意平均分摊事故成本(即风险集合)，将会出现什么情况？

每一个个体的事故损失的概率：

期望损失= $0.64 \times 0 + 0.32 \times 1250 + 0.04 \times 2500 = 500$

方差= $0.64 \times (0-500)^2 + 0.32 \times (1250-500)^2 + 0.04 \times (2500-500)^2 = 500\,000$

标准差= $[500\,000]^{1/2} \approx 707$

结论：

与没有风险集合的情况作比较，风险集合没有改变每一个人的期望损失500元。

但它将损失的标准差从1000降低到707，损失变得相对可预测了，即风险降低了。

风险集合降低了每一个个体的风险，这是风险集合的妙处。

在风险集合中，再增加一个人，风险(标准差)可以进一步降低。依次类推。

当集合参与者人数非常多时，损失的标准差(风险)就变得非常接近于零。

保险人通过汇集大量独立同分布的风险事件能有效地降低该保险集合的风险。这一保险集合中的保单持有人越多，保险公司就越可能有足够的资金去赔付保险期间所发生的索赔。

(资料来源：http://www.taodocs.com/p-41975180.html。)

(二)补偿损失

保险通过将参加保险的全体成员所缴保费建立起的保险基金，对少数成员因遭遇自然灾害或意外事故所受到的损失给予经济补偿，从而有助于人们抵抗灾害、保障经济活动的顺利进行以及帮助人们在受难时获取经济援助。

保险损失补偿的功能在不同的情况下和不同的险种中表现为不同的形式：在财产保险中表现为补偿被保险人因灾害事故所造成的经济损失；在责任保险中体现为补偿被保险人依法应负担的对第三方的经济赔偿；在人身保险中体现为对被保险人或其指定的受益人支付约定的保险金。虽然具体表现形式可以多种多样，但实质就是对被保险人遭遇灾害事故后给予一定的经济补偿，减少风险事件给被保险人带来的损失。保险损失补偿功能作用的发挥是基于人们对分散风险的需要和对安全感的追求，因此，这一功能是保险最本质的功能，也是保险的最终目的。

保险的两个基本职能是相辅相成的，分摊损失是达到补偿损失的一种手段，而补偿损失是保险的最终目的。没有损失分摊就没法进行损失补偿，两者相互依存，体现保险机制运行中手段与目的的统一。

【拓展阅读3-3】

2022年保险业涉及重大自然灾害赔付超600亿元

据保险业协会统计，2022年，保险业涉及重大自然灾害的赔付约635.52亿元，投入防灾减灾资金约2.34亿元，投入防灾减灾人力约13.61万人次，发送预警信息约7574.74万人次，排查企业客户风险约11.78万次，预计减少灾害损失约22.77亿元；在灾害救援方面，协助救援受灾人员约14.49万人次，协助救援受灾机动车7.13万辆次，捐赠资金约705.43万元，捐赠物资折算金额约2186.83万元，捐赠保险的保额约4736.64亿元。

(资料来源：金融时报，2023年5月15日。)

【拓展阅读3-4】

保险业快速应对"7.19"台湾旅游大巴交通事故案例

2016年7月19日12时57分，一辆满载游客的旅游大巴车在台湾桃园县发生车祸，造成车上包括司机在内的26人全部罹难的特大交通事故。事件发生后，阳光人寿、中国人寿、平安人寿、平安养老等保险公司迅速反应，成立应急小组，按照事故应急处置工作办法和要求，开通快速理赔绿色通道，紧急升级境外急难救援服务。第一时间赶赴事故现场协助进行救援、遗体转移、DNA提取；为罹难人员家属赴台后提供法律援助、心理辅导等多项援助。根据不完全统计，阳光人寿、中国人寿、平安人寿、平安养老等共赔付金额1698.05万元。

旅游意外、重大交通事故是本案的典型特色，保险的风险管理职能在应对、处理旅游意外和重大交通事故方面发挥了积极作用。

专家点评：随着旅游业的快速发展及境外出行、自驾出行等多种方式的普及，旅游安全风险不断增加，购买足额保险成为安全出行的保障。事故发生后，各保险机构积极响应、快速应对、信息共享、简化手续、开通绿色通道，理赔服务彰显人性化关怀，充分体现了保险行业应对重大灾害事故的社会责任。

(资料来源：http://www.tjia.org.cn/a/baoxianxinwen/xingyezixun/2017/0316/17177.html。)

三、保险的派生职能

(一)融通资金职能

现代金融最基本的功能就是对储蓄资金进行时间和空间上的配置，实现储蓄向现实投资的转化。作为金融产业中的重要组成部分，保险也同样表现出资金融通的功能。从风险管理理论上讲，保险本身就是一种风险融资机制，通过建立基金的方式，使得在某些特定情况出现的时候，个人或组织能及时获得所需资金。从保险进行资金融通的可能性来看，保险机构能够通过收取保险费而聚集起规模庞大的保险基金。一方面，保险机构收取保险费、建立保险基金与保险补偿和给付保险金的发生有一定的时间差；另一方面，保险赔付事故不可能都同时发生，保险基金也不可能一次性地全部赔偿出去。因此，有相当数额的保险基金被沉淀了下来而处于闲置状态，这就为保险资金进行资金流通提供了可行性。从保险进行资金融通的必要性来看，保险机构为了确保保险经营的持续与稳定，必须保证保险基金能够保值增值；此外，保险机构作为商业性的营利组织，从自身利益最大化角度出发，也愿意通过保险基金的合理投资获取更高的收益，所以，保险资金的运用也是必然的。

保险的资金融通功能主要体现在两个方面：一方面保险公司通过开展承保业务，将社会中的闲散资金汇集起来，形成规模庞大的保险基金，即将各经济主体和个人的可支配收入中的一部分以保费的形式聚集起来，能够起到分流部分社会储蓄的作用，有利于促进储蓄向投资的转化；另一方面，保险公司又通过投资将积累的保险资金运用出去，以满足未来支付和保险基金保值增值的需要。保险基金的资金来源稳定、期限较长、规模庞大，通过持股或者相互参股的形式，成为资本市场上重要的机构投资者和资金供应方，是金融市场中最为活跃的成员之一，同时由于其要考虑到未来对被保险人的偿付，因此投机程度不强，也是资本市场上重要的稳定力量。

【拓展阅读3-5】

保险资金为实体经济融资逾21万亿元

记者近日从中国银保监会获悉，银保监会近年来不断加强和完善现代金融监管，守住不发生系统性风险底线，持续推动保险公司向高质量发展转型。

截至2022年年末，保险资金为实体经济融资超过21万亿元，保险资金投向碳达峰、碳中和等绿色产业超过1万亿元，投向制造业、战略性新兴产业领域超过4万亿元。

保险业高质量发展还体现在保险公司持续回归主业、人民群众获得感明显增强、经营效率不断提升等方面。保障属性强的普通寿险、健康险、意外险的保费收入占比逐年上升，从2018年的54.5%上升至2022年的72.9%；2022年每1元保费对应的保障金额为2924元，较2018年提高了54%；2022年业务及管理费和手续费及佣金支出占营业收入的比重为17.2%，较2018年下降了6.2个百分点。

(资料来源：https://baijiahao.baidu.com/s?id=1764460880891895706&wfr=spider&for=pc.)

(二)社会管理职能

随着保险制度的完善与发展及社会的进步，现代保险的社会管理职能在逐步扩大，从四大功能延展至八大功能。

1. 利用风险数据库，承担社会风险管理功能

保险是经营风险的特殊行业，现代保险通过为各行各业和人们的日常生活提供风险管理服务，建立了较为完备的风险数据库。通过对数据库中大量损失统计资料的识别、分析和评估，提炼出各种风险发生的诱因、概率和时空分布等基础特征，从而为全社会识别和预防风险提供数据支持。利用风险数据库，厂商可以更加科学地把握安全生产的规律，优

化生产流程；同时，保险公司可以利用风险数据库的资料，进一步提供防灾防损的服务，扮演全社会风险顾问的角色。积极地宣传保险知识，帮助被保险人强化风险管理意识，提供全面的风险管理咨询、防灾防损监督和指导，提取防损基金，资助被保险人采取安全防范措施，事前化解风险隐患，从而分散非系统性风险，降低人为因素与风险发生之间的相关系数，发挥社会"稳定器"和"减震器"的作用。

2. 融入社会生产过程，承担社会生产管理功能

社会生产可以从微观、宏观和产业政策三个层面来考察。首先，现代保险全面融入行业微观生产过程，在特定风险发生时，根据合同约定对所致的实际损失在价值上给予补偿，通过这种对已有社会财富的再分配，帮助受灾企业迅速恢复生产，减少利润损失。其次，现代保险还积极参与社会宏观再生产，在化解微观单位风险的同时，有效维持社会再生产各部门之间合理的比例关系，避免生产链中某一环节断裂而造成相关生产单位的连锁损失，确保和增强国民经济运行的连续性和稳定性。最后，现代保险还能够密切配合政府的产业政策，支持先进生产力的发展。对产业政策扶持的行业，有针对性地加大险种开发力度，扩大服务内容和领域，制定相对优惠的条款、费率，利用优质的保险服务有效化解行业发展风险，提高行业安全运行效率，从而缩短国家调整产业结构的周期，降低产业结构优化重组的成本，实现保险业经济效益与社会效益的全面统一。

3. 转变传统生活理念，承担社会生活管理功能

随着我国步入了大变革、大开放、大发展的时代，生产形式、思想观念和生活方式都发生了深刻的变化，人们的工作节奏加快，开始追求经济的高效益和生活的高质量。现代保险是既有补偿给付，又有融资理财职能的综合性金融服务，满足了现代生活的多元化需求。一者，满足规避风险的需求。目前，劳动力市场的供给失衡、人口老龄化问题的凸显等，使得运用保险管理日常生活已经逐渐成为现代人追求有保障幸福的一种重要方式。二者，满足均衡收入的需求。保险能够帮助人们合理控制即期收入，将其中一部分储蓄起来，转移至年老多病时支用，用以调节和平衡生活。再者，满足风险收益的需求。随着生活质量的进一步提高，一部分人开始追求风险收入。投资连结保险、分红保险、万能保险等新型人身保险比起传统产品更灵活的缴费机制、较高的利率弹性和专家理财所带来的预期收益，满足了这些风险偏好者的投资需要。

4. 承接部分政府职责，承担社会改革管理功能

在经济体制的转轨期，建立现代产权制度为商业保险的发展提供了前所未有的机遇。产权是商品交换的基础，明晰产权所引致的利益驱动，使所有者产生了运用保险实现自有财产安全的需要。建立现代企业制度，完善法人治理结构，成为市场经济中自主经营、自负盈亏的市场主体，需要市场化运作的商业保险代替财政输血为之提供全面的风险保障。当前，中国特色社会主义已经进入新时代。必须适应我国社会主要矛盾已经转化为人民日益增长的美好生活需要和不平衡不充分的发展之间的矛盾这一客观要求，在社会保障体系基本建立的基础上提出新的奋斗目标。党的十九大报告提出全面建成多层次社会保障体系，就是要坚持全覆盖、保基本、多层次、可持续的基本方针，按照兜底线、织密网、建机制的基本要求，实现覆盖全民、城乡统筹、权责清晰、保障适度、可持续的奋斗目标，更好

地体现社会公平正义，努力满足人民群众差异化需求。这是社会保障体系自身发展完善的必然要求，与全面建成小康社会目标相契合。

全面建成多层次社会保障体系，就是要在保障项目上，坚持以社会保险为主体，社会救助保底层，积极完善社会福利、慈善事业、优抚安置等制度；在组织方式上，坚持以政府为主体，积极发挥市场作用，促进社会保险与补充保险、商业保险相衔接。要积极构建基本养老保险、职业(企业)年金与个人储蓄性养老保险、商业保险相衔接的养老保险体系，协同推进基本医疗保险、大病保险、补充医疗保险、商业健康保险发展，在保基本基础上满足人民群众多样化多层次的保障需求。

5. 运用保险资金，承担社会资源管理功能

保险的快速发展积聚了巨额的保险基金，而保险基金的补偿和给付具有一定的时差性，这为保险资金的投资运用提供了可能。同时，日益激烈的市场竞争使得保险公司的承保利润趋于微薄，拓宽渠道运用资金获取投资收益，是保险公司稳定经营、增强偿付能力的内在要求。保险通过汇集闲散资金进行集中运用，首先是发挥超级机构投资者的作用，弱化游资对金融体系的冲击，增强资本市场的稳定，同时，凭借规模优势发挥着优化资源配置的作用。保险资金进入外汇市场，可以帮助稳定国家汇率；进入期货市场，可以进一步发挥期货指数的价格发现功能；进入债券市场，可以支持国家重点工程项目的建设；进入股票市场，可以将资本引入代表先进生产力发展的各个行业。并且，随着进一步增强与资本市场的良性互动，保险在疏通现代经济的金融血脉的同时，稳定金融体系、优化资源配置的功能正在不断向纵深拓展。

6. 支持技术进步，承担社会创新管理功能

科技创新是促进经济发展的核心动力，是推动社会文明进步的不竭源泉。面向高新技术的风险投资是知识经济时代一项重要的经济活动，是鼓励技术革新和培育创新精神的重要资本支持形式。风险投资具有高收益和高风险并存的特点，除了专业的风险投资基金以外，银行等风险回避型资金都不愿意过深介入风险投资项目，以免承担创新失败的巨大风险。而保险可以通过分散风险的形式建立创新容错机制，利用大数法则筹措保险基金，对于投资技术创新失败的行为进行补偿，从而降低科技创新失败的损失预期，吸引更多的资金从事科技创新投资，全面推动社会革新进步。

7. 秉承最大诚信原则，承担社会信用管理功能

市场经济是法制经济也是信用经济，并且作为非正式制度的信用，某些时候对节约交易费用、提高经济效率，比法律更为有效。保险的文化基础就是最大诚信原则，随着保险日渐融入人们的生活，如实告知、互不欺瞒、履行义务、恪守承诺的保险文化也将被带入社会的每个角落，从而潜移默化地增强公众的诚信意识，降低理性经济人的逆向选择和道德风险行为对经济效率的损害，改变信用缺失的社会状况，促进社会信用体系的建立。同时，保险在经营过程中会收集企业和个人的历史履约行为记录，从而建立起庞大的信用数据库。信用数据库的建立，除了可以在行业内部共享以对被保险人进行信用评级、建立失信被保险人黑名单以外，也能够为社会企业信用管理体系和个人信用管理体系的建立提供重要的信息资料来源，从而和包括存款实名制在内的其他信用制度构成一个完整的征信体

系，共同降低全社会的信用风险，提高违约失信的成本。

8. 改变各方行为模式，承担社会关系管理功能

现代保险介入灾害处理全过程，改变了政府、企业和个人的行为关系。在保险缺位的情况下，自然灾害发生后受灾企业和个人会直接向政府寻求财政援助，这时会出现两个问题：一是大量的转移支出必然会加重财政的负担；二是由于政府和受灾方信息的不对称，机会主义会驱使受灾方虚报或多报受灾损失，造成灾害记录的失真和财政拨款的超支。而保险作为财政救助制度的前一道防线成为灾害处理主体之后，可以利用专业技术核定受灾损失情况，根据合同约定对受灾的被保险人进行科学补偿。人为事故发生后，保险公司的及时介入可以减少当事方的纠纷和摩擦。随着现代生活中各种矛盾和利益的日趋复杂，事无巨细均由政府部门协调裁决导致了处理成本过高，并且为权力寻租埋下隐患。保险公司能因其专业的核赔技术和自身的利润目标，使灾害处理流程更科学、更高效。伴随着各种灾害的处理，保险彻底改变了各方当事人的行为模式，成为一种社会关系管理制度，全面融入社会生产生活。

第二节　保险的作用

保险的作用是指保险职能发挥而产生的影响和效果。保险作为经济助推器和社会稳定器，对于促进经济与社会的协调发展有着重要作用。充分认识保险对社会经济协调发展的作用，有利于拓宽保险发展空间，使保险业在更深层次和更广领域参与到国民经济和社会发展的全局工作中，提升保险业在社会经济中的地位。这可以从微观和宏观两个层面进行分析。

一、保险的微观作用

保险的微观作用是指保险对作为经济个体的单位或个人产生的影响和效果。主要表现在以下几个方面。

(一)有利于受灾企业及时恢复生产

在社会生产中，危险事故如自然灾害和意外事故是客观存在和不可避免的，不是人所能控制的，极具不确定性。人们对于危险事故何时何地发生、损失程度等问题很难给出确定的答案。事故一旦发生会给企业造成巨大损失，单凭企业自身力量是很难在短时间内恢复到受灾前的生产水平。而若参加保险，就可在最短的时间内获得经济上的补偿，把生产中断造成的损失降到最低。

(二)有助于企业加强经济核算

保险作为企业风险管理的财务手段之一，能够把企业不确定的巨额灾害损失化为固定的少量的保险费支出，并摊入企业的生产成本或流通费用，这完全符合企业经营核算制度。企业通过缴付保险费，把风险损失转嫁给保险公司，不仅不会因灾损而影响企业经营成本

的均衡，而且还保证了企业财务成果的稳定。如果企业不参加保险，为了不因灾损而使生产经营中断、萎缩或破产，就需要另外准备一套风险准备金，这种完全自保型的风险管理手段，一般来说，对单个企业不大可行。

(三)有助于企业加强风险管理

保险所承保的风险是纯粹风险，也就是说对社会来说是社会财富的减少；同时，保险补偿的是企业所遭受的财产损失，也不可能通过保险来获得额外的收益。而在保险合同的履行过程中，投保的企业必须在其风险增加时及时通知保险人，否则保险人可以拒赔。这又引起投保企业对风险管理的高度重视。保险公司在经营过程中，积累了丰富的风险管理经验，不仅可以向企业提供各种风险管理经验，且通过承保时风险调查与分析、承保期内的风险检查和监督等活动，尽可能消除风险的潜在因素，达到防灾防损的目的。

(四)有助于安定人民生活

家庭是社会的基本单位，家庭的稳定是人们安心从事社会生产的重要前提，对社会的稳定具有重要的意义。同企业一样，家庭也会面临自然灾害和意外事故的威胁，且家庭对危险的承受能力相对企业来说要弱得多，所以在事故发生后，家庭对外来经济补偿的需求也要比企业迫切得多。人身保险和家庭财产保险等针对家庭的保险产品在这方面起到了积极的作用，对人民生活起到了保障的作用。

(五)有助于均衡个人财务收支

这一点主要针对人身保险而言，因为很多的人身保险产品兼具保险性和储蓄性。将现在的财富通过保险这种方式累积下来用于满足未来经济上的需要，实际上是让渡现在的消费权利，获得未来的或有消费权利。通常，在整个生命周期内人的收入的波动幅度是比较大的，而消费支出的波动幅度并不很大。要实现不同时期的收入和消费的平衡，保险是一种很好的理财工具。分期缴纳保费的人身保险，对保费的定期支付规定，使投保人更容易坚持"财富储备"。

(六)有助于民事赔偿责任的履行

人们在日常生产活动和社会活动中不可能完全排除民事侵权而发生的民事赔偿责任或民事索赔事件的可能性。具有民事赔偿责任的单位或个人可以通过购买相关保险产品将此风险转嫁给保险公司，使被侵权人的合法权益得到保障并顺利取得保险金额以内的民事赔偿。有些民事赔偿责任由政府采取立法的形式强制实施，如机动车第三者责任险等。

【拓展阅读 3-6】

泰坦尼克号沉没后 保险理赔带去温暖和安慰

20世纪初，英国白星轮船公司耗资7500万英镑打造的当时世界上最大的豪华客轮"泰坦尼克"号，曾被称作"永不沉没的船"和"梦幻之船"，"Titanic"一词的中文意思是"巨大的、强大的"。难怪有人甚至说："就是上帝亲自来，也弄不沉这艘船。"然而现实总是无情的，1912年4月10日，泰坦尼克号从英国南安普敦出发开启处女航，途经法国瑟堡-

奥克特维尔以及爱尔兰昆士敦，计划中的目的地为美国纽约，4月15日凌晨途中撞上冰山而沉没，2208名乘客，仅705人生还。1500多个鲜活的生命被无情的海水吞没。泰坦尼克号至今还沉睡在大西洋海底！

电影《泰坦尼克号》有一段15秒的映前片花，这段短短的视频讲述了泰坦尼克号沉没后一段鲜为人知的真实的故事：当大西洋冰冷的海水吞噬了1500多个鲜活的生命，把1000多个家庭从对新大陆新生活的憧憬中推向破碎与绝望，悲剧并没有被无限蔓延，在他们当中，有324个家庭感受到了爱的延续、责任的担当。灾难发生后，当时英国最大的保险公司保诚保险迅速做出反应，在巨轮沉没仅仅24天后，保诚保险发表公告对本次事件中罹难的客户进行理赔，最终为324名乘客和船员赔付14239英镑，价值相当于今天的110万英镑，这笔在当时看来的巨额赔偿为324个破碎的家庭带去了温暖和安慰。

人们可能会问：为何会有如此高比例的乘客和船员向同一家保险公司投保呢？在那个时代，保险服务尚属于经济条件富裕的阶层才能享受的"奢侈品"。好在英国保诚保险公司开创了为普通大众提供保险服务的先河，许多中产阶级、工薪阶层成为保诚的忠实客户。在此次船难中，很多失去了亲人的家庭得到了保诚及时、有效的保险理赔。根据英国南安普顿地区城市档案，在当地的一个学校，一半的孩子失去了自己的父亲——这些人大多是泰坦尼克号上的船员。孩子失去了父亲，妻子失去了丈夫，这些普通家庭濒临绝境，而保诚的雪中送炭不仅让他们得到了心灵上的慰藉，更重要的是获得了在财务上挺过难关的能力。

英国保诚集团不仅理赔了泰坦尼克号超过五分之一的遇难者，而且还是全球第一家承保战争险的保险公司，理赔了第一次世界大战和第二次世界大战中数十万不幸的家庭，并宣布保单不因打仗无法缴费而失效。保险为饱受战争和灾难创伤的人群带来了希望和慰藉。

(资料来源：中国保险报，2017年6月1日。)

二、保险的宏观作用

保险的宏观作用是指保险对全社会和整个国民经济产生的影响和效果。

(一)助推经济发展

1. 有利于社会再生产的顺利进行

社会再生产过程由生产、分配、交换和消费四个环节组成，它们在时间上是连续的，在空间上是均衡的。但是，社会再生产过程的这种连续性和均衡性会因遭遇各种自然灾害和意外事故而被迫中断和失衡。通过保险的损失补偿，能及时地对这种中断和失衡发挥修补作用，从而保证社会再生产的连续性和均衡性。

2. 有利于资源优化配置

保险公司集中投保方的保费资金，将可投资保险资金投入到实体经济中，参与实体企业的再生产，参与国家基础建设、公用事业的发展等，能提升整个社会的资金运用效率和效果。

3. 有利于推动社会经济交往

现代社会的经济交往主要表现为商品的买卖和资金的借贷，商品可分为有形商品和无形商品。不论是商品买卖还是资金借贷，都涉及一个关键问题——信用。作为经济社会中的个体，企业或个人掌握的信息都是不完全的，不可能深入了解每一个与之有联系的经济主体，那么是否与其进行经济交往就取决于对方的信用度，显然信用越好，交往的可能性就越大。保险作为经济补偿制度，在一定程度上消除了经济主体对信用的考虑，客观上起到了提高信用的作用。例如在对外经济交往中，出口商出口商品如果担心进口商不履行买卖合同按期支付货款而给自己造成经济损失，就可以投保出口信用保险，将这一风险转嫁给保险公司，从而放心地进行交易。

4. 有利于调节外汇收入

保险在对外贸易和国际经济交往中发挥着重要的作用，促进了对外贸易和国际经济交往，有利于调节外汇收入。在当今国际贸易中，进出口贸易都必须办理保险，保险费、商品的成本价和运费是国际贸易商品价格的三个主要组成部分。一国出口商品时若争取到岸价格(FOB)，即由己方负责保险，则可增加保险外汇收入；进口商品时若争取离岸价格(CIF)，即由对方负责保险，则可减少保险外汇支出。此外，当一国进入世界保险市场参与再保险业务时，应保持保险外汇收支平衡，力争保险外汇顺差。保险外汇收入是一种无形贸易收入，对于增强国家的国际收支能力起着积极的作用，历来为世界各国所重视。

(二)维护社会稳定

自然灾害和意外事故可能给人类带来突然的财产损失和人员伤亡。突如其来的灾害事故完全有可能使企业生产和人民生活陷入困境，给社会带来许多不安定因素。但是，有了保险保障，情况就会发生根本的变化。

保险人专门承担风险和处理风险，与被保险人在经济上有着共同的利益。因此，保险人对保险财产和人身安全有着不容推卸的防灾减损义务。保险人在大量日常业务赔案处理中，掌握了许多资料和防灾减损经验，并能拨出相当一部分资金增强防灾减损的能力，采取切实措施降低灾害事故发生的可能性和破坏性。保险能在最短的时间里帮助企业恢复生产，帮助居民重建家园，解除人们在经济上的各种后顾之忧。这样就能从根本上稳定企业、稳定家庭，消除一些社会不安定因素。

(三)促进科技进步

当今科学技术对经济、社会发展的促进作用体现得越来越明显，科技进步逐渐成为经济发展最主要的推动力。采用新技术可以提高企业的劳动生产率，使产品升级换代，扩大市场份额，企业发展的一个趋势就是把新产品的开发研究摆在最重要的位置上。但对新技术的开发，往往面临着较大的投资风险。保险会给企业带来保障，促使企业开发新技术、新产品，推动科技的发展，促进经济发展。

(四)推进文明发展

保险是一种社会互助共济形式。参加保险，一方面可以转移风险，把可能发生的风险转移给保险人；另一方面，也帮助了别人。因为参加保险的绝大多数人是为了获得保障，不是为了赔款。在"一人为众，众为一人"的早期保险思想里，就体现了互助共济的原则。保险确立的是一种人与人之间的互相关心、互相帮助的关系和精神，有助于社会文明的发展。

总之，保险是社会的稳定器，保障社会经济的安定；保险是社会的助动器，为资本投资商品生产、流通保驾护航。

本 章 小 结

(1) 保险的职能是保险本身所具有的内在功能，它由保险的根本特性和地位决定，客观地反映了保险的本质。我国理论界对保险职能存在单一职能论、基本职能论、二元职能论和多元职能论四种观点。

(2) 保险的基本职能是分摊损失、补偿损失。从本质上来说，保险是一种分摊损失的机制：保险通过将投保人所缴保费建立起的保险基金，对少数成员因约定事故所受到的损失给予经济补偿。保险的两个基本职能是相辅相成的：分摊损失是达到补偿损失的一种手段，而补偿损失是保险的最终目的。

(3) 保险的派生职能是融通资金、社会管理。保险的资金融通功能主要体现在两个方面：一方面保险公司通过开展承保业务，将社会中的闲散资金汇集起来，形成规模庞大的保险基金；另一方面，保险公司又通过投资将积累的保险资金运用出去，以满足未来支付和保险基金保值增值的需要。现代保险的社会管理功能表现为：利用风险数据库，承担社会风险管理功能；融入社会生产过程，承担社会生产管理功能；转变传统生活理念，承担社会生活管理功能；承接部分政府职责，承担社会改革管理功能；运用保险资金，承担社会资源管理功能；支持技术进步，承担社会创新管理功能；秉承最大诚信原则，承担社会信用管理功能；改变各方行为模式，承担社会关系管理功能。

(4) 保险的作用是指保险职能发挥而产生的影响和效果。保险的微观作用是指保险对作为经济个体的单位或个人产生的影响和效果，主要表现在：有利于受灾企业及时恢复生产；有助于企业加强经济核算；有助于企业加强风险管理；有助于安定人民生活；有助于均衡个人财务收支；有助于民事赔偿责任的履行。保险的宏观作用是指保险对全社会和整个国民经济产生的影响和效果，主要表现在：助推经济发展；维护社会稳定；促进科技进步；推进文明发展。

实 训 课 堂

基本材料：

材料一：2018年全国保险监管工作会议提出，服务国家重大战略，支持现代化经济和社会体系建设。保险作为市场化的风险管理、社会管理和灾害救助机制，必须通过服务国家重大战略实现行业价值的提升。

材料二：服务国家供给侧结构性改革。保监会将围绕"三去一降一补"，支持保险资产管理机构发起设立去产能并购重组基金，促进钢铁、煤炭等行业加快转型升级；建立财务性股权投资负面清单管理方式，发挥保险资金适合转化为长期资本的优势；重点把握供给侧结构性改革、基础设施网络建设、区域发展战略、国家重大科技项目、先进制造业和高新技术产业等战略机遇，拓宽保险资金支持国家重大战略的渠道；研究推进中国保险投资基金设立服务国家战略专项基金，高效对接国家战略。

材料三：2018年，保监会将继续推进大病保险精准脱贫，推动保险业开展建档立卡贫困人口补充商业医疗保险，提高覆盖面和服务水平；完善农业保险制度，加快发展多种形式的农业保险，提高农业保险保障水平，助力乡村振兴战略；加大对深度贫困地区的支持力度，适当降低涉农保险产品费率；启动部分粮食主产省收入保险和完全成本保险试点，推进巨灾保险实践探索，稳步扩大"保险+期货"试点；稳步推进保险资金支农支小服务试点；研究设立中国农业再保险公司，完善财政支持的大灾风险分散机制。

材料四：保监会将鼓励保险机构服务京津冀协同发展、长江经济带、粤港澳大湾区等区域发展，积极推动责任保险发展，研究规范责任保险经营行为，助力社会治理创新。研究启动新材料首批应用保险补偿和专利保险试点，更好地服务《中国制造2025》。鼓励保险业参与长期护理保险制度试点；推动税优健康保险平台与国家税务平台对接，助力多层次医疗保障体系建设。支持保险机构拓展企业年金和职业年金业务，开展税延养老保险试点，积极参与基本养老保险基金等市场化投资管理，助力多层次养老保障体系建设。

思考讨论题：

1. 结合上述材料，论述保险职能的演变。
2. 结合上述材料，说说当代保险的职能及作用。

分析要点：

1. 保险固有的基本职能和随着时代变迁应运而生的派生职能。
2. 保险的职能赋有时代特征，当代保险的职能除了其基本职能之外社会管理职能比较突出，它的作用体现也是从宏观、微观层面去阐释。

复习思考题

一、基本概念

保险职能　保险作用

二、判断题

1. 基本职能论坚持保险具有分摊损失和补偿损失的职能，两个职能相辅相成。（　　）
2. 保险在经营过程中会收集企业和个人的历史履约行为记录，从而建立起庞大的信用数据库。（　　）
3. 利用风险数据库，保险承担了社会风险管理功能。（　　）
4. 保险本身就是一种风险融资机制。（　　）
5. 防灾防损、资金运用是保险的派生职能。（　　）
6. 保险不能承接政府的某些职责，不能承担社会改革管理功能，因为大多保险机构是

盈利性企业。 ( )

三、不定项选择题

1. 保险的派生职能是( )。
   A. 分摊损失　　　B. 补偿损失　　　C. 融通资金　　　D. 社会管理
2. 保险的基本职能是( )。
   A. 避免损失　　　B. 分摊损失　　　C. 经济救济　　　D. 补偿损失
3. 国内保险业务恢复以来,理论界对保险究竟具有什么职能的讨论,出现了不同的见解,归纳起来主要为( )。
   A. 单一职能论　　B. 二元职能论　　C. 多元职能论　　D. 基本职能论
4. 认为保险具有补偿职能和给付职能。即从财产保险的角度,保险具有经济补偿的职能;从人身保险的角度,保险又具有保险金给付的职能。这种观点属于( )。
   A. 单一职能论　　B. 二元职能论　　C. 多元职能论　　D. 基本职能论
5. 认为保险不仅具有分散危险和经济补偿两个基本职能,还应包括给付保险金、积累资金、融通资金、储蓄、防灾防损等职能。这种观点属于( )。
   A. 单一职能论　　B. 二元职能论　　C. 多元职能论　　D. 基本职能论
6. 以下关于保险基本职能正确的说法是( )。
   A. 分摊损失是手段　　　　　　　　B. 分摊损失是目的
   C. 补偿损失是手段　　　　　　　　D. 补偿损失是目的
7. 保险的微观作用是指保险对作为经济个体的单位或个人产生的影响和效果。下面有关保险的微观作用的陈述正确的有( )。
   A. 有利于受灾企业及时恢复生产　　B. 有利于安定人民生活
   C. 有利于经济发展　　　　　　　　D. 有利于科技进步
8. 保险的宏观作用包括( )。
   A. 助推经济发展　　　　　　　　　B. 有利于社会的和谐稳定
   C. 促进现代科学技术的进步　　　　D. 推进社会文明的发展

四、简答题

1. 保险的社会管理职能有哪些?
2. 保险是如何承担社会风险管理职能的?
3. 保险是如何承担社会信用管理功能的?
4. 简述保险对经济发展的作用。
5. 保险对个人和家庭有哪些作用?

五、论述题

1. 谈谈你对保险职能的理解。
2. 论述保险的宏观作用。

第四章 保险合同

【学习要点及目标】

- 重点掌握保险合同的基本特征。
- 了解保险合同的形式,掌握保险合同的种类。
- 重点掌握保险合同的要素。
- 区分保险合同的订立、变更和生效。
- 了解保险合同的解释原则与争议处理方式。

【核心概念】

保险合同　保险人　投保人　被保险人　受益人　保险单　责任免除

【引导案例】

投保人未按时交纳保险费　保险公司可否以此拒赔

2018年7月1日,某啤酒厂与某保险公司签订了财产保险合同,由某保险公司承保火灾险,合同约定保险金额为580万元,保险期限自合同签订之日起一年,保费为198000元,由啤酒厂在每季度的前三个工作日交纳。经保险人催促,啤酒厂分别于2018年7月8日和10月23日交纳了第一季度和第二季度的保险费,保险公司均予以接受并出具了相应的单据。2019年1月10日凌晨,啤酒厂因电线短路发生火灾,造成经济损失190多万元。10日上午啤酒厂向保险公司报案并欲交纳第三季度的保险费49500元,保险公司以啤酒厂交纳第三季度的保险费已经超过了合同约定的时间为由,拒绝接受保险费和承担责任,啤酒厂遂提起诉讼。

本案争议的焦点为投保人未按时交纳保险费,该财产保险合同是否成立生效?

(资料来源: http://www.govwq.com/show-m.asp? id=27167.)

【知识导入】

与一般商品的买卖关系不同,保险商品交易的达成是建立在合同基础之上的,体现的是一种民事法律关系。保险商品交换关系既是一种经济关系,同时又是一种法律关系,经济关系是法律关系存在的前提,法律关系是经济关系的表现形式,而保险关系一般都是通过签订保险合同这一法律形式固定下来的。

第一节　保险合同的特征及形式

一、保险合同的定义

保险合同(insurance contract)又称保险契约,它是产生保险关系的依据,不同国家或地区的专家学者或法律对此有不同的定义。英国学者约翰·伯尔兹认为：保险合同是当一件意外事故在未来不确定时发生时，给予经济赔偿或给付，以保障被保险人在该事故中的利益。美国学者欧文·M.泰勒将保险合同解释为一方当事人作为对另一方当事人缴纳保险费的酬报而为其承担风险损失的协议。美国纽约州《保险法》第四十一条将保险合约解释为："……任何协议或交易都是以一方当事人(此处指保险人)承担给另一方(此处指被保险人或受益人)货币价值的保险赔偿责任。承担责任的条件是偶然事故中的被保险人或受益人，在这种偶然事故发生时，其物质利益是否遭受这种事故的恶劣影响。"

我国《保险法》第十条规定："保险合同是投保人与保险人约定保险权利义务关系的协议。投保人是指与保险人订立保险合同，并按照合同约定负有支付保险费义务的人。保险人是指与投保人订立保险合同，并按照合同约定承担赔偿或者给付保险金责任的保险公司。"该定义揭示了保险合同的基本内涵，即根据当事人双方的约定，投保人支付保险费给保险人，保险人在保险标的发生约定事故时承担经济损失补偿责任，或者当约定事件发生时承担给付保险金义务。

二、保险合同的法律要求

保险合同既然是合同的一种，它必须具备一些基本的条件，才能满足法律要求。第一，保险合同的当事人必须具备完全民事行为能力。第二，投保人与保险人双方意思表示必须真实。除强制保险外，任何单位或者个人强制他人订立保险合同，都可视为意思表示不真实。另外，保险合同当事人双方必须完全履行如实告知或说明义务。第三，保险合同是双方当事人意思表示一致的行为。任何胁迫、强制(强制保险除外)和乘人之危等情况下签订的保险合同无效。第四，保险合同必须合法。保险合同的主体、内容和保险标的等必须合法。如果一方不按照约定履行合同义务，另一方可向国家规定的合同管理机关申请调解或仲裁，也可以直接向人民法院起诉。保险合同只有具备合法性，才能得到法律的保护。

三、保险合同的基本特征

保险合同与一般的经济合同相比，具有以下特征。

(一)保险合同是最大诚信合同

任何合同的签订和履行都必须以合同当事人的诚实信用为基础，任何采取欺诈、胁迫手段签订的合同都是无效合同，保险合同也不例外。但保险合同的特殊性是它比一般合同对双方的诚信要求更加严格。这是因为：保险人通常根据投保人的告知来决定是否承保和以什么条件承保，如果投保人不如实告知或故意隐瞒、欺骗，就会使保险人判断失误造成损失。从另一个角度看，保险人也可能做言过其实的宣传和借故推卸应负的保险责任，侵害被保险人和受益人的权益。因此，保险合同更需要诚信，是最大诚信合同。

(二)保险合同是双务合同

合同以当事人取得权益是否须付出相应对价为标准，分为单务合同和双务合同。当事人一方享有合同约定的权益，须向对方当事人偿付相应对价的合同为双务合同，如买卖合同、租赁合同等；反之，则为单务合同，如赠与合同、无偿保管合同和无偿借贷合同等。英美及我国部分学者主张保险合同是单务合同，但大多数的人主张保险合同是双务合同。在保险合同中，被保险人要获得保险保障的权利，就必须向保险人缴纳保险费；而保险人收取保险费的同时，必须承诺在保险期限内，当保险标的发生约定的保险事故或者当约定事件发生时，承担补偿或给付保险金的责任，双方的权利和义务是彼此关联的。投保人缴纳保险费是对价，而保险人承诺承担保险赔偿或给付责任，也是一种对价。

(三)保险合同是射幸合同

根据民法理论，双务合同分为实定合同和射幸合同。实定合同是指合同订立时，当事人的给付义务既已确定的合同。而射幸合同则指合同订立时，当事人的给付义务尚未确定的合同。《法国民法典》第一千一百零五条规定："当事人各方根据不确定的时间而在取得利益或遭受损失方面存在偶然性时，这种合同为射幸合同。"由此可见，海上冒险借贷、赌博和保险合同等都属于射幸合同。射幸合同的两大特点是：一方履行给付义务的不确定性和双方交换关系的非等价性。保险合同具备这两个特点：首先，保险人是否履行赔偿或给付保险金的义务具有不确定性，取决于约定的保险事故是否发生；其次，保险人补偿或给付的保险金大于或远远大于投保人支付的保险费，二者之间并不对等。所以，保险合同也有碰运气的意思，具有射幸性，属于射幸合同。但应该注意的是，保险合同与典型的射幸合同赌博还是不同的。从表面上看，单个的投保人缴付的保险费与保险人补偿或给付的保险金，在数量上是不对等的，但总体上是对等的。保险是根据大数法则运作的，保险费率是通过精算厘定的，投保人转嫁给保险人的风险和保险人承担的责任是对等的，因此，保险商品交换还是符合价值规律的。

(四)保险合同是附合合同

根据订立合同时双方的地位来划分，合同可分为议商合同和附合合同。议商合同是指当事人可以就合同条款进行充分协商而订立的合同。附合合同又称为标准合同或格式合同，是指当事人不能就合同条款进行充分协商而订立的合同。其特点如下：一是附合合同的条款是由单方事先决定的，一般是由提供商品或服务的一方事先决定的，相对人不参与合同条款的制定；二是附合合同的相对人只有选择是否订立合同的自由，没有决定合同内容的自由，处于一种附从地位；三是附合合同具有广泛的适用性；四是附合合同以书面明示为原则。

保险合同一般采用保险单、暂保单或其他保险凭证等形式订立，订立合同时，保险合同已由保险人或保险监管部门事先拟定，当事人双方的权利义务已规定在保险条款中，投保人一般只是做出同意与否的意思表示。尽管投保人可以与保险人协商，增加特别约定条款，或对保险责任进行限制或扩展，但一般不能改变保险条款的基本结构和内容。

(五)保险合同是诺成性合同

以合同的成立是否须交付标的物或完成其他给付为标准，合同分为诺成性合同与实践性合同。所谓诺成性合同，是指当事人一方意思表示一旦为对方同意即能产生法律效果的合同，即"一诺即成"的合同。其特点是当事人双方意思表示一致时合同即告成立。而实践性合同,是指除当事人双方意思表示一致外,还须交付标的物才能成立的合同。这种合同中,仅凭双方当事人的意思表示一致,还不能产生一定的权利义务关系,还必须有一方实际交付标的物的行为,才能产生法律效果。如寄存合同,寄存人必须将寄存的物品交保管人,合同才能成立并生效。对于保险合同是实践性合同还是诺成性合同,实务界、学术界颇有争议。实务界大都认为,保险合同的成立必须以投保人交付保险费为条件,因此是实践性合同。而学术界大都认为,保险合同是诺成性合同。理由如下:第一,我国《保险法》第十三条规定:"投保人提出保险要求,经保险人同意承保,保险合同成立……"依照该法律规定,保险合同成立与否,取决于双方当事人是否就合同条款达成一致意见,除此之外,并无其他规定。由此可见,保险合同应是诺成性合同。第二,《保险法》第十四条规定:"保险合同成立后,投保人按照约定交付保险费,保险人按照约定的时间开始承担保险责任。"可见保险合同是债权合同,只要双方当事人约定,一方负交付保险费的义务,另一方在约定的保险事故发生时负赔偿责任的义务,保险合同即为有效成立。对保险人而言,保险合同成立后,保费债务即成为可以请求履行的债权。如果投保人不履行,保险人可以诉讼方式请求投保人履行。交付保险费是投保人履行保险合同所应尽的义务,而不是保险合同成立的要件。第三,实务中大多数保单规定,只有投保人一次性缴清保险费或者缴纳首期保费后,保险合同才生效。这应视为当事人约定的生效要件而不是保险合同的成立要件。

(六)保险合同是非要式合同

根据合同是否应以一定的形式为要件,可将合同分为要式合同和非要式合同。所谓要式合同是指法律要求必须具备一定形式和手续的合同,如房屋买卖合同等。而非要式合同是指法律不要求必须具备一定形式和手续的合同。要式与非要式的区别,不在于有无某种形式或程序,而在于法律是否要求具备特定的形式或程序,法律是否允许当事人自愿选择一定的形式并是否以一定的形式作为合同成立或生效的要件。如果形式要件属于成立要件,则当事人未根据法律的规定采取一定的形式,合同不能成立;如果形式要件属于生效要件,当事人不依法采用一定形式,则已成立的合同不能生效。但非要式合同可由当事人自由决定合同形式,无论采取何种形式,不影响合同的成立与生效。一种合同,究竟是要式合同还是非要式合同,特定的形式要求是不是合同成立或生效的条件,不是一个纯粹的理论问题,而是各国的立法实践问题。在保险实务中,关系到巨额保险金是否赔偿的问题。

对于保险合同的形式,各国一般规定保险合同为非要式合同。在英美法系国家,虽然实践中保险合同的主要内容记载在保险单上,但法律并没有要求保险合同采取此特定形式。在大陆法系国家,一般也不要求保险合同采取特定形式,而多从保护投保人和被保险人利益出发,规定保险人应依其要求,提供有关保险合同的文件即保险单,如《德国商法典》第七百八十四条、《日本商法典》第六百四十九条、《韩国商法典》第六百四十条。

我国保险立法对保险合同的形式经历了一个从要式到非要式的转变和发展的过程。1981年颁布的《经济合同法》第二十五条规定:"财产保险合同,采取保险单或者保险凭证的形式签订。"也就是说,保险合同的订立必须采取法定形式——保险单或者保险凭证,其他口头或书面协议无效。1983年颁布的《财产保险合同条例》第五条进一步规定了保险合同订立的程序:"投保人提出保险要求,填具投保单,经与保险方商定交付保险费的办法，并经保险方签章承保后，保险合同即告成立。"这表明我国当时的有关立法确认保险合同为要式合同。而 1995 年颁布、2015 年第三次修正之后的我国《保险法》第十三条规定："投保人提出保险要求，经保险人同意承保，保险合同成立。保险人应当及时向投保人签发保险单或者其他保险凭证。保险单或者其他保险凭证应当载明当事人双方约定的合同内容。当事人也可以约定采用其他书面形式载明合同内容。依法成立的保险合同，自成立时生效。投保人和保险人可以对合同的效力约定附条件或者附期限。"这些修改实质上将保险单证的法律效力从法定的保险合同形式改为证明保险合同存在的证据，请求交付保险单证也成为投保人的权利，从而最终从立法上完整地确认了保险合同的非要式性。这也是与世界合同立法从要式向非要式发展，促进交易行为的快捷、灵活、方便的普遍趋势相符合的，有利于保护投保人和被保险人的利益。

【拓展阅读 4-1】

保险合同的诺成性和非要式性

投保人谢某为自己在某保险公司投保人寿保险，基本保险金额 100 万元，附加长期意外险，保险金额 200 万元，并指定了受益人。投保人按照保险公司的要求缴纳了首期保险费，保险公司随即安排该被保险人进行体检，此人在体检完成不到 10 个小时便不幸身故，这时，保险公司还没来得及开出保单。受益人索赔时，保险公司同意基本险通融赔付 100 万元，但以事故发生时被保险人体检结果未出、保险公司尚未承保并签发保单为由拒赔附加险 200 万元。这起全国时间最短、标的最大的个人寿险理赔案一度引起各界广泛关注。

本案争论的焦点是保险合同是否已经成立。原告受益人认为，投保人已缴纳首期保险费并完成体检，保险合同已成立。被告保险公司认为，对高额人寿保险，保险公司需要对投保人的体检报告以及提供财务证明等资料进行审核，才能决定是不是承保，投保人死亡时尚未见到他的全部体检报告，不能判定是不是符合保险公司的承保要求，并且保险公司也未开具保单，保险合同还未成立。

保险合同是投保人与保险人约定保险权利义务关系的协议，上述案件中，法院判决保险公司承担责任与否的关键取决于保险合同是否成立，而保险合同是否成立与保险合同的性质有很大的关系。

我国《保险法》第十三条规定了"投保人提出保险要求，经保险人同意承保，保险合同成立。保险人应当及时向投保人签发保险单或者其他保险凭证。保险单或者其他保险凭证应当载明当事人双方约定的合同内容。"按照该规定，只要投保人与保险人在平等自愿的基础上达成合意，双方当事人意思表示一致，双方当事人间的保险法律关系形成，即保险合同成立。

《保险法》上述第十三条规定将保险合同成立与保险人签发保险单或其他保险凭证区别开来，当事人意思表示一致保险合同即可成立。由此可见，我国《保险法》确认保险合同为诺成性合同。至于投保人缴纳保险费，以及保险人向投保人签发保险单或者其他保险凭证等行为，是双方当事人在保险合同成立后履行约定的义务，而并不是保险合同的成立条件。

在保险合同的订立及履行过程中，保险公司普遍使用的各种格式化单证，如投保单、保险单或保险凭证、暂保单、批单等只是证明保险合同的书面形式文件，而并不要求这些单证全部具备的保险合同才可成立,保险合同具有非要式性质。

上述案例中,法院经审理认为,保险公司虽未开具保单,但投保人填写的投保书上对投保人和保险公司的权利义务有明确约定,足以认定双方当事人对保险合同的主要条款达成了一致意见,而且保险人缴付了首期保费,并按照保险公司的要求进行了体检,保险合同的主要义务也得到实际履行。为此,法院判决保险合同及其附加合同均已成立,保险公司应赔付受益人附加合同的保险金200万元及利息。

保险公司的现行投保程序一般为:投保人填投保书、缴费,保险公司对投保人进行体检、审查财务证明等材料以决定是否承保,如予以承保的开出保单,不予承保的向投保人退费。依此,保险公司的真实意思是对体检合格的投保人进行承保,在体检报告还未有结果之前很难讲双方当事人对保险合同的主要条款达成了一致意见。因此,笔者个人认为,法院这一判决仍值得商榷。

(资料来源:根据网站资料改编.https://lvshi.sogou.com/article/detail/8FTSAK5YX8N5.html.)

四、保险合同的形式

保险合同的形式是指投保人与保险人就其保险权利义务关系达成协议的方式,即保险合同当事人意思表示一致的方式。我国《保险法》并未对保险合同应采取何种形式作出直接规定,既没有明确规定必须采取书面形式,也没有禁止口头形式。在保险实务中,因为保险合同的复杂性、技术性和非即时清结性等,通常采取书面形式。保险合同可以分为五种书面形式。

1. 投保单

投保单又称要保书,是投保人向保险人申请订立保险合同的书面要约。因为险种不同,保险人通常会设计不同的投保单,投保人依照保险人所列项目逐一填写。不论是出于投保人的自动,还是保险人(保险代理人或保险经纪人)的邀请,都不能改变投保单的要约性质。

通过投保单,投保人要向保险人如实告知投保风险的程度或状态等有关事项,称之为声明事项。声明事项通常是保险人核实情况、决定承保与否的依据。如财产保险中,投保人需要如实填写被保险财产的所在地、内外部环境、营业性质、消防设备等情况;人身保险中,投保人要如实填写被保险人的健康、职业、经济状况、与受益人的关系等情况。上述信息对于保险人评估风险,决定是否接受投保,都是非常重要的。

在保险实务中,保险人为简化手续、方便投保,对有些险种也可不要求投保人填具投保单。投保人只要以口头形式提出要约,提供有关单据和凭证,保险人即可当即签发保单或保险凭证。投保单经保险人承诺后,即成为保险合同的重要组成部分。投保人在投保单中所填写的内容会影响保险合同的效力。如果投保人在投保单中告知不实,在保险单上又没有修正,保险人即可以投保人未遵循保险合同的最大诚信原则为由,在规定的期限内解除合同。

投保单样本见表4-1。

第四章 保险合同

表4-1 人身保险个人投保单

兹拟向中国××保险股份有限公司投保人身保险，内容如下：　　　　　　投保单编号：

保险种类							
投保人情况	姓名		身份证号码			与被保险人关系	
	地址			邮编		电话	
被保险人情况	姓名		年龄	性别		身份证号码	
	地址			邮编		电话	
保险年期			保险份数		受益人		领取日期
领取年龄			领取方式		领取金额		
保险期限	自___年___月___日中午12时起至___年___月___日中午12时止						
基本保险金额					附加保险金额		
意外伤残保额 意外身故保额 疾病伤残保额 疾病身故保额 满期保险金额 生存给付金 费率					附加险别 保额 费率 附加险别 保额 费率		
保险费							
保险本金							
缴费形式	一次性缴费□年缴□半年缴□季缴□月缴□其他：						
付款方式					币种		
开户银行					账号		
特别约定：							
被保险人健康状况： 1.目前尚在病假中？□有□无 2.因病休或因病减轻劳动量？□有□无 3.因患有其他慢性病而不能全勤工作或经常缺勤？□有□无 4.有无严重病史？□有□无 5.有无癌症、肝硬化、癫痫病、脑震荡、精神病、心脏病、高血压病、血管硬化、性病等？□有□无 投保人是否健康？□是□否							
投保声明： 1)本投保单所填写的各项内容，均属真实，可作为你公司签发保单的根据，并成为双方合约的组成部分，如日后发现与事实不符，即使保单签发，你公司仍可不负任何责任。 2)本投保单方格内填列"√"者，即作为本投保人"同意"或"是"的答复。 3)保户在投保时应填具确实年龄，保户年龄计算以身份证为根据，计算办法以保户在起保日最后一个生日时的足岁年龄计算，如误将年龄报小，应随时申请更正，并补缴保费及其利息，否则在发生给付时，其应得利益当按保户所付保费与实际年龄应付保费之比例计算。 投保人(签章)___年___月___日 (以下由保险公司填写) 审核意见： 审核人(签章)_____　　公司章_____ 保险单号码：_____　　签单人代码：_____　　签单日期：___年___月___日							

2. 暂保单

暂保单又称为临时保单，是在需要进一步处理、正式保单签发之前的临时保单，但暂保单并不是订立保险合同的必经程序。暂保单的法律效力与正式保单完全相同，但有效期较短，大多由保险人具体规定。当正式保单交付后，暂保单即自动失效。保险人也可在正式保单发出前终止暂保单效力，但必须提前通知投保人。

3. 保险单

保险单简称保单，是指保险合同成立后，保险人向投保人(被保险人)签发的正式书面凭证。保险单必须明确、完整地记载有关保险双方的权利和义务，通常由声明事项、保险事项、责任免除和条件事项等部分组成，它所记载的内容是保险合同双方当事人履约的依据。

4. 保险凭证

保险凭证也称"小保单"，是保险人向投保人签发的证明保险合同已经成立的书面凭证，是一种简化了的保险单。其法律效力与保险单相同，只是内容较为简单。保险实务中，保险凭证没有列明的内容，以同一险种的正式保险单为准；保险凭证与正式保险单内容相抵触的，以保险凭证的特约条款为准。

5. 批单

批单是保险合同双方当事人对于保单内容进行修订或增删的证明文件。

五、保险合同的组成

一般来说，保险合同由以下五部分组成。

(一)声明事项

声明事项是保险合同的第一部分。它对被保险的财产、被保险人的寿命或身体状况提供陈述，作为承保和费率厘定的依据。在财产保险中，它包括保险人的身份、被保险人的姓名、财产名称、类别、所在的地点、保险期限、共同保险的比例、免赔额和其他有关的信息。人寿保险单的第一页一般有以下内容：被保险人的姓名和年龄、保险的种类和保险金额、保险费、出单日期和保险单的编号等。

(二)保险协议

保险协议是保险合同的核心部分。该部分总括了保险人的承诺，例如，赔偿属于保险责任范围的损失，提供防损服务，同意在责任诉讼中为被保险人辩护。在保险协议中也载明了损失赔偿的条件。保险协议有两种基本形式：一种是指定保险责任范围。在指定险保单中，只有那些具体规定的损失原因以及损失属于补偿范围。另一种是一切险保险责任范围。在一切险保单中，除了那些具体排除的损失原因及损失外，其他损失都属于补偿范围。虽然一切险保单的费率较高，但它优于指定险保单，因为其保险责任范围广泛。

(三)责任免除

责任免除通常要就地点、风险、财产和损失等方面做出明确的限制。

(1) 除外地点。有一些合同要对承保风险的地点做出特殊的规定,例如房屋的地点、汽车驾驶的地域等。

(2) 除外风险。保险合同之所以排除一些风险事故是因为它们或者被其他的合同所包括,或者是非同寻常的,因此需要分别定价。例如,许多被保险人不愿意投保地震风险,因为他们认为他们的财产不会受到地震风险的威胁。如果有两份保单,一份将地震风险列为责任免除,但投保人每年能够节省 100 元钱,另一份合同承保地震风险,但投保人每年至少需要多花费 100 元,投保人很可能就会选择前者。因此,为了使房屋保险的价格更具竞争力,保险公司通常在其合同中排除地震风险。

(3) 除外财产。在有些合同中,某些财产是被除外的。这样做的理由主要是在其他的合同中通常已经包含这类财产。例如,责任保险往往将由被保险人所看管、监护或控制的他人财产的损失责任排除在外,因为财产保险通常可以对由火灾或其他的风险事故所引起的所有者或受托人的财产损失提供保护。

(4) 除外损失。有一些由法令和法规所引起的损失是不包括在财产保险合同中的。例如,为了社会公共利益,国家颁布禁令所造成的损失。如进口货物中带菌,国家行政当局下令焚毁而造成货主的损失;再比如,有些合同将间接损失作为除外损失;有些合同将由物体本身所固有的瑕疵以及本质所致的损失作为除外损失。

在保险合同中,责任免除之所以必要是出于下列原因。

第一,不可保的风险。有些损失明显不符合保险人的可保风险的规定,它们可能造成不可估量的巨灾损失。也有一些是被保险人能直接控制的损失,或者是可预料到的价值下降所造成的损失,因而它们也是不可保的风险。例如,大多数财产和责任保险合同排除了战争、核辐射之类的巨灾损失原因;在健康保险合同中把故意的自我伤害列为责任免除;财产折旧和磨损也是不可保的损失。

第二,增加损失可能性的特殊条件的存在。保险的损失分摊技术是基于这样一种假设,每个风险单位缴付的保险费要精确地反映长期的损失机会。因此,如果某个风险单位面临特殊的损失风险,它就不能与其他风险单位分摊损失,对它收取相同的保险费也就显得过低。例如,私用汽车责任保险的保险费厘定是根据汽车一般为私人或娱乐使用这样的前提,如果作为出租汽车使用,意外事故的可能性就大为增加。为了避免这一特殊损失风险,出租汽车被列为另一种费率厘定的项目,作为出租汽车造成的损失在私用汽车保险单中属于责任免除。

第三,避免重复保险。例如,财产保险单排除了汽车保险,因为汽车是由汽车保险单承保。

第四,减少道德危险因素。如果对保险标的无限额地承保,欺诈性的索赔将会增加。

(四)条件事项

条件事项部分规定了合同双方的权利和责任。实际上,该部分主要规定了被保险人的责任,如果被保险人不履行这些责任,保险人将拒绝赔偿。保险合同的共同条件事项包括损后财产保护、填报损失证据、在责任诉讼中与保险公司合作等。

(五)各种其他条款

这些条款处理被保险人和保险人的关系,以及保险人同第三方的关系。这些条款也规定了执行合同的程序。例如,在财产和责任保险单中,这类条款包括解约、代位求偿权、保险单转让等。在人寿和健康保险单中有保险费缴付宽限期、失效保险单复效、误报年龄等条款。

六、保险合同的种类

对于保险合同,可按照以下不同的标准进行分类。

(一)财产保险合同和人身保险合同

按照保险标的的不同,保险合同可分为财产保险合同和人身保险合同。

财产保险合同是以财产及其有关利益为保险标的的保险合同。财产保险的保险标的既包括有形的财产,如房屋、机器设备等;也包括无形的财产,如责任、资信等。纳入保险责任范围的财产损失,可以是积极利益的损失,也可以是消极利益的损失,还可以是预期利益的损失。财产保险合同大多数属于损失补偿性质的合同,保险人的责任以补偿被保险人的实际损失为限,且不超过保险金额。

人身保险合同是以人的寿命和身体为保险标的的保险合同。人的生、老、病、死、残等可以作为保险事故,只要发生约定的保险事故或被保险人生存到保险合同约定的年龄或保险期限,保险人都要履行给付义务。

(二)损失补偿保险合同和定额给付保险合同

以保险合同的保障性质为标准,可以将保险合同分为损失补偿保险合同和定额给付保险合同。

损失补偿保险合同的特征是:保险事故发生所造成的后果表现为被保险人的经济损失,并且可以用货币衡量。保险人只是补偿被保险人的经济损失,使其恢复到以前的状态,不会获得额外的利益。

定额给付保险合同的特征是:保险事故发生不一定造成损失,即使造成损失,也不能或很难用货币衡量损失金额。因此,双方当事人在保险合同中约定,只要保险事故发生,保险人就按照约定的保险金额给付保险金,而不必考虑被保险人有无经济损失以及损失金额的多少。

(三)足额保险合同、不足额保险合同和超额保险合同

以保险金额与保险价值的关系为标准,可以将保险合同分为足额保险合同、不足额保险合同和超额保险合同。这种分类只适用于财产保险合同。

足额保险合同又称为全额保险合同,是指保险金额与保险价值相等的保险合同。订立足额保险合同后,当保险标的发生全部损失时,保险人按保险金额全部赔偿;如果发生部分损失,则采取"实际损失填补原则",保险人按照实际损失,赔偿保险金。

不足额保险合同，又称为"部分保险"合同，即保险合同中确定的保险金额小于保险价值的保险。订立不足额保险合同后，如果保险标的遭受损失，由保险人按照保险财产的实际损失以及保险金额占保险价值的比例承担赔偿责任，即采取"比例分担原则"。我国《保险法》第五十五条第四款规定："保险金额低于保险价值的，除合同另有约定外，保险人按照保险金额与保险价值的比例承担赔偿保险金的责任。"

超额保险合同又称为溢额保险合同，是指保险金额高于保险价值的保险合同。关于超额保险的效果，各国立法不尽相同，我国《保险法》第五十五条第三款规定："保险金额不得超过保险价值。超过保险价值的，超过的部分无效，保险人应当退还相应的保险费。"可见，我国立法采取"超过部分无效主义"。

(四)定值保险合同和不定值保险合同

以保险标的的价值是否事先在保险合同中约定，可以将保险合同分为定值保险合同和不定值保险合同。

我国《保险法》第五十五条规定："投保人和保险人约定保险标的的保险价值并在合同中载明的，保险标的发生损失时，以约定的保险价值为赔偿计算标准。投保人和保险人未约定保险标的的保险价值的，保险标的发生损失时，以保险事故发生时保险标的的实际价值为赔偿计算标准。"

定值保险合同是指保险合同当事人事先约定保险标的的保险价值并在保险单中载明的保险合同。当事人订立定值保险合同的，发生保险事故时，保险人不必再对保险标的进行估价。如果是全部损失，保险人按保险金额赔偿；如果是部分损失，保险人按损失程度赔偿。在保险实务中，较为常见的定值保险合同是海上保险合同和国内货物运输保险合同。此外，以字画、邮票和古玩等不易确定价值的艺术珍品为保险标的的财产保险合同，以及某些农业保险合同也采用定值保险合同的形式。

不定值保险合同是指保险合同当事人事先不约定保险标的的保险价值，仅约定保险金额，在保险事故发生后再确定保险标的的实际价值的保险合同。在保险实务中，如果没有特别约定，大多数的财产保险合同都是不定值保险合同。如果发生约定的保险事故，保险人按保障程度赔偿。

【案例 4-1】

正确区分定值保险合同与不定值保险合同

某大型美容院将其场馆内的财产向当地某保险公司投保了财产综合险，双方在保险单中明确约定了保险财产的范围为美容设备、电器设备、室内装修以及存货，保险价值的确定方法为估价，保险金额为 300 万元，保险期限为 1 年。保险期间内的某日午夜，该美容院发生严重火灾，将室内设施全部烧毁。经市公安消防支队鉴定，该起事故的起火原因是插销板短路，责任归属无法确定。事发后，美容院及时向保险公司报案，经过清理现场，核定火灾的总损失高达 407.56 万元。美容院方面遂向保险公司提出了 300 万元的索赔申请。保险公司认为，这次事故主要损失的是房屋，而保险财产(健身设备、电器设备、室内装修以及存货)在出险时由于已发生大幅跌价，实际价值仅为 130 万元，于是拒绝美容院 300 万元的索赔申请。美容院则认为，其与保险公司签订的是定值保险合同，现火灾将保险财产全部烧毁，保险公司理应按保险单载明的 300 万元保险金额进行赔偿。双方就此发生争议，美容院遂向法院起诉保险公司。

一审法院经审理认为，美容院在向保险公司提出财产保险的申请后，保险公司派人到美容院现场查看了财产状况，并对投保财产按照当时的市场价格进行了估价，以此为依据确定了保险金额为 300 万元，并在"特别约定"栏内列明一楼保 200 万元，二楼保 100 万元，故应认定该保险合同为定值保险合同。根据定值保险合同的赔付原理，保险责任范围内的保险事故所引起的保险标的全部损失，无论该保险标的的实际损失如何，保险公司均应支付保险合同所约定的保险金额的全部，但应减去剩余物的残值。另外，火灾事故发生后，为查清事故原因、性质和保险标的损失程度所支付的有关费用，依法应由保险公司承担。据此，一审法院判决：保险公司赔付美容院火灾损失 289.32 万元，并给付美容院为查清事故原因、性质和损失程度而支付的技术鉴定费 9.8 万元。保险公司不服一审判决，遂向上级法院提起上诉。

二审法院受理后，认定一审法院在适用法律上确实存在错误。二审法院认为：原、被告虽然在签订保险合同前对保险标的进行了估价，但在保险合同中并未明确写明保险价值的数额，所以双方签订的合同不属于定值保险合同，而应是不定值保险合同。根据《保险法》第五十五条第二款的规定，"投保人和被保险人未约定保险标的的实际价值的，保险标的发生损失时，以保险事故发生时保险标的的实际价值为赔偿计算标准"。据此，二审法院根据《民事诉讼法》第一百五十三条第(二)款的规定撤销了一审法院的错误判决，依法改判保险公司赔付美容院火灾损失 126.34 万元，并赔付相应的技术鉴定费。二审判决发生效力并被依法执行。

(资料来源：http://www.kaixinbao.com/baike/hetong/254622.shtml.)

(五)单一危险保险合同和综合危险保险合同

根据保险人所承担的危险的状况不同，保险合同可分为单一危险保险合同与综合危险保险合同。

单一危险保险合同是指保险人只承担一种危险责任的保险合同。如地震保险合同，保险人只承担地震给被保险人造成的损失，除此之外的其他任何危险造成的损害，保险人均不负赔偿责任。综合危险保险合同是指保险人承担两种或两种以上的危险责任的保险合同。

综合危险保险合同可以通过列明保险人承担的危险责任或列明责任免除的危险责任的方式来签订。大多数的保险合同属于此类。

(六)原保险合同和再保险合同

根据保险合同是否必须以已经存在的保险合同为基础或保险人承担保险责任的次序，保险合同可以分为原保险合同和再保险合同。

原保险合同是指由投保人与保险人签订的各种保险合同。在保险合同项下，如果发生约定的保险事故，由保险人对被保险人或受益人承担赔付责任。原保险合同规定了原保险人与投保人之间的权利与义务等内容。

再保险合同又称为分保合同，是指原保险人在保险合同的基础上，将其所承保的部分风险和责任向其他保险人进行保险而签订的合同。

第二节 保险合同的要素

任何法律关系都包括主体、客体和内容三个必不可少的要素,保险合同的法律关系也不例外,由这三个要素组成。保险合同的主体一般包括保险合同的当事人和保险合同的关系人。保险合同的当事人是指参加保险合同法律关系,享有权利、承担义务的人。保险合同的关系人是指保险合同当事人之外的,对于保险合同规定的利益享有独立请求权的人。另外还有一类人虽然不是保险合同的主体,但他们在保险合同订立与履行过程中起着媒介、辅助作用,习惯上称之为保险合同的辅助人或中介人,即保险代理人、保险经纪人和保险公估人。保险合同的客体是投保人附于保险标的上的可保利益。保险合同的内容是保险合同当事人双方依法约定的权利和义务。

一、保险合同的主体

保险合同的主体一般包括保险合同的当事人和保险合同的关系人。保险合同的当事人通常是投保人和保险人。保险合同的关系人主要是被保险人和受益人。

(一)保险合同的当事人

1. 投保人(applicant)

投保人又称要保人,是指与保险人订立保险合同,并按照保险合同负有支付保险费义务的人。要成为合格的投保人,通常需要具备以下三个条件:①具有完全的权利能力和行为能力。不管投保人是自然人还是法人或其他组织,均须具有完全的权利能力和行为能力。未依法登记或未取得法人资格的组织和无行为能力的自然人都不能成为保险合同的投保人,限制行为能力的人签订的保险合同,只有经其法定代理人追认,方为有效。②对保险标的必须具有可保利益。如果投保人对保险标的不具有可保利益,就不能申请订立保险合同。即使已经订立保险合同,也无效。对此,各国保险法有明确的规定。③负有缴纳保险费的义务。保险合同为有偿合同,获得保险保障的对价就是支付保险费。投保人承担支付保险费的义务,保险人一般无权免除。不论保险合同是为自己的利益还是为他人的利益而订立,投保人均须承担缴纳保险费的义务。在后一种情况下,如果投保人未履行按时缴纳保险费的义务,为维持保险合同的效力,保险合同关系人可以代投保人缴纳,但这只是代付性质,而并非说保险合同关系人也有缴纳保险费的义务。

2. 保险人(insurer)

保险人又称承保人,我国《保险法》第十条规定:"保险人是指与投保人订立保险合同,并按照合同约定承担赔偿或者给付保险金责任的保险公司。"保险人须依照法定条件和程序设立,具备法定资格;须在监管部门核定的业务范围内从事保险经营并接受监管;须依照保险合同承担保险责任。绝大多数国家要求保险人必须是法人组织或者法人组织的分支机构,只有少数国家如英国,允许保险人是自然人。《保险法》第六条规定:"保险业务由依照本法设立的保险公司以及法律、行政法规规定的其他保险组织经营,其他单位和个人不得经营保险业务。"实务中,股份有限公司是我国保险公司的主流组织形式,除此之外还有相互制保险公司、相互保险社、保险合作社等保险组织。

(二)保险合同的关系人

1. 被保险人(insured)

被保险人是指其财产或者人身受保险合同保障,享有保险金请求权的人。财产保险合同中,被保险人可以是公民,也可以是法人或其他组织;人身保险合同中,被保险人只能是公民。成为合格的被保险人,须具备的条件如下:①必须是约定的保险事故发生时,遭受损害的人。财产保险中,被保险人必须是保险标的的所有权人或其他权利人。人身保险中,被保险人的寿命或身体是保险标的。②必须是享有赔偿请求权的人。被保险人因保险事故发生而遭受损害,便享有要求保险人赔偿或给付保险金的请求权。大多数的保险合同中,被保险人享有赔偿或给付保险金的请求权。但在死亡保险合同中,一旦保险事故发生,即被保险人死亡,则由投保人或被保险人指定的受益人享有赔偿或给付保险金的请求权。

我国《保险法》第三十三条规定:"投保人不得为无民事行为能力人投保以死亡为给付保险金条件的人身保险,保险人也不得承保。"

父母为其未成年子女投保的人身保险,不受前款规定限制。但是,因被保险人死亡给付的保险金总和不得超过国务院保险监督管理机构规定的限额。"

【拓展阅读4-2】

夫妻间也不可代签名

2003年12月,李先生给妻子王女士投保了一个两全保险,并约定出差在外的王女士当晚返回签署投保单,代理人第二天来取。但王女士因故没能及时返回,为了第二天代理人能够及时为其办理保险,李先生就代替妻子王女士签署了投保单。一周后,王女士觉得仅一个寿险产品保障不够全面,希望再增加一个综合个人意外险。代理人为其办理合同变更时,发现签名与留存于公司的签名样本不相符。代理人与李先生联系后,才得知代签名的事,于是立刻请王女士亲笔签署了一份专用声明书并办理了签名变更,追认保险合同的各项告知后,保险合同继续有效了。

此案例中幸运的是,保险公司很快就发现并解决了代签名问题,否则客户将可能完全无法得到保险合同项下的保障。《保险法》第三十四条规定:以死亡为给付保险金条件的合同,未经被保险人同意并认可保险金额的,合同无效。因此,在订立人身保险合同时,不仅需要考虑投保人与保险人意思表示一致,还需要取得被保险人的书面同意及其对保险金额的认可。而被保险人在投保单上的亲笔签名,是被保险人书面同意并认可保险金额之最直接有效的证据,否则,保险事故发生后,极容易引起纠纷。

(资料来源:http://www.110.com/ziliao/article-35200.html.)

2. 受益人(beneficiary)

依照我国《保险法》第十八条第三款规定:"受益人是指人身保险合同中由被保险人或者投保人指定的享有保险金请求权的人,投保人、被保险人可以为受益人。"成为人身保险合同中的受益人,应当具备以下两个条件:①必须经被保险人或投保人指定。受益人是被保险人或投保人在人身保险合同中指定的人。我国法律对受益人资格并无限制，可以是自然人，也可以是法人。保险实务中，如果受益人不是被保险人、投保人，通常就是与其有利害关系的自然人。胎儿也可以成为受益人，但须以出生时存活为必要条件。②必须是享有保险金请求权的人。受益人享有的保险金请求权，是受益人根据保险合同享有的一项基本权利。保险金请求权，是受益人实现自己保险金利益的一项必要权利。若无此权利，受益人就无法获得保险金，受益人也就没有意义了，但受益权是一种期待权，有可能失去。人身保险合同中，指定的受益人是一人的，保险金请求权由该人行使，并获得全部保险金；受益人是数人的，保险金请求权由该数人行使，其受益顺序和受益份额由被保险人或投保人确定，未确定的，受益人按照相等份额享有受益权。

受益人的保险金请求权直接来自人身保险合同的规定，因此被保险人死亡后，受益人获得的保险金不属于被保险人的遗产，既不纳入遗产分配，也不用于清偿被保险人生前债务。但是，有下列情形之一，被保险人生前又未指定其他受益人的，保险金作为被保险人遗产：①受益人先于被保险人死亡；②受益人依法丧失受益权；③受益人放弃受益权。此时，保险金应按《继承法》的规定分配。

【案例 4-2】

指定保单受益人，免后续理赔纠纷

【案情】高先生于 2020 年 1 月通过银行渠道为自己投保了《和谐康福护理保险(万能型)》。2021 年 7 月高先生突发疾病身故，其妻子联系保险公司进行理赔申请。因高先生的保单身故受益人勾选为"法定"，根据《保险法》法定受益原则，该份保单的理赔款将由高先生的母亲、妻子和独生子平均分配。但高先生妻子认为此保单是高先生在婚后投保的，属于夫妻共同财产，应当由其 100%继承，不应按比例分配；高先生母亲则认为自己作为继承人应该领取自己的那部分理赔款。因继承人之间意见分歧较大，理赔拖了很久才得以完成。

【分析】本案中，高先生既是投保人也是被保险人，在投保时没有明确指定受益人，对于没有指定受益人的情况，根据《保险法》第四十二条规定，被保险人死亡后，有下列情形之一的，保险金作为被保险人的遗产，由保险人依照《中华人民共和国继承法》的规定履行给付保险金的义务：①没有指定受益人，或者受益人指定不明无法确定的；②受益人先于被保险人死亡，没有其他受益人的；③受益人依法丧失受益权或者放弃受益权，没有其他受益人的。受益人与被保险人在同一事件中死亡，且不能确定死亡先后顺序的，推定受益人死亡在先。按照《民法典》第一千一百二十七条规定：遗产第一顺序继承人：配偶、子女、父母。第一千一百三十条规定：同一顺序的法定继承人在继承遗产时，一般情况下，应当按继承人的人数均等分配遗产数额。据此，本案中被保险人高先生的身故保险金只能作为他的遗产处理，由其母亲、妻子和独生子均等分配。

本案如果高先生在投保时就指定明确的受益人，那么当风险发生时只要其指定受益人办理理赔申请即可，既能便捷快速理赔，也可以避免不必要的纠纷。

(资料来源：http://k.sina.com.cn/article_2660647911_9e9643e7001015c0k.html。)

二、保险合同的客体

保险合同的客体是可保利益。可保利益是指投保人或被保险人对保险标的所具有的法律上承认的利益。保险标的则是保险合同中所载明的投保对象。

特定的保险标的是保险合同订立的必要内容,但是订立保险合同的目的并非保障保险标的本身。也就是说,投保人或被保险人将保险标的投保后并不能保障保险标的本身不发生损失,而是在保险标的发生损失后,他们能够从经济上得到补偿。保险合同实际上保障的是被保险人对保险标的所具有的利益。因此,保险合同的客体是可保利益而不是保险标的。

三、保险合同的内容

保险合同的内容是保险合同当事人双方依法约定的权利和义务,通常以条文的形式表现。即保险合同的内容主要由保险合同的条款体现,它由基本条款和特约条款组成。基本条款是保险合同必须具备的条款,我国《保险法》对此以列举的方式进行了直接规定。特约条款是除基本条款以外,经投保人选择或与保险人协商确定的保险合同的其他条款,是投保人与保险人根据需要特别约定的保险合同条款,所以叫特约条款。但不管是基本条款还是特约条款,都是保险合同条款,都具有法律效力。

(一)保险合同的基本条款

依照我国《保险法》第十八条规定,保险合同的基本条款应当包括下列事项。

(1) 保险人的名称和住所。保险人是指经营保险业务,与投保人订立保险合同,收取保险费,组织保险基金,并在保险事故发生或保险期限届满后,对被保险人或受益人赔偿损失或给付保险金的人。我国对保险业的经营者做出了严格的限制性规定,明确了除依照本法设立的保险公司外,任何单位和个人不得经营商业保险业务。保险人的名称指保险公司的全称,保险人的住所是指保险公司所在的地址。保险人的名称和住所,一般印就于格式保险合同上。

(2) 投保人、被保险人的姓名或者名称、住所,以及人身保险的受益人的姓名或者名称、住所。投保人、被保险人和受益人可以为自然人、法人或其他组织,可以为一人或者数人,人身保险中被保险人只能是自然人。投保人、被保险人和受益人的名称、姓名和住所地要使用全称。姓名和住所有重要的法律意义:①识别当事人的资格是否符合法律规定的要件。②便于保险合同履行。如保险合同成立后,保险费的交付、催告以及保险金的给付等均与当事人的名称及住所有关。③发生保险纠纷后,诉讼的管辖、法律的适用、文书的送达以及进行破产清算的地点确定均涉及姓名与住所。④在涉外保险法律关系中,住所也有助于解决法律冲突。

(3) 保险标的。保险标的是指作为保险对象的财产及其有关利益或者人的寿命和身体。只有明确保险标的,才能判明投保人是否具有可保利益。另外,明确保险标的对规定赔偿数额也有重要意义。

(4) 保险责任和责任免除。保险合同中的保险责任条款,是规定保险人对于保险标的致损的原因及哪些损失，应负的赔偿责任。保险责任范围内发生财产损失或人身事件，保险人均要负责赔偿或支付保险金。责任免除，是保险合同规定的保险人不应承担的责任。

(5) 保险期间和保险责任开始时间。保险期间就是保险合同效力发生和终止的期限。保险人仅对保险期间内发生约定的保险事故所造成的损害负赔偿责任。保险期间之外，即使属于保险责任范围，保险人亦不负赔偿责任。由此可见，保险期间和保险责任开始时间是保险合同当事人履行义务的重要根据，不管采取哪种方式约定，必须在保险合同中明确记载。

(6) 保险金额。保险金额是指双方当事人在合同中约定，并在保险单中载明的保险人应当赔付的最大货币额。保险金额是保险人在保险事故发生时，应当承担的损失补偿或给付的最高限额，同时也是计算保险费的依据。保险金额一般由投保人和保险人协商确定，财产保险合同中，约定的保险金额一般不得超出保险标的的保险价值，超出部分无效；人身保险合同中，一般依据被保险人或者受益人的实际需要和投保人交付保险费的能力等因素，协商确定保险金额。

(7) 保险费以及支付办法。保险费是投保人支付给保险人使其承担保险责任的对价，它是保险基金的重要来源，缴纳保险费是投保人的基本义务。保险合同应对保险费的数额、交付方式、交付时间和次数做出明确规定。投保人不按保险合同的约定交付保险费，保险人有权解除保险合同或者不履行赔偿责任。保险费的多少由保险金额和保险费率以及保险期限等因素决定。保险费率的高低又取决于保险责任范围的大小、保额损失率和经营成本等。

(8) 保险金赔偿或者给付办法。保险金赔偿是保险人在保险标的遭遇保险责任范围内的保险事故导致被保险人经济损失或人身伤亡时，依法履行的义务。我国《保险法》第二十三条规定："保险人收到被保险人或者受益人的赔偿或者给付保险金的请求后，应当及时作出核定；情形复杂的，应当在三十日内作出核定，但合同另有约定的除外。保险人应当将核定结果通知被保险人或者受益人；对属于保险责任的，在与被保险人或者受益人达成赔偿或者给付保险金的协议后十日内，履行赔偿或者给付保险金义务。保险合同对赔偿或者给付保险金的期限有约定的，保险人应当按照约定履行赔偿或者给付保险金义务。

保险人未及时履行前款规定义务的，除支付保险金外，应当赔偿被保险人或者受益人因此受到的损失。

任何单位和个人不得非法干预保险人履行赔偿或者给付保险金的义务，也不得限制被保险人或者受益人取得保险金的权利。"

(9) 违约责任和争议处理。保险合同当事人违反保险合同的约定，应当向对方当事人承担违约责任。承担违约责任的形式，主要有实际履行、支付违约金和赔偿损失。保险合同对违约责任的承担，应当有所约定。没有约定的，依照承担违约责任的一般原则办理。除此之外，合同当事人违反合同，致使合同的履行不能或者没有必要的，另一方当事人可以解除合同，并要求违约方承担违约责任；但合同当事人因不可抗力不能履行义务的，在不可抗力所及范围内免予承担履行合同义务的责任。我国《民法典》第一百八十八条规定：因不可抗力不能履行合同的，不承担民事责任，法律另有规定的除外。可见，不可抗力免除合同当事人不履行合同的责任。

保险合同的争议处理，主要有协商、调解、仲裁和诉讼。当保险合同双方发生争议时，首先应当通过协商友好解决；通过协商不能解决争议或者不愿通过协商解决争议的，可以通过调解、仲裁或者诉讼方式解决争议。无论采取哪种方式解决争议，合同中应有所约定。保险合同通常约定采取仲裁的方式解决争议。

(10) 订立合同的年、月、日。注明保险合同的订立时间，在法律上具有相当重要的意义：一是订立保险合同的年、月、日是判定可保利益是否存在的时间标准。投保人对保险标的不具有可保利益的，保险合同无效。二是订立保险合同的年、月、日，可以弄清保险危险是否已经发生，避免保险欺诈。订立合同时，被保险人已经知道或者应当知道保险标的已经因发生保险事故而遭受损失的，保险人不负赔偿责任；保险人已经知道或者应当知道保险标的已经不可能因发生保险事故而遭受损失的，被保险人有权收回已经支付的保险费(《海商法》第二百二十四条)。三是在成立即生效的合同中，订立合同的年、月、日关系到保险期间的计算，关系到保险合同双方当事人的权利义务问题，因此，订立保险合同的年、月、日是保险合同必不可少的条款之一。为了避免争议和纠纷，保险实务中应该具体、明确。

(二)保险合同的特约条款

在保险合同中，广义的特约条款包括附加条款和保证条款两种类型。

附加条款是指保险合同当事人在基本条款的基础上另行约定的补充条款。附加条款一般采取在保单空白处批注或在保单上附贴批单的方式使之成为保险合同的一部分。

保证条款是指投保人或被保险人就特定事项担保的条款。投保人或被保险人必须遵守保证条款，如有违反，保险人有权解除合同或拒绝赔偿。

第三节　保险合同的订立与履行

一、保险合同的订立

保险合同的订立是投保人与保险人之间基于意思表示一致而进行的法律行为。保险合同的订立须经过投保人提出保险要求和保险人同意两个阶段，这就是合同实践中的要约和承诺。

(一)要约

要约也称"订约提议"，是指一方以订立合同为目的而向对方做出的意思表示。一个有效的要约应具备三个条件：第一，要约须明确表示订约愿望；第二，要约须具备合同的主要内容；第三，要约在其有效期内对要约人具有约束力。

保险合同的要约通常由投保人提出。保险公司业务员及其保险代理人等积极主动地向投保人"推销"保险的行为，只能视同为要约邀请，实质上仍然是投保人提出要约，即投保人为要约方。当然也不排除续保时，将保险人向投保人发出续保通知书等行为视同为要约。

(二)承诺

承诺即完全接受提议，是指当事人一方就同意对方要约而做出的意思表示。承诺有效应具备三个条件：承诺不能附带任何条件，即承诺须是无条件的；承诺须由受约人或其合法代理人做出；承诺须在要约的有效期内做出。合同经当事人一方做出承诺，即告成立。

保险合同的承诺也称为承保，通常由保险人或其代理人做出。当然也不排除续保时，投保人成为承诺人的情形。但无论承诺人是保险人还是投保人，一旦无条件接受对方的要约，即为承诺，保险合同也随之成立。

保险合同与其他合同一样，其订立过程往往是一个反复要约(协商)的过程，最终达成协议。保险合同成立后，保险人应及时签发保险单或其他保险凭证。

二、保险合同的成立与生效

保险合同的成立是指投保人与保险人就保险合同条款达成协议。保险合同的生效是指保险合同对双方当事人发生约束力，即合同条款产生法律效力。

我国《保险法》第十三条规定："依法成立的保险合同，自成立时生效。投保人和保险人可以对合同的效力约定附条件或者附期限。"一般来说，保险合同一经依法成立，即发生法律效力，也就是说，合同成立即生效。但是，保险合同多为附条件、附期限的合同。对于附条件的保险合同，只有在该条件成就时(例如按照约定缴纳保险费)，才会生效；对于附期限的保险合同，只有在合同生效日(时)届至时，才会生效。

保险合同的成立与生效存在以下不同：

第一，效力不同。保险合同经当事人双方协商一致就成立，此时尚不发生法律效力；保险合同生效则是保险合同对当事人发生法律效力，此时合同当事人均受合同条款约束。

第二，保险责任不同。保险合同成立后，尚未生效前，即使发生约定的保险事故，保险人也不承担保险责任；保险合同生效后，发生保险事故的，保险人则应按保险合同约定承担保险责任。

【案例4-3】

刚买保险就出交通事故，保险合同究竟是"即时生效"还是"零时生效"？

【基本案情】2019年4月20日16时31分，郭某在某保险公司为自家小轿车续保了交强险及商业保险，其中第三者责任保险金额为50万元，并投保不计免赔险。当即形成电子保单，投保确认时间为2019年4月20日16时31分，保险期间自2019年4月21日零时起至2020年4月20日24时止。

当日20时许，郭某驾驶被保险车辆与曲某骑行的电动车发生交通事故，致使曲某受伤，车辆损坏。该事故经交通部门勘验认定郭某承担事故全部责任。

事故发生后，郭某向保险公司报案，并将曲某送至医院救治，曲某住院9天共花费2.8万余元。郭某向该保险公司申请理赔，该保险公司以本次事故的发生不在保险期间内为由拒绝理赔。后曲某为此诉至人民法院，请求保险公司和郭某向其支付因交通事故受伤的相关费用。

法院在审理中查明，该保险公司在收到郭某的投保金后，现场提供了交强险保单，该保单载明的生效时间为2019年4月21日零时，但保险公司未向郭某口头或书面提示或明确说明该保险单生效的时间，在投保人声明一栏中，未有投保人签字盖章。

【判决结果】法院审理后认为，此案双方当事人争议的焦点是保险公司出具的保险单中的"零时生效"条款是否对被保险人有约束力。保险公司不能提供证据证实对该条款履行了明确的说明或告知义务，而是擅自确定保险期间并直接打印在保单上，是保险公司的单方行为，属于典型的格式条款。合同法规定对格式条款的理解发生争议的，应当按照通常理解予以解释。按照通常理解，投保人投保后保险合同即生效。保险公司对郭某车辆发生的交通事故应当承担保险责任。

【法官评析】本案之所以突破合同条款，判决保险公司对郭某车辆发生的交通事故应当承担保险责任，主要是三个方面的原因。

一、交强险的生效时间可以选择"零时生效"和"即时生效"。相对于投保人而言，保险公司对上述规则更加清楚。保监会2009年《关于加强机动车交强险承保工作管理的通知》(91号通知)和2010年《关于机动车交强险承保中"即时生效"有关问题的复函》(79号复函)明确，投保人可在投保交强险时选择保单出单时"即时生效"。91号通知与79号复函非国家正式颁布的法律或国务院制定的行政法规，而是保监会下发给保险公司的部门规范性文件，其内容并不当然为公众知晓。

4月20日16时31分，郭某在车辆已经脱保的情况下为车辆续保。郭某作为普通车主，在保险公司没有特别提示或者明确说明的情况下，不一定清楚其投保的交强险保单为次日"零时生效"的保险合同，更不清楚其可以选择出保单时"即时生效"的保险合同。保险公司对于保单载明的"次日零时生效"的条款内容，应当在郭某投保时向其口头或书面提示或明确说明，使郭某对保单约定的"次日零时生效"保险期间有准确的理解。在车辆已经脱保的情况下，保险公司既未向郭某提示其可以选择"即时生效"条款，亦未口头或书面提示或明确说明"零时生效"条款，故"零时生效"条款对郭某不具有约束力，应当按照通常理解为保单自出单时"即时生效"。

二、保险"空白期"与法律、条例的立法宗旨相悖。交强险具有特殊性，是法律规定必须投保的险种。郭某续保交强险是为了使其脱保的车辆即时恢复交强险保障状态，在道路上能够正常行驶。基于合理期待原则，郭某支付对价后，有理由相信被保险车辆得到交强险的保险保障，脱保车辆重新恢复到承保状态。如果按"零时生效"条款将导致出现一段保险"空白期"，其间发生交通事故，不利于保护交强险相对人的合法权益，不利于促进道路交通安全，明显与法律规定的立法宗旨相悖。

三、"零时生效"条款不属于附条件或附期限的条款，是预先拟制的格式条款。合同法规定，对格式条款的理解发生争议的，应当按照通常理解予以解释。对格式条款有两种以上解释的，应当作出不利于提供格式条款一方的解释。根据通常理解，保险人签发保单或保险凭证、保险人在投保单上核保签章等行为均可被认定为保险人作出同意承保的承诺。除非投保人以明示方式(通常应以手写方式)明确其认可"次日零时起保"条款，切实符合投保人的真实意思表示，则此条款不适用格式条款。在本案中，交强险的保险期间可从保险公司出单即2019年4月20日16时31分起算，对郭某在当日20时许发生的交通事故，保险公司应当承担交强险的保险责任。

(资料来源：https://baijiahao.baidu.com/s?id=1680188678608516217&wfr=spider&for=pc)

三、保险合同的履行

保险合同的履行，是指保险合同当事人双方依法全面完成保险合同约定义务的行为。保险合同是双务合同，权利和义务是对等的，一方的权利就是另一方的义务。

(一)投保方的义务

1. 如实告知的义务

如实告知是指投保人在订立保险合同时，将保险标的重要事实以口头或书面形式向保险人作真实陈述。所谓重要事实，是影响保险人决定是否承保及保险费率厘定的事实。投保人应履行如实告知义务，是由最大诚信原则决定的。保险人只有在投保人如实告知后，才能正确决定是否承保和厘定保险费率。因此，如实告知是投保人必须履行的基本义务，也是保险人实现其权利的必要条件。我国实行的是"询问告知"的原则，即投保人只要如实回答了保险人的询问，就履行了如实告知义务。

2. 缴纳保险费的义务

缴纳保险费是投保方的法定义务。投保人必须按照约定的时间、地点和方式缴纳保险费。保险费通常由投保人缴纳，也可以由有利害关系的第三人缴纳，无利害关系的第三人也可以代投保人缴纳保险费，但他们并不因此而享有保险合同上的利益。

3. 通知义务

通知义务包括保险事故发生前"危险增加"的通知义务和保险事故发生的通知义务。

(1) "危险增加"的通知义务。保险合同中，危险增加是有特定含义的，它是指订立保险合同时，双方当事人未曾估计到的保险事故危险程度的增加。保险事故危险程度增加的原因一般有两个：第一是由投保人或被保险人的行为所致。如财产保险合同中，改变保险标的的用途或使用性质。第二是由投保人或被保险人以外的原因所致，通常是自然条件、社会经济状况等发生意想不到的变化。不管怎样，投保方应当在知道危险增加后，立即通知保险人。保险人在接到通知后，通常采取提高保险费率或解除保险合同的方式处理。在保险人接到"危险增加"的通知或虽未接到通知但已经知晓的情况下，应在一定期限内做出增加保费或解除合同的意思表示。如果不做任何表示，则可视为默认，之后不得再主张提高费率或解除保险合同。

(2) 保险事故发生的通知义务。保险合同订立以后，如果发生保险事故，投保方应及时通知保险人。因为既然已经发生约定的保险事故，意味着保险人承担保险责任，履行保险义务的条件已经产生。保险人如果能够及时得知情况，一方面可以采取适当的措施防止损失的扩大；另一方面可以迅速查明事实，确定损失，明确责任，不致因查勘的拖延而丧失证据。关于通知的期限，各国法律规定有所不同，有的是几天，有的是几周，有的无明确的时间限定，只是在合同中使用"及时通知""立即通知"等字样。如果投保人未履行保险事故发生的通知义务，则有可能产生两种后果：一是保险人不解除保险合同，但可以请求投保方赔偿因此而遭受的损失；二是保险人免除保险合同上的责任。

4. 防灾防损义务

保险事故发生前，投保方应积极采取措施，避免损失的发生。另外，约定的保险事故发生后，投保方不仅应积极通知保险人，还应当采取各种必要的措施，进行积极的施救，避免损失扩大。对此我国《保险法》进行了规定。为鼓励投保方积极履行施救义务，《保险法》还规定，被保险人为防止或者减少保险标的的损失所支付的必要的、合理的费用，由保险人承担。因投保方未履行施救义务而扩大的损失部分，保险人不负赔偿责任。

5. 其他义务

如被保险人或受益人对提出的保险赔偿，有提供单证或举证义务。如果存在第三者责任人，被保险人还有协助保险人向第三者追偿的义务。

(二)保险人的义务

1. 履行赔偿或给付保险金的义务

投保人订立保险合同，交付保险费的目的在于保险事故或事件发生后，能够从保险人处获得保险赔偿或给付。因此，该义务是保险人依照法律规定和合同约定所应承担的最重要、最基本的义务。

保险人承担保险责任的条件：第一，须有保险事故或事件发生；第二，须造成保险标的的损失；第三，保险事故与保险标的的损失须有因果关系。但在人身保险合同或给付性保险合同中，只要有合同约定的保险事故或事件发生，一般不论是否对保险标的造成损失，保险人均应承担保险责任，履行给付保险金义务。

保险人承担保险责任的范围包括以下几部分。

(1) 保险金。财产保险合同中，根据保险标的的实际损失确定，但最高不得超过合同约定的保险标的的保险价值。人身保险合同中，即为合同约定的保险金额。

(2) 施救费用。根据我国《保险法》第五十七条规定：第一，必要的、合理的施救费用，由保险人承担；第二，施救费用在损失赔偿金额以外另行计算；第三，施救费用以保险金额为限。

(3) 争议处理费用。主要指责任保险中应由被保险人支付的仲裁费、诉讼费以及其他必要的、合理的费用，如律师费、鉴定费等。

(4) 检验费用。它是指保险人、被保险人为查明和确定保险事故的性质、原因和保险标的的损失程度所支付的费用。

2. 说明义务

说明义务主要指订立保险合同时，保险人应就保险合同的条款内容向投保人作书面或口头陈述，其中特别是免责条款的说明。保险人承担说明义务的原因：保险人熟悉保险业务，精通保险合同条款，并且保险合同条款大都由保险人制定，而投保人则常常受到专业知识的限制，对保险业务和保险合同都不甚熟悉，加之对合同条款内容的理解亦可能存在偏差、误解，均可能导致被保险人、受益人在保险事故或事件发生后，得不到预期的保险保障。因此，订立保险合同时，保险人应按最大诚信原则，对保险合同条款做出说明，使投保人正确理解合同内容，自愿投保。免责条款的说明是保险人履行说明义务的一项重要内容。免责条款是当事人双方约定的免除保险人责任的条款，直接影响投保人、被保险人或者受益人的利益。被保险人、受益人可能因免责条款而在保险事故或事件发生后得不到预期的保险保障。因此，保险人在订立保险合同时，必须向投保人明确说明，否则，免责条款不发生法律效力。

3. 及时签发保险单证的义务

保险单证是指保险单或其他保险凭证。保险合同成立后，及时签发保险单证是保险人的法定义务。保险单证是保险合同成立的证明，也是履行保险合同的依据。在保险实务中，保险单证因其载明保险合同的内容而成为保险合同最重要的书面形式。

4. 保密义务

保险人在办理保险业务中必然了解投保人、被保险人的业务、财产以及个人身体等情况，而这些情况往往又是投保人、被保险人因其是商业秘密、个人隐私或者其他原因而不愿公开或传播的。为了维护投保人、被保险人的合法权益，保险人对其知道的上述情况，依法负有保密义务。

再保险人在办理再保险业务的过程中，必然知悉原保险人及原保险的投保人、被保险人的业务、财产及身体等情况，对此，再保险也依法负有保密义务。

第四节　保险合同的变更与终止

一、保险合同的变更

保险合同的变更是指在保险合同的存续期间，其主体、内容及效力的改变。保险合同依法成立，即具有法律约束力，当事人双方都必须全面履行合同规定的义务，不得擅自变更或解除合同。但有些长期性保险合同，需要随着主观和客观情况的变化而变化。保险合同的变更主要表现在以下几个方面。

(一)保险合同主体的变更

主体的变更是指保险合同当事人的变更。一般来说，主要是投保人、被保险人和受益人的变更，保险人的变更较少见，但在保险人破产、分立或合并等情况出现时，保险人也会随之变更。

保险合同主体的变更通常又叫作保险合同的转让。由于保险合同的主要形式是保单，因此，这种变更在习惯上称为保单的转让。

在财产保险中，保单的转让往往因保险标的的所有权发生转移(包括买卖、让与和继承等)而发生。关于保单转让的程序，有两种国际惯例。一是转让必须得到保险人的同意。如果要继续维持保险合同关系，被保险人必须在保险标的的所有权(或管理权)转移时，事先书面通知保险人，经保险人同意，并对保单批注后方才有效，否则，保险合同从保险标的所有权(或管理权)转移时即告终止。二是允许保单随保险标的的转让而自动转让，不需要征得保险人的同意。货物运输保险合同属于这种情况。原因是：货物运输特别是海洋货物运输，路途遥远，流动性大，货物从起运到目的地的整个过程中，物权可能几经易手，可保利益也会随之转移。如果每次被保险人的变更都须征得保险人的同意，必然影响商品流转。有鉴于此，各国保险立法一般规定：除另有明文规定外，凡运输保险，其可保利益可随意转移。即运输保险，其保单可随货权的转移而背书转让。

我国《保险法》第四十九条规定："保险标的转让的，保险标的的受让人承继被保险人的权利和义务。

"保险标的转让的，被保险人或者受让人应当及时通知保险人，但货物运输保险合同和另有约定的合同除外。

"因保险标的的转让导致危险程度显著增加的，保险人自收到前款规定的通知之日起三十日内，可以按照合同约定增加保险费或者解除合同。保险人解除合同的，应当将已收取的保险费，按照合同约定扣除自保险责任开始之日起至合同解除之日止应收的部分后，退还投保人。

"被保险人、受让人未履行本条第二款规定的通知义务的，因转让导致保险标的危险程度显著增加而发生的保险事故，保险人不承担赔偿保险金的责任。"

可见，我国财产保险合同转让，一般无须取得保险人的同意，仅仅要求被保险人或者受让人及时通知保险人，只有未及时履行通知义务，且转让保险标的导致危险程度显著增加的，对此发生的保险事故，保险人不承担赔付责任。

在人身保险中，投保人的变更，须征得被保险人同意并通知保险人，经保险人核准后方可变更。受益人的变更，无须征得保险人的同意，但应需书面通知保险人。我国《保险法》第四十一条规定："被保险人或者投保人可以变更受益人并书面通知保险人。保险人收到变更受益人的书面通知后，应当在保险单或其他保险凭证上批注或者附贴批单。投保人变更受益人时须经被保险人同意。"

【案例4-4】

转卖车辆未通知保险公司是否可以拒赔

【案情】2010年3月，李某向王某购买了某小型货车一辆，并办理了车辆所有权变更手续，将车辆及相关的材料进行了移交，但并未通知保险公司，也未办理保险批改手续。2010年5月，李某驾驶小货车与蔡某驾驶的轿车相撞，造成双方受伤、两车受损的交通事故。经交警部门认定：李某负本次事故的主要责任，蔡某负次要责任。李某向保险公司提出索赔，保险公司以与李某不存在保险合同关系为由拒绝理赔。蔡某诉至法院，要求李某赔偿各项损失计10万余元，保险公司在保险限额内予以赔偿。

本案的争议焦点：李某向王某购买车辆，在未通知保险公司并办理保险变更登记的情形下发生事故，保险公司是否可以拒赔？

【分析】首先，受让人对保险标的具有保险利益。我国《保险法》第四十九条规定，保险标的转让的，保险标的受让人承继被保险人的权利和义务。被保险人、受让人未履行本条第二款规定的通知义务的，因转让导致保险标的危险程度显著增加而发生的保险事故，保险人不承担赔偿保险金的责任。根据该规定，当被保险机动车所有权转移时，受让人即享有车辆保险合同的权利和义务。本案中，李某受让车辆虽然没有履行保险变更手续，但保险标的的转让只是变更了所有权人，其车辆用途和危险系数没有变化，受让人继续对保险标的享有保险利益，在车辆发生事故时，应继续享有保险利益，保险合同仍然发生效力，保险公司应当承担保险责任。

其次，本案保险车辆的用途和危险程度并未变化。机动车保险合同的第三者责任险属于强制性保险，保险责任自动产生，无须投保人和保险人约定，保险人不能随意拒绝承担赔偿责任。虽然保险法规定保险车辆转让保险合同需要变更，但并没有规定保险合同未作变更，保险人可以因此解除保险合同或不承担保险责任，只是说因转让导致保险标的危险程度显著增加而发生保险事故时，保险人不承担赔偿责任。本案中，李某受让保险车辆未办理保险变更，虽存在履行保险合同的缺陷，但在法律没有禁止性规定的情况下，保险车辆的用途并未变化，危险程度并未增加，因此，保险人的保险责任也没有变化，不履行通知义务并不能构成保险人免责的法定事由。

再次，机动车辆保险合同具有社会公益性。机动车辆保险合同的功能是保护交通事故的受害者，具有社会公益性。王某已经实际交付了车辆，受让人李某对该车辆也已占有、使用、收益，根据《民法典》第六百零四条的规定，已经成为风险的真正负担者。对于原车主王某而言，车辆价值的减损或者灭失对其都没有利益可言，而受让人李某在承担风险的同时应该享有保险权利，故保险公司仍应在原保险合同约定的保险限额内承担理赔责任。

(资料来源：华律网，2023年5月2日.)

(二)保险合同内容的变更

保险合同内容的变更是指在主体不变的情况下，改变合同中约定的事项，它包括：被保险人地址的变更；保险标的数量的增减；品种、价值或存放地点的变化；保险期限、保险金额的变更；保险责任范围的变更；货物运输保险合同中的航程变更；船期的变化等。这些变化都对保险人承担的风险大小有影响。

保险合同的主体不变更而内容变更的情况是经常发生的。各国保险立法一般规定，保险合同订立后，投保人可以提出变更合同内容的请求，但须经保险人同意，办理变更手续，有时还应增缴保费，合同方才有效。

(三)保险合同效力的变更

1. 保险合同的无效

它是指合同虽已订立，但在法律上不发生任何效力。按照不同的因素划分，合同的无效有以下几种形式。

(1) 约定无效与法定无效。根据不同的原因来划分，无效有约定无效与法定无效两种。约定无效由合同的当事人任意约定，只要约定的理由出现，合同就无效。法定无效由法律明文规定，符合下列情况之一者，保险合同无效：①合同是代理他人订立而不做声明；②恶意的重复保险；③投保人对保险标的不具有可保利益；④人身保险中未经被保险人同意的死亡保险；⑤人身保险中被保险人的真实年龄已超过保险人所规定的年龄限额；⑥人身保险中，体检时由他人冒名替代者。

(2) 全部无效与部分无效。根据不同的范围来划分，无效有全部无效与部分无效两种。全部无效是指保险合同全部不发生效力，以上列举的几种情况就属于全部无效。部分无效是指保险合同中仅有一部分无效，其余部分仍然有效。如善意的超额保险，保险金额超过保险价值的部分无效，但在保险价值限额以内的部分仍然有效。又如在人身保险中，被保险人的年龄与保单所填写的不符(只要没有超过保险人所规定的保险年龄的限度)，发生保险事故或约定事件，保险人按照被保险人的实际年龄比例给付保险金，这也是部分保险。

(3) 自始无效与失效。根据时间来划分，无效有自始无效和失效两种。自始无效是指合同自成立起就不具备生效的条件，合同从一开始就不生效。失效是指合同成立后，因某种原因而导致合同无效。如被保险人因对保险标的失去可保利益，保险合同即失去效力。失效不需要当事人作意思表示，只要失效的原因出现，合同即失去效力。

2. 保险合同的解除

保险合同的解除是指当事人基于合同成立后所发生的情况，使合同无效的一种单方面的行为。即当事人一方行使解除权(由法律赋予或合同中约定)，使合同的一切效果消失并恢复到订立前的状态。

合同的解除与合同的无效是不同的。前者是行使解除权而效力溯及既往；后者则是根本不发生效力。解除权有时效规定，可因时效而丧失解除权；而无效合同则并不会因时效而成为有效合同。

行使解除权的法律效力是，双方都负有恢复到合同订立以前的义务。因此，已受领的给付应返还给对方；责任方对他方所造成的损失，应承担损害赔偿责任。但如果保险合同的解除是由投保方的不当行为所致，在这种情况下，要求保险人返还保费，显然不利于行使解除权的保险人。因此，在法律或合同条款中明确规定，在上述情况下，保险人无须返还保费。

3. 保险合同的复效

保险合同的复效是指保险合同的效力在中止以后又重新开始。保险合同生效后，由于某种原因，合同的效力中止。如人身保险中投保人未能按时缴纳保险费，保险合同的效力由此中断。在此期间，如果发生保险事故，保险人不负支付保险金的责任。但保险合同效力的中止并非终止。投保人可以在一定条件下，提出复效保险合同的效力，经保险人的同意，合同的效力即可恢复，即合同复效。已恢复效力的保险合同应视为自始没有失效的原保险合同。

二、保险合同的终止

保险合同的终止是指当事人之间由合同所确定的权利义务，因法律规定或合同约定的原因出现而不复存在。导致保险合同终止的原因很多，主要有以下几种。

(一)保险合同因期限届满而终止

保险合同关系是一种债权、债务关系。任何债权、债务都是有时间性的。保险合同订立后，虽然未发生保险事故，但如果合同的有效期已届满，则保险人的保险责任也自然终止。这种自然终止，是保险合同终止的最普遍、最基本的原因。保险合同终止，保险人的保险责任终止。当然，保险合同到期以后还可以续保。但是，续保不是原保险合同的继续，而是一个新的保险合同的成立。

(二)保险合同因解除而终止

解除是较为常见的保险合同终止的另一类原因。在保险实务中,保险合同的解除分为法定解除、约定解除和任意解除三种。

1. 法定解除

法定解除是指法律规定的原因出现时,保险合同当事人一方(一般是保险人)依法行使解除权,消灭已经生效的保险合同关系。法定解除是一种单方面的法律行为。从程序上来说,依法有解除权的当事人向对方做出解除合同的意思表示,即可发生解除合同的效力,而无须征得对方的同意。

2. 约定解除

约定解除是双方当事人约定解除合同的条件,一旦约定的条件出现,一方或双方即有权利解除保险合同。约定解除习惯上称为"协议注销"。保险合同一旦注销,保险人的责任就告终止。

3. 任意解除

任意解除是指法律允许双方当事人都有权根据自己的意愿解除合同。但是,并非所有的保险合同都是可以由当事人任意解除和终止的,一般有严格的条件限制。

【案例 4-5】

不交保险费是否意味着保险合同的解除?

【案情】2006 年 10 月 29 日,投保人乙炔公司向某保险公司投保,双方约定:保险期限自 2006 年 10 月 31 日 12 时始至 2007 年 10 月 31 日 12 时止,总保险金额为 38.9968 亿元,保险费为 7799360 元,分两期交付。保险合同签订后,乙炔公司依约支付了第一期保险费,但是第二期保险费迟迟没有支付。保险公司多次催要保险费未果,遂诉至法院。

乙炔公司认为,依照《保险法》,投保人有权不交保险费,这是投保人行使任意解除权的体现,保险合同的成立并不等于保险单的生效及保险责任的开始,作为保险合同一方当事人的投保人有权阻止保险单的生效,并不是必须要交纳保险费,其逾期不交保险费只是导致保险合同的终止。

保险公司认为,投保人已支付第一期保险费,保险单上也注明了生效时间,说明保险合同已经生效。乙炔公司并没有提出终止保险合同的请求,保险合同并未终止。

【分析】本案争议的焦点是:投保人未交保险费是否可以视为投保人行使解除权?

为了保护投保人的利益,《保险法》第十五条规定:"除本法另有规定或者保险合同另有约定外,保险合同成立后,投保人可以解除合同,保险人不得解除合同。"本案中,乙炔公司作为投保人,合同的单方解除,须由享有解除权的一方当事人做出解除合同的意思表示。本案中的财产保险条款约定,被保险人可随时书面注销本保险单,保险公司亦可提前 15 日通知被保险人注销本保险单。因此,在乙炔公司未书面申请注销保险单之前,该保险合同仍然合法有效。不交付第二期保险费并非行使解除权的行为,不发生合同解除的效力。乙炔公司应该向保险公司补交保险费及延期利息。

(资料来源：罗忠敏. 新保险法案例精析[M]. 北京：中国法制出版社，2009.)

(三)保险合同因违约失效而终止

因投保人或被保险人的某些违约行为，保险人有权使合同无效。如没有如期缴纳保险费或按约遵守保证等。

(四)保险合同因全部履行而终止

保险事故发生后，保险人完成全部保险金额的赔偿或给付义务之后，保险责任即告终止。最常见的财产损失保险中，保险标的发生全损，被保险人领取了全部保险赔偿后，即使保险期限还未满，保险合同也因履行了全部赔付责任而终止。

第五节 保险合同的解释原则与争议处理

保险合同争议是指当保险合同成立后，合同主体就合同履行时的具体做法产生的意见分歧或纠纷。这种意见分歧或纠纷有些是由于合同双方对合同条款的理解互异造成的，有些则是由于违约造成的。不管是什么原因，发生争议后都需要按照一定的原则和方式来处理和解决。

一、保险合同的解释原则

保险合同的解释是指当保险当事人由于对合同内容的用语理解不同发生争议时，依照法律规定的方式或者约定俗成的方式，对保险合同的内容或文字的含义予以确定或说明。保险合同的解释通常有以下几种。

(一)文义解释原则

文义解释即按合同条款通常的文字含义并结合上下文来解释，既不超出也不缩小合同用语的含义。文义解释是解释保险合同条款的最主要的方法。

文义解释必须要求被解释的合同文句本身具有单一的且明确的含义。如果有关术语本来就只具有唯一的一种意思，或联系上下文只能具有某种特定含义，或根据商业习惯通常仅指某种意思，那就必须按照它们的本意去理解。

(二)意图解释原则

意图解释是指在无法运用文字解释方式时，通过其他背景材料进行逻辑分析来判断合同当事人订约时的真实意图，由此解释保险合同条款的内容。保险合同的真实内容应是当事人通过协商后形成的一致意思表示。因此，解释时必须要尊重双方当时的真实意图。意图解释只适用于合同的条款不精当、语义混乱，不同的当事人对同一条款所表达的实际意思理解有分歧的情况。如果文字表达清楚，没有含糊之处，就必须按字面解释，不得任意推测。

(三)有利于被保险人或受益人的解释原则

该原则是指当保险合同的当事人对合同条款有争议时,法院或仲裁机关要做出有利于被保险人和受益人的解释。对此,我国《保险法》第三十条规定:"采用保险人提供的格式条款订立的保险合同,保险人与投保人、被保险人或者受益人对合同条款有争议的,应当按照通常理解予以解释。对合同条款有两种以上解释的,人民法院或者仲裁机构应当作出有利于被保险人和受益人的解释。"保险合同是格式合同,订立合同时,投保方只能对已经拟定好的条款作接受还是不接受的意思表示,没有商量的余地。况且有些专业术语并不是一般人能够完全理解的。因此,为了避免保险人利用其有利的地位,侵害投保方的利益,各国普遍使用这一原则来解决保险合同当事人之间的争议。

【拓展阅读 4-3】

> 著名的判例:在英国,有一承保海上保险的人叫理查德·马丁。他在公历 1536 年 6 月 18 日将其业务扩大到寿险,并为他一位嗜酒的朋友威廉·吉朋承保人寿险,保额 2000 镑,保险期限为 12 个月,保费 80 英镑。吉朋于 1537 年 5 月 29 日死亡,受益人请求依约给付保险金 2000 镑。但马丁声称吉朋所保的 12 个月,系以阴历每月 28 天计算的,因而保单已于公历 5 月 20 日到期。受益人则主张保期应按公历计算,保险事故发生于合同有效期内,为此涉讼。最后法院判决作了有利于被保险方的解释,宣判马丁应承担给付保险金之责。从此以后,这种不利于合同起草人的解释原则便成为保险合同的一大特色解释原则,并被广泛应用于其他定式合同的解释中。
>
> (资料来源:http://www.35331.cn/lhd_1m8wo71dw48n6j4879hw6x2111f27v00bbm_4.html.)

(四)专业解释原则

专业解释是指对保险合同中使用的专业术语,应按照其所属专业的特定含义解释。在保险合同中除了保险术语、法律术语之外,还会出现某些其他专业术语。对于这些具有特定含义的专业术语,应按其所属行业或学科的技术标准或公认的定义来解释,如财产保险中对"暴风""暴雨"危险程度的解释应按国家气象部门规定的技术标准来解释;人寿保险中对各种人身伤害及死亡的解释应按医学上公认的标准来解释等。

(五)其他补充解释原则

当保险合同条款约定内容有遗漏或不完整时,借助商业习惯、国际惯例、公平原则等对保险合同的内容进行务实、合理的补充解释,以便合同继续履行。另外,书面约定与口头约定不一致时,以书面约定为准;保险单及其他保险凭证与投保单及其他合同文件不一致时,以保险单及其他保险凭证中载明的合同内容为准;特约条款与基本条款不一致时,以特约条款为准;保险合同的条款内容因记载方式、记载先后不一致时,按照批单优于正文,后批注优于先批注,手写优于打印,加贴批注优于正文批注的规则解释等。

二、保险合同争议的解决方式

按照我国法律的有关规定,保险合同争议的解决方式主要有以下几种。

(一)协商

合同双方当事人在自愿互谅的基础上,按照法律规定和合同约定,友好地解决争议,消除分歧。自行协商解决方式简便,有助于增进双方的进一步信任与合作,并且有助于合同的继续执行。

(二)调解

调解是指在合同管理机关或法院的参与下,通过说服教育,使双方自愿达成协议、平息争端。调解解决争议必须查清纠纷的事实,分清是非责任,这是达成合理的调解协议的前提。调解必须遵循法律、政策与平等自愿原则。只有依法调解,才能保证调解工作的顺利进行。如果一方当事人不愿意调解,就不能进行调解。如调解不成立或调解后又反悔,可以申请仲裁或直接向法院起诉。

(三)仲裁

仲裁是指争议双方依照仲裁协议,自愿将彼此间的争议交由双方共同信任、法律认可的仲裁机构的仲裁员居中调解,并做出裁决。仲裁方式具有法律效力,采用一裁终裁制,当事人必须予以执行。尤其是在再保险合同中,双方当事人大多约定采用仲裁方式解决争议。

(四)诉讼

诉讼是指争议双方当事人通过国家审判机关——人民法院进行裁决的一种方式,它是解决争议方式中最极端的一种方式。双方当事人因保险合同发生争议时,有权以自己的名义直接请求法院通过审判给予法律上的保护。当事人提起诉讼应当在法律规定的诉讼时效内。

《中华人民共和国民事诉讼法》第二十六条对保险合同纠纷的管辖法院作了明确的规定:"因保险合同纠纷提起诉讼,通常由被告所在地或保险标的物所在地人民法院管辖。"《最高人民法院关于适用<中华人民共和国民事诉讼法>若干问题的意见》中规定:"因保险合同纠纷提起的诉讼,如果保险标的物是运输工具或者运输中的货物,由被告住所地或运输工具登记注册地、运输目的地、保险事故发生地的人民法院管辖。"

本 章 小 结

(1) 保险合同是指保险关系双方当事人之间订立的关于各自权利和义务的一种协议。保险合同是保险关系建立的基础、履行的依据。

(2) 保险合同的法律要求:保险合同的当事人必须具备完全民事行为能力;投保人与保险人双方意思表示必须真实;保险合同是双方当事人意思表示一致的行为;保险合同必须合法。保险合同是最大诚信合同、射幸合同、双务合同、附合合同、诺成性合同、非要式合同。

(3) 保险合同的形式主要有投保单、暂保单、保险单、保险凭证和批单。

(4) 保险合同由声明事项、保险协议、责任免除、条件事项和各种其他条款组成。

(5) 保险合同根据不同的标准,有多种分类。

(6) 保险合同由保险合同的主体、客体和内容三个要素组成。保险合同的主体包括保险合同的当事人和保险合同的关系人。前者分为保险人和投保人；后者分为被保险人和受益人。保险合同的客体是依附在保险标的上的可保利益。可保利益是指投保人或被保险人对保险标的所具有的法律上承认的利益。保险合同的内容即保险关系之间的权利义务关系。保险合同的内容主要包括：保险当事人的姓名与住所；保险标的；保险责任和责任免除；保险期间和保险责任开始时间；保险金额；保险费及其支付办法；保险金赔偿或者给付办法；违约责任和争议处理；订立合同的年、月、日。

(7) 保险合同的成立是指投保人与保险人就保险合同条款达成协议，包括要约和承诺两个步骤。保险合同的生效是指保险合同对双方当事人发生约束力，分为成立即生效和附条件、附期限生效。

(8) 保险合同的履行，是指保险合同当事人双方依法全面完成保险合同约定义务的行为。投保方须履行如实告知、缴纳保险费、通知、防灾防损和其他义务。保险人须履行赔偿或给付保险金、说明、及时签发保险单证和保密义务。

(9) 保险合同存续期间，其主体、内容等可能发生变更，从而使合同的效力也随之发生变更，导致合同无效、解除和复效等。

(10) 保险合同因为期限届满、解除、违约失效、全部履行等原因而终止。

(11) 保险合同的解释原则有文义解释原则、意图解释原则、有利于被保险人或受益人的解释原则、专业解释原则和其他补充解释原则等。保险合同争议的解决方式主要有协商、调解、仲裁和诉讼等。

实 训 课 堂

基本案情：

小王于2016年8月30日为自己新买的爱车投保了交强险、车辆损失险和第三者责任保险，保险期限为1年，并特别约定以上保险在他为新车办好牌照之后生效。2016年9月20日，牌照办好了。2017年9月2日，小王因疏忽发生追尾事故，损失1万元。问保险公司是否会为他的损失买单？为什么？

思考讨论题：

1. 保险合同成立与生效的区别是什么？
2. 本案中保险期限的具体时间是什么？

分析要点：

1. 保险合同有成立即生效和延迟生效两种情形。一般的保险合同成立即生效，而附条件的保险合同，只有在条件成就时(如按约定缴纳保险费后)保险合同才生效、对生效期限的保险合同自期间届至时生效。

2. 保险合同的成立与生效的区别。

第一，效力不同。保险合同经当事人双方协商一致就成立，此时尚不发生法律效力；保险合同生效则是保险合同对当事人发生法律效力，此时合同当事人均受合同条款约束。

第二，保险责任不同。保险合同成立后，尚未生效前，即使发生约定的保险事故，保险人也不承担保险责任；保险合同生效后，发生保险事故的，保险人则应按保险合同约定承担保险责任。

3. 本案中保险合同成立的时间是2016年8月30日，保险合同生效的时间是2016年9月20日。保险期限是2016年9月20日至2017年9月20日，被保险人小王的追尾事故发生在2017年9月2日，在保险期限内，属于保险责任范围，因此，保险公司应该负赔偿责任。

复习思考题

一、基本概念

保险合同　财产保险合同　人身保险合同　损失补偿合同　定额给付合同　定值保险合同　不定值保险合同　超额保险合同　保险人　投保人　被保险人　受益人　保险标的　保险金额　可保利益　合同条款　投保单　保险单　暂保单　责任免除

二、判断题

1. 保险合同是要式合同。（　　）
2. 保险金是指双方当事人在合同中约定，并在保险单中载明的保险人应当赔付的最大货币额。（　　）
3. 保险合同的解释应有利于保险人。（　　）
4. 财产保险合同中，约定的保险金额一般不得超出保险标的的保险价值，超出部分无效。（　　）
5. 人身保险合同中，指定的受益人是一人的，保险金请求权由该人行使，并获得全部保险金；受益人是数人的，保险金请求权由该数人行使，其受益顺序和受益份额由被保险人或投保人确定，未确定的，受益人按照相等份额享有受益权。（　　）
6. 保险凭证是保险合同最正式的书面文件。（　　）

三、不定项选择题

1. 保险合同是（　　）。
   A. 单务合同　　　　B. 双务合同　　　　C. 诺成性合同　　　　D. 实践性合同
2. 以保险合同的保障性质为标准，可以将保险合同分为（　　）。
   A. 损失补偿保险合同　　　　　　　　B. 定额给付保险合同
   C. 财产保险合同　　　　　　　　　　D. 人身保险合同
3. 保险事故发生后，能够向保险人提出索赔的是（　　）。
   A. 投保人　　　　B. 被保险人　　　　C. 保险代理人　　　　D. 受益人
4. 以下关于人身保险合同中受益人获得保险金说法正确的是（　　）。
   A. 列为被保险人遗产，纳入遗产分配
   B. 不列为被保险人遗产，不纳入遗产分配，但可用于清偿被保险人生前债务
   C. 不列为被保险人遗产，不纳入遗产分配，也不可用于清偿被保险人生前债务
   D. 列为被保险人遗产，纳入遗产分配，可用于清偿被保险人生前债务

5. 保险合同的核心部分是( )。
   A. 声明事项　　　　B. 保险协议　　　　C. 责任免除　　　　D. 条件事项
6. 按照我国法律的有关规定，保险合同争议的解决方式主要有( )。
   A. 协商　　　　　　B. 调解　　　　　　C. 仲裁　　　　　　D. 诉讼
7. 保险合同的客体是( )。
   A. 保险标的　　　　B. 保险金额　　　　C. 可保利益　　　　D. 可保价值
8. 投保方的义务有( )。
   A. 如实告知　　　　B. 缴纳保险费　　　C. 通知保险人　　　D. 防灾防损
9. 常用来增添、取消或修改原保险合同条款的是( )。
   A. 暂保单　　　　　B. 保险单　　　　　C. 投保单　　　　　D. 批单
10. 保险合同的解除分为( )。
   A. 法定解除　　　　B. 约定解除　　　　C. 任意解除　　　　D. 保险人解除

四、简答题

1. 如何订立保险合同？
2. 简述保险合同成立与生效的关系。
3. 保险合同的投保人需要履行哪些义务？
4. 保险合同中为什么要规定责任免除？
5. 简述保险合同的客体。
6. 简述保险合同的主体变更。
7. 哪些原因可能导致保险合同终止？
8. 保险合同出现争议和纠纷时，该如何处理？

五、案例分析题

40岁的李先生于2011年8月9日为自己投保了定期寿险，保险金额为40万元，保险期限为5年，并指定其妻子赵女士为受益人。2013年8月30日他与赵女士离婚。2014年2月14日，李先生新娶了陈女士。2015年5月1日，李先生不幸遭遇车祸身亡。随后李先生的父母、子女和两任妻子都向保险公司申请保险金给付。问保险公司是否应给付保险金？如果应给付，向谁给付？为什么？

六、论述题

论述保险合同与一般合同的共性和差异。

第五章 保险的基本原则

【学习要点及目标】

- 重点掌握可保利益的含义和作用以及各类保险的可保利益。
- 掌握最大诚信原则及其保险双方当事人的要求。
- 了解弃权与禁止反言的适用情形。
- 识别近因并掌握近因原则。
- 重点掌握损失补偿的方式。
- 理解代位追偿的实施条件以及代位追偿中保险双方的权利与义务。
- 掌握重复保险的构成条件以及在重复保险下保险人分摊损失的方式。

【核心概念】

可保利益　最大诚信原则　重要事实　近因　代位追偿　委付　重复保险

【引导案例】

中秋赏月险：保险还是博彩

2013年，安联财产保险公司和阿里小微金融服务集团旗下淘宝保险合作推出一款保险产品——"中秋赏月险"。该险种主险责任为被保险人在中秋节当天因遭受意外伤害事故导致身故、残疾或烧烫伤，最高赔付10万元。附加险责任为中秋当天，被保险人在赏月城市由于天气原因(阴或雨)看不到月亮，可获"赏月不便津贴"，具体分成两档：一档投保价格为20元，可获保险理赔50元；第二档投保价格为99元，可获保险理赔188元。该险种在40多个城市共售出数百件。

根据我国《保险法》规定，人身保险的投保人在保险合同订立时，对被保险人应当具有可保利益；财产保险的被保险人在保险事故发生时，对保险标的应当具有可保利益。在中秋赏月险中，被保险人(赏月人)对于保险标的是否具有可保利益，可依据物权法与债权法的效力内容进行判断。根据《外层空间条约》和《月球协定》，赏月人无权依据物权法对月亮主张所有权或他物权，也无权依据合同法等债权法主张债权权益，既然赏月人对月亮具有某种利益的主张于法无据，这表明赏月人对月亮没有可保利益，即使赏月人在合同约定的天气特征内没有见到月亮，也无法证明其没见到月亮有什么经济损失。因此，在该案例中，作为附加险的"中秋赏月险"属于典型的披着保险外衣进行的赌博和炒作。

(资料来源：李青武."中秋赏月险"涉嫌赌博[J].检察日报,2013年9月11日第7版.)

【知识导入】

保险业在长期发展的历史进程中，形成了一系列符合其经营规律和特点的基本原则，包括可保利益原则、最大诚信原则、近因原则和损失补偿原则及其派生的代位原则和分摊原则。这些原则是保险活动的基本准则，贯穿于保险业务全过程，对于维护保险合同双方当事人、关系人的合法权益，保证保险合同的顺利履行，实现保险功能具有重要意义。

第一节 可保利益原则

一、可保利益及其构成条件

可保利益(insurable interest)是指投保人或被保险人对保险标的所具有的法律上承认的经济利益。它体现了投保人或被保险人与保险标的之间的经济上的利害关系。衡量投保人或被保险人对保险标的是否具有可保利益的标志，是看投保人或被保险人是否因保险标的的损害或丧失而遭受经济上的损失，即当保险标的安全时，投保人或被保险人可以从中获益；反之，当保险标的受损，投保人或被保险人必然会遭受经济损失，则投保人或被保险人对该标的具有可保利益。

但在保险史上，并不是一开始就要求投保人或被保险人对保险标的具有法律认可的经济利益关系的。

【拓展阅读 5-1】

可保利益原则的起源

可保利益原则的产生在于"保护公众免受赌博合同的滋扰，减少谋财害命的诱因"。[①] 现代保险制度起源于海上保险，可保利益原则也源于海上保险。在1746年之前，海上保险并不要求投保人或被保险人证明他们对投保的船舶或货物拥有所有权或其他合乎法律规定的利益关系，从而导致许多人以被承保的船舶能否完成其航程作为赌博的对象，同时也诱使一些人破坏航程的顺利完成，造成大量海事欺诈。正是在这种情况下，《1746年英国海上保险法》第一次正式以法律条文的形式，要求被保险人对承保财产具有利益是存在有法律约束力的海上保险合同的前提条件。

与此同时，寿险中也存在类似赌博的问题，有的投保人以遭受死刑起诉的犯罪嫌疑人或军人为被保险人投保死亡保险，有的则为年迈的名人投保。劳合社就曾出现过一份投保拿破仑死亡或被活擒到英国的保险单，这激起公众的义愤和政府的关注。甚至为了防范以他人生命进行赌博，法国曾于1681年以法令的形式禁止了人身保险。最终在1774年，英国议会通过了《1774年英国人身保险法》，该法明确规定："凡无可保利益的人，或以赌博、博彩为目的的人，不得以他人的生命投保，或为任何事件投保。"

以上两部立法的重点在于禁止赌博，至于何种利益为可保利益并无明确约定。直到《1906年英国海上保险法》，才具体规定了可保利益的内涵："当一个人与某项海上冒险有利益关系，即因与在冒险中面临风险的可保财产有着某种合法的或合理的关系，并因可保财产完好无损如期到达而受益，或因这些财产的灭失、损坏或被扣押而利益上受到损失，

---

① 小罗伯特·H.杰瑞，道格拉斯·R.里士满.美国保险法精解[M].4版.李之彦，译.北京：北京大学出版社，2009.

或因之而负有责任，则此人对此项海上冒险就具有可保利益。"

按照美国一些州的保险法的规定，财产上的可保利益是指"任何使财产安全或保护其免受损失、灭失或金钱损害而产生的合法的和重大的经济利益"。生命的可保利益是指"在由血缘或法律紧密维系的人们间，挚爱和感情所产生的重大利益"和"在其他人中，对被保险人的生命延续、健康或人身安全所具有的合法的和重大的经济利益，以区别那种由于被保险人的死亡、伤残或人身伤害而产生的或因之增加价值的利益。"

(资料来源：张虹，陈迪红.保险学教程[M].北京：中国金融出版社，2012.)

(一)可保利益的性质

1. 可保利益是保险合同的客体

保险标的是作为保险对象的财产及其有关利益，或者人的寿命和身体。保险标的是可保利益产生的前提，可保利益建立在保险标的之上，而不是保险标的本身。保险并不能保证标的本身不会发生危险，投保的目的在于保险标的遭受损失后得到经济上的补偿。投保人和被保险人要求保险人予以保障的是其对保险标的的经济利益，保险合同保障的也是投保人或被保险人对保险标的所具有的利益关系，即可保利益。

2. 可保利益是保险合同生效的依据

可保利益是保险合同关系成立的根本前提和依据。只有当投保人或被保险人对保险标的具有可保利益时，才能对该标的投保。如果不具有可保利益而确立保险经济关系，那么，投保人可以将与自己没有任何利益关系的财产或人的生命作为保险标的投保，这样将会引发不良的社会行为和后果。另外，在订立合同时，若投保人或被保险人对同一标的有多方面的可保利益，可就不同的可保利益签订不同的保险合同。例如，对于房屋，其所有权人可以基于因所有权产生的可保利益订立保险合同，抵押权人也可以基于因抵押权产生的可保利益订立保险合同，租赁权人也可以基于因租赁权产生的可保利益订立保险合同。若在多个保险标的上具有同一可保利益，投保人或被保险人可就不同的标的订立一个保险合同。

3. 可保利益并非保险合同的利益

可保利益体现了投保人或被保险人与保险标的之间存在的利益关系。该关系在保险合同签订前已经存在或已有存在的条件，投保人与保险人签订保险合同的目的在于保障这一利益的安全。保险合同的利益是指因保险合同生效后取得的利益，是保险权益，如受益人在保险事故发生后得到的保险金等。保险权益在一定条件下可以由权利人自由转让，如寿险合同的投保人和被保险人可以通知保险人，变更受益人。

(二)可保利益的构成条件

并非投保人或被保险人对保险标的所拥有的任何利益都可以成为可保利益，可保利益的构成必须符合下列条件。

1. 可保利益应为合法的利益

投保人或被保险人对保险标的所具有的利益要为法律所承认。只有在法律上可以主张的合法利益才能受到国家法律的保护，因此，可保利益必须是符合法律规定的、符合社会公共秩序的、为法律所认可的利益。例如，在财产保险中，投保人或被保险人对保险标的的所有权、占有权、使用权、收益权或对保险标的所承担的责任等，必须是依照法律、法规、有效合同等合法取得、合法享有、合法承担的利益，因违反法律规定或损害社会公共利益而产生的利益，不能作为可保利益。例如，因偷税漏税、盗窃、走私、贪污等非法行为所得的利益不得作为投保人或被保险人的可保利益而投保。

【拓展阅读5-2】

善意买受人对盗窃物是否具有可保利益？

对于可保利益自身所应具有的"合法性"如何判断，大陆法系学说一般以其是否违反公序良俗为标准，若违反法规或公序良俗，即为不适法利益。盗窃为违法行为，占有人对盗窃物没有可保利益，但通过拍卖或公共市场善意取得盗窃物，善意买受人有可保利益。① 在英国法上，如果占有是不当的，那么只有当该占有是无意的时候，才存在可保利益。② 在美国，早期的法院认为，即便购买赃物的买方是善意的，他对这种财产也不具备可保利益；但最近的判例发生了变化，法院现在普遍认为，赃物的善意购买人拥有可保利益。

法院的理由是：假设赃物的善意购买者不知道也没有理由知道自己所购买的财产是赃物，他所拥有的所有权便是有效与合法的，只是不能对抗真正的所有人而已，这样的权利当然应当构成可保利益。③ 在我国，《广东省高级人民法院关于审理保险合同纠纷案件若干问题的指导意见》(粤高法发〔2011〕44号)第十三条规定："保险事故发生后，如保险标的系被保险人违法取得或保险标的违法，保险人主张认定被保险人没有保险利益的，人民法院应予支持；如保险标的系被保险人善意取得的财产，被保险人主张认定其具有保险利益的，人民法院应予支持。"从美国相关案例来看，更多是基于公共政策对可保利益是否存在进行判断。例如，对于被盗财产的买受人是否具有可保利益，最近的判例普遍认为被盗窃财产的善意购买人拥有可保利益。在此，被保险人必须是不知情、善意的买主。但毒品、走私物品则属于强制性法律明确禁止交易的物品，任何人对其不具有可保利益。当然，走私物品与毒品尚有区别，其自身具有利用价值，如走私物品经过转让，买受人基于善意购得走私物品，应认为其具有可保利益。

(资料来源：奚晓明. 最高人民法院关于保险法司法解释(二)理解与适用[M].
北京：人民法院出版社，2013.)

2. 可保利益应为经济上的利益

由于保险保障是通过货币形式的经济补偿或给付来实现其职能的，如果投保人或被保险人的利益不能用货币来反映，则保险人的承保和补偿就难以进行。因此，投保人或被保险人对保险标的的可保利益在数量上应该可以用货币来计量，无法计量的利益不能成为可保利益。财产保险中，可保利益一般可以精确计算，对那些像纪念品、日记、账册等不能

---

① 梁新宇. 新保险法论[M]. 北京：中国人民大学出版社，2004.
② 克拉克. 保险合同法[M]. 何美欢，吴志攀，等译. 北京：北京大学出版社，2002.
③ 小罗伯特·H. 杰瑞，道格拉斯·R. 里士满. 美国保险法精解[M]. 4版. 李之彦，译. 北京：北京大学出版社，2009.

用货币计量其价值的财产,虽然对投保人有利益,但一般不作为可保财产。由于人的生命无法用金钱来衡量,一般情况下,人身保险合同的可保利益有一定的特殊:要求投保人与被保险人具有利害关系或者被保险人同意投保人为其订立合同,才能认为投保人对被保险人具有可保利益。在个别情况下,人身保险的可保利益也可加以计算和限定,比如债权人对债务人生命的可保利益可以确定为债务的金额加上利息及保险费。

3. 可保利益应为确定的利益

可保利益必须是一种确定的利益,是投保人对保险标的在客观上或事实上已经存在或可以确定的利益。这种利益是可以用货币形式估价,而且是客观存在的利益,不是当事人主观臆断的利益。这种客观存在的确定利益包括现有利益和期待利益。

现有利益是指在客观上或事实上已经存在的经济利益。期待利益是指在客观上或事实上尚未存在,但根据法律、法规、有效合同的约定等可以确定在未来某一时期内将会产生的经济利益。例如,企业的所有人对其所经营企业的预期利益,货物运输公司对货物安全、按期到达的期待利益等。企业财产保险中的利润损失险(或称营业中断险),所承保的就是被保险人遭受保险事故并导致正常生产或营业中断所造成的预期利润损失;家庭财产保险中的租金损失保险也属于对期待利益的保障。期待利益是基于现有利益于未来可能产生的利益,必须具有客观依据,仅凭主观预测、想象可能会获得的利益不能成为可保利益。在投保时,现有利益和期待利益均可作为确定保险金额的依据。

二、可保利益原则的含义及作用

(一)可保利益原则的含义

可保利益原则可以表述为:在订立和履行保险合同的过程中,投保人或被投保人对保险标的必须具有可保利益。我国《保险法》第十二条规定:"人身保险的投保人在保险合同订立时,对被保险人应当具有保险利益。财产保险的被保险人在保险事故发生时,对保险标的应当具有保险利益。"根据该规定,人身保险的可保利益的判断主体是投保人,判断时点是保险合同订立时;财产保险的可保利益的判断主体是被保险人,判断时点是保险事故发生时。

关于可保利益缺失的法律后果,我国《保险法》第三十一条第三款规定:"订立合同时,投保人对被保险人不具有保险利益的,合同无效。"第四十八条规定:"保险事故发生时,被保险人对保险标的不具有保险利益的,不得向保险人请求赔偿保险金。"根据以上规定,人身保险合同中可保利益的缺失将使保险合同无效,财产保险合同中可保利益不存在的法律后果为被保险人不得向保险人请求赔偿保险金。

(二)可保利益原则的作用

1. 使保险与赌博之间划清了界限

可保利益原则要求投保人或被保险人必须对保险标的具有可保利益,被保险人只有在经济利益受损失的条件下,才能得到保险赔偿,从而划清了保险与赌博的界限。

2. 防止道德危险的发生

保险赔偿或者保险金的给付是以保险标的遭受损失或保险事件的发生为前提条件，如果投保人或被保险人对保险标的无可保利益，那么该标的受损，对其而言不仅没有遭受损失，相反还可以获得保险赔款，这样就可能诱发投保人或被保险人为谋取保险赔款而故意破坏保险标的的道德危险。反之，如果有可保利益存在，投保人或被保险人会因标的受损而遭受经济上的损失，这样投保人或被保险人就会关心标的的安危，使其避免遭受损害。即使有故意行为发生，被保险人充其量也只能获得其原有的利益，因为可保利益是保险保障的最高限度，保险人只是在这个额度内根据实际损失进行赔偿，因此也无利可图。而在人身保险方面，可保利益的存在更为必要，不仅是为了防止赌博，更重要的是为了保证被保险人的生命安全，是公共利益的需要，如果投保人可以以任何人的死亡为条件而获取保险金，其道德危险发生的后果不堪设想。

3. 限制保险补偿的额度

保险旨在补偿被保险人在保险标的发生保险事故时遭受的经济损失，但不允许有额外的利益获得。以可保利益作为保险保障的最高限度既能保证被保险人获得充分的补偿，又能确保被保险人不会因保险而获得额外利益。投保人依据可保利益投保，保险人依据可保利益确定是否承保，并在其额度内进行保险赔付。因此，可保利益原则为投保人确定了保险保障的最高限度，同时为保险人进行保险赔付提供了科学依据。但在寿险中，通常不是根据可保利益，而是按照订立保险合同时双方约定的金额来进行给付。

三、财产保险的可保利益

(一)可保利益的来源

可保利益体现的是投保人或被保险人与保险标的之间的经济利益关系，这种经济利益关系在财产保险中来源于投保人或被保险人对保险标的所拥有的各种权利。这些权利主要包括以下几种。

1. 财产所有权

财产所有人对其所有的财产具有可保利益。财产共同所有人的可保利益仅限于每一所有人对该财产所拥有的份额。

2. 财产经营权、使用权

虽然财产并不为其所有，但由于其对财产拥有经营权或使用权而享有由此产生的利益及承担相应的责任，所以财产的经营者或使用者对其负责经营或使用的财产具有可保利益。

3. 财产承运权、保管权

财产的承运人或保管人对其负责运输或保管的财产具有法律认可的经济利害关系，若承运或保管的财产在运输或保管过程中遭受损失，承运人或保管人必须承担赔偿责任，因而具有可保利益。

4. 财产抵押权、留置权

在债权债务关系中，抵押权人、质权人、留置权人，对抵押、出质、留置的财产具有经济上的利害关系，因此对抵押、出质、留置的财产拥有可保利益。但债权人对债务人没有设定抵押权、质押权、留置权的其他财产不具有可保利益。

值得注意的是，可保利益的内涵并非一成不变，而是伴随着保险行业的发展不断变化的。从历史角度看，保险制度从海上保险发展到陆地保险，从财产保险发展到人身保险，可保利益的范围逐渐扩大，内容不断丰富。尤其在财产表现形式趋于多样化的今天，可保利益的概念也越来越宽泛。

(二)可保利益存在的时间

财产保险合同通常规定，在保险标的发生损失的时候，被保险人应当具有可保利益，否则，被保险人不能行使索赔权。这样规定的原因在于，财产保险的目的在于补充经济损失。如果某人在订立保险合同时具有可保利益，但发生保险事故时可保利益不存在了，则表明他并没有遭受损失，因而不能获得赔偿。例如，某人为其车辆购买了车辆损失保险，但在保险期间将车辆转让给他人，此后，该车发生损失，他也不能从保险人处获得赔偿，因为此时，这位投保人已经对该车不具有可保利益。

一般而言，投保人在投保时往往具有对某项财产的可保利益，但这并不排除投保人在投保时不具有可保利益的特殊情形。例如，在海上货物运输保险中，买方就可能在对货物并不具有可保利益的时候签订保险合同。

【案例5-1】

离婚后 保险利益谁享受

【案情】刘某于2002年2月为其妻王某投保了一份养老保险，并经妻子同意将受益人确定为自己。2003年12月，刘某与王某离婚。离婚后刘某仍然按期交纳这笔保险费用。2004年3月，王某因车祸意外身亡。王某的父亲和刘某在得知这一消息后都向保险公司提出领取保险金的申请。保险公司在收到两份申请后，认为是一个新问题，到底该给付给谁？一时决定不下。于是刘某、王父分别将保险公司告上法院，要求保险公司给付死亡保险金。刘某认为自己是保险合同唯一的指定收益人，依法应由其受领保险金。王父则认为刘某与其女早已离婚，刘某对王某没有保险利益，无权领取保险金，自己是王某唯一的继承人，故保险金应由其受领。一审法院将两案并案审理后，判决保险公司支付刘某18万元保险金，驳回了王父的诉讼请求。

【分析】人寿保险合同是定额给付性质合同，一旦发生保险责任范围内的保险事故，保险公司就应当按照合同的约定履行给付责任。上述案件中，刘某在投保时对被保险人王某，显然具有保险利益；尽管刘某与王某离婚了，但保险合同在订立时显然是有效的，离婚后，王某没有及时变更受益人，且刘某仍然按期交纳保费，因此，保险合同效力并未因离婚而丧失。这样一来，刘某便成为这笔保险金的唯一受益人。

(资料来源: http://www.110.com/ziliao/article-35073.html.)

四、人身保险的可保利益

(一)可保利益的来源

人身保险的可保利益来源于投保人与被保险人之间所具有的各种利害关系。各国法律对人身保险的可保利益没有统一的规定。但一般都认为，凡是被保险人的继续生存对投保人具有现实或预期的经济利益，即认为投保人对该被保险人具有可保利益。人身保险的可保利益通常存在于下列几种情形。

1. 本人

任何人都可以为自己的生命保险，每个人对自己的生命都具有可保利益。一般地讲，任何人对自己的生命都具有无限的可保利益。以自己生命为标的的保险合同，由于很难从经济上确定生命的价值，其保险金额原则上以保险人愿意接受和投保人能够支付的保费为限。从这点看，人身保险不是补偿性的保险。另外，任何为自己生命保险的人有权指定任何个人或法人作为受益人。

2. 有婚姻、血缘、抚养和赡养关系的亲属

由于家庭成员之间具有婚姻、血缘、抚养和赡养关系，因而也具有经济上的利害关系。家庭成员之间普遍存在着的"挚爱和感情"，也为防止毁灭生命提供了较为可靠的保障。在一般情况下，个人对其核心家庭成员具有可保利益，包括配偶、子女、父母。如果寿险保单的被保险人不是核心家庭成员(如叔侄关系、表亲关系)，要满足可保利益的要求，必须能够证明有金钱利益的存在，比如存在抚养、赡养或者扶养关系。

3. 雇用关系

由于企业或雇主与其雇员之间具有经济利益关系，因此，企业或雇主对其雇员具有可保利益。

4. 债权债务关系

由于债权人债权的实现有赖于债务人依约履行义务，债务人的人身安危关系到债权人的切身利益，所以债权人对债务人具有可保利益。

5. 本人对为本人管理财产或具有其他利益关系的人具有可保利益

例如，在合伙关系中，每一合伙人对其他任一合伙人的生命具有可保利益；委托人对于受托人的生命具有可保利益。

实务中，当投保人以他人的生命或身体投保时，可保利益的确定要依据本国的法律，因为各国对人身保险的可保利益的立法有所不同。如英美法系的国家基本上采取"利益主义"原则：以投保人与被保险人之间是否存在经济上的利益关系为判断依据，如果有，则存在可保利益。而大陆法系的国家通常采用"同意主义"原则：无论投保人与被保险人之间有无利益关系，只要被保险人同意，则具有可保利益。另外，还有一些国家采取"利益和同意相结合"原则：投保人与被保险人之间具有经济上的利益关系或其他的利益关系，或投保人与被保险人之间虽没有利益关系，但只要被保险人同意，也被视为具有可保利益。

我国实行的是"利益和同意相结合"原则。我国《保险法》第三十一条规定,"投保人对下列人员具有保险利益:①本人;②配偶、子女、父母;③前项以外与投保人有抚养、赡养或者扶养关系的家庭其他成员、近亲属;④与投保人有劳动关系的劳动者。除前款规定外,被保险人同意投保人为其订立保险合同,视为投保人对被保险人具有可保利益"。

(二)可保利益存在的时间

人身保险着重强调投保人在订立保险合同时对被保险人必须具有可保利益,即只需要在合同生效时存在,保险合同生效后,就不再追究投保人对被保险人的可保利益问题。对人身保险来说,投保人在可保利益存在的情况下为被保险人投保,即使后来投保人对被保险人因离异、雇用合同解除或者其他原因而丧失可保利益,并不影响人身保险合同的效力,这个合同仍然是一个有效的、可以强制执行的合同,保险人仍然有给付保险金的责任。

人身保险中的可保利益强调投保人对被保险人的可保利益必须在投保时存在,主要是由三个因素所决定的:第一,人寿保险常常是为亲属和配偶取得的。家庭关系的存在一般并不随着时间的流逝而改变,例如,父母与子女的关系。所以,一般情况下,购买寿险时的可保利益是基于家庭关系,通常这种关系在死亡时依然存在。另外,如果是稳定的婚姻关系,就有理由使用相同的原则,一方配偶作为另一方配偶的受益人。第二,大部分寿险既是作为保险,又是作为投资。仅仅要求投保人在寿险合同开始时具有可保利益的规定,可以使这种投资具有流动性。如果要求死亡时具有可保利益,就会限制资产的可转让性,进而降低其作为投资的价值。第三,既要保证合同自由,又要保证合同承诺的履行,使其在人身保险交易中得到统一。一方面,需要有可保利益,以避免出现赌博性合同,把寿险变成赌博,并刺激谋杀;另一方面,寿险合同是一种长期合同,在合同长期有效之后,保单所有人或受益人的可保利益停止了,保险人以此拒绝履行承诺就是不公平的。正是基于以上理由,人寿保险不要求投保人在被保险人死亡时仍然具有可保利益。

【案例 5-2】

邻居帮忙投保 患病时保险公司却拒赔

【案情】吴大妈和刘大爷是三十几年的邻居,两家关系甚是要好。2014 年 8 月,某保险公司业务员向刘大爷推荐该公司的一份保险,并告诉他如果今后不幸罹患癌症,保险公司将赔付癌症确诊保险金、住院津贴保险金以及癌症手术保险金等。刘大爷一听,觉得这份保险产品靠谱,于是不仅给自己买了一份,还电话告诉了吴大妈。在得到吴大妈肯定回复后,刘大爷也顺带帮吴大妈投保了一份。2016 年 2 月,吴大妈在体检的过程中,被查出胃癌,为治疗癌症,吴大妈花费了很大一笔钱。出院后,她向保险公司申请理赔,但保险公司以投保人刘大爷与吴大妈非亲非故,不存在保险利益为由,拒绝向吴大妈赔付保险金。吴大妈随后向虹口区法院起诉,要求保险公司赔付保险金共计 16 万余元。

庭审中,吴大妈表示自己当时同意刘大爷为其投保,保险合同依法有效,保险公司应当承担理赔责任。

【分析】虹口法院经过审理后认为,保险利益是指投保人或者被保险人对保险标的具有的法律上承认的利益,法律之所以会规定保险利益原则,主要是为了防范道德风险。根据法律规定,人身保险合同的投保人对下列人员具有保险利益:①本人;②配偶、子女、父母;③前项以外与投保人有抚养、赡养或者扶养关系的家庭其他成员、近亲属;④与投保人有劳动关系的劳动者。除以上四类规定外,被保险人同意投保人为其订立合同的,视为投保人对被保险人具有保险利益。据此,刘大爷对吴大妈具有保险利益。法院判决保险公司赔付吴大妈保险金共计16万余元。

(资料来源:http://shfy.chinacourt.org/article/detail/2016/10/id/2321112.shtml.)

第二节 最大诚信原则

最大诚信原则起源于海上保险。在早期的海上保险中,保险人在与投保人签订保险合同时,往往远离船舶和货物所在地,难以对保险财产进行实地查勘,仅能凭投保人提供的有关被保险船舶和货物的信息,决定是否予以承保或以何种条件承保,所以特别要求投保方诚实可靠,后来将此作为订立和履行所有保险合同的一个重要条件。1766年,具有判例法上第一个里程碑意义的卡特诉鲍曼一案被毫无争议地认定为保险最大诚信原则的最初渊源。该案中,保险单是在伦敦购买的,保险标的物为位于苏门答腊岛上的一座英国堡垒,承保危险为被敌军占领的危险。当这座堡垒被法国人占领后,被保险人提出了赔偿要求,保险人却以被保险人对其隐瞒了重大事实作为抗辩。此案的主审大法官曼斯菲尔德提出:"保险合同是射幸合同,评价风险的特定情况大都只有被保险人知道,保险人信赖被保险人的陈述,相信被保险人对其所知道的任何情况都没有保留,从而诱使保险人确信某一情况不存在,并在此基础上作出错误的风险评估。"作为最大诚信原则的最初缔造者,曼斯菲尔德大法官的上述言辞构成了保险最大诚信原则最为原始但又最为权威的论断,并将最大诚信原则确立为英国保险法告知义务的基础性原则。

《1906年英国海上保险法》首先从立法上确认了最大诚信原则,并且对于被保险人的告知和陈述义务、内容、时间和法律后果都做了非常详尽的规定。此后,世界各国的保险立法纷纷效仿《1906年英国海上保险法》的规定,相继确立了最大诚信原则。我国《保险法》第五条规定:"保险活动当事人行使权利、履行义务应当遵守诚实信用原则。"

一、最大诚信原则的含义

诚信即坦诚、守信用。诚信是世界各国立法对民事、商事活动的基本要求,具体来说,就是要求一方当事人对另一方当事人不得隐瞒、欺骗,做到诚实;任何一方当事人都应善意地、全面地履行自己的义务,做到守信用。由于保险经营活动的特殊性,保险活动中对诚信原则的要求更为严格,要求做到最大诚信。

最大诚信原则可表述为:保险合同当事人在订立的保险合同及在合同的有效期内,应依法向对方提供影响对方作出是否缔约及缔约条件的全部实质性重要事实;同时绝对信守合同订立的约定与承诺。否则,受到损害的一方,可以以此为理由宣布合同无效或不履行合同的约定义务或责任,还可以对因此而受到的损失要求对方予以赔偿。

在保险合同订立和履行期间,保险双方当事人之间存在明显信息不对称,投保人和保险人双方各自具有自己的信息优势,双方是否向对方据实告知直接影响着保险合同是否订立、订立的条件、履行的结果等各方面。

第一，在整个保险经营活动中，保险标的始终控制在投保人、被保险人手中，投保人对保险标的的价值及风险状况最为了解，保险人往往因没有足够的人力、物力、财力、时间对投保人、被保险人、保险标的进行详细的调查研究，保险经营活动要能正常进行，就要求投保人一方将保险标的在合同订立与履行过程中的情况如实告知保险人。投保人对保险标的价值及风险程度等情况陈述的完整准确与否，将直接决定保险人是否承保以及保险费率的确定，投保人的任何欺骗或隐瞒行为，必然会侵害保险人的利益。

第二，保险合同属于附和合同，保险条款一般由保险人单方面事先拟定，具有较强的专业性和技术性，一般的投保人或被保险人不易理解和掌握，这就要求保险人也坚持最大诚信原则，将保险合同的主要内容告知投保人、被保险人。

因此，保险经营活动的特殊性决定了保险活动必须坚持最大诚信原则。

二、最大诚信原则的基本内容

最大诚信原则的基本内容包括告知、保证、弃权与禁止反言。

(一)告知

告知是指保险合同订立时，保险人应当向投保人说明保险合同的条款内容；投保人应当将与保险标的有关的重要事实如实向保险人陈述。告知是保险双方当事人必须履行的义务。对投保人来说，通常称为如实告知义务；对保险人来说，称为说明义务。

1. 投保人的如实告知义务

对投保人而言，应当将与保险标的有关的重要事实如实向保险人陈述。何为重要事实？《1906年英国海上保险法》第十八条规定了判断的依据是，该事实是否会对一个谨慎的保险人决定是否承保或确定保险费率的判断产生影响。世界各国保险法在决定一个事实是否属于重要事实时，基本上都采用了与《1906年英国海上保险法》相同的标准。例如，我国海商法规定：重要事实是指"有关影响保险人据以确定保险费率或是否同意承保的重要情况"。我国《保险法》对重要事实的定义是"足以影响保险人决定是否同意承保或提高保险费率的"事实。

可见，判断重要事实的标准有两个：第一，是否会对保险人接受投保，即与投保人达成保险合同产生影响；第二，是否会对保险人按何种费率收取保费产生影响。在判断一个事实时，回答上述两个问题，只要有一个问题的回答是肯定的，这个事实就是重要事实。

【拓展阅读5-3】

重要事实及其判定标准

一个事实是否构成重要事实，并不取决于被保险人自己认为它是否重要，不是以被保险人的主观意志为转移的，通常也不是以某一个特定保险人的看法为标准，而是以一个合理谨慎的保险人在这种情况下是否会受到影响作为标准。换言之，在这种情况下，大多数保险人会怎样做，是接受投保，还是拒绝投保；或者，会给予什么样的费率。这种标准也叫作"客观合理的保险人标准"，它较为重视客观，以大多数保险人的立场来衡量一个事实的重要性。

第五章　保险的基本原则

虽然有了判断重要事实的两个标准，要运用这两个标准去判断一个事实是否重要，仍然不是一件容易的事情。一个事实是否会对保险人的承保决定和保险费率的确定产生影响，不是一个法律问题，而是一个事实问题。作为一个事实问题，十种人可能会有十种不同的看法，即从不同的角度可以得出不同的结论。这不仅增加了保险人和被保险人之间产生争议的可能性，而且，给法庭判定一个事实是否重要带来了困难。于是，人们需要有一个能证明事实的重要性的明确方法。

美国的保险法律中有两种证明重要事实的方法：风险增加法和影响损失法。

1. 风险增加法(increase of risk statutes)

这是一种使用较为普遍的方法。按照这种方法，一个事实要构成重要的事实必须引起承保风险的增加。纽约州保险法规定：除非保险人了解到不实告知的事实会导致其拒绝达成(保险)合同，否则，不能被看作是对重要事实的不实告知。在确定重要性时，(法庭)允许以保险人签订合同时是会接受，抑或拒绝类似风险的习惯做法作为证据。马萨诸塞州保险法规定：除非不实告知增加了损失风险，否则，不能视为对重要事实的不实告知。使用这种方法，如果投保汽车保险，家中有一个20岁的青年人与投保人共开一辆车，而投保人告诉保险人家中没有25岁以下的人开车，由于汽车保险人按惯常做法，对于年轻、单身驾车人收取较高的保费，显然，投保人所告知的事实已经增加或严重影响了保险人承保的风险，构成了不实告知。

2. 影响损失法(contribute to loss statutes)

这是一种比较极端的方法，使用不如前一种广泛。该法通常规定：不论事实本身的重要性如何，如果这种不实告知从本质上并未造成承保财产损失的增加或导致其灭失，就不能使保险合同失效。

(资料来源：张虹，陈迪红.保险学教程[M].北京：中国金融出版社，2012.)

1) 投保人告知的内容

第一，订立保险合同时的告知。投保人在投保时，必须按保险人的要求将与保险标的有关的实质性的重要事实告知保险人，陈述不得遗漏、隐瞒或欺诈，目的在于让保险人了解保险标的的现实风险和潜在风险。

第二，保险合同存续期间的告知。保险合同存续期间，由于客观或被保险人的主观原因致使保险标的风险增加的，须及时告知保险人。我国《保险法》第五十二条规定："在合同有效期内，保险标的的危险程度显著增加的，被保险人应当按照合同约定及时通知保险人。"保险人可以根据告知风险增加程度确定是否继续承保或增加保险费。如船舶保险中，船舶转借、出租、变更航行区域将使风险增加，投保人如不及时履行如实告知义务，因保险标的的危险程度显著增加而发生的保险事故，保险人不承担赔偿保险金的责任。

此外，若在保险合同订立时或保险期间，出现重复保险，投保人应将重复保险的有关情况告知保险人。若保险标的发生转让时，也应通知保险人。

第三，保险事故发生后的告知。保险事故发生后，被保险人应及时通知保险人，目的在于使保险人准确查找损失原因，协助减少保险损失，同时也有利于投保人或被保险人尽早得到保险赔付。我国《保险法》第二十一条规定："投保人、被保险人或者受益人知道保险事故发生后，应当及时通知保险人。故意或者因重大过失未及时通知，致使保险事故的性质、原因、损失程度等难以确定的，保险人对无法确定的部分，不承担赔偿或者给付保险金的责任，但保险人通过其他途径已经及时知道或者应当及时知道保险事故发生的除外。"

2) 投保人告知的方式

从各国的保险立法来看，投保人的告知方式一般分为两种：一是无限告知；二是询问回答告知。

无限告知，是指法律或保险人对告知的内容没有确定性的规定，投保人应将知道或应当知道的所有保险标的的危险状况及相关重要事实如实告知保险人；或者，投保人应向保险人提供足够的信息以便后者能够进一步询问。

询问回答告知，是指投保人或被保险人只需对保险人询问的问题如实回答，对询问以外的问题投保人无须告知。

大多数国家的保险立法采用询问回答告知的方式。我国也是采用这一形式。我国《保险法》第十六条第一款规定："订立保险合同，保险人就保险标的或者被保险人的有关情况提出询问的，投保人应当如实告知。"所以，对于某一事项是否为重要事实，在询问回答告知的立法形式下，通常将保险人询问的事项推定为重要事实，而将保险人未询问的推定为非重要事实。

至于合同订立后的危险增加和事故发生的通知义务，则法律没有要求具体形式，只要求投保人、被保险人及受益人应在最大诚信的基础上自觉地、主动地及时履行。

3) 投保人违反告知义务的法律后果

投保人在订立保险合同或整个保险合同存续期间，未将重要事实如实告知保险人，即构成违反告知义务。对违反告知义务的法律后果，各国保险法律的规定不尽相同，大多数国家保险立法规定，在投保人或被保险人违反告知义务时，保险人有权解除合同。

但保险人并非随意可以以"违反告知义务"为由而解除合同或拒绝赔付，保险人必须举证如下两个要件：其一，投保人须有未如实告知的事实，包括有意隐瞒、欺诈或过失遗漏(如以营业车冒充非营业车、隐瞒既往病史等)，或者在合同履行期间保险标的风险增加而未及时通知保险人；其二，这种事实属于重要事实而且足以影响保险人对投保标的风险的估计，影响保险人决定是否承保或者提高保险费率，如寿险中被保险人的既往病史、火灾保险中建筑物的构造和使用性质等。只有"告知不实"同时满足了上述两个要件，保险人才能够解除合同或拒赔，否则，不得擅自解除合同或拒赔。如果投保人仅因轻微过失未履行告知义务，保险人并不因此而取得解除合同的权利。

我国《保险法》对投保人违反告知义务区分故意和重大过失，分别赋予不同的法律后果。《保险法》第十六条第二款规定："投保人故意或者因重大过失未履行前款规定的如实告知义务，足以影响保险人决定是否同意承保或者提高保险费率的，保险人有权解除保险合同。"第四款规定："投保人故意不履行如实告知义务的，保险人对于合同解除前发生的保险事故，不承担赔偿或者给付保险金的责任，并不退还保险费。"第五款规定："投保人因重大过失未履行如实告知义务，对保险事故的发生有严重的影响的，保险人对于合同解除前发生的保险事故，不承担赔偿或者给付保险金的责任，但应当退还保险费。"

同时为了公平起见，《保险法》第十六条第三款对保险人因投保人未履行如实告知义务而拥有的解除权进行了限制："第二款规定的合同解除权，自保险人知道有解除事由之日起，超过三十日不行使而消灭。自合同成立之日起超过二年的，保险人不得解除合同；

发生保险事故的，保险人应当承担赔偿或给付保险金的责任。"这一规定即不可抗辩条款，它通过限制保险人的合同解除权来维护被保险人的利益和保险合同效力的稳定。

2. 保险人的说明义务

保险人的说明义务是指，在保险合同的订立过程中，保险人具有将保险合同条款向投保人进行说明的义务。大部分保险合同是典型的格式合同，合同条款由保险人单方拟定，具有附和性。并且，由于保险业务的专业性，条款多有一些艰涩难懂的专业术语，若保险人不作说明，对于缺乏保险专业知识的普通投保人而言，很难准确理解条款的内涵和法律后果，造成双方当事人缔约地位实质上的不平等和意思表示实质上的不自由，对投保人有失公平。

1) 保险人的说明方式

保险人的说明方式可分为明确列明与明确说明。明确列明是指保险人只需将保险的主要内容明确列明在保险合同当中，即视为已告知投保人。明确说明是指不仅应将保险的主要内容明确列明在保险合同当中，还须对投保人进行明确提示，并加以适当、正确的解释。

我国为了更好地保护被保险人的利益，采用的是明确说明的方式。《保险法》第十七条规定："订立保险合同，采用保险人提供的格式条款的，保险人向投保人提供的投保单应当附格式条款，保险人应当向投保人说明合同的内容。对保险合同中免除保险人责任的条款，保险人在订立合同时应当在投保单、保险单或者其他保险凭证上作出足以引起投保人注意的提示，并对该条款的内容以书面或者口头形式向投保人作出明确说明；未作提示或者明确说明的，该条款不产生效力。"根据《最高人民法院关于保险法司法解释(二)》，提示应采用"足以引起投保人注意的文字、字体、符号或者其他明显标志"；至于保险人对保险合同中有关免除保险人责任条款的"明确说明"，是要对这些条款的概念、内容及其法律后果以书面或者口头形式向投保人作出常人能够理解的解释说明。

2) 保险人未尽到说明义务的法律后果

根据我国《保险法》第十七条的规定，对免除保险人责任的条款，保险人未作提示或明确说明的，该条款不产生效力。

根据我国《保险法》第一百一十六条、第一百六十二和第一百七十一条的规定，保险公司及其工作人员在保险业务中不得欺骗投保人、被保险人或者受益人，不得对投保人隐瞒与保险合同有关的重要情况，不得阻碍投保人履行如实告知义务或者诱导其不履行如实告知义务；如有上述行为，由保险监督管理机构责令该单位改正，处 5 万元以上 30 万元以下的罚款，情节严重的，限制其业务范围、责令停止接受新业务或者吊销业务许可证；对直接负责的主管人员和其他直接责任人员给予警告，并处 1 万元以上 10 万元以下的罚款，情节严重的，撤销任职资格。

【案例 5-3】

明确说明义务履行不到位 保险合同免责条款不生效

【案情】2011 年 7 月 6 日，刘某为其小轿车向保险公司投保了第三者责任险，保额为 20 万元。保险期间内，刘某驾驶被保险车辆与第三者马某相撞，造成马某重伤，产生医疗费用 14 万余元。刘某向马某支付医疗费后，向保险公司索赔。保险公司同意赔偿 11 万元，但对医疗费用中的自费金额拒绝赔付。刘某遂将保险公司诉至法院。

保险公司辩称，保险合同中明确约定"保险人按照国家基本医疗保险的标准核定医疗费用的赔偿金额"。签约时，保险公司已向投保人刘某交付条款，并以黑体字提示其注意该条款内容。刘某也在投保人声明处签字，该处载明：保险人已对条款中免除保险人责任的条款进行了明确说明，本人已充分理解并接受上述内容，同意以此作为订立保险合同的依据。庭审中刘某提出，投保人声明处确系本人签字，但保险公司并未对有关条款进行明确说明，他本人对该条款导致的医疗费自费金额不予赔偿的法律后果并不了解。

一审法院经审理认为，双方争议条款属于免责条款，保险人未就该条款向投保人尽到明确说明义务，故该条款对投保人刘某不发生法律效力，保险公司应当赔付医疗费用中的自费部分。保险公司不服一审判决，认为经刘某签字的投保人声明已能够证明其尽到了明确说明义务，遂向北京市第三中级人民法院提起上诉。北京市第三中级人民法院审理后，维持原判。

【分析】我国《保险法》规定，保险人在订立合同时应当对保险合同中免除保险人责任的条款尽到提示和明确说明的义务，否则该条款将不产生效力。所谓"明确说明"，即保险人应对免除保险人责任条款的概念、内容及法律后果以书面或口头形式向投保人作出常人能够理解的解释说明。保险公司对其是否履行了明确说明义务，负有举证责任。本案中，保险公司为证明其履行了明确说明义务向法院提交了刘某签字的投保人声明，但该声明内容并没有对争议条款的具体内容、法律后果作出解释，投保人刘某未了解该条款会导致何种法律后果。而保险公司也未能提供其他证据予以证明。因此，法院作出上述判决。

为避免该类纠纷的发生，保险公司和投保人都应进一步关注和加强自身责任。保险公司应强化并统一免责条款的提示说明方式，完善投保人的签名认可内容和程序，提高投保人的注意度。投保人应负有审慎注意义务，根据保险公司对合同条款所作的提示与说明，了解合同内容、明确自身的保险权利义务；此外，也应增强法律观念、风险意识，主动提高自身对保险的认知程度，具备一定的保险常识，减少对保险理赔的错误认识。

(资料来源：http://bjgy.chinacourt.org/article/detail/2014/03/id/1235439.shtml。)

(二)保证

保险中的保证是指保险合同中以书面文字或通过法律规定的形式使投保人或被保险人承诺某一事实状态存在或不存在或持续存在或不存在，或者履行某种行为或不行为的保险合同条款。保证主要是对投保方的要求，是保险人签发保险单或承担保险责任所需投保人或被保险人履行某种义务的条件。保险人之所以要求投保方承诺某种保证，目的在于控制风险，确保保险标的及其周围环境处于良好的状态。

保证与告知都是对投保人或被保险人诚信的要求，但二者有所区别。告知强调的是诚实，对有关保险标的的重要事实如实申报，目的在于使保险人能够正确估计其所承担的危险；而保证则强调恪守诺言，许诺的事项与事实一致，目的在于控制危险。

保证首先在18世纪的海上保险中被广为运用，当时由于保险合同双方当事人信息不对称，保险人对海上运输风险的控制和对保险标的的管理依靠被保险人的承诺来实现。随着海上保险中有关保证判例的大量出现，保证制度最终在《1906年英国海上保险法》中正式确立，该法对保证的性质和定义、保证的方式、保证如何遵守以及违反保证的后果等一系列问题进行了规定。《1906年英国海上保险法》虽是海上保险法,但因其深远的影响,保证制度被运用在其他领域的保险合同并被世界上许多国家参照或采用。

我国关于保证的规定主要集中在《中华人民共和国海商法》第二百三十五条[①](以下简称《海商法》)以及最高人民法院2006年11月发布的《关于审理海上保险纠纷案件若干问题的规定》第六条至第八条[②]。由于我国《海商法》部分参照了《1906年英国海上保险法》的规定,保证条款也在当时的立法活动中被从《1906年英国海上保险法》中移植过来。[③]

1. **保证的类型**

1) 根据保证事项是否已存在,可分为确认保证和承诺保证

确认保证又称为事实保证,是指投保人或被保险人对过去或现在某一特定事实的存在或不存在的保证。确认保证是要求对过去或投保当时的事实作出如实的陈述,而不是对该事实以后的发展情况作保证。例如,投保人身保险时,投保人保证被保险人健康状况良好。

承诺保证,是指投保人或被保险人保证某种状况不仅存在于保险合同订立之时,而且将持续存在于整个保险期间,或者,保证在保险期间履行某种行为或不做某种行为。例如,家庭财产保险单规定,投保人或被保险人不得在家中放置危险物品;盗窃险保单规定被保险人在承保处所安排警卫员24小时值班。

2) 根据保证存在的形式,可分为明示保证和默示保证

明示保证,是指以文字或书面的形式载明于保险合同之中。

默示保证,不载明于保险合同中,一般是国际惯例所通行的准则,习惯上或社会公认的被保险人应在保险实践中遵守的规则。默示保证与明示保证具有同等的法律效力。默示保证在海上保险中运用比较多,如海上保险的默示保证有三项:①保险船舶必须有适航能力;②要按规定的或习惯的航线航行;③必须从事合法的运输业务,统称适航保证。

2. **违反保证的法律后果**

根据《1906年英国海上保险法》,保证条款被视为保险合同的条件和基础,凡是投保人或被保险人违反保证事项,无论其是否存在过失,无论轻微还是重大,亦无论是否对保险人造成损害,甚至对于损失的发生与违反保证之间无因果关系,保险人均有权解除合同,不予承担责任。即使违反保证的事实更有利于保险人,保险人仍能以违反保证为由,使合同无效。

---

① 《海商法》第二百三十五条规定:"被保险人违反合同约定的保证条款时,应当立即书面通知保险人。保险人收到通知后,可以解除合同,也可以要求修改承保条件、增加保险费。"

② 《最高人民法院关于审理海上保险纠纷案件若干问题的规定》第六条:"保险人以被保险人违反合同约定的保证条款未立即书面通知保险人为由,要求从违反保证条款之日起解除保险合同的,人民法院应予以支持。"第七条:"保险人收到被保险人违反合同约定的保证条款书面通知后仍支付保险赔偿,又以被保险人违反合同约定的保证条款为由请求解除合同的,人民法院不予支持。"第八条:"保险人收到被保险人违反合同约定的保证条款的书面通知后,就修改承保条件、增加保险费等事项与被保险人协商未能达成一致的,保险合同于违反保证条款之日解除。"

③ 尽管我国的法律主要承袭自以德国和法国为代表的大陆法系国家,但我国《海商法》的制定却较多地参考了以英国为代表的英美法系国家的海商法。

【案例 5-4】

1922 年道生公司诉劳合社承保人博宁火险案

被保险人投保了卡车的火险和第三者责任险，申请书中有一项要求被保险人"写明卡车通常停放的详细地点"，被保险人下意识地将卡车的存放地点填写成他的公司所在地格拉斯哥市中心，而实际上该车经常存放在郊区。虽然卡车停放在郊区的危险性比停放在市中心的危险性小得多，但由于保单上列有保证条款"保证填报各项属实，投保单作为合同的基础"，所以当某日卡车在郊区停车场失火，被保险人提出索赔后，保险人因其告知不实而拒赔。被保险人声称此系错填，对保险人拒赔不服上告到最高法院。法院认为，保险人可以解除保险单和拒赔，因为停车场的填报地点不实，且保单上的保证条款是合同的基础，所填具的申报影响陈述事实的真实性。

(资料来源：许谨良. 保险学原理[M]. 5 版. 上海：上海财经大学出版社，2017.)

但《1906 年英国海上保险法》根植于英国 19 世纪末的社会经济情况，当时的立法背景已与现代社会大相径庭。随着时间的推移，保证条款因其过于严苛的规定对投保人(被保险人)不仅有失公平还造成严重的不利后果，而备受争议和批评。许多国家开始采取措施，缓和和限制违反保证条款带来的严重法律后果，只有出现针对保证条款的重大违反时才会发生保单无效的后果。

《2015 年英国保险法》重新规定了违反保证的法律后果，保险人不得以被保险人违反保单中特定的"保证"条款为由拒赔与特定"保证"条款无关的实际损失。同时，该法还禁止将被保险人在投保时的陈述作为"合同基础"条款并变为保证的做法。

根据《2015 年英国保险法》，诸多以往生效的判例可能产生截然不同的裁判结论。以上述《1922 年道生公司诉劳合社承保人博宁火险案》为例，若类似案件再次发生在今日，则法官至少要查明以下两个问题，即卡车停放在郊区是否增加了风险，以及该增加的风险是否同保险事故存在因果联系。案例中，卡车停放在郊区的危险性比停放在市中心的危险性小得多，亦同事故的发生不存在因果关系，按照《2015 年英国保险法》的规定，保险人显然应当承担保险责任。

【拓展阅读 5-4】

保险保证制度的发展与改革

保证的具体法律规则及法律效果，由英国曼斯菲尔德勋爵担任王座法庭的首席大法官期间(1756—1788 年)明确并发展而来。在这一时期的一系列判决中，曼斯菲尔德大法官基于保险法中的诚信原则，将"保证"上升到制度层面，明确了保险中的保证必须被严格遵守，否则合同无效。假如保证船舶于 8 月 1 日启航，但实际于 8 月 2 日才启航，即为违反保证条款。鉴于曼斯菲尔德大法官在"保证"问题上创建的理论和归纳的原则，其被冠之以"海上保险保证制度之父"的称号。到《1906 年英国海上保险法》颁布，保证制度得以形成一个完整的体系。

在早期航海技术、通信条件和承保技术相对落后的年代，保险人无法准确或及时得知航行于世界各地的船舶及其所载货物的实际情况，也无法防控海上可能发生的事故，故只能为投保人规定一项严格的义务，即在订立合同时，要求投保人对某种事实的存在与否或者为或不为某种行为做出确定或否定的回答,而一旦其做出某种承诺,就必须严格遵守,即使其后来违反保证的行为与保险人承保的风险没有关联,也可免除保险人的赔偿责任。保证制度在当时信息不对称条件下,有助于保险人确定并且限制承保的风险,防范逆选择和道德风险。违反保证事项所致的严重后果使得投保人(被保险人)具有遵守保证的强烈动机。由于该项制度适应了当时的航海技术和通信条件,短期内即被许多英美法系国家接受,也为大陆法系国家立法所借鉴。保证制度对调整保险合同关系、降低保险交易成本,保障和促进海上运输和海上保险的发展发挥了不可磨灭的作用。

然而随着时代的发展、科学技术的进步以及法律制度的完善,保证制度的不合理之处不断显现,乃至不断遭到学界、业界和司法界的质疑和批评。故而,国际范围内一些国家立法和司法实践对保证制度正在进行或已经改革。例如,加拿大限制了违反保证条款的效力,只有在违反保证对于所造成的特定损失起到十分重要的作用时,保险人才可以免除保险责任。美国纽约州的保险法规定,只有当违反保证条款极大地增加了可能造成损失风险的时候,合同才会终止。新西兰在《1977年新西兰保险法修正案》中规定,如果证明被保险人违反保证的行为并未造成损失,将不影响被保险人就保险事故向保险人提起索赔的权利。《2015年英国保险法》对违反保证的法律后果的规定是:①将违反保证后保险人自动解除保险责任,改为被保险人违反保证后,保险合同的效力"中止"(suspension),直到违反行为被改正或情况已经发生变化而不需改正,保险合同的效力继续,保险人对合同中止期间发生的事故或责任没有保险赔偿责任;②如果被保险人能证明其违反特定"保证"条款的行为不可能导致某一特定损失风险的增加,亦不可能导致合同中其他种类或发生在其他时间或地点的损失发生,则该违反行为与增加的风险或额外的损失没有关联性。

(资料来源:李伟群,丁旭鸣.英国保险法改革历程检视与立法启示[J].上海商学院学报,2017,18(1):55-63.)

(三)弃权与禁止反言

从告知和保证的内容要求可见,虽然从理论上来说,最大诚信原则适用于保险双方当事人,但在保险实践中,更多的是体现在对投保人或被保险人的要求上。通常,由保险人拟定保险合同,并且在保险合同中约定了诸多投保人或被保险人应当履行的特定义务,以此作为保险人承担保险责任的前提条件,所以保险人在保险合同的履行过程中,特别是对保险合同的解除和保险金的赔付享有十分广泛的抗辩机会。因此,为了保障投保人和被保险人的利益,限制保险人利用违法告知或保证而拒绝承担保险责任,各国保险法一般都有弃权和禁止反言的规定,以约束保险人及其代理人的行为,平衡保险人与投保人(被保险人)之间的权利义务关系。

1. 弃权

弃权是指保险合同的一方当事人放弃其在保险合同中可以主张的某项权利,通常是指保险人放弃保险合同的解除权与抗辩权。构成保险人的弃权必须具备两个要件:首先,保险人必须知道投保人或被保险人有违反约定义务(如告知义务或保证条款)的情形,因而享有合同解除权或抗辩权;其次,保险人必须有弃权的意思表示,无论是明示的还是默示的。

例如,某寿险公司出具的寿险保单规定,如果被保险人参军或参加武警部队,保险公司可以宣布保单无效。恰巧在保险期间，一个被保险人真的参加了武警部队，并且在一次围剿毒犯的行动中牺牲了。保险公司得知这一情况后，给保单受益人——被保险人的父母写了一封信，信中说被保险人为国捐躯，本公司放弃以其参加武警部队而死亡为理由的抗辩。过了不久，保险公司又给受益人发出了一封信，告诉受益人公司改变了立场，宣布该保单无效。在这种情况下，受益人通过诉讼解决，法庭判决公司第一封信构成了保险人对抗辩权利和宣布保单无效权利的明示放弃，因而不得再重新主张这一权利。

对于默示弃权，如果保险人知道投保人或被保险人有违背约定义务的情形，却仍然做出如下行为，通常被视为默示弃权。

第一，投保人未按期缴纳保费或违背其他约定义务，保险人原本有权解除合同，但却在已知该种情况下仍然收取投保人逾期交付的保费，则证明保险人有继续维持合同的意思表示，因此，其本应享有的合同解除权或抗辩权视为放弃。

第二，被保险人违反防灾减损义务，保险人可以解除保险合同，但在已知该事实的情况下并没有解除合同，而是指示被保险人采取必要的防灾减损措施，该行为可视为保险人放弃合同解除权。

第三，投保人、被保险人或受益人在保险事故发生时，应于约定或法定的时间内通知保险人。但投保人、被保险人或受益人逾期通知而保险人仍接受，可视为保险人对逾期通知抗辩权的放弃。

第四，在保险合同有限期内，保险标的危险增加，保险人有权解除合同或请求增加保费，当保险人请求增加保费或继续收取保费时，视为保险人放弃合同解除权。

2. 禁止反言

禁止反言也称为禁止抗辩或禁止反悔，是指合同一方既已放弃其在合同中的某项权利，日后不得再向另一方主张这种权利。在保险实践中，禁止反言主要用于约束保险人，是指保险人对某种事实向投保人(被保险人)所作的错误陈述为其所合理依赖，以至于如果允许保险人不受该陈述的约束将损害投保人(被保险人)的权益时，保险人只能接受其所陈述事实的约束，失去反悔权利的情况。构成保险人的禁止反言需要符合三个条件：第一，保险人一方，包括保险代理人，对一项重要事实的错误陈述；第二，投保人(被保险人)对该项陈述的合理依赖；第三，如果该项陈述不具法律约束力，将会给投保人(被保险人)造成危害或损害。

例如，被保险人为位于租用土地上的一栋房屋投保火险，并向保险人的代理人作了如实告知。保险代理人接受了他的投保，向其出具了火险保单，并通知被保险人该保单完全承保了他的房屋。但是，保单条款中明确规定，如果房屋是建造在租用的土地上，本保单无效。被保险人拿到保单后，在未阅读的情况下，将其与其他重要文件放在了一起。当后来房屋失火被烧毁后，保险公司拒绝赔偿。此时，被保险人才知道保单上载有这样的条款。这个例子包含了全部禁止反言的因素：保险公司通过其代理人向被保险人做了错误的陈述；被保险人接受了保单，并未阅读而合理地依赖了保险人的陈述；如果允许保险人利用保单条款抗辩会给被保险人造成损害。因此，保险人被禁止拒绝承担保险责任，失去了对被保险人抗辩的权利。

又比如，被保险人打电话给他的汽车保险代理人要求延期缴付保险费，代理人答复他保险公司对逾期保险费有10天的宽限期，而实际上保险公司没有这项规定。如果被保险人在所谓的宽限期内发生车祸，保险公司不能以没有按时缴付保险费为理由来拒绝赔偿。这是因为被保险人已合理地相信代理人的陈述，保险公司要对代理人的行为负责。

禁止反言以欺诈或致人误解的行为为基础，本质上属于侵权行为。保险人有如下情形之一，将被视为禁止反言。

第一，保险人明知订立的保险合同有违背条件、无效、失效或其他可解除的原因，仍然向投保人签发保险单，并收取保险费。

第二，保险代理人对投保单及保险单上的条款做出错误解释，使投保人或被保险人信以为真进行投保。

第三，保险代理人代替投保人填写投保单，为使保险人更易接受该投保申请，故意将不实的事项填入投保单或隐瞒某些事项，而投保人不知其真伪。

第四，保险人或代理人表示已按照投保人或被保险人的请求应当由保险人完成的某一行为，而事实上并未实施，如保险单的批注等，致使投保人或被保险人相信其业已完成。

在弃权与禁止反言之间，弃权是原因，而禁止反言是弃权的必然结果。弃权与禁止反言的规定，可以约束保险人的行为，它要求保险人为其自身的行为及其代理人的行为负责，有效地保护了投保人、保险人和受益人的利益，有利于保险双方权利义务关系的平衡。

【案例 5-5】

保险公司在明知投保人符合免赔事由的情况下仍然予以承保，应当承担保险责任

【案情】某机械公司将其购买的轮式装载机出租给某港口公司，并应某港口公司要求，向保险公司投保了第三者责任险。机械公司在与保险公司业务员沟通投保事宜时，告知该装载机是用于出租且客户指定了保险责任限额。保险公司签发了保单。不久后因该装载机在出租过程中造成他人死亡，机械公司向保险公司索赔，但保险公司以保险合同中约定又保险标的在出租、出借期间造成对第三者的损害赔偿责任，保险人不负责赔偿为由，拒绝赔偿。

【分析】保险公司在明知案涉装载机为出租的情况下予以承保，应视为同意对承租人承租案涉装载机造成的对第三者的损害予以赔偿。保险合同属于最大诚信合同，投保人应履行如实告知等诚信义务，保险人也应履行提示说明及禁止反言等诚信义务。

(资料来源：http://www.fsaii.com/index.php?ac=article&at=read&did=4163.)

第三节 近 因 原 则

一、近因及近因原则的含义

近因原则是判断保险事故与保险标的损失之间的因果关系，从而确定保险赔偿责任的一项基本原则。在保险实践中，对保险标的损害是否进行赔偿是由损害事故发生的原因是否属于保险责任来判断的。但保险标的的损害并不总是由单一原因造成，其表现形式是多种多样的：有的是多种原因同时发生，有的是多种原因不间断地连续发生，有的是多种原因时断时续地发生。对于这类因果关系较为复杂的赔案，保险人应如何判定责任归属？这就需要根据近因原则。

所谓近因，是指引起保险标的损失的最直接、最有效、起决定性作用的原因。近因原则是指，引起保险事故发生、造成保险标的损失的近因属于保险责任，则保险人承担损失赔偿责任；若近因属于除外责任，则保险人不负赔偿责任。即只有当承保危险是损失发生的近因时，保险人才负赔偿责任。

近因原则既有利于保险人，也有利于被保险人。对保险人来说，他只负责赔偿承保危险作为近因所造成的损失，对于承保危险为远因所造成的损失不承担赔偿责任，避免了保单项下不合理的索赔；对被保险人来说，他可以防止保险人以损失原因是远因为借口，解除保单项下的责任，不承担承保危险所造成的损失。

我国《保险法》和《海商法》均未对"近因"或"近因原则"进行规定。但法律界、保险界的大多数专家均主张"近因原则"是保险理赔的基本原则之一，换言之，我国法律是承认和接受近因原则的。

下面的案例有助于我们对近因原则的理解。

【案例 5-6】

英国利兰船运有限公司诉诺威治联合火灾保险公司(1918)

在该案中，货船"艾卡丽亚号"于 1915 年 1 月 30 日被敌人潜艇的鱼雷击中。该船的水险保单承保了海上危险，但把"一切敌对行为或类似战争行为的后果"作为除外责任。"艾卡丽亚号"的船壳被炸开了两个大洞，一号船舱灌满了海水。但"艾卡丽亚号"仍驶进了法国的勒哈佛尔港，停泊在正在进行军事运输的码头边。如果一直停泊在这里，"艾卡丽亚号"本可以获救。但港务局担心船会沉没，妨碍码头的使用，于是命令"艾卡丽亚号"起锚。"艾卡丽亚号"不得不停靠在防波堤外，由于海床不平及被鱼雷击中后头重脚轻的共同作用，"艾卡丽亚号"船壳严重扭曲，最终在 2 月 2 日沉没。保险人认为损失的近因是鱼雷，属于除外责任。被保险人则主张，时间上最后造成损失的原因才是近因，因此，船舶的沉没是由于停靠在防波堤边反复搁浅造成的。法庭判定保险人胜诉，并拒绝以时间标准作为衡量近因原则的方法。

在这个案例中，大法官 Lord Shaw 对近因原则做了精辟的论述。他说：真正并具有决定意义的原则是将保险合同视为一个整体，并确定合同双方的真实意图。是什么造成的损失、事件、灾害和意外事故？这不能是凭空想象，而只能是合同双方在谈及损失原因时应该在他们头脑之中的。把近因看成是时间上最接近的原因是不正确的。把原因说成像一片接一片的面包片，互不连接，或像锁链一环扣一环，也不完全正确。因果关系链只是一种便捷的表达方式，但它的形象却不准确。因果关系不是链状的，而是网状的。在每一点上，影响、力量、事件已经并正在交织在一起，并从每一交汇点成放射状无限延伸出去。在各种影响力的汇集处，就需要法官根据事实宣布哪一个汇集在这一点上的是近因，哪一个是远因。他接着说：近因的含义是什么？近因不是指时间上的接近，真正的近因是指效果上的接近，是导致承保损失的真正有效的原因。近因所表示的是对结果产生作用最有效的因素。如果各种因素或原因同时存在，要选择一个作为近因，必须选择可以将损失归因于那个具有现实性、决定性和有效性的原因。在此，近因原则中"时间"概念被"有效性"概念所取代。

(资料来源：魏华林，林宝清. 保险学[M]. 4 版. 北京：高等教育出版社，2017.)

二、近因原则的应用

(一)确定近因的基本方法

在保险中要准确确定损失原因与损失结果之间的关系，尤其是在先后或同时存在几个原因时，要对造成承保损失最具有现实性、支配性和有效性的原因加以确定往往并不是一件容易的事情。确定近因最基本的方法有以下两个。

第一，从最初事件出发，按逻辑推理，问下一步将发生什么。若最初事件导致了第二事件，第二事件又导致了第三事件……如此推理下去，导致最终事件。那么，最初事件为最终事件的近因。若其中两个环节无明显联系，若出现中断，则其他事件为致损原因。

第二，从损失开始，自后往前推，问为什么会发生这样的情况。若追溯到最初事件，则最初事件为近因；若逆推中出现中断，则其他原因为致损原因。

例如，暴风吹倒木屋的山墙；倒塌的山墙压断了电线；电线短路喷发火花；火花引起木屋着火；向消防队报警；消防队扑灭大火的同时也浇湿损坏了木屋内未燃的物品。不论运用上述的哪一种方法，都能发现暴风、墙倒、燃烧与财物水损之间的因果关系链，从而推断出暴风为近因。

(二)近因原则的运用

1. 单一原因造成的损失

如果造成保险标的损失的原因只有一个，那么这一原因就是损失的近因，只要该原因属于承保风险，保险人就应负赔偿责任。例如企业投保财产保险综合险，如果厂房、机器由于火灾而损毁，保险人承担责任；如果因地震而损毁，则不承担责任。

2. 多种原因造成的损失

实践中，承保风险的发生与保险标的的损害之间的因果关系错综复杂，损失往往由两种或两种以上的多种原因造成，此时应区别对待，认真辨别。以下分三种情况，介绍损失由多种原因所导致时近因的判定和保险责任的承担。

1) 多种原因相互延续

在多种原因连续发生所造成的损失中，如果后因是前因所直接导致的必然的结果，或者后因是前因的合理的连续，或者后因属于前因自然延长的结果，那么前因为近因。前因属于承保风险的，即使后因不属于承保风险，保险公司仍承担赔偿责任。在著名的艾思宁顿诉意外保险公司案中，被保险人打猎时不慎从树上掉下来，受伤后的被保险人爬到公路边等待救援，因夜间天冷又染上肺炎死亡。肺炎是意外险保单中的除外责任，但法院认为被保险人的死亡近因是意外事故——从树上掉下来，因此保险公司应给付赔偿金。

相反，前因不属于承保风险的，即使后因属于承保风险，保险公司亦不承担赔偿责任。例如，船舶遭炮火袭击受损，船体进水沉没。船体进水是战争行为的直接后果，若保单将战争引起的损失除外，那么被保险人无法获赔。

2) 多种原因交替

在因果关系链中，有一个新的独立的原因介入，使原有的因果关系链断裂并直接导致损失，该新介入的独立原因为近因。如果该近因属保险责任范围内的风险，则保险公司应对所导致的损失予以赔付；反之，则不赔。例如，投保人投保了火险没有投保盗窃险，当火灾发生时，一部分财产被抢救出来后又被盗走，保险公司不对被盗部分损失承担责任。

3) 多种原因并存

多种原因并存具体又可分为两种情况。

第一种情况，多种原因各自独立，无重合。假如损害可以以原因划分，保险公司仅对承保风险承担责任。

第二种情况，多种原因相互重合，共同作用。因为各种原因之间的关联性，使得从中判定某个原因为最直接、有效的原因有一定的困难，甚至从中强行分出主次原因会产生自相矛盾的结论。例如，人身意外伤害保险的被保险人因不慎跌倒致使上臂肌肉破裂。后由于伤口感染，导致右肩关节结核扩散至颅内及肾，医治无效死亡。事后保险人经过调查发现，被保险人有结核病史，且动过手术，体内存留有结核杆菌。保险人认为被保险人死亡后果与意外摔伤并无直接必然的因果联系，是病死，即是其体内存留的结核杆菌感染伤口，扩散至颅及肾而死亡的。疾病死亡不属于"意外保险"的保险范围，所以保险人不承担保险责任。然而，如果没有摔伤，又如何产生伤口感染的后果？结核杆菌不是新介入的独立原因，它的出现并没有使摔伤这一起因停止发挥作用，割断伤口与死亡之间的直接联系。被保险人是在两种原因共同、持续作用下死亡的，单纯体内存留结核杆菌或摔伤都不会导致被保险人死亡。两种原因同为造成损失的不可分的近因。

如果损失是多个近因共同作用的结果，保单至少承保一个以上近因且未明确除外任何一个近因的，保险公司应负赔偿责任。例如，在某案中，一艘船投保了定期保险，在保险期内的一次航行中受损，保险公司因为该船存在设计缺陷不适航，拒绝赔付。法院认定损失由不适航和恶劣天气共同造成，因此损失的近因有两个。恶劣天气是承保风险，设计缺陷造成的不适航在非被保险人明知的情况下不是定期保单的除外风险。因此，保险公司应予赔付。

两个或多个近因中，如果至少有一个是明确除外的，保险人就可免除赔偿责任。该原则在英国1973年韦恩罐泵公司诉保险公司一案中得以确定。原告在生产塑料制品的工厂，设计并安装了用于储藏和运输化工原料的设备。原告投保的保险单承保意外事故造成的财产损失，保单的除外条款中规定，保险人对因被保险人装运货物的性质引起的损失不负赔偿责任。保险期内，设备试车前夜在无人看管的状态下运行，引起火灾，烧毁了工厂。原告向保险公司索赔。法院认为货物的自身易燃性是除外近因，保险公司不负赔偿责任。但同时，货物的自身易燃性并非损失的单一近因，承保范围内的人工操作不当与货物的自身性质共同相互作用才导致损失。此时，一个为可保近因，一个为明确除外的，保险公司可以凭借除外条款免除责任。因为除外条款属保单的特别约定，效力上优于普通条款。

【案例5-7】

发动机进水案的近因判定

【案情】2010年8月5日，袁某为自己的轿车购买了机动车辆保险，车辆损失险保险金额为19万元，保险期自2010年8月6日零时起至2011年8月5日24时止。2010年8月20日凌晨，市区下了一场倾盆大雨，大多数道路有积水现象。同日上午9时，袁某准备开车上班，见停放在其住宅区通道的上述保险车辆轮胎一半受水淹，且驾驶室中有浸水的

第五章 保险的基本原则

痕迹,则经简单擦抹后就上车点火启动,发动机发出发动声后熄火,无法再起动。袁某即将车辆拖至某汽车维修公司,经该公司检查认为故障原因系发动机进气系统入水并被吸进燃烧室,活塞运转时,由于水不可压缩,进而导致连杆折断,缸体破损。袁某向保险公司报案,被拒赔,袁某遂诉至法院。

该案在审理期间,经保险公司申请,法院委托市产品质量监督检验所对车辆受损原因进行鉴定。市产品质量监督检验所认为:①造成发动机缸体损坏的直接原因是由于进气口浸泡在水中或空气滤清器有余水,启动发动机,气缸吸入了水,导致连杆折断,从而打烂缸体。②事发时可能当天晚上下了大雨,该车停放的地方涨过水,使该车被雨水严重浸泡,进气管空气滤清器进水,当水退至车身地台以下,驾驶员启动汽车时,未先检查汽车进气管空气滤清器有无进水,使空气滤清器余水被吸入发动机气缸,造成连杆折断,缸体破损。袁某和保险公司对质监所的鉴定意见均无异议,只是对造成保险标的损失的近因,保险公司应否赔偿车辆损失这一问题存在较大分歧。

保险公司认为,造成保险车辆发动机缸体损坏的原因是由于进气管空气滤清器有余水,启动发动机,气缸吸入了水,导致连杆折断,从而打烂缸体。而进气管空气滤清器有余水,则是由暴雨所造成。暴雨和启动发动机这两个危险事故先后间断出现,前因与后因之间不具有关联性,后因既不是前因的合理延续,也不是前因自然延长的结果,后因是完全独立于前因之外的一个原因。根据近因原则,启动发动机是直接导致保险车辆发动机缸体损坏的原因,故为发动机缸体损坏的近因。暴雨为发动机缸体损坏的远因。而启动发动机属除外风险,由启动发动机这一除外风险所致发动机缸体损坏的损失,保险人不负赔偿责任,保险公司只需赔偿因暴雨造成汽车浸水后进行清洗的费用。

袁某认为,从危险事故与保险标的损失之间的因果关系来看,本案属于多种原因连续发生造成损失的情形,其中暴雨是前因,车辆进气管空气滤清器进水相对于暴雨是后因,而相对于启动发动机是前因,启动发动机是后因,正是由于暴雨的发生,才导致车辆进气管空气滤清器进水,才使启动发动机这一开动汽车必不可少的条件发生作用,导致发动机缸体损坏。根据近因原则,暴雨才是近因,因此保险公司应向袁某赔偿车辆的实际损失。

法院判决:暴雨和启动发动机这两个危险事故先后间断出现,前因与后因之间不具有关联性,后因既不是前因的合理延续,也不是前因自然延长的结果,后因是完全独立于前因之外的一个原因。根据近因原则,启动发动机是直接导致保险车辆发动机缸体损坏的原因,故为发动机缸体损坏的近因。

【分析】关于暴雨引发的车辆损失有两类:一类是发动机因进水而导致的金属零件生锈、机油污染等;另一类是发动机因转动时进水而导致的缸体、活塞、曲轴等的损坏。对第一类损失保险公司和客户一般没有任何争议,对第二类损失保险公司和客户经常有争议。此时就必须考虑近因原则:如果发动机进水后又启动导致的损失,一般认定近因为启动,因为保险公司认为作为车辆驾驶人员应该有用车的基本常识,知道发动机进了水又启动,必然会导致损失扩大,所以保险公司对此损失不予赔偿。

(资料来源:http://china.findlaw.cn/info/baoxian/bxzs/jyyz/114281.html。)

第四节 损失补偿原则

一、损失补偿原则的含义

损失补偿原则是指对于价值补偿性保险合同，当保险标的发生保险责任范围内的损失时，保险人应当按照保险合同的约定履行赔偿义务，从而使被保险人恢复到受灾前的经济状况，但不能使被保险人获得额外利益。

这一原则包含了两层含义。

第一，损失补偿以保险责任范围内的损失发生为前提，即有损失发生则有损失补偿，无损失无补偿。因此，在保险合同中强调：被保险人因保险事故所致的经济损失，依据合同有权获得赔偿。

第二，损失补偿以被保险人的实际损失为限，而不能使其获得额外的利益。即通过保险赔偿使被保险人的经济状态恢复到事故发生前的状态。被保险人的实际损失既包括保险标的的实际损失金额，也包括被保险人为防止或减少保险标的的损失所支付的必要的合理的施救费用和诉讼费用。因此，保险赔偿应包含此两部分金额。这样，保险赔偿才能使被保险人恢复到受损失前的经济状态，同时，不会获得额外利益。

损失补偿原则集中体现了保险的宗旨。坚持这一原则对于维护保险双方的正当权益，防止被保险人通过保险赔偿而得到额外利益，避免道德风险的产生具有十分重要的意义。

损失补偿原则适用于补偿性保险，财产保险、责任保险和费用补偿型医疗保险都属于补偿性保险。

二、保险人履行损失赔偿责任的限度

保险人履行损失补偿原则，通常是以保险金额、实际价值和可保利益额作为限制的，为了既保证被保险人能恢复失去的经济利益，又不会由于保险补偿而获取额外利益，在这三者中，应以金额最少的限额作为保险补偿的额度。

(一)保险金额

保险金额是保险合同双方共同约定的保险人承担的最大损失风险。因此，无论保险标的发生全损或任何一部分损失，保险人的最高赔付责任都不应该超过合同规定的保险金额。

(二)实际价值

财产保险中另一个对保险人赔偿责任的重要限制是损失发生时承保财产的实际价值。即使保险金额大于损失发生时承保财产的实际价值，如果保险合同中没有特别的约定，保险人的赔偿责任仅限于损失发生时承保财产的实际价值，而不是按照保险金额。

【拓展阅读5-5】

财产实际价值的确定
对于实际价值如何确定，保险法和保险单本身通常并无定义或计算方法。根据美国法

庭的判例和财产保险的习惯做法，确定实际价值的方法有以下三种。

1. 重置成本减去折旧(replacement cost less depreciation)

大多数美国法庭认为实际价值是指"损失时的重置成本减去折旧"。因此，实际价值就包括两个因素：重置成本和折旧。重置成本是指损失发生时或发生后合理时间内，在当时的情况下使用类似种类和质量的材料，以合理的速度进行修理或重建受损财产所需的费用。重置成本包括了工时费用和材料费用，这两种费用的确定必须注意时间因素。确定实际价值时的折旧不同于会计上的折旧，它不考虑积累和税收，而主要考虑受损财产的使用年限、逐渐过时的情况，以及保险标的的式样、经济上的使用价值和市场价值等。通常，该折旧是以百分比计算的，分子是财产已经使用的年限，分母是财产预期使用的年限。例如，一座房子的使用寿命为 60 年，它已经使用了 15 年，则折旧率为 1/4。不过，使用重置成本减去折旧以确定实际价值仍然常常引起误解或争议，因为在个人财产保险中，被保险人一般不会考虑折旧的问题。因此，财产保险中往往会使用一些替代性的概念来确定实际价值。

2. 收入计算法(income approach)

这种方法通过计算承保财产在其剩余有效使用期内所能产生的潜在净收入总量的现值来确定保险标的的实际价值。承保财产在其剩余有效使用期内所能产生的潜在净收入总量的现值等于年收入除以利率。

3. 市场价值(market value)

如果承保财产的市场价值容易确定，财产保险中常常使用市场价值作为保险标的的实际价值。从理论上讲，承保财产的可保价值应该相当于该财产在市场上可以实现的货币价格。这种价格应该能够代表承保财产当时的重置成本减去已经消费的价值。不过，使用市场价值作为衡量承保财产实际价值的尺度也存在着一定的问题。因为无论是不动产还是动产，其造价或成本常常与其市场价值之间存在着很大的差异，后者往往受到更多因素的影响。例如，位于具有潜在商机地区的废弃建筑的价值实际上是土地的价值。

4. 重置成本(replacement cost)

有时保险人在保险合同中，直接使用重置成本代替实际价值作为确定保险标的保险价值的基础，例如美国的个人房屋财产综合保险单。这样做的好处是个人被保险人省去考虑财产折旧计算实际价值时的麻烦。但由于加大了保险标的的价值，使被保险人不足额保险的可能性增加了。

(资料来源：张虹，陈迪红. 保险学教程[M]. 北京：中国金融出版社，2012.)

(三)可保利益

可保利益是保险赔偿的前提条件，保险赔款要以损失发生时被保险人对所保财产具有的可保利益金额作为最高限度。例如，在抵押贷款中，贷款银行以受押人名义对抵押品——房屋投保财产险，如果银行的贷款额为 20 万元，房屋价值为 50 万元，保险金额为 30 万元，在保险期限内房屋因火灾而损失 30 万元，保险人只能赔偿 20 万元。

三、损失补偿的实现方式

在保险实务中，保险人进行损失补偿有以下四种方式，具体到某一业务采用哪一种方式理赔，由保险人决定。一是现金补偿：在大多数情况下，保险人采用这一补偿方式，这样既方便，也符合大多数被保险人的意愿。二是修理：在某些业务例如机动车辆保险中，当保险标的发生部分损失或一些零部件损坏时，保险人可以委托有关修理部门对受损的保险标的予以修复，其费用由保险人承担。三是更换：因保险责任事故发生导致保险标的损失，保险人亦可采用替代更换的办法对受损标的物予以更换，例如橱窗玻璃、汽车发动机等。四是重置：对被保险人的财产毁损或灭失，保险人负责重新购置与所保标的物等价的标的，以恢复被保险人财产的原来面目，这种补偿方式多适用于不动产保险。

【案例 5-8】

> **车辆保险赔偿以修复为主，受损配件未达到更换程度不能换新**
>
> **【案情】** 日前，陈女士驾车刮碰墙角导致左前大灯受损，经保险公司定损，确认该大灯可修复处理，但陈女士以车辆使用不到一年为由不同意修复，要求给予更换。
>
> 该地银保监分局接到投诉后，要求保险公司进行调查并及时反馈调查结果。经调查，陈女士车辆左前大灯轻微刮碰，并未破损，可以修复。经沟通解释，依据保险法的补偿原则及修复为主的原则，车辆大灯损失未达到更换程度，保险公司核定大灯进行修复并给予同新件一样的质保期限，最终陈女士同意修复方案。
>
> **【分析】** 保险作为风险管理的重要手段，具有经济补偿的功能。除在保险时另行特约保险以外，保险车辆或其他财物损失的赔偿以修复为主。
>
> 根据《中国保险行业协会机动车综合商业保险条款(2020版)》机动车损失保险第十五条："因保险事故损坏的被保险机动车，修理前被保险人应当会同保险人检验，协商确定维修机构、修理项目、方式和费用。无法协商确定的，双方委托共同认可的有资质的第三方进行评估。"第十八条："被保险机动车发生部分损失，保险人按实际修复费用在保险金额内计算赔偿。"车辆发生部分损失的，保险人直接向修理厂购买修理劳务，将受损被保险机动车或受损财产修复至出险时的状态。部分受损零部件经过专业机构的维修和检测后，完全可以达到原配件的外观原貌及安全技术标准，且可以提供质保，广大车主可以放心使用。
>
> (资料来源：http://www.grescw.com/news/1593.html)

四、损失赔偿的计算方式

(一)比例赔偿方式

1. 在不定值保险中，保险赔偿金额按保险财产保障程度的比例计算

$$保险赔偿额 = 保险财产实际损失额 \times 保障程度$$

$$保障程度 = \frac{保险金额}{保险标的受损时保险价值} \times 100\%$$

当出现足额保险与不足额保险时，保险保障程度≤1；当出现超额保险时，若无道德风险因素的干扰，保险方依据足额保险对待，反之则可以拒付。

一般财产保险中保险人均采用这种方式计算赔偿金额。

第五章 保险的基本原则

例：ABC 公司投保火灾保险，保险金额为 600 万元，合同有效期内发生火灾，财产损失 200 万元，损失发生时，保险人对该项财产估价为 1200 万元，问保险人应赔偿多少？

保险赔偿额 = 200×600/1200 = 200×50% = 100(万元)

2. 在定值保险中，保险赔偿金额依财产受损时损失程度的比例计算

$$保险赔偿额 = 保险金额 \times 损失程度$$

$$= 保险金额 \times \frac{保险财产的受损价值}{保险财产的完好价值} \times 100\%$$

$$= 保险金额 \times \frac{保险财产完好价值 - 残值}{保险财产的完好价值} \times 100\%$$

【例 5-1】某公司于 2017 年 1 月 10 日将一批精密光学仪器出口产品向保险公司投保货物运输险，起运港为深圳，目的港为纽约，约定保险价值和保险金额为 5000 万美元。1 月 20 日货轮在太平洋海域某岛附近遭遇海上风暴而沉没，后被打捞。经查，该批货物在出事地的合理市价为 4000 万美元。

(1) 如果货物全部损失，保险人应赔偿多少？
(2) 如果货物部分损失，残值为 800 万美元，保险人应赔偿多少？

【解析】海洋货物运输保险为定值保险。

(1) 全损，即损失程度为 100%，按约定的保险金额 5000 万美元赔偿。
(2) 部分损失，先确定损失程度，再按保险金额与损失程度的乘积赔偿。

$$赔偿金额 = 5000 \times \frac{4000 - 800}{4000} = 4000(万美元)$$

(二)第一损失赔偿方式

第一损失赔偿又称第一危险赔偿或第一责任赔偿。它是指保险人在承保时把责任或损失分为两部分：第一部分是小于或等于保险金额的损失，也称第一损失；第二部分是大于保险金额的损失，也称第二损失。保险人仅对第一部分的损失承担赔偿责任，第二损失不在保险责任范围内，应由被保险人自己负责。我国家庭财产保险采用这种赔偿方式。

这种赔偿方式在计算赔款时不考虑保险金额与财产的实际价值之间的比例，损失只要在保险金额限度内，保险人就按实际损失金额予以赔偿，其特点是赔偿金额等于损失金额，但以不超过保险金额为限。

【案例 5-9】

超额保险出险后按实际价值理赔

【案情】某年 1 月，齐某将自己一间两层木质结构的老屋以 4 万元的保险金额向保险公司投保，保险期为一年。保险单正面注明："本公司收到上述保险费，同意按照背面所载家庭财产保险条款的规定承担责任。"该保险单背面保险金额项中规定："由被保险人根据保险财产实际价值自行确定，保险方不负核实责任。"赔偿处理项中规定："保险财产遭受责任范围内的损失时，本公司根据保险财产的实际损失，并按照当天的实际价值计算赔款，但最高赔偿不超过保险金额。"齐某接受了保险单上的上述条款，与保险公司订立了保险合同。

合同订立后的同年8月5日，因齐家发生火灾，齐某投保房屋全部烧毁。出险后，保险公司确定受损房屋的建筑面积为91平方米，根据当地同类房屋造价、折旧价、市场交易价综合分析，确定按每平方米300元价格赔偿齐某，计2.73万元。而齐某认为，自己投保4万元，应赔4万元。双方争执不下，齐某于同年12月20日向人民法院起诉。

法院受理后认为，齐某与保险公司之间订立的保险合同成立。既然齐某选择了该保险公司并同其签订了合同，就应该全面履行合同的条款。在保险合同中规定了齐某投保的房屋发生保险事故后，其实际损失按照当天的实际价值计算赔偿，但最高赔偿不超过保险金额。因此，保险公司根据保险事故发生日的市价对齐某的房屋进行估价并赔偿，是合法的、受法律保护的。法院最后判决：驳回原告的诉讼请求。

【分析】由于财产保险仅以补偿财产的实际损失为目的，因此在投保时应按保险财产的实际价值来投保。但是，由于财产种类多、数量大，情况复杂，因而可能会发生保险金额与实际价值不一致的情况。例如：保险金额由投保人自行确定时，有可能发生误估或者故意将投保财产价值估高的情况。保险金额超过投保财产实际价值的，是超额保险。再比如，投保人估定不准，使保险金额低于财产投保或出险时的实际价值，形成不足额保险。无论超额保险还是不足额保险都会对投保人产生一定的影响。我国《保险法》第五十五条第三款和第四款规定："保险金额不得超过保险价值。超过保险价值的，超过部分无效，保险人应当退还相应的保险费。保险金额低于保险价值的，除合同另有约定外，保险人按照保险金额与保险价值的比例承担赔偿责任。"本案中，该保险单背面条款写明了保险金额由投保人根据保险财产实际价值自行确定，没有规定保险公司负有对保险财产实际价值鉴验的义务。投保人齐某接受该保险单包括接受上述条款，并无异议，理应实事求是地估定投保房屋的价格并确定投保金额，同时对房屋的价格确定负责。因此，保险公司对于超过保险价值的部分不予赔偿，而应按实际价值(91×300元)计算赔偿。

(资料来源：http://china.findlaw.cn/info/baoxian/baoxianhetong/ccbxht/293680.html.)

(三)限额赔偿方式

在限额赔偿方式下，在订立保险合同时，当事人双方便约定一个限额(有时为成本)作为赔偿的依据，保险人仅负责赔偿实际价值与标准限额之间的差额。这种方式多用于农作物保险。订约时，双方约定保险人的赔偿限额——标准收获量，因保险责任事故发生而致农作物收获达不到该标准时，保险人赔偿实际收获量与标准收获量间的差价，尽管遭受到保险责任事故，但收获量仍达到或超过该标准收获量，保险人免责。

$$保险赔偿额=标准限额-实际价值$$

例如，保险双方约定收获量限额为700公斤，投保当年遭受灾害，实际收获量只有400公斤，保险人赔偿：700-400=300(公斤)

五、损失补偿原则在保险实务中的特例

损失补偿原则虽然是保险的一项基本原则，但在保险实务中有一些特殊情况。

(一)定值保险

定值保险是指保险合同双方当事人在订立合同时，约定保险标的的保险价值，并以此

确定为保险金额。当保险事故发生时，保险人不论保险标的损失当时的市价如何，全部损失，一律按保险金额赔付；部分损失，则按保险金额与损失程度的比例赔付。在这种情况下，有可能会出现保险赔款超过被保险人所遭受的实际损失的情况，因此，定值保险是损失补偿原则的例外。

定值保单一般用于货物运输保险以及承保古董、字画等艺术品，因为这些财产难以确定损失时的实际价值，所以保险人和投保人在订立保险合同时即商定其价值，以避免纠纷。

(二)重置成本保险

重置成本保险是指以被保险人重置或重建保险标的所需费用或成本确定保险金额的保险。一般财产保险是按保险标的的实际价值投保，发生损失时，按实际损失赔付，使受损的财产恢复到原来的状态，由此恢复被保险人失去的经济利益。但是，由于通货膨胀、物价上涨等因素，有些财产(如建筑物或机器设备)即使按实际价值足额投保，当财产受损后，保险赔款也不足以进行重置或重建。为了满足被保险人对受损的财产进行重置或重建的需要，保险人允许投保人按超过保险标的的实际价值的重置或重建价值投保，发生损失时，按重置费用或成本赔付。这样就可能出现保险赔款超过实际损失金额的情况，所以，重置成本保险也是损失补偿原则的例外。

(三)施救费用的赔偿

保险合同通常规定，保险事故发生时，被保险人有义务积极抢救保险标的，防止损失进一步扩大。被保险人抢救保险标的所支出的合理费用，由保险人负责赔偿。我国《保险法》第五十七条规定："保险事故发生时，被保险人应当尽力采取必要的措施，防止或者减少损失。保险事故发生后，被保险人为防止或者减少保险标的的损失所支付的必要的、合理的费用，由保险人承担；保险人所承担的费用数额在保险标的的损失赔偿金额以外另行计算，最高不超过保险金额的数额。"这样保险人实际上承担了两个保险金额的补偿责任，显然扩展了损失补偿的范围与额度，这也是损失补偿原则的例外(但在这种情况下，被保险人并不能获得额外利益)。这主要是为了鼓励被保险人积极抢救保险标的，减少社会财富的损失。

第五节 损失补偿原则的派生原则

一、代位原则

代位原则是指保险人依照法律或保险合同约定，对被保险人因保险事故所致损失予以赔偿后，取得向对保险财产损失负有责任的第三方进行追偿的权利或取得被保险人对保险标的的所有权。代位在保险中是指保险人取代被保险人的地位。代位原则的意义在于，维护损失补偿原则，防止被保险人因同一损失而获取超额赔偿。

代位原则包括代位追偿和物上代位。

(一)代位追偿

代位追偿，又称代位求偿或代位请求，是指在财产保险中，当保险标的发生了保险责任范围内的事故造成损失时，根据法律或合同，第三者需要对保险事故引起的保险标的损失承担损害赔偿责任，保险人向被保险人履行了损失赔偿责任之后，在其已赔偿的金额限度内，有权站在被保险人的地位向该第三者索赔，即代位被保险人向第三者进行追偿。保险人享有的这种权利称为代位追偿权。我国《保险法》第六十条第一款规定："因第三者对保险标的的损害而造成保险事故的，保险人自向被保险人赔偿保险金之日起，在赔偿金额范围内代位行使被保险人对第三者请求赔偿的权利。"

代位追偿根源于补偿性的保险合同。当保险标的发生承保责任范围内的损失时，被保险人有权要求保险人对损失进行赔偿，这种赔偿是建立在保险合同的基础之上的，是根据合同产生的权利。如果该项损失又是由第三者的责任造成的，被保险人根据民法中有关侵权或违约的规定，有权要求侵权者或违约者对损失进行赔偿，这种赔偿是建立在民法的基础之上的，是根据民事法律产生的权利。被保险人的这两项权利均符合法律要求，两项赔偿请求权均受到法律的保护。就被保险人而言，他的两项债权同时成立，保险人不能以保险标的的损失是由于第三者的责任所致为由而拒绝履行保险合同的赔偿责任；同理，第三者也不能以受损的标的已有保险为由解除自己的民事损害赔偿责任。在这两种法律权益同时依法并存的情况下，被保险人因依法享有双重赔偿请求权而有可能获得双重的补偿。这种双重补偿无疑将使被保险人获得超过其实际损失的补偿，从而出现因损失而获得额外利益的情况。这种获利不符合保险补偿原则。

为解决这个矛盾，绝大多数国家的保险法都规定，保险人在赔付被保险人之后，可以采取代位追偿的方式，向负有责任的第三者索赔。这样可以使被保险人既能及时取得保险赔偿，又可以避免产生双重获利，同时第三者也不能逃脱其应承担的法律责任。因此，代位追偿原则是保险法中特有的法律关系，但它只适用于"补偿性"的保险合同，而不适用于非补偿性的给付保险合同。

例如，在海运货物保险中，由于承运人的管货责任导致承运货物受海水浸泡，而该损失又属于货物保险人承保责任范围内的责任时，保险人按保险合同赔偿被保险人(货主)之后，有权向该损失的责任方承运人进行追偿，即代位行使货主对该承运人的损害赔偿请求权。

1. 代位追偿的作用

(1) 防止被保险人由于保险事故的发生而获得超额赔偿。被保险人如果从保险人处获得赔付，就不应该再从责任方获得赔偿，否则，他就可能会获得双重赔偿，这违反了保险的补偿原则。

(2) 被保险人从保险人那里获得赔付后有可能不再对第三者责任方追究责任，通过代位追偿赋予保险人代替被保险人追究责任方的权利，这样就保证了那些责任方不能因为被保险人事先谨慎地办理了保险而逃脱其应负的责任。

(3) 保险人通过代位追偿，可以部分甚至全部弥补他对被保险人所作的赔付，这不仅有利于保险公司的经营效果，增加利润，而且可能会间接影响保费的降低。

2. 代位追偿实施的前提条件

(1) 被保险人对保险人和第三者必须同时存在损失赔偿请求权。该条件首先要求损失产生的原因是属于保险责任范围以内的，只有这样，保险人才能依据合同给被保险人以经济赔偿,即被保险人依据保险合同享有索赔权。其次要求损失产生的原因还应是由第三者的原因所致,第三者过失、疏忽或故意导致对被保险人的侵权行为、不履行合同行为、不当得利行为或其他依法应承担赔偿责任的行为,造成了保险标的的损失,依据法律第三者应负民事损害赔偿责任时,被保险人依法有权向第三者请求赔偿。

(2) 被保险人要求第三者赔偿。保险人的追偿还要求是在被保险人要求第三者赔偿时,才能行使。当被保险人放弃对第三者的请求赔偿权时,保险人不享有代位追偿权。因此,被保险人与第三者之间的债权关系如何,对保险人能否顺利履行和实现其代位追偿权是非常重要的。

(3) 保险人按照合同规定对被保险人履行赔偿义务后,才有权取得代位追偿权。代位追偿权是债权的转移,在转移前是被保险人与第三者之间特定的债的关系,与保险人没有直接的法律关系。只有当保险人按照保险合同的规定向被保险人赔付保险金后,才依法取得其向第三者请求赔偿的权利。

3. 代位追偿中保险双方的权利与义务

(1) 保险人在代位追偿中享有的权益以其对被保险人赔付的金额为限,如果保险人向第三者追偿取得的金额超过其支付给被保险人的赔偿金额,超出部分应归被保险人所有。这是为了防止保险人通过行使代位追偿权而获得额外利益,损害被保险人的利益。

(2) 被保险人有权就未取得保险人赔偿的部分向第三者请求赔偿。《保险法》第六十条第三款规定:"保险人依照本条第一款规定行使代位请求赔偿的权利,不影响被保险人就未取得赔偿的部分向第三者请求赔偿的权利。"

(3) 被保险人不能损害保险人代位求偿权。具体内容为:第一,在保险人赔偿之前如果被保险人放弃了向第三者的请求赔偿权,那么,它也就同时放弃了向保险人请求赔偿的权利。《保险法》第六十一条第一款规定:"保险事故发生后,保险人未赔偿保险金之前,被保险人放弃对第三者请求赔偿的权利的,保险人不承担赔偿保险金的责任。"第二,在保险人赔偿之后,如果被保险人未经保险人的同意而放弃了对第三者请求赔偿的权利,该行为无效。《保险法》第六十一条第二款规定:"保险人向被保险人赔偿保险金后,被保险人未经保险人同意放弃对第三者请求赔偿的权利的,该行为无效。"第三,如果因被保险人的过错影响了保险人代位求偿权的行使,保险人可扣减相应的保险赔偿金。《保险法》第六十一条第三款规定:"被保险人故意或因重大过失致使保险人不能行使代位请求赔偿的权利的,保险人可以扣减或者要求返还相应的保险金。"第四,被保险人有义务协助保险人行使代位求偿权。《保险法》第六十三条规定:"保险人向第三者行使代位请求赔偿的权利时,被保险人应当向保险人提供必要的文件和所知道的有关情况。"

4. 代位追偿的对象与限制

保险人代位追偿的对象为对保险事故的发生及保险标的的损失负有民事赔偿责任的第三者,它既可以是自然人也可以是法人。在理论上,既然某个保险赔案有代位追偿权的存在,就必然是以有确定的对保险标的的损失负有责任的第三者及其应承担的责任为前提的。但在实践中,确定第三者及其应承担的责任是比较复杂的问题。一般来说,凡是对被保险人因侵权行为、不履行合同规定义务的行为、不当得利的行为而对保险标的的损失负有责任的人均可成为保险人代位追偿的对象。只要保险人对被保险人应承担的保险赔偿责任的原因与被保险人对上述对保险标的的损失应承担民事赔偿责任的人具有请求权的原因事实相同，保险人在赔付被保险人之后，均可向上述第三者行使代位追偿权。

对保险人代位追偿的对象，许多国家的立法或惯例都有所限制。我国《保险法》第六十二条规定："除被保险人的家庭成员或者其组成人员故意造成本法第六十条第一款规定的保险事故外，保险人不得对被保险人的家庭成员或者其组成人员行使代位请求赔偿的权利"。这是因为，被保险人的家庭成员或其组成人员往往与被保险人具有一致的利益，即他们的利益受损，被保险人的利益也同样遭受损失；他们的利益得到保护，实质上也就是保护被保险人的利益。如果保险人对被保险人先行赔偿，而后向被保险人的家庭成员或其组成人员追偿损失，则无异于又向被保险人索还，被保险人的损失将得不到真正的补偿。因此，保险人不得向被保险人的家庭成员或其组成人员行使代位追偿权，除非他们故意造成保险事故的发生。

5. 代位追偿的适用范围

代位追偿不适用于人身保险。代位追偿原则是损失补偿原则的派生原则，是对损失补偿原则的补充和完善，所以代位追偿原则与损失补偿原则同样只适用于各种财产保险，而不适用于人身保险。我国《保险法》第四十六条规定："被保险人因第三者的行为而发生死亡、伤残或者疾病等保险事故的，保险人向被保险人或者受益人给付保险金后，不享有向第三者追偿的权利，但被保险人或者受益人仍有权向第三者请求赔偿。"这是因为人身保险的保险标的是无法估价的人的生命和身体机能，因而不存在由于第三者的赔偿而使被保险人或受益人获得额外利益的问题。所以，如果发生第三者侵权行为导致的人身伤害，被保险人可以获得多方面的赔付而无须转让权益，保险人也无权代位追偿。

【案例5-10】

只有先履行赔偿义务才能取得代位求偿权

【案情】某加工厂将其拥有的双排座汽车向某保险公司投保了车辆损失险，保险期限为1年，保额为13.2万元。保险期间内的某日，该车在公路上行驶时，与某食品公司的东风车碰撞，造成该车严重损坏。当地公安交通管理部门认定东风车司机郭某负肇事的全部责任。事故发生后，加工厂及时向保险公司报告了情况。保险公司提出，造成加工厂车辆损失的责任全在郭某，加工厂理应先向郭某及食品厂要求赔偿。考虑到加工厂的实际情况，双方协商将加工厂向责任方索赔的权利由保险公司行使，追偿之后保险公司再向加工厂支付保险金。于是，保险公司持加工厂出具的权益转让书向食品厂索赔，食品厂未予同意。

随后，保险公司以行使代位求偿权为由向人民法院起诉，要求食品厂赔偿汽车受损的损失11万元。法院经审理认为，保险公司行使代位求偿权必须以保险公司已向被保险人支付了保险金为前提，现保险公司尚未向食品厂支付保险赔款，保险公司尚未取得代位求偿权。据此，法院判决驳回保险公司的诉讼请求。一审判决后，双方均未上诉，判决产生法律效力。

【分析】根据我国《保险法》第六十条第一款的规定："因第三者对保险标的的损害而造成保险事故的，保险人自向被保险人赔偿保险金之日起，在赔偿金额范围内代位行使被保险人对第三者请求赔偿的权利。"换言之，保险人只有在向被保险人赔偿保险金后才能行使代位求偿权。对这一问题,英美法院的一些保险判例也做了类似的认定:在保险人依照保险合同支付保险金前,保险人不得行使保险代位权。可见,不管保险人怎么行使代位权,已做出保险赔付是行使代位权的必要条件。本案中,由于保险公司尚未向食品厂支付保险赔款,保险公司还没有取得代位求偿权,法院对保险公司的请求不予支持是正确的。

(资料来源:http://china.findlaw.cn/info/baoxian/baoxianhetong/ccbxht/68818.html.)

【案例 5-11】

保险公司有权收回重赔保险金

【案情】王某为其重型汽车投保足额车辆损失险 30 万元和第三者责任险 5 万元,保险期限为 1 年。在保险期限内,王某驾驶该重型汽车与一辆大卡车发生碰撞,卡车司机负全责并弃车逃逸。王某的车及车上货物受损,王某本人也受伤。经鉴定该重型车的车损为 15 万元,卡车的车损为 10 万元,重型汽车上装的货物损失估价 1.2 万元,王某受伤医治费 0.1 万元,施救费用 0.5 万元。事后,王某向保险公司提出索赔。

保险公司对于王某重型汽车的车损 15 万元,依损失额的 80% 赔付 12 万元,同时补偿施救费 0.5 万元,实际共赔付 12.5 万元。后来肇事卡车司机被交通部门抓获,王某与肇事司机达成协议,约定卡车司机只需支付王某货物损失 0.7 万元及施救费 0.15 万元。保险公司得知后,要求王某退回重赔保险金,王某拒绝,双方争议而诉讼。

【分析】《保险法》第六十条第一款规定:"因第三者对保险标的的损害而造成保险事故的,保险人自向被保险人赔偿保险金之日起,在赔偿金额范围内代位行使被保险人对第三者请求赔偿的权利。"保险公司赔付了王某车损和施救费,因此保险公司就以上两项保险金取得代位求偿权,即保险公司有权向肇事司机索赔以上两项费用。

《保险法》第六十一条第二款规定:"保险人向被保险人赔偿保险金后,被保险人未经保险人同意放弃对第三者请求赔偿的权利的,该行为无效。"因此,王某与肇事司机私下约定放弃对车损及第三者责任赔偿请求权之行为无效。同时,为了避免王某行使两种请求权而获得双重利益,王某不能就已获赔款范围再向肇事司机行使原有的赔偿请求权,故王某从肇事司机处获得 0.15 万元施救费为重赔保险金,其所有权应归属保险公司。

《保险法》第六十条第三款规定:"保险人依照本条第一款规定行使代位请求赔偿的权利,不影响被保险人就未取得赔偿的部分向第三者请求赔偿的权利。"因此,王某有权就货损及车损赔付未足部分向肇事司机索赔,但本案中王某放弃了向肇事司机请求赔偿车损赔付未足部分的权利。

最终王某与保险公司庭下和解达成一致协议,王某退还保险公司重赔保险金,即施救费 0.15 万元。

(资料来源:张永辉,胡文波. 保险公司有权收回重赔保险金[J]. 金融信息参考,2000(1): 26.)

(二)物上代位

物上代位是指当保险标的因受保险事故发生推定全损时,保险人在全额赔付保险金之后,即可取得对该保险标的的所有权,即代位取得该标的的权利和义务。

物上代位通常产生于对保险标的作推定全损的处理。所谓推定全损是指保险标的遭受保险事故尚未达到完全损毁或完全灭失的状态,但实际全损已不可避免;或者修复和施救费用将超过保险价值；或者失踪达一定时间，保险人按照全损处理的一种推定性的损失。由于推定全损是保险标的并未完全损毁或灭失，即还有残值，而失踪可能是被他人非法占有，并非物质上的灭失，日后或许能够得到索还，所以保险人在按全损支付保险赔款后，理应取得保险标的的所有权，否则被保险人就可能由此而获得额外的利益。

1. 物上代位权的取得

保险人获得物上代位权主要是通过委付。委付是指当保险标的发生推定全损时，投保人或被保险人将保险标的的一切权益转移给保险人，而请求保险人按保险金额全数赔付的行为。委付是一种放弃物权的法律行为，在海上保险中经常采用。构成保险委付的条件包括以下几个。

(1) 委付必须由被保险人向保险人提出。我国《海商法》第二百四十九条第一款规定："保险标的发生推定全损，被保险人要求保险人按照全部损失赔偿的，应当向保险人委付保险标的。保险人可以接受委付，也可以不接受委付，但是应当在合理的时间内将接受委付或者不接受委付的决定通知被保险人。"委付通知是被保险人向保险人作推定全损索赔之前必须提交的文件，被保险人不向保险人提出委付，保险人对受损的保险标的只能按部分损失处理。委付通知通常采用书面的形式。

(2) 委付应就保险标的的全部。由于保险标的的不可分性，委付也具有不可分性，所以委付应就保险标的的全部。如果仅委付保险标的的一部分，而其余部分不委付，则容易产生纠纷。但如果保险标的是由独立可分的部分组成，其中只有一部分发生委付原因，可仅就该部分保险标的请求委付。

(3) 委付不得附有条件。我国《海商法》第二百四十九条第二款明确规定："委付不得附带任何条件。"例如，船舶失踪而被推定全损，被保险人请求委付，但不得要求日后如船舶被寻回，将返还其受领的赔偿金而取回该船。因为这会增加保险合同双方关系的复杂性，从而增加保险人与被保险人之间的纠纷。

(4) 委付必须经过保险人的同意。被保险人向保险人发出的委付通知，必须经保险人的同意才能生效。保险人可以接受委付，也可以不接受委付。因为委付不仅将保险标的的一切权益转移给保险人，同时也将被保险人对保险标的的所有义务一起转移给保险人。我国《海商法》第二百五十条规定："保险人接受委付的，被保险人对委付财产的全部权利和义务转移给保险人。"所以，保险人在接受委付之前必须慎重考虑，权衡利弊，即受损保险标的的残值是否能大于将要由此而承担的各种义务和责任风险所产生的经济损失，不能贸然从事。如船舶因沉没而推定全损，被保险人提出委付，保险人要考虑打捞沉船所能获得的利益是否大于打捞沉船以及由此而产生的各项费用支出。

被保险人提出委付后，保险人应当在合理的时间内将接受委付或不接受委付的决定通知被保险人。如果超过合理的时间，保险人对是否接受委付仍然保持沉默，应视作不接受委付的行为，但被保险人的索赔权利并不因保险人不接受委付而受影响。在保险人未作出接受委付的意思表示以前，被保险人可以随时撤回委付通知。但保险人一经接受委付，委付即告成立，双方都不能撤销，保险人必须以全损赔付被保险人，同时取得保险标的物的代位权，包括标的物上的权利和义务。

2. 保险人在物上代位中的权益范围

由于保险标的的保障程度不同，保险人在物上代位中所享有的权益也有所不同。我国《保险法》第五十九条规定："保险事故发生后，保险人已支付了全部保险金额，并且保险金额等于保险价值的，受损保险标的的全部权利归于保险人；保险金额低于保险价值的，保险人按照保险金额与保险价值的比例取得受损保险标的的部分权利。"也就是说，如果保险金额等于保险价值，保险人支付全部保险金额后，即取得对保险标的的全部所有权。在这种情形下，由于保险标的的所有权已经转移给保险人，保险人在处理保险标的时所获得的利益如果超过所支付的赔偿金额，超过的部分归保险人所有。

【案例5-12】

保险公司推定为全损赔偿后，车主还能转让残车吗？

【案情】张某将其汽车向某保险公司投保了车辆损失险及第三者责任险，保额分别为10万元和4万元，保险期为1年。保险期间内的某日，该车坠入河中，驾驶员系张某堂兄，随车遇难。事故发生后，张某向保险公司索赔。保险公司经过现场查勘，认为地形险要，无法打捞，按推定全损处理，当即赔付张某10万元；同时声明，车内尸体及善后工作保险公司不负责任，由车主自理。后来，为了打捞堂兄尸体，张某与李某约定：由李某负责打捞汽车，车内尸体及死者身上采购货物的2800元现金归张某，残车归李某，李某向张某支付4000元。残车终于被打捞上来，张某和李某均按约行事。保险公司知悉后，认为张某未经保险公司允许擅自处理实际所有权已转让的残车是违法的。双方争执不果而诉讼。

法院在审理中，认为：第一，保险公司推定该车全损，给予车主张某全额赔偿。按照《保险法》第五十九条规定："保险事故发生后，保险人已支付了全部保险金额，并且保险金额等于保险价值的，受损的保险标的的全部权利归于保险人。"因此，本案保险人已取得残车的实际所有权，只是认为地形险要而暂时没有进行打捞。因此，原车主张某未经保险公司同意转让残车是非法的。第二，保险公司对车主张某进行了推定全损的全额赔偿，而张某又通过转让残车获得4000元的收入，其所获总收入大于总损失。显然不符合财产保险中的损失补偿原则，因此，保险公司要求追回张某所得额外收入4000元，正是保险损失补偿原则的体现。第三，李某获得的是张某非法转让的残车，但由于他是受张某之托打捞，付出了艰辛的劳动，且获得该车是有偿的，可视为善意取得，保险公司如果要求其归还残车，则应该补偿李某打捞付出的艰辛劳动，以及支付给张某的4000元。

【分析】本案属于代位原则中的物上代位，保险标的推定全损，被保险人提出委付，经保险人同意，保险人支付全部保险金额，保险标的的相关权益(残值)全部归属保险人。

(资料来源：http://china.findlaw.cn/jiaotongshigu/baoxianlipei/jtsgbx/22243.html.)

二、分摊原则

(一)重复保险的含义

重复保险是指投保人对同一保险标的、同一可保利益、同一保险事故分别与两个以上的保险人订立保险合同，且保险金额的总和超过保险标的的保险价值的保险。例如，一个公司要运送价值 10 万美元的货物从美国到欧洲，它先向甲保险公司投保了 10 万美元，又向乙保险公司投保了 5 万美元。这样它就有了两张保单，并且全部保险金额为 15 万美元，而保险价值只有 10 万美元，这就构成了重复保险。

构成重复保险必须同时满足下列四个条件。

第一，对处于同一危险中的同一标的上的相同可保利益投保。在这里不仅需要是相同的保险标的，而且必须是相同保险标的上的相同可保利益，并处于同一危险之中，即投保相同的危险。例如，对一艘船舶投保定期保险，船东对该船舶具有所有权利益，如果他以该船舶进行抵押借贷，则抵押贷款银行对该船舶具有抵押贷款人利益，如果他们分别就各自的利益进行投保，并不构成重复保险。此外，如果船东虽有两张保单，一张投保了"全损险"，另一张投保了"战争险"，则也不能构成重复保险。

第二，存在着两个或两个以上的保险人或保单。一个被保险人可以同时或先后向几个不同的保险公司对同一批货物或同一艘船舶投保；或者，几个被保险人向同一个保险人对同一批货物或同一艘船舶分别单独投保取得几张保单。同一个被保险人向同一个保险人对同一批货物或同一艘船舶，投保了超过该标的保险价值的保险金额，只构成超额保险，并不构成重复保险。

第三，几张保单的保险期间具有重叠性。保险期间的重叠分为全部重叠和部分重叠。全部重叠是指投保人同数个保险人订立的数个保险合同，其保险的起讫时间完全相同；部分重叠是指投保人同数个保险人订立的数个保险合同，其起讫时间虽非完全相同，但有时间上的重叠性，即时间上有交叉。保险期间的全部重叠或者部分重叠都可以构成重复保险的条件。这里应当指出的是，所谓时间上的重叠性，是指数个保险合同的"生效期间"的重叠，并非指"成立期间"的重叠。例如，某人向 A 保险人投保火险，合同期限为 1 年，在该合同期满前的 1 个月，又向 B 保险人投保相同的火险，并约定该合同自第一个火灾险合同保险期满之日生效，则第二个保险合同"成立"之日虽然与第一个保险合同有效期上重叠，但因第二个保险合同只有"成立"，尚未生效，只有成立上的重叠性，没有生效上的重叠性，因此不构成重复保险。但如果第二个保险合同约定从其订立时起就生效，则两份合同有 1 个月的重叠期，在此期间构成重复保险。

第四，几张保单的保险金额之和超过了保险价值。如果被保险人虽有几张保单，但其保险金额之和并未超过保单的保险价值，这种情况属于共同保险，而不是重复保险。

(二)重复保险分摊原则的含义

在重复保险的情况下，当保险标的发生保险损失时，被保险人有可能就同一损失分别向两个以上的保险人索要保险赔偿金，且可能使赔偿金总额超过其实际损失，这样就从根本上违背了使被保险人恢复到损失发生前的经济状况这一补偿原则的要求，因此为了防止被保险人通过重复保险获得不当得利，就确立了重复保险的分摊原则。分摊原则也是由损失补偿原则派生的，是损失补偿原则的补充和体现。

分摊原则可以表述为：在重复保险的情况下，当保险损失发生，被保险人向数家保险公司索赔时，其损失须在各保险人之间进行分摊，使被保险人所得总赔偿金额不得超过实际损失额。

通过规定分摊原则，一方面，防止被保险人利用重复保险，在保险人之间进行多次索赔，以获取高于实际损失额的赔偿金，从而更好地捍卫补偿原则；另一方面，由各保险人对损失进行分摊，保证了保险人之间的公平原则。

(三)重复保险的分摊方式

在重复保险下，保险人分摊损失的方式主要包括比例责任分摊、限额责任分摊和顺序责任分摊三种方式。

1. 比例责任分摊方式

这种分摊方式是指各保险人按其承保的保险金额占保险金额总和的比例分摊保险事故造成的损失。其计算公式为

$$\text{各保险人承担的赔款} = \text{损失金额} \times \text{该保险承保的保险金额} / \text{各保险人承保的保险金额总和}$$

例如，某项财产的保险价值为 120 万元，投保人与甲、乙保险人分别订立相同的保险合同，保险金额分别是 80 万元和 60 万元。

若保险事故造成的实际损失是 80 万元，那么，根据该种分摊方式，两个保险人的分摊金额分别为

甲保险人应分摊的赔偿：80×80/140=45.71 (万元)
乙保险人应分摊的赔偿：80×60/140=34.29 (万元)

2. 限额责任分摊方式

这种分摊方式是指不以保险金额为基础，而是按照各保险人在没有重复保险的情况下，单独应承担的赔偿责任限额占各家保险公司赔偿责任限额之和的比例来分摊损失金额。其计算公式为

$$\text{各保险人承担的赔款} = \text{损失金额} \times \text{该保险人的赔偿限额} / \text{各保险人赔偿限额总和}$$

例如，A、B 两家保险公司承保同一财产，A 公司承保 4 万元，B 公司承保 6 万元，实际损失为 5 万元。A 公司在无 B 公司的情况下应赔付 4 万元，B 公司在无 A 公司的情况下应赔付 5 万元。在重复保险的情况下，如以限额责任的方式来分摊，则

A 公司应赔付：5×4/9=2.22(万元)
B 公司应赔付：5×5/9=2.78(万元)

3. 顺序责任分摊方式

这种分摊方式是指各保险公司按出单时间顺序赔偿，先出单的公司先在其保额限度内负责赔偿，后出单的公司只在损失额超出前一家公司的保额时，在自身保额限度内赔偿超出的部分。例如，发货人同时向甲、乙两家保险公司为同一财产分别投保 10 万元和 12 万元，甲公司先出单，乙公司后出单，被保财产实际损失 16 万元，按顺序责任，甲公司赔款额为 10 万元；乙公司赔款额为 6 万元。

在保险实务中，各国采用较多的是比例责任和限额责任分摊方式，因为顺序责任分摊方式下各承保公司承担的责任有欠公平。我国保险法规定，除非合同另有约定，否则对于重复保险采用比例责任方式赔偿。《保险法》第五十六条第二款规定："重复保险的各保险人赔偿保险金的总和不得超过保险价值。除合同另有约定外，各保险人按照其保险金额与保险金额总和的比例承担赔偿保险金的责任。"

本 章 小 结

(1) 本章论述了保险的四大基本原则及其两个派生原则，即可保利益原则、最大诚信原则、近因原则、损失补偿原则及其派生的代位原则和分摊原则。

(2) 可保利益是指投保人或被保险人对保险标的所具有的法律上承认的经济利益，是保险合同生效的重要条件。可保利益原则强调了投保人或被保险人在保险合同的订立和履行中，必须对保险标的具有可保利益，否则保险合同无效。坚持可保利益原则的意义在于划清保险与赌博之间的界线，防止道德危险的发生和限制保险补偿的额度。由于财产保险和人身保险的性质不同，因而可保利益的应用及适用时限也不尽相同。

(3) 最大诚信原则要求保险人和投保人、被保险人在订立与履行保险合同的过程中，应向对方提供实质性重要事实，同时遵守合同的约定与承诺，否则保险合同无效。坚持最大诚信原则是为了确保保险合同的顺利履行，维护保险双方的利益，其主要内容包括告知、保证、弃权和禁止反言。

(4) 保险人在处理损失原因较为复杂的赔案时，要遵循近因原则。近因是指引起保险标的损失的直接的、最有效的、起决定作用的因素。近因原则的基本含义是：只有当承保危险是损失发生的近因时，保险人才负赔偿责任。因此，对近因的分析和判断，成为掌握和运用近因原则的关键。运用近因原则时，应根据实际案情，实事求是分析，认真辨别，并遵循国际惯例，特别是注重对重要判例的援用。

(5) 损失补偿原则是保险人理赔的重要原则。它是指当保险标的发生保险责任范围内的损失时，被保险人有权按照合同的约定，获得全面、充分的赔偿，但不能由此而获得额外的利益。所以，保险人在履行赔偿责任时，必须以实际损失、保险金额和可保利益为限。实务中，保险人可采用支付现金和修理、更换、重置的方式进行损失补偿。保险损失补偿的计算方式有比例赔偿方式、第一损失赔偿方式和限额赔偿方式三种。损失补偿原则主要适用于财产保险以及其他补偿性保险合同，但在保险实务中有一些例外的情况，如定值保险、重置价值保险和施救费用的赔偿。

(6) 损失补偿原则的派生原则有代位原则和分摊原则。代位原则是指保险人依照法律或保险合同约定对被保险人的损失进行赔偿后，依法取得向对保险财产负有责任的第三方进行追偿的权利或取得被保险人对保险标的的所有权。代位原则包括代位追偿和物上代位。代位追偿是指在财产保险中，当保险标的遭受保险事故所致的损失，依法应由第三者承担赔偿责任时，保险人在支付保险赔偿金之后，在赔偿金额的限度内，取得对第三者追偿的权利。保险人获得物上代位权主要是通过委付。委付是指当保险标的发生推定全损时，投保人或被保险人将保险标的的一切权益转移给保险人，而请求保险人按保险金额全数赔付的行为。分摊原则是指在重复保险的情况下，当保险事故发生造成损失时，各保险人应采取适当的分摊方法分配保险责任，使被保险人既得到充分的补偿，又不会获得超过其实际损失的利益。保险人分摊损失的方法有比例责任分摊、限额责任分摊和顺序责任分摊。

第五章 保险的基本原则

实 训 课 堂

基本案情：

  2014年6月，原告陆某某向被告投保泰康全能保B款两全保险，附加险泰康附加全能保B款重大疾病保险。后者的基本保险金额为20万元，保费为1580元，交费年限为20年。原告填写《个人寿险投保单》，投保单"询问事项"第4项询问原告"是否在过去2年内做过以下一项或几项检查(若是，在备注栏告知检查项目、时间、原因、地点及结果)……"，原告勾选"是"；第7项G栏询问原告"是否患有、被怀疑患有或接受治疗过以下一种或几种疾病，如甲状腺或甲状旁腺疾病等"，原告勾选"否"。"备注及特别约定栏"载明"被保人备注：单位每年年检，指标正常。2013年10月26日体检医院：瑞慈张江。"被保险人为原告本人。2014年6月27日，被告签发保险单，合同生效日为2014年6月28日。2015年1月26日，第二军医大学第二附属医院出具的出院记录，载明原告出院诊断为右侧甲状腺癌。2015年2月9日，原告向被告申请理赔。2015年3月10日，被告发出理赔通知书，认为原告投保前已经患有右侧甲状腺结节，而在投保时未告知，严重影响被告承保决定，故终止保险合同并退还原告缴纳的保费5060元。投保单中备注的体检情况为，2013年10月26日，上海瑞宁门诊部对原告出具的体检报告关于甲状腺外科检查中表述为"未见异常"，而在超声波诊断中载明"超声提示：甲状腺右叶结节。建议定期复查，外科随诊"。

  原告陆某某诉称，其在保险期间内被确诊为甲状腺癌，属保险责任范围内的重大疾病，被告拒赔没有事实及法律依据，投保当时被告就清楚存在2013年10月26日的体检单，作为专业机构，被告应当查看体检报告，并核实体检报告的真实性，故请求判令被告支付保险金20万元。

  被告泰康人寿保险股份有限公司上海分公司辩称，第一，原告在投保时未如实告知重要事项，且这些事项直接导致了原告患甲状腺癌，属于足以影响被告决定是否同意承保或者提高保险费率的重要事项，因此被告有权根据保险合同约定，作出解除合同、全额退还保费的决定，并且已经退还原告全额保费。第二，无证据证明被告在投保时就收到涉案体检报告，原告认为在如实告知有体检报告的情况下，被告就必须查看体检报告，仅是一种推论。如果在投保单疾病询问中，原告填"是"，则被告一定会查看体检报告，但原告均填写"否"的情况下，被告不可能查看体检报告，且备注栏中称"指标正常"，所以被告并未调取来看。原告的这种行为并非明确、如实告知。

  审法院经审理后认为，保险法规定投保人的如实告知义务不在于将搜集风险评估有关的信息完全施加于投保人，而是让其协助保险人搜集相关重要信息，以弥补信息的不对称。保险人仍应当承担信息搜集和审查义务，该义务并不因投保人承担如实告知义务而免除。一方面，根据《个人寿险投保单》的备注栏，可知被告在与原告签订保险合同时，应当知道存在2013年10月26日的体检报告，被告作为谨慎的保险人，应当尽到一定的审查义务。被告在保单中设置对检查事项的询问，主要目的就是为了进一步核实投保人所作陈述。备注栏的内容即是被告保险代理人与原告对询问事项中体检事宜的进一步明确，被告保险代理人在操作过程中，只需审查体检报告，也没有不合理增加被告的负担。另一方面，体检报告外科检查与超声波检查两部分对"甲状腺"的结论表述不明确，原告在询问事项的判断上可能难以把握，若以外科检查为准，亦无法认定原告存在未如实告知的情况。同时原告已经主动告知被告体检事宜，可见原告并无隐瞒之意，而被告疏于作出适当的核实，就作出承保决定，使原告产生合理期待。因此，被告不得解除合同，现在原告发生保险事故，被告应当承担给付保险金的责任。被告已经退还的保费 5060 元，应当予以扣除。据此，判决被告赔付原告保险金 194 940 元。一审判决后，被告不服提起上诉，二审法院经审理后判决驳回上诉，维持原判。

(资料来源：一审：上海市浦东新区人民法院(2015)浦民(商)初字第 6979 号民事判决书；
二审：上海市第一中级人民法院(2015)沪一中民六(商)终字第 605 号民事判决书.)

思考讨论题：

请结合本案，思考保险人核实投保人信息的合理性和必要性是什么。

分析要点：

现代保险法学认为，投保人具有揭示保险标的危险状况的告知义务，但是如果其陈述或告知的情况存在明显的矛盾和疑点，一位合理和谨慎的保险人很自然的应当对此作进一步询问。保险人应自行承担搜集信息的义务并不因投保人承担如实告知义务而免除。

复习思考题

一、基本概念

可保利益　最大诚信原则　重要事实　告知　弃权　禁止反言　近因　代位追偿　物上代位　推定全损　委付　重复保险　第一损失赔偿

二、判断题

1. 保险人在订立保险合同时未对责任免除明确说明，该责任免除条款无效。（　）
2. 如果近因属于保险责任范围，保险公司才予以理赔。（　）
3. 企业财产保险采用定值保险方式承保。（　）
4. 在保险实践中，定值保险合同多适用于以艺术品、古董等不易确定价值的财产为标的的财产保险。（　）
5. 财产保险的损失补偿只能采用现金方式。（　）
6. 人寿保险的保险利益只需要在签订保险合同时存在，不要求在被保险人死亡时还具有。（　）

三、不定项选择题

1. 在最大诚信原则中，弃权与禁止反言约束的对象主要是(　)。
   A. 投保人　　　　　　　　　　C. 被保险人
   B. 保险人　　　　　　　　　　D. 投保人与被保险人

第五章 保险的基本原则

2. 保证是保险活动中最大诚信原则的重要内容,根据保证事项是否存在划分,保证的种类包括( )。
   A. 确认保证　　　　　　　　　　　B. 承诺保证
   C. 明示保证　　　　　　　　　　　D. 默示保证　　　　E. 明确保证

3. 可保利益从本质上说是某种( )。
   A. 经济利益　　B. 物质利益　　C. 精神利益　　D. 财产利益

4. 根据国际惯例,在投保时可以不具有可保利益,但是在索赔时被保险人对保险标的必须具有可保利益的财产保险险种是( )。
   A. 企业财产保险　　　　　　　　　B. 信用保险
   C. 责任保险　　　　　　　　　　　D. 海洋货物运输保险

5. 关于近因原则的表述正确的是( )。
   A. 近因是造成保险标的损失最直接、最有效的、起决定性作用的原因
   B. 近因是空间上离损失最近的原因
   C. 近因是时间上离损失最近的原因
   D. 近因原则是在保险理赔过程中必须遵循的原则

6. 在保险经营中,保险补偿原则的限制条件主要有( )。
   A. 实际损失　　B. 保险标的　　C. 保险金额　　D. 可保利益

7. 保险人行使代位追偿权时,如果代位追偿取得的金额超过其支付给被保险人的赔偿金额,其超过部分应归( )所有。
   A. 保险人　　　B. 被保险人　　C. 第三者　　　D. 国家

8. 王某向甲财险公司投保了一年期普通家庭财产保险,保险有效期内由于电冰箱质量问题发生电线短路引发火灾,造成保险财产的严重损失。事后王某向甲财险公司索赔,甲财险公司在赔偿王某后可以向电冰箱生产厂家行使代位追偿权,其依据是( )。
   A. 家庭财产损失的原因——火灾,属于保险事故
   B. 火灾是第三者即电冰箱生产厂家的产品缺陷所致
   C. 甲财险公司已经赔偿了王某的损失
   D. 王某要求甲财险公司代其行使求偿权

9. 通常,重复保险的分摊方式包括( )。
   A. 第一损失分摊方式　　　　　　　B. 比例责任分摊方式
   C. 限额责任分摊方式　　　　　　　D. 顺序责任分摊方式

10. 下列原则中不适用于人身保险合同的有( )。
    A. 可保利益原则　　　　　　　　　B. 损失补偿原则
    C. 最大诚信原则　　　　　　　　　D. 代位求偿原则

四、简答题

1. 什么是可保利益原则?在保险实践中,如果不遵循可保利益原则,可能会出现什么样的后果?
2. 简述最大诚信原则及其主要内容。
3. 什么是近因原则?如何判定损失近因?
4. 简述损失补偿原则的内容。为什么说代位原则和重复保险的分摊原则是损失补偿原

则的派生原则?

5. 为什么说人寿保险合同是非补偿性合同?

6. 委付的成立应该具备哪些条件?

五、计算题

1. 某企业的财产价值 800 万元,分别向甲、乙、丙三家保险公司投保,保额分别为 150 万元、250 万元和 600 万元,在保险期间内,保险标的发生保险事故,损失 550 万元。试计算各家保险公司按比例分摊、限额分摊、顺序分摊下的赔偿金额。

2. 一批货物从中国运到美国,投保了货物运输保险,保险双方当事人约定货物价值为 1000 万美元,并以此作为保险金额。在运输途中,该批货物发生保险事故,出险时货物的市价为 1100 万美元。请问在损失 50%和全损的情况下,保险公司的赔偿责任各为多少?

六、案例分析题

2010 年 4 月,宫先生参加了环境国际旅行社有限公司组织的到埃及的旅行团,旅行社为每位团员购买了某寿险公司的旅游意外伤害保险,内容包括意外身故、残疾保险金 25 万元;急性病身故 15 万元;丧葬费用 1.6 万元。保险条款中对急性病的定义为,被保险人在保险期间开始前未曾接受诊断及治疗,并且在旅游途中突然发病必须立即在医院接受治疗方能避免损害身体健康的疾病。保险条款中关于丧葬费用保险金明确约定包括死亡处理及遗体遣返费,但在该保险条款中并未对何为死亡处理费用进行解释。

2010 年 4 月 22 日,宫先生在埃及酒店卫生间意外身故,同团人员在第一时间向保险公司报案,埃及医疗机构出具了意外心脏骤停的死亡证明。之后在中国驻埃及大使馆的帮助下,宫先生的亲属到埃及办理了相关手续将遗体运回天津火化。期间保险公司不予积极办理,宫先生的第一顺序继承人蔡女士及两位子女诉至法院并要求保险公司支付意外身故保险金及丧葬费用,共计 26.6 万元。

被告保险公司辩称,蔡女士及其子女未向保险公司提出索赔申请及相关资料。保险公司认为被保险人宫先生的死亡不构成涉案保险合同规定的意外伤害导致死亡的保险责任,请求法院驳回蔡女士及其两位子女的诉讼请求。

请问:该保险公司是否应承担给付责任?若保险公司应进行给付,保险金为多少?

第六章　财　产　保　险

【学习要点及目标】

- 重点掌握财产保险的概念、业务体系以及财产保险的特征。
- 掌握火灾保险、海洋货物运输保险和机动车辆保险的主要内容。
- 了解工程保险。

【核心概念】

财产保险　财产损失保险　火灾保险　货物运输保险　共同海损　机动车辆保险　交强险　工程保险

【引导案例】

宁波某控股公司重大火灾事故

2016年1月9日，宁波某控股有限公司租用的两个仓库发生火灾，过火面积近20 000平米，消防动用20余辆消防车连续作业7个小时才将火扑灭，火灾造成大量存货服装烧毁。接到报案后，太平洋财产保险公司(以下简称太保产险)太保产险第一时间赶到现场开展查勘工作，使用无人机记录了燃烧过程及消防作业过程，为下一步施救及清点工作的开展提供支持。同时，组织人员夜以继日开展清点工作持续14天，救回40余万件，价值5000万元的货物，挽回大量损失。本案发生后不到1个月，太保产险即向企业预付2000万元，在案件处理过程中再次预付1000万元，最终总计赔付6850万元完成结案。

本案是火灾重大损失的典型案例，在理赔新技术的运用及施救工作的有效开展上具有很大的参考价值和推广意义。火灾是企业财产保险中最常见的风险，本次事故启用无人机进行查勘是保险机构运用新技术手段进行准确查勘定损、科学高效理赔的成功探索。太保产险对本次重大火灾事故的有效施救、及时预付赔款，对于帮助企业灾后快速恢复正常运转，避免大量人员失业作用重大，集中体现了保险勇于承担社会责任的职能。

(资料来源：http://xw.cbimc.cn/2017-03/14/content_225622.htm.)

【知识导入】

财产保险是随着海上贸易的发展而产生的保险业务。14世纪中期，海上保险最先在意大利产生，17世纪中期，被称为现代保险之父的巴蓬开始经营房屋的火灾保险。此后，汽车保险、工程保险、责任保险、信用和保证保险等新的财产保险不断产生，成为商业保险的重要组成部分。随着物质财富的极大丰富、风险因素的日益增多，财产保险客观上满足着工商企业、社会团体和居民家庭的各种风险保障需求。

第一节 财产保险概述

一、财产保险及其业务体系

(一)财产保险的概念

广义上财产是财物、金钱和民事权利义务的总称。广义的财产既包括各种有形的物质财产，例如办公大楼、仓库、机器设备、船舶、汽车和货物，也包括无形的财产权利(如收益权)、财产责任和商业信用。这些不同形式的财产都可以作为财产保险的保险标的。

财产保险按照保险标的的范围不同，分为广义财产保险和狭义财产保险。

广义财产保险(property insurance)是指一切非人身保险业务，是以财产及其相关利益作为保险标的，当被保险人发生保险责任范围内的灾害事故，遭受经济损失时，由保险人给予赔偿的保险。

广义上的财产保险，保险标的范围十分广泛，既可以是处于相对静止状态的财产，如建筑物、存货、家用电器，也可以是处于流动状态的财产，如汽车、船舶、飞机和运输中的商品货物；既可以是有形财产，如厂房、住宅、飞机、设备，也可以是无形财产，如运费、利润、信用和法律责任。

狭义财产保险即财产损失保险，是以各种有形财产作为保险标的，对所保风险引起的损失由保险人给予经济补偿的保险，主要包括火灾保险、货物运输保险、各种运输工具保险和工程保险。

(二)财产保险的业务体系

我国《保险法》第九十五条将财产保险业务划分为：财产损失保险、责任保险、信用保险和保证保险。

财产保险是一个庞大的业务体系，它由四大险别和数以百计的具体险种构成，如图 6-1 所示。

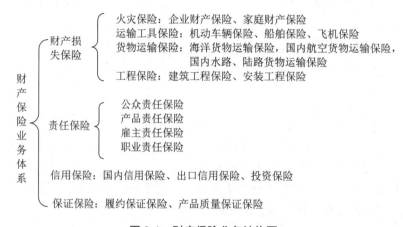

图 6-1 财产保险业务结构图

(1) 财产损失保险。财产损失保险是财产保险中传统的也是最广泛的一种保险业务,它是对被保险人各种有形物质财产损失进行补偿的业务总称。

(2) 责任保险。责任保险是保险人对被保险人的民事法律赔偿责任和特别约定的合同责任提供保障的业务总称,是一种随着各国法律制度的不断完善而逐步发展起来的财险业务。目前其在美国、英国、德国等发达国家占到整个非寿险业务的30%~50%,而在我国这一业务还处于初级发展阶段,潜力巨大。

(3) 信用保险和保证保险。信用保险和保证保险是建立在信用关系或经济合同基础上,以被保险人的信用为承保对象的财险业务。

二、财产保险的特征

(一)对象范围上的广泛性

一方面,财产保险的投保人既包括各类工商企业、机关学校,又包括居民家庭和个人;另一方面,财产保险的保险标的不仅包括形态各异、价值悬殊极大的各种有形物质财产,如价值极高的航天飞机、人造卫星、核电站、万吨巨轮,价值较小的家用电器、个人生活用品,而且还包括各种非物质形态的财产,如利润、运费、各种民事经济赔偿责任和信用。

(二)业务性质上的补偿性

在财产保险中,大部分保险标的具有客观的市场价值,可以用金钱来衡量,因此财产保险在性质上属于损失补偿性质的保险,保险人只有在合同约定的保险事故发生并造成被保险人的财产损失时才承担经济补偿责任,而且补偿的额度以被保险人在经济利益上恢复到损失以前的状况为限,绝不允许被保险人获得额外利益。因此,在财产保险中,尽管可能出现超额保险、不足额保险,也可能出现重复保险的现象,但是保险人在赔付被保险人的损失过程中都会按照损失补偿原则进行处理。例如,对重复保险进行损失分摊;对于不足额保险实行比例赔付;对第三者导致被保险人遭受的保险损失,由保险人先行赔偿,再依法行使代位求偿权。而在人身保险中,由于人的生命与身体无法用货币来衡量,因此除了部分医疗保险外,其他险种并不限制被保险人获得多重赔付,也不存在第三者导致被保险人伤残、死亡时,而向第三者进行代位追偿的问题。

(三)经营内容上的复杂性

第一,承保过程与承保技术复杂。在财产保险业务经营中,既强调承保前的风险检查、承保时的严格核保,又须重视保险期间的防灾防损和保险事故发生后的查勘理赔等,承保过程程序多、环节多。在经营过程中,要求保险人熟悉与各种类型投保标的相关的技术知识。例如,要想获得经营责任保险业务的成功,就必须以熟悉各种民事法律、法规及相应的诉讼知识和技能为前提;再如,保险人在经营汽车保险业务时,就必须同时具备保险经营能力和汽车方面的专业知识,如果对汽车技术知识缺乏必要的了解,汽车保险的经营将陷入被动或盲目状态。第二,风险管理复杂。在风险管理方面,财产保险主要强调对物质财产及有关利益的管理,由于保险对象的风险集中,保额巨大,保险人通常要采用再保险的方式来进一步分散风险。例如,飞机保险、船舶保险、各种工程保险等,均需要通过再保险才能使风险在更大范围内得以分散,进而维护保险人业务经营和财务状况的稳定。因此,财产保险公司特别强调对保险标的的风险控制和管理。

(四)可保利益要求上的特殊性

这体现在以下三个方面:第一,就保险利益的产生而言。财产保险的保险利益产生于人与物之间的关系,即投保人与保险标的之间的关系;人身保险的保险利益则产生于人与人之间的关系。第二,就保险利益量的限度而言。在财产保险中,保险利益有量的规定性,不仅要考虑投保人对标的有没有保险利益,还要考虑保险利益的额度大小。投保人对保险标的的保险利益一般限于保险标的的保险价值,保险双方在保险价值限度以内,按照投保人对该保险标的存在的保险利益程度来确定保险金额,作为保险人承担赔偿责任的最高限额,保险金额超过保险价值部分将因投保人无保险利益而无效。人身保险的保险利益,除债权人与债务人之间的保险利益外,一般没有量的限定。第三,就保险利益的时效而言。在一般情况下,财产保险的保险利益要求在保险合同订立时到损失发生时的全过程中都存在。在财产保险中,保险利益不仅是订立保险合同的前提条件,而且也是维持保险合同效力、保险人支付赔款的条件。一旦被保险人对保险标的的丧失保险利益,即使发生保险事故,保险人也不负赔偿责任。而人身保险的保险利益仅要求在保险合同订立之时存在即可,在发生保险事故时,投保人对保险标的(被保险人)丧失保险利益,并不影响保险合同的效力。

(五)保险期限上的短期性

财产保险除了少数险种以航程或工程期约定保险期限外,大部分是短期性的定期保险,合同期限为 1 年的比较普遍。

第二节 火 灾 保 险

一、火灾保险及其特点

(一)火灾保险的概念

火灾保险源于 14—15 世纪德国的火灾"基尔特"。1666 年一场摧毁伦敦城三分之二建筑物的大火,成为现代火灾保险制度建立的直接动因。火灾保险从最初只为建筑物提供保障,到后来将保险标的扩展至动产及其与财产相关的经济利益,从最初的单一火灾责任扩展至其他自然灾害和意外事件,至今火灾保险已成为财产保险中最基本的保险业务。

火灾保险(fire insurance)简称火险,是以被保险人存放在固定场所并处于相对静止状态的不动产和动产作为保险标的,对其因遭受保险事故而导致的经济损失由保险人进行赔偿的保险。

(二)火灾保险的特点

火灾保险作为一种传统的财产保险业务,具有如下基本特点。

(1) 所保标的为陆上处于相对静止状态条件下的各种财产,如各种建筑物、机器设备、原材料、半成品、成品、家用电器、生活资料等,这主要是与运输货物和运输工具等处于流动状态的财产相区分。

(2) 所保财产的地点应在保单上载明，投保后不得随意移动，否则保险人不承担赔付责任。

(3) 所保风险广泛，不仅包括火灾和与火灾相关的风险，如爆炸、雷击，还包括其他与火灾无直接关联的风险，如暴风、暴雨、泥石流、雪灾、洪水等。

(4) 团体火灾保险采用不定值保险方式，赔款计算要考虑是否足额投保，个体(家庭)火灾保险中的室内财产采用第一危险保险方式，按照被保险人的实际损失进行赔偿。

二、火灾保险的主要险种

火灾保险按照被保险人的性质可分为团体火灾保险和个体火灾保险两类。

团体火灾保险是以各类企业和其他法人团体为被保险人的火灾保险，它是火灾保险的主要业务。在我国，团体火灾保险主要包括财产保险基本险、财产保险综合险和财产保险一切险。

个体火灾保险是以城乡居民为被保险人的火灾保险，一般称为家庭财产保险，主要包括普通家庭财产保险、家庭财产两全保险和投资型家庭财产保险。

三、火灾保险的基本内容

(一)团体火灾保险

团体火灾保险主要是指我国的企业财产保险，险种包括财产保险基本险、财产保险综合险和财产保险一切险，以下内容根据中国人民财产保险股份有限公司正在执行的财产基本险、综合险、一切险条款(2009版)编写。

1. 保险标的范围

企业财产保险的保险标的可分为可保财产、特约承保财产和不保财产三类。

(1) 可保财产：是指为保险人所接受的财产，凡是属于被保险人所有或与他人共有而由被保险人负责的财产；由被保险人经营管理或替他人保管的财产；其他具有法律上承认的与被保险人有经济利害关系的财产均属保险标的的范围。一般包括三类财产，即固定资产，如房屋、建筑物及装修、机器设备、工具仪器等；流动资产，如原材料、半成品、在产品、产成品或库存品等；账外财产和代保管财产。

(2) 特约承保财产：是指在保险合同载明地址内、经保险合同双方特别约定并在保险合同中载明保险价值的财产，包括金银、珠宝、钻石、玉器、首饰、古币、古玩、古书、古画、邮票、字画、艺术品、稀有金属等珍贵财物；堤堰、水闸、铁路、道路、涵洞、隧道、桥梁、码头；矿井(坑)内的设备和物资；便携式通信装置、便携式计算机设备、便携式照相摄像器材以及其他便携式装置、设备；尚未交付使用或验收的工程。

(3) 不保财产：是指保险公司不予承保的财产，包括土地、矿藏、水资源及其他自然资源；矿井、矿坑；货币、票证、有价证券以及有现金价值的磁卡、集成电路(IC)卡等卡类；文件、账册、图表、技术资料、计算机软件、计算机数据资料等无法鉴定价值的财产；枪支弹药；违章建筑、危险建筑、非法占用的财产；领取公共行驶执照的机动车辆；动物、植物、农作物。

2. 保险责任

1) 财产保险基本险

财产保险基本险的责任范围较小，包括：火灾、爆炸、雷击、飞行物体及其他空中运行物体坠落造成的损失。

2) 财产保险综合险

财产保险综合险的责任范围在基本险的基础上，扩展了暴雨、洪水、暴风、龙卷风、冰雹、台风、飓风、暴雪、冰凌、突发性滑坡、崩塌、泥石流、地面突然下陷下沉这13种风险，以及被保险人拥有财产所有权的自用的供电、供水、供气设备因保险事故遭受损坏，引起停电、停水、停气以致造成保险标的直接损失。

3) 财产保险一切险

财产保险一切险的保障范围最大，它不同于基本险和综合险的列明风险，一切险的承保范围是保险标的不属于责任免除范围内的、由于自然灾害或意外事故造成的直接物质损坏或灭失。

3. 责任免除

企业财产保险普遍将投保人、被保险人及其代表的故意或重大过失行为，行政行为或司法行为，战争、罢工、骚乱、政变、恐怖活动，地震、海啸及其次生灾害，核辐射、核污染，保险标的的内在或潜在缺陷、自然磨损、自然损耗，盗窃、抢劫等列为除外责任。

4. 保险价值与保险金额

保险标的的保险价值可以为出险时的重置价值、出险时的账面余额、出险时的市场价值或其他价值，由投保人与保险人协商确定。

保险金额由投保人参照保险价值自行确定。保险金额不得超过保险价值。超过保险价值的，超过部分无效，保险人应当退还相应的保险费。

5. 赔偿处理

(1) 保险事故发生时，被保险人对保险标的不具有保险利益的，不得向保险人请求赔偿保险金。

(2) 保险标的遭受损失后，如果有残余价值，应由双方协商处理。如折归被保险人，由双方协商确定其价值，并在保险赔款中扣除。

(3) 保险标的发生保险责任范围内的损失，保险人按以下方式计算赔偿。

保险金额等于或高于保险价值时，按实际损失计算赔偿，最高不超过保险价值；保险金额低于保险价值时，按保险金额与保险价值的比例乘以实际损失计算赔偿，最高不超过保险金额；若保险合同所列标的不止一项时，应分项按照上述约定处理。

保险金额等于或大于其保险价值时，被保险人为防止或减少保险标的的损失所支付的必要的、合理的费用，在保险标的的损失赔偿金额之外另行计算，最高不超过被施救保险标的的保险价值。保险金额小于其保险价值时，上述费用按被施救保险标的的保险金额与其保险价值的比例在保险标的的损失赔偿金额之外另行计算，最高不超过被施救保险标的的保险金额。

被施救的财产中，含有保险合同未承保财产的，按被施救保险标的的保险价值与全部被施救财产价值的比例分摊施救费用。

保险标的发生部分损失，保险人履行赔偿义务后，本保险合同的保险金额自损失发生之日起按保险人的赔偿金额相应减少，保险人不退还保险金额减少部分的保险费。如投保人请求恢复至原保险金额，应按原约定的保险费率另行支付恢复部分从投保人请求的恢复日期起至保险期间届满之日止按日比例计算的保险费。

【拓展阅读 6-1】

单笔最高赔付 3.09 亿元！

中国人民财产保险公司(以下简称人保财险)河南省分公司 3.09 亿元的理赔案中，承保客户新乡某公司因 2021 年 7·20 特大暴雨灾害整厂被淹，水位线最高处达 2.45 米，水淹时长达 7 天。全公司受损仓库共计 40 多个，损失存货总类超过 1000 种，受损机器设备近千台。该企业此前购买了人保财险的财产综合险，接到报案后，人保财险快速制定理赔方案，紧急开辟绿色理赔通道，第一时间预付 1000 万元助力快速复工复产。最终历时 4 个月将所有设备、存货清理完毕，并于 12 月 2 日完成 3.09 亿元的赔付，为受灾企业快速复工复产提供了资金保障。

(资料来源：https://www.hnmdtv.com/news/2022/0316/121897.html.)

【拓展阅读 6-2】

小微企业财产保险为宁波小微企业带来福音

宁波民营经济发达，中小微企业众多，但台风等自然灾害频发，经济损失巨大，严重影响企业生产经营。为此，宁波保险业于 2016 年 6 月首创政策性小微企业财产保险并在鄞州区试点，为小微企业提供"融资担保+财产保障"的双重保险服务。

该保险按照"保费低廉、保障适度"的理念进行量身定制。每家企业每年交纳保费 6000 元，保险标的为房屋、机器设备、存货等，保险责任涵盖火灾、爆炸、暴雨、洪水、台风、泥石流等 16 种常见灾害，其中，单次事故最高赔偿 10 万元，累计最高赔偿 20 万元。2016 年 9 月 16 日，宁波受到 14 号台风"莫兰蒂"侵袭，部分地区严重内涝积水，很多小微企业只能停工，鄞州区政策性小微企业财产保险管理中心陆续接到报案 134 件，仅用 4 天时间就完成了查勘定损和理赔工作，对满足赔付条件的支付赔款 159.13 万元。

(资料来源：http://xuexi.huize.com/study/detal-280010.htm.)

(二)个体火灾保险

家庭财产保险(homeowner's insurance)简称家财险，是面向城乡居民家庭，主要以其房屋和室内财产为保险标的的财产保险。

家庭财产保险的开展和普及程度，标志着国民的保险意识水平，并且能够带动其他财产保险业务的发展。目前我国家庭财产保险的险种主要有以下几个。

1. 普通家庭财产保险

普通家庭财产保险是为城乡居民家庭开设的一种通用性家庭财产保险业务,保险期限为 1 年,主要为被保险人的财产损失提供经济补偿。本部分内容根据目前中国人民财产保险股份有限公司正在执行的家庭财产损失保险条款(2009 版)编写。

1) 保险标的

被保险人所有或使用并坐落于保险单载明地址内的下列财产:房屋及其室内附属设备(如固定装置的水暖、气暖、卫生、供水、管道煤气及供电设备、厨房配套的设备);室内装潢;室内财产(家用电器和文体娱乐用品;衣物和床上用品;家具及其他生活用具);存放于院内室内的农机具、农用工具、生产资料、粮食及农副产品。投保人就以上各项保险标的可以选择投保,并在保险单上载明。

下列财产未经保险合同双方特别约定并在保险单中载明的,不属于本保险合同的保险标的:属于被保险人代他人保管或者与他人共有而由被保险人负责的载明财产;无人居住的房屋以及存放在里面的财产;被保险人所有的其他家庭财产。

不予承保的标的:金银、珠宝、钻石及制品,玉器、首饰、古币、古玩、字画、邮票、艺术品、稀有金属、手稿、古书籍、收藏性手表等珍贵财物;货币、票证、有价证券、文件、账册、图表、技术资料、电脑软件及电子存储设备和资料;日用消耗品、机动车、商业性养殖及种植物;仅用于生产和商业经营活动的房屋及其他财产;用芦席、稻草、油毛毡、麦秆、芦苇、竹竿、帆布、塑料布、纸板等为外墙、屋顶的简陋屋棚及柴房、禽畜棚;与保险房屋不成一体的厕所、围墙;政府有关部门征用、占用的房屋,违章建筑、危险建筑、非法占用的财产。

2) 保险责任与除外责任

普通家庭财产保险的保险责任范围和除外责任,与企业财产保险综合险大致相同。

3) 保险金额

保险金额由投保人自行确定,其中,房屋及室内附属设备、室内装潢的保险金额由投保人根据当时实际价值自行确定。室内财产的保险金额由投保人根据当时实际价值分项目自行确定。未分项目约定保险金额的,按分项目财产在室内财产的保险金额中所占比例确定,即室内财产中的家用电器及文体娱乐用品占 40%,衣物及床上用品占 30%,家具及其他生活用具占 30%。农机具等财产的保险金额由投保人根据当时实际价值分项目自行确定。特约财产的保险金额由投保人和保险人双方约定,并在保险单中载明。

4) 赔偿处理

保险标的发生保险责任范围内的损失时,保险人按照其实际损失扣除保险单载明的免赔额后,在保险金额范围内计算赔偿。

保险标的发生部分损失,保险人履行赔偿义务后,本保险合同的保险金额自损失发生之日起按保险人的赔偿金额相应减少,保险人不退还保险金额减少部分的保险费。如投保人请求恢复至原保险金额,应按原约定的保险费率另行支付恢复部分从投保人请求的恢复日期起至保险期间届满之日止按日比例计算的保险费。投保 3 年、5 年期的,下一保险年度,则自动恢复原保险金额。

2. 家庭财产两全保险

家庭财产两全保险是在普通家财险的基础上产生的一种较受保险客户欢迎的家财险险种。它将被保险人所缴纳储金的利息收入作为保险费,在规定的保险期限内(3 年、5 年),无论是否发生保险事故,到保险合同期满时,保险人都将储金返还给被保险人。也就是说,即便在保险期限内发生了保险事故,被保险人已经得到赔款,保险合同期满时被保险人仍然能获得全部储金的返还。因此该险种具有经济补偿和到期还本的性质。

3. 投资型家庭财产保险

近年来,我国财产保险公司借鉴发达国家家庭财产保险的先进经验,推出了一系列投资型家庭财产保险的新险种。例如,华泰保险公司的居安理财型家庭综合保险、阳光财产保险公司的富安居投资型家庭财产保险。投资型家庭财产保险是普通型家庭财产保险与投资产品的组合,一般保险期限相对较长。

第三节 货物运输保险

一、货物运输保险及其特点

(一)概念

货物运输保险(cargo transportation insurance)是以运输中的各种货物为保险标的,承保货物在运输过程中遭受可保风险导致损失的保险。无论是对外贸易还是国内贸易,商品从生产者到消费者手中,都要经过相应的运输过程,而在装卸、运输过程中,各种自然灾害和意外事故又对货物的安全构成威胁,并极易导致货主的经济损失,因此,为运输中的货物提供保险就显得十分必要,它不仅能够保障货主的经济利益,而且有利于商品交易和运输业的正常发展。

货物运输保险所承保的货物,主要是具有商品性质的贸易货物,一般不包括个人行李或随运输所消耗的各类供应和储备物品。

(二)特点

货物运输保险与一般财产保险相比较,有以下几个特点。

1. 保险合同具有可转让性

货物运输保险的保险合同通常随着保险标的、保险利益的转移而转移,无须通知保险人,也不必征得保险人的同意,保险单可以用背书或其他方式加以转让。保险人承保的运输货物在运输期间可能会经过多次转卖,因此货物运输保险最终保障的并不是保险单上记载的被保险人,而是保单持有人。

2. 承保风险具有广泛性

货物运输保险承保的风险范围远远超过一般财产保险。从性质上看,既有财产损失的风险,又有预期收益和各种费用损失的风险;从范围上看,既有海上风险,又有陆上和空中风险；从风险种类上看，既有自然灾害和意外事故引起的风险，又有外来原因引起的风险，同时还可承保战争、罢工等风险。

3. 承保方式采用定值保险

货物运输保险的保险金额和保险价值在合同订立时就加以确定，一旦承保货物因可保风险而损失，全损按照保险金额赔付，部分损失按照保险金额与损失程度的比例进行赔付。

4. 保险期限以约定航程为准

货物运输保险的保险期限一般不受时间限制而以一个航程为准，即以"仓至仓"条款约定。根据"仓至仓"条款，保险期间自保险货物运离保险单载明的起运港(地)发货人的仓库时开始，到货物运达保险单载明目的港(地)收货人的最后仓库为止。如未抵达上述仓库，则以被保险货物在最后目的港(地)卸离海轮满 60 日为止。因此，《保险法》《海商法》规定，货物运输保险保险责任开始后，合同当事人不得解除合同。

5. 业务规则具有国际性

货物运输保险在对外贸易中扮演着重要角色。由于国际贸易、国际运输牵涉的各方当事人分属于不同国家，因此货物运输保险合同的签订和履行除涉及国际贸易、国际结算的有关规定外，还要遵循有关国际公约和国际惯例的规定等。

货物运输保险通常分为海洋货物运输保险、陆上货物运输保险、航空货物运输保险和邮包险。本节仅对我国海洋货物运输保险进行介绍。

二、我国海洋货物运输保险

(一)保障范围

我国海洋货物运输保险的保障范围，包括风险保障、损失保障和费用保障三个方面。

1. 承保的风险

海洋货物运输保险承保的风险主要有以下几种。

(1) 海难。海难是指海上偶发的意外事故或灾害，不包括正常的风浪影响。普通海难包括：沉没、搁浅、船破、碰撞和恶劣气候。

(2) 火灾或爆炸。不论在海上或陆上，保险标的因火灾或爆炸而遭受的直接损失，烟熏、水渍损失均属保障范围，但由于货物的内在缺陷导致的燃烧、爆炸除外。

(3) 强盗或海盗行为。即船外人员以暴力劫夺或海盗行为所致的损失。

(4) 投弃。投弃是指货物或船舶的设备被抛弃，此行为一般为共同海损行为。

(5) 船长、船员的疏忽或恶意行为。

(6) 战争。

2. 承保的海损

海损按损失程度不同，可分为全部损失与部分损失。

1) 全部损失

全部损失简称"全损"，指运输中整批货物或不可分离的一批货物全部损失。全损有实际全损和推定全损之分。

实际全损又称绝对全损,构成实际全损的情况主要有:保险标的完全丧失,例如货物被火烧毁、船舶遭遇海难后沉入海底无法打捞;保险标的的所有权丧失已无法挽回,例如载货船舶被海盗抢劫、船货被敌对国扣押;保险标的受损后已完全丧失其使用价值,例如水泥受海水浸泡后结成硬块;船舶失踪达到一定期限。

推定全损是指保险标的因实际全损不可避免,予以合理委付,或者为避免实际全损而需要支付超过其价值费用的情况。在这种情况下,被保险人可以要求按部分损失赔偿,也可以按推定全损索赔。但按推定全损索赔时必须先向保险人提出委付,并经保险人承诺才有效。

2) 部分损失

部分损失按其性质不同分为单独海损和共同海损。

(1) 共同海损(general average)。共同海损是指载货的船舶在海上遭遇灾害事故,威胁船货等各方的共同安全,为解除威胁,维护船货安全,使航程得以继续完成,由船方有意识地、合理地采取措施而作出的特殊牺牲或支付的特殊费用。

构成共同海损,必须具备以下六个条件:第一,船方在采取紧急措施时,确实存在危及船货共同安全的危险。任何主观臆测可能发生的风险而采取的措施,不能视为共同海损。第二,牺牲和费用必须是特殊性质的,并不是根据运输合同本来应该由船方负责的。第三,采取的措施必须是自觉的、有意识的,有意识是指人为的、故意的行为。第四,采取的措施必须是谨慎的,特殊的牺牲和费用是合理的。第五,损失必须是共同海损行为所造成的直接后果,不包括间接损失。第六,特殊牺牲和支付的费用必须有效果,即起到了保全处在共同风险中的财产,或者使部分船货获救。

(2) 单独海损(particular average)。单独海损是指除共同海损以外的部分损失。这种损失只与单独利益方有关,不涉及其他货主或船方,损失仅由受损者单独负担。保险标的发生单独海损是否可以得到赔偿,由所属的保险单条款决定。

3. 承保的费用

海洋货物运输保险所保障的费用主要包括救助费用、施救费用、额外费用和特别费用。

救助费用是指因第三者的救助行为使船货有效地避免或减少损失,被救方支付的酬金。施救费用是指被保险人、代理人、受雇人在保险标的遭受保险事故时,采取合理措施减轻损失而支出的费用。额外费用是为了证明损失索赔的成立而支付的费用,比如检验费用、查勘费用、海损理算师费用等。特别费用是指运输工具遭遇海难后,在中途港或避难港卸货、存包、重装及续运所产生的费用。

(二)我国海洋货物运输保险的险种

我国海洋货物运输保险由基本险和附加险构成。

1. 基本险

基本险即主险,主要承保运输货物因自然灾害和意外事故所造成的损失,分为平安险、水渍险和一切险。

平安险(free from particular average,FPA),主要承保被保险货物在运输途中由于恶劣气候、雷电、海啸、地震、洪水等自然灾害造成整批货物的全部损失或推定全损；由于运输工具遭受搁浅、触礁、沉没、互撞、与流冰或其他物体碰撞，以及失火、爆炸等意外事故造成货物的全部或部分损失。

水渍险(with particular average，WPA)，在平安险的基础上，承保被保险货物由于恶劣气候、雷电、海啸、地震、洪水等自然灾害造成货物的部分损失。

一切险(all risks)，除包括平安险和水渍险的所有责任外，还包括一般附加险所造成的货物全部损失或部分损失。

2. 附加险

附加险不能单独投保，只有投保基本险之后才能加保。海上货物运输保险的附加险主要承保海上运输过程中的各种外来风险，它可分为一般附加险、特别附加险和特殊附加险三种。一般附加险包括 11 种外来风险：偷窃提货不着险、淡水雨淋险、短量险、混杂沾污险、渗漏险、碰损破碎险、串味险、受潮受热险、钩损险、包装破裂险和锈损险。特别附加险有 6 种：交货不到险；进口关税险；舱面险；拒收险；出口货物到香港(包括九龙在内)或澳门存仓火险责任扩展条款；黄曲霉毒素险。特殊附加险有两种：战争险和罢工险。

【拓展阅读 6-3】

人保财险副总裁降彩石：人保财险去年航运保险保费收入创历史新高

5 月 30 日，2023 广东保险业高质量发展论坛在佛山举行。中国人民财产保险公司(以下简称人保财险)执行董事、副总裁降彩石表示，航运保险作为航运金融的组成部分和有力支撑，是推动国际航运发展的重要动力。近年来，我国航运保险业也呈现出稳定增长态势，产品和服务供给不断丰富创新，市场和服务体系不断健全完善。

从国际航运保险市场看，根据国际海上保险联盟(IUMI)的最新数据，去年全球航运保险保费约 330 亿美元，同比增长 6.4%。其中船舶险保费 78 亿美元，同比增长 4.1%；货运险保费 189 亿美元，同比增长 8%；海工能源和海上责任保险保费 63 亿美元，同比增长 6.9%。

从国内航运保险市场看，2022 年我国航运保险保费收入 246.5 亿元，同比增长 9.21%。其中船舶险保费 67.5 亿元，同比增长 16.5%，在全球占比 11.9%；货运险保费 179 亿元，同比增长 6.7%，在全球占比 14%。去年，广东地区航运保险保费收入 39.95 亿元，占比 16.21%，在国内航运保险市场中占据着举足轻重的地位。

降彩石表示，人保财险去年实现航运保险保费收入 76.9 亿元，创历史新高。其中船舶险保费 28.6 亿元，同比增长 25.23%；货运险保费 48.3 亿元，同比增长 0.34%。船舶险市场份额 42.9%，货运险市场份额 27.8%，始终保持行业引领地位。

(资料来源：https://news.cnstock.com/news,bwkx-202305-5068713.htm。)

第四节 运输工具保险

运输工具保险(means of conveyance insurance)主要是以各种运输工具本身(如机动车辆、船舶、飞机等)和被保险人因使用运输工具所引起的对第三者依法应负的经济赔偿责任作为保险标的保险。

运输工具保险一般按运输工具不同，分为机动车辆保险、船舶保险、飞机保险和其他运输工具保险(铁路车辆保险、排筏保险)。本节仅对我国机动车辆保险进行介绍。

一、机动车保险的概念

自1886年汽车发明以来，随着汽车的普及，因交通事故导致的生命财产损失越来越严重，道路交通事故由此被称为"和平时代的战争"。19世纪末产生的汽车保险，对保障交通事故受害人的利益，维护社会稳定具有重要意义。1895年，英国法律意外保险公司签发了第一张机动车辆保险单——汽车第三者责任保险单，随后出现了汽车火险和汽车碰撞引起的损失险。

机动车辆保险(motor insurance)是以机动车辆本身及其被保险人对第三者的民事责任作为保险标的的一种财产保险，适用于拥有各种机动车辆的法人团体和居民个人。广义上，这一险种的保险标的包括汽车、电车、拖拉机、摩托车以及各种专用车、特种车，狭义上仅以汽车为保险标的，因此在实务界，机动车辆保险又称为汽车保险。

在我国财产保险业务中，机动车辆保险是业务量最大的险种，其保险费收入占全部产险保费收入的50%以上。

我国现行机动车辆保险由法定保险和商业保险组成。法定保险即机动车交通事故强制责任保险(简称交强险)，商业保险由基本险和附加险组成。

二、机动车交通事故强制责任保险

我国全面恢复保险业务后，机动车辆保险业务发展迅速。2004年5月1日生效的《中华人民共和国道路交通安全法》规定，我国建立机动车交通事故责任强制保险制度和道路交通事故社会救助基金制度。2006年7月1日实施的《机动车交通事故责任强制保险条例》，标志着机动车交通事故责任强制保险制度的正式实施。本部分内容根据中国保险行业协会2020版《机动车交通事故责任强制保险条款》编写。

(一)定义

机动车交通事故责任强制保险简称为交强险，是由保险公司对被保险机动车发生道路交通事故造成受害人(不包括本车人员和被保险人)的人身伤亡、财产损失，在责任限额内予以赔偿的强制性责任保险。

交强险是我国首个由国家法律规定实行的强制保险制度。被保险人在使用被保险机动车过程中发生交通事故，致使受害人遭受人身伤亡或者财产损失，依法应当由被保险人承担的损害赔偿责任，保险公司按照约定对每次事故在赔偿限额内负责赔偿。

根据《机动车交通事故责任强制保险条例》规定，在中华人民共和国境内道路上行驶的机动车的所有人或者管理人都应当投保交强险，机动车所有人、管理人未按照规定投保交强险的，公安机关交通管理部门有权扣留机动车，通知机动车所有人、管理人依照规定投保，并处应缴纳的保险费的2倍罚款。

(二)责任限额及赔偿内容

交强险在全国范围内实行统一的责任限额。责任限额是被保险机动车发生道路交通事故,保险公司对每次保险事故所有受害人的人身伤亡和财产损失所承担的最高赔偿金额,其责任限额会根据被保险车辆在道路交通事故中有无责任而有所差别。从2020年9月19日开始实行的交强险责任限额和赔偿内容见表6-1。

表6-1 交强险赔偿限额及赔偿内容 单位:元

责任限额	有 责	无 责	负责赔偿内容(有责、无责)
死亡伤残赔偿限额	180 000	18 000	丧葬费、死亡赔偿金、受害人亲属办理丧葬事宜的交通费、残疾赔偿金、残疾辅助器具费、护理费、康复费、交通费、被抚养人生活费、住宿费、误工费、被保险人依照法院判决或者调解承担的精神损害赔偿金
医疗费用赔偿限额	18 000	1 800	医药费、诊疗费、住院费、住院伙食补助费,必要的、合理的后续治疗费、整容费、营养费
财产损失赔偿限额	2 000	100	
总 计	200 000	19 900	

(三)责任免除

下列损失和费用保险公司不负责赔偿和垫付:因受害人故意造成的交通事故的损失;被保险人所有的财产及被保险机动车上的财产遭受的损失;被保险机动车发生交通事故,致使受害人停业、停驶、停电、停水、停气、停产、通信或者网络中断、数据丢失、电压变化等造成的损失以及受害人财产因市场价格变动造成的贬值、修理后因价值降低造成的损失等其他各种间接损失;因交通事故产生的仲裁或者诉讼费用以及其他相关费用。

(四)垫付与追偿

被保险机动车在①驾驶人未取得驾驶资格的;②驾驶人醉酒的;③被保险机动车被盗抢期间肇事的;④被保险人故意制造交通事故的这四种情形下发生交通事故,造成受害人受伤需要抢救的,保险人在接到公安机关交通管理部门的书面通知和医疗机构出具的抢救费用清单后,按照国务院卫生主管部门组织制定的交通事故人员创伤临床诊疗指南和国家基本医疗保险标准进行核实。对于符合规定的抢救费用,保险人在医疗费用赔偿限额内垫付。被保险人在交通事故中无责任的,保险人在无责任医疗费用赔偿限额内垫付。对于其他损失和费用,保险人不负责垫付和赔偿。对于垫付的抢救费用,保险人有权向致害人追偿。

【案例6-1】

机动车驾驶人肇事逃逸,保险公司是否需要赔偿?

【案情】2021年6月的一天,陈某某驾驶一辆小型轿车逆行,与对面方向直行过来的、由王某某驾驶的普通二轮摩托车(车载邹某某)发生碰撞,造成邹某某受伤、两车受损。事故发生后，陈某某驾驶小型轿车驶离现场。交警部门认定陈某某驾驶汽车逆行且发生交通事故后逃逸，其行为违反了道路交通安全法、道路交通安全法实施条例的相关规定，承担此次事故的全部责任，王某某、邹某某无责任。陈某某的小型轿车在A保险公司投保了交强险及200万元商业三者险，事故发生在保险期内。事后，陈某某仅向邹某某支付了赔偿费用1万元。

2021年10月12日，邹某某诉至法院，要求A保险公司对自己的各项损失共计187 832.3元，在其承保的交强险和商业三者险责任限额范围先行承担赔付责任，不足部分由陈某某承担。然而，A保险公司主张由于驾驶员陈某某"肇事逃逸"导致其事发时的适驾状态无法查明、确定，该保险公司依法无须承担交强险赔偿责任；此外，"肇事逃逸"系法律、行政法规规定的禁止性情形，其已经对肇事逃逸的保险免责条款履行提示义务，故无须承担商业三者险赔偿责任。

永泰县人民法院经审理认为，A保险公司作为事故车辆交强险和商业三者险的保险人，应首先在交强险范围内赔偿邹某某各项损失；超出交强险的剩余损失，因A保险公司已经尽到明确说明义务，故应由陈某某赔偿，扣除陈某某已支付的1万元，尚需支付37 242.72元。最终，法院依法判决A保险公司赔偿邹某某各项损失127 614.65元，陈某某赔偿邹某某各项损失37 242.72元，驳回邹某某的其他诉讼请求。

【分析】交强险是一种强制性保险，其设立目的在于保障机动车交通事故受害人能够得到及时救助。《中华人民共和国民法典》第一千二百一十六条规定："机动车驾驶人发生交通事故后逃逸，该机动车参加强制保险的，由保险人在机动车强制保险责任限额范围内予以赔偿；机动车不明、该机动车未参加强制保险或者抢救费用超过机动车强制保险责任限额，需要支付被侵权人人身伤亡的抢救、丧葬等费用的，由道路交通事故社会救助基金垫付。道路交通事故社会救助基金垫付后，其管理机构有权向交通事故责任人追偿。"

本案中，陈某某虽肇事后逃逸，但A保险公司仍应在交强险限额内对事故承担赔偿责任。不过，超出交强险的剩余损失，只要保险公司在免除其责任的条款对投保人进行了明确的说明，那么保险公司对商业三者险将不予"埋单"，由侵权人承担赔偿责任。根据《最高人民法院关于审理道路交通事故损害赔偿案件适用法律若干问题的解释》第十五条的规定，有下列情形之一导致第三人人身损害，当事人请求保险公司在交强险责任限额范围内予以赔偿，人民法院应予支持：①驾驶人未取得驾驶资格或者未取得相应驾驶资格的；②醉酒、服用国家管制的精神药品或者麻醉药品后驾驶机动车发生交通事故的；③驾驶人故意制造交通事故的。保险公司在赔偿范围内向侵权人主张追偿权的，人民法院应予支持。追偿权的诉讼时效期间自保险公司实际赔偿之日起计算。

(资料来源：福建法治报，2022年10月25日.)

三、商业机动车保险

近年来我国的机动车辆保险业务高速发展，机动车辆保险条款、费率以及管理也日趋完善，但"高保低赔""无责免赔"、第三者责任险不包括车主或司机的家人等问题也困扰着消费者。为了解决这些问题，2014年2月初，保监会正式宣布启动商业车险条款和费率市场化改革，随即中国保险行业协会推出《机动车综合商业保险示范条款(2014版)，2016

年 7 月 1 日,我国商业车险改革全面实施。2020 年,为了解决好车险领域的复杂问题,实现车险高质量发展,更好维护消费者权益,银保监会在广泛征求各方意见的基础上,出台了《关于实施车险综合改革的指导意见》,该次车险综合改革于 2020 年 9 月 19 日正式实施。

我国机动车商业保险,是指由投保人自愿选择投保的险种。目前各保险公司执行的是中国保险行业协会制定的《机动车综合商业保险示范条款(2020 版)》。依据该条款,我国机动车综合商业保险由主险和附加险组成,主险包括机动车损失保险、机动车第三者责任保险、机动车车上人员责任保险共三个独立的险种,投保人可以选择投保全部险种,也可以选择投保其中部分险种,附加险不能独立投保。

(一)机动车损失保险

1. 保险责任

(1) 保险期间内,被保险人或被保险机动车驾驶人在使用被保险机动车过程中,因自然灾害、意外事故造成被保险机动车直接损失。

(2) 保险期间内,被保险机动车被盗窃、抢劫、抢夺,经出险地县级以上公安刑侦部门立案证明,满 60 天未查明下落的全车损失,以及因被盗窃、抢劫、抢夺受到损坏造成的直接损失。

(3) 发生保险事故时,被保险人或驾驶人为防止或者减少被保险机动车的损失所支付的必要的、合理的施救费用,由保险人承担;施救费用数额在被保险机动车损失赔偿金额以外另行计算,最高不超过保险金额。

2. 责任免除

在上述保险责任范围内,下列情况下,不论任何原因造成被保险机动车的任何损失和费用,保险人均不负责赔偿:事故发生后,被保险人或驾驶人故意破坏、伪造现场,毁灭证据。

驾驶人有下列情形之一者:交通肇事逃逸;饮酒、吸食或注射毒品、服用国家管制的精神药品或者麻醉药品;无驾驶证,驾驶证被依法扣留、暂扣、吊销、注销期间;驾驶与驾驶证载明的准驾车型不相符合的机动车。

被保险机动车有下列情形之一者:发生保险事故时被保险机动车行驶证、号牌被注销;被扣留、收缴、没收期间;竞赛、测试期间,在营业性场所维修、保养、改装期间;被保险人或驾驶人故意或重大过失,导致被保险机动车被利用从事犯罪行为。

下列原因导致的被保险机动车的损失和费用,保险人不负责赔偿:战争、军事冲突、恐怖活动、暴乱、污染(含放射性污染)、核反应、核辐射;违反安全装载规定;被保险机动车被转让、改装、加装或改变使用性质等,导致被保险机动车危险程度显著增加,且未及时通知保险人,因危险程度显著增加而发生保险事故的;投保人、被保险人或驾驶人故意制造保险事故。

下列损失和费用,保险人不负责赔偿:因市场价格变动造成的贬值、修理后因价值降低引起的减值损失;自然磨损、朽蚀、腐蚀、故障、本身质量缺陷;投保人、被保险人或驾驶人知道保险事故发生后,故意或者因重大过失未及时通知,致使保险事故的性质、原因、损失程度等难以确定的,保险人对无法确定的部分,不承担赔偿责任,但保险人通过其他途径已经知道或者应当及时知道保险事故发生的除外;因被保险人违反约定,导致无法确定的损失;车轮单独损失、无明显碰撞痕迹的车身划痕,以及新增加设备的损失;非全车盗抢、仅车上零部件或附属设备被盗窃。

3. 保险金额

保险金额按投保时被保险机动车的实际价值确定。投保时被保险机动车的实际价值由投保人与保险人根据投保时的新车购置价减去折旧金额后的价格协商确定或其他市场公允价值协商确定。折旧金额可根据本保险合同列明的参考折旧系数表确定。

4. 赔款计算

机动车损失赔款按以下方法计算。
1) 全部损失
   赔款=保险金额-被保险人已从第三方获得的赔偿额-绝对免赔额
2) 部分损失
   赔款=实际修复费用-被保险人已从第三方获得的赔偿额-绝对免赔额
3) 施救费

施救的财产中,含有本保险合同之外的财产,应按本保险合同保险财产的实际价值占总施救财产的实际价值的比例分摊施救费用。被保险机动车发生本保险事故,导致全部损失,或一次赔款金额与免赔金额之和(不含施救费)达到保险金额,保险人按本保险合同的约定支付赔款后,本保险责任终止,保险人不退还机动车损失保险及其附加险的保险费。

(二)机动车第三者责任保险

机动车第三者责任保险中的第三者是指因被保险机动车发生意外事故遭受人身伤亡或者财产损失的人,但不包括被保险机动车本车车上人员、被保险人。

保险期间内,被保险人或其允许的驾驶人在使用被保险机动车过程中发生意外事故,致使第三者遭受人身伤亡或财产直接损毁,依法应当对第三者承担的损害赔偿责任,且不属于免除保险人责任的范围,保险人依照本保险合同的约定,对于超过机动车交通事故责任强制保险各分项赔偿限额的部分负责赔偿。

保险人依据被保险机动车一方在事故中所负的事故责任比例,承担相应的赔偿责任。

被保险人或被保险机动车一方根据有关法律法规选择自行协商或由公安机关交通管理部门处理事故,但未确定事故责任比例的,按照下列规定确定事故责任比例:被保险机动车一方负主要事故责任的,事故责任比例为 70%;被保险机动车一方负同等事故责任的,事故责任比例为 50%;被保险机动车一方负次要事故责任的,事故责任比例为 30%。

(三)机动车车上人员责任保险

机动车车上人员责任保险中的车上人员是指发生意外事故的瞬间,在被保险机动车车体内或车体上的人员,包括正在上下车的人员。

保险期间内,被保险人或其允许的驾驶人在使用被保险机动车过程中发生意外事故,致使车上人员遭受人身伤亡,依法应当对车上人员承担的损害赔偿责任。

被保险机动车一方在事故中所负的事故责任比例与机动车第三者责任保险一致。

驾驶人每次事故责任限额和乘客每次事故每人责任限额由投保人和保险人在投保时协商确定。投保乘客座位数按照被保险机动车的核定载客数(驾驶人座位除外)确定。

(四)附加险

中国保险行业协会机动车综合商业保险示范条款(2020版)的附加险包括11项：绝对免赔率特约条款、车轮单独损失险、新增加设备损失险、车身划痕损失险、修理期间费用补偿险、发动机进水损坏除外特约条款、车上货物责任险、精神损害抚慰金责任险、法定节假日限额翻倍险、医保外医疗费用责任险、机动车增值服务特约条款。

【拓展阅读6-4】

交强险与商业第三者责任保险的区别

1. 制度设计的目的与功能不同。交强险制度兼顾交通事故受害人的经济保障、医疗救治和减轻交通事故肇事方的经济负担两个方面，具有很强的社会公益性。其根本目的在于使受害人能够得到及时有效的补偿。商业第三者责任保险(以下简称"商业三者险")则属于一种普通的商业保险，其根本目的在于分散风险，保护被保险人利益，即通过保险的风险管理功能转移被保险人的赔偿责任风险。

2. 性质与经营原则不同。交强险是一种特殊的责任保险，实行商业化运作模式，保险公司在业务运作上遵循总体上不盈利不亏损的原则。保险公司实际上起了一个代办的角色，在性质上属于政策保险，有人甚至认为其具有社会保险的性质。商业三者险则是一般的商业责任保险，属于财产保险的一种，保险公司经营此项业务以营利为目的。

3. 实施方式不同。交强险是法定强制保险，只要是在中国境内道路上行驶的机动车的所有人或者管理人都应当投保交强险，未投保的机动车不得上路行驶，否则将受到法律法规的处罚。这种强制性不仅体现在强制投保上，也体现在强制承保上，具有经营机动车交通事故责任强制保险资格的保险公司不得拒绝承保，也不能随意解除合同。商业三者险则属于民事合同，机动车所有人或者是管理人拥有是否选择购买的权利，保险公司也享有拒绝承保的权利。

4. 保险条款和基础费率制定方式不同。交强险在全国实行统一的保险条款和基础费率，保险公司不能任意更改，保险监管机构按照交强险业务总体上"不盈不亏"的原则审批费率。商业三者险保险合同的条款和费率原则上由保险公司依据国家指导性条款和基础费率自主拟定，投保人具有一定的选择权。但目前我国商业车险费率市场化改革仍在进行中，实现商业车险条款和费率完全由公司自主制定尚需时日。

5. 归责原则与责任范围不同。除特别规定外，交强险的赔偿范围几乎涵盖了所有的道路交通责任风险。按照《道路交通安全法》第76条的规定，"机动车发生交通事故造成人身伤亡、财产损失的，由保险公司在机动车第三者责任强制保险责任限额范围内予以赔偿"。无论被保险人有无过错，只要因交通事故造成第三者损害，受害人均可请求保险赔偿给付，即通常所说的"无责赔付原则"。由于不设任何免赔率和免赔额，其保障范围大大拓宽。反观商业三者险，则是纯粹的责任保险，保险的标的是"被保险人对第三者依法应负的赔偿责任"，即采用"过错责任原则"。保险公司一般依据投保人或被保险人在交通事故中应负的责任比例来确定赔偿责任,且不同程度地规定了免赔率、免赔额或责任免除事项等。

6. 责任限额不同。交强险在全国范围内实行统一的分项责任限额,即分为死亡伤残赔偿限额、医疗费用赔偿限额、财产损失赔偿限额以及被保险人在道路交通事故中无责任的赔偿限额。全国各地限额相同,投保人不可进行选择。商业三者险则实行单一的分档次责任限额,不再区分人身损害赔偿限额和财产损害赔偿限额,而且分为若干个档次,投保人可以选择。

(资料来源:陈冬梅. 财产与责任保险[M]. 上海:复旦大学出版社,2019.)

第五节 工 程 保 险

一、工程保险及其特点

工程保险起源于 19 世纪中期的英国,它是适应现代工程技术和建筑业的发展,由火灾保险、意外伤害保险及责任保险等演变而成的一类综合性财产保险,目前工程保险已成为大型工程项目建设风险管理不可或缺的手段之一。

工程保险(engineering insurance)是指以各种在建工程项目为保险标的,对被保险人因可保风险遭受的工程物质损失、费用以及对第三者应承担的法律责任由保险人提供保障的保险。

传统的工程保险仅指建筑、安装及船舶建造工程项目的保险;进入 20 世纪以来,尤其是第二次世界大战以后,许多科技工程活动获得了迅速发展,又逐渐形成了科技工程项目保险。因此,建筑工程保险、安装工程保险、科技工程保险构成了工程保险的三大主要业务。

由于工程建设本身的特点,使得工程保险具有不同于普通财产保险的以下特征。

(一)承保风险的广泛性

工程建设本身是一个动态的过程,在此过程中所涉及的风险极为广泛,既有自然灾害、意外事故引起的损失,也有盗窃、施工或技术人员缺乏经验引起的损失,还有被保险人对第三者承担法律责任的风险,这些风险可以在工程保险中获得保障。此外,由于风险大小会随着工程建设的进度而推进,使得工程保险的保险金额渐增。

(二)被保险人的多方性

工程建设涉及多方利益,业主、总承包商、分承包商、设备供应商、技术顾问、工程监理方、贷款银行等因与工程自身的关系不同而利益也不同,所以他们对同一工程都具有保险利益,各方都可以成为被保险人。

(三)保险费率的个别性

工程保险没有固定或统一的保险费率。在承保时,保险公司对承保工程的风险进行评估,根据工程的风险状况确定保险费率。不同的工程由于其施工地点、工程性质、施工方法、工地及邻近地区的自然地理条件、承包商及其他关系方的资信情况、承保范围不同,每一项工程都有不同的保险费率。

(四)保险期限的特殊性

工程保险的保险期限并非按日历年度计算，一般按施工期来定，通常约定为从工程动工之日起至工程竣工验收合格之日止。

(五)保险内容的交叉性

在建筑工程保险中，通常也承保相关安装项目，例如房屋建筑过程中的供水，供电设备安装等；而在安装工程保险中一般也包含着建筑工程项目。虽然各工程保险业务相互独立，但是内容有交叉，在经营上也有一定的相关性。

二、建筑工程保险

(一)概念

建筑工程保险(contractor's all risks insurance)是指以各类民用、工业用和公用事业用的建筑工程项目为承保对象，由保险人对被保险人在工程建筑过程中因自然灾害、意外事故引起的物质损失、相关费用和第三者责任进行经济赔偿的保险。

(二)承保项目

建筑工程的主体无疑是建筑项目本身，但建筑工程保险的承保范围却往往涉及与工程项目本身有关的财产物资和利益。因此，建筑工程保险可承保的项目包括下列各项。

(1) 建筑施工合同中规定的建筑工程，包括永久工程、临时工程以及工地上的物料。以大型旅馆建筑为例，承保项目包括建筑物主体、建筑物内装修设备、与建筑物配套的道路和桥梁、水电设施等，它们是建筑工程保险的主要承保项目。

(2) 建筑用的机器设备，包括施工用的各种机器如起重机、打桩机、铲车、推土机、汽车，各种设备如水泥搅拌设备、临时供水及供电设备、传送装置、脚手架等，均可投保。

(3) 工地上原有的财产物资，包括工程所有人或承包人在工地上的房屋建筑物及其他财产物资，由于施工过程中的意外而造成损失的危险，保险人亦可承保。

(4) 安装工程项目，即建筑工程项目中需要进行机器设备或其他设施安装的项目，如旅馆大楼内的电梯及发电、取暖、空调等机器设备的安装，亦存在着安装危险，保险人可一并在建筑工程保险单项下予以承保。

(5) 损害赔偿责任，即建筑过程中因意外事故导致他人损害并依法应承担的损害赔偿责任，它虽然是责任保险中的承保对象，亦可作为建筑工程保险项目之一加以承保。

(三)责任范围

物质损失部分的保险责任包括：各种自然灾害，如地震、洪水、风暴、水灾、暴雨、地陷、冰雹、雷电等；意外事故，如火灾、爆炸等；人为风险，如盗窃、工人或技术人员缺乏经验、疏忽、过失、恶意行为等。不过，对于错误设计引起的损失、费用或责任，换置、修理或矫正标的本身原材料缺陷或工艺不善所支付的费用，引起的机械或电器装置的损坏或建筑用机器、设备损坏，以及停工引起的损失等，保险人不负责任。

第三者责任部分的保险责任包括：在保险期限内，因发生与保险单所承保工程直接相关的意外事故引起工地内及邻近区域的第三者人身伤亡、疾病或财产损失，依法应由被保险人承担的经济赔偿责任，以及对被保险人因上述原因而支付的诉讼费用以及事先经保险公司书面同意而支付的其他费用。

(四)保险金额与赔偿限额

在保险金额方面，按不同的承保项目分项确定。其中建筑工程本身一般以该工程的总造价为保险金额，包括设计费、材料设备费、施工费、运杂费、税款及保险费等项；考虑到施工期间多种因素的变化，如原材料价格的涨跌等，保险人一般让投保人根据计划价投保，待工程完毕后再按实际造价对保险金额予以调整；其他承保项目的保险金额则以投保标的的实际价值或重置价值为依据由保险双方协商确定。

在赔偿限额方面，一般对第三者的财产损失和人身伤亡分项确定赔偿限额，并按每次事故、整个保险期间的危险情况确定累计赔偿限额。

本 章 小 结

(1) 财产保险按照保险标的的范围不同，分为广义财产保险和狭义财产保险。广义财产保险是以财产及其相关利益作为保险标的，当被保险人发生保险责任范围内的灾害事故，遭受经济损失时，由保险人给予赔偿的保险。狭义财产保险即财产损失保险，是以各种有形财产作为保险标的，对所保风险引起的损失由保险人给予经济补偿的保险。

(2) 我国《保险法》将财产保险业务划分为：财产损失保险、责任保险、信用保险和保证保险。

(3) 财产保险具有对象范围上的广泛性、业务性质上的补偿性、经营内容上的复杂性、可保利益要求上的特殊性、保险期限上的短期性的特点。

(4) 火灾保险是以被保险人存放在固定场所并处于相对静止状态的不动产和动产作为保险标的，对其因遭受保险事故而导致的经济损失由保险人进行赔偿的保险，包括团体火灾保险和个体火灾保险。我国团体火灾保险是指企业财产保险，主要包括财产保险基本险、财产保险综合险和财产保险一切险。个体火灾保险是指家庭财产保险，主要包括普通家庭财产保险、家庭财产两全保险和投资型家庭财产保险。

(5) 货物运输保险是以运输中的各种货物为保险标的，承保货物在运输过程中遭受可保风险导致损失的保险。其特点是：保险合同具有可转让性；承保风险具有广泛性；承保方式采用定值保险； 保险期限以约定航程为准；业务规则具有国际性。

(6) 我国海洋货物运输保险的保障范围，包括风险保障、损失保障和费用保障三个方面，险种由基本险和附加险构成。基本险主要承保运输货物因自然灾害和意外事故所造成的损失，分为平安险、水渍险和一切险。附加险主要承保海上运输过程中的各种外来风险，分为一般附加险、特别附加险和特殊附加险三种。

(7) 机动车辆保险是以机动车辆本身及其被保险人对第三者的民事责任作为保险标的的一种财产保险，它是我国财产保险业务中业务量最大的险种。我国现行机动车辆保险由交强险和商业保险组成。商业保险由主险和附加险组成,主险包括机动车损失保险、机动车第三者责任保险、机动车车上人员责任保险三个独立险种,附加险主要有11项。

(8) 工程保险是指以各种在建工程项目为保险标的,对被保险人因可保风险遭受的工程物质损失、费用以及对第三者应承担的法律责任由保险人提供保障的保险。建筑工程保险、安装工程保险、科技工程保险构成了工程保险的三大主要业务。工程保险的特点是:承保风险的广泛性;被保险人的多方性;保险费率的个别性;保险期限的特殊性;保险内容的交叉性。

实 训 课 堂

基本案情:

某企业投保企业财产保险综合险,固定资产按原值投保:厂房保险金额 130 万元,机器设备保险金额 15 万元;存货按投保前的月账面余额投保,保险金额 25 万元,保险有效期间从 2021 年 1 月 1 日至 2021 年 12 月 31 日。假设:

1. 该企业机器设备于 2 月 12 日遭受火灾,损失金额为 15 万元,保险事故发生时该设备的重置价值为 16 万元。

2. 8 月 18 日该地发生地震,导致该厂厂房倒塌,损失金额为 60 万元,保险事故发生时该厂房重置价值为 160 万元。

3. 12 月 23 日因下暴雨,仓库进水而造成存货损失 13 万元。经查,保险事故发生时该企业存货账面余额为 40 万元;事故发生时企业为减少库存物资损失,积极组织人员施救,此项支出费用 3000 元。

思考讨论题:

1. 保险公司对以上机器设备、厂房和存货的损失是否需要赔偿?说明理由。
2. 企业支付的施救费用能得到保险公司的补偿吗?
3. 如果上述损失和费用能获得保险公司的补偿,补偿金额是多少?

分析要点:

1. 保险公司是否需要对损失进行补偿,要结合保险合同的责任范围。本案企业投保的是财产保险综合险,火灾属于保险责任,而地震属于除外责任。

2. 对于企业为减少保险财产损失而支出的合理必要的施救费用,由保险公司在另外一个保险金额范围内进行补偿,并且补偿时要结合该项财产的投保程度。

3. 补偿金额的计算:
(1) 机器设备赔偿金额=损失金额×保险保障程度
    =150 000 ×(150 000/160 000)=140 625(元)
(2) 存货赔偿金额=损失金额×保险保障程度
    =130 000×(250 000/400 000)=81 250(元)
(3) 施救费补偿金额=3000 ×(250 000/400 000)=1875(元)

第六章 财产保险

复习思考题

一、基本概念

财产保险 财产损失保险 火灾保险 企业财产保险 家庭财产保险 货物运输保险 实际全损 推定全损 共同海损 单独海损 仓至仓条款 机动车辆保险 交强险 机动车损失保险 机动车第三者责任保险 机动车车上人员责任保险 工程保险 建筑工程保险

二、判断题

1. 我国财产保险业务中保费收入占比最大的是企业财产保险。（ ）
2. 我国企业财产保险保险标的的保险金额由投保人参照保险价值自行确定，并在保险合同中载明。（ ）
3. 我国机动车交通事故责任强制保险于 2006 年 7 月 1 日正式实施。（ ）
4. 一批保险货物从广州运至悉尼，到港时间是 4 月 13 日，但收货人未及时提货，则保险责任到 5 月 13 日终止。（ ）
5. 为防止运输途中货物被窃，货主应该投保一切险并附加偷窃提货不着险。（ ）
6. 远洋货轮甲板上堆放的货物被台风吹落到海里，这部分货损属于共同海损。
（ ）

三、不定项选择题

1. 我国保险法将财产保险业务的范围划分为(   )。
   A. 财产损失保险　　B. 责任保险　　C. 信用保险　　D. 保证保险
2. 下列属于企业财产保险基本险的保险责任的是(   )。
   A. 雷击　　B. 暴雨　　C. 洪水　　D. 火灾
3. 以下各项中属于企业财产保险的不保财产的是(   )。
   A. 原材料　　B. 账册　　C. 涵洞　　D. 有价证券
4. 下列各项中在家庭财产保险中保险人不予承保的是(   )。
   A. 树木盆景　　B. 金银珠宝　　C. 家用电器　　D. 有价证券
5. 以下关于家庭财产两全保险的描述正确的是(   )。
   A. 保险期限为 1 年　　　　　　B. 具有经济补偿和到期还本的性质
   C. 保险费为储金的利息　　　　D. 是我国家庭财产保险的基础性险种
6. 我国商业车险的基本险包括(   )。
   A. 机动车损失保险　　　　　　B. 机动车第三者责任保险
   C. 机动车全车盗抢险　　　　　D. 机动车车上人员责任险
7. 下列关于交强险有责限额正确的是(   )。
   A. 死亡伤残赔偿限额为 12 万元　　B. 死亡伤残赔偿限额为 18 万元
   C. 财产损失赔偿限额为 2000 元　　D. 医疗费用赔偿限额为 1.8 万元
8. 我国海洋货物运输保险承保范围最小的基本险别是(   )。

A. 平安险　　　　B. 水渍险　　　　C. 一切险　　　　D. 罢工险

9. 下列属于海洋货物运输保险一般附加险的有(　　)。
    A. 包装破碎险　　　　　　　　B. 拒收险
    C. 偷窃提货不着险　　　　　　D. 舱面险

10. 以下关于工程保险的描述正确的是(　　)。
    A. 保险金额随着工程进度逐渐增加
    B. 被保险人只能是总承包商
    C. 保险费率通常是固定或统一的
    D. 在建筑工程保险中通常也承保安装工程

四、简答题

1. 货物运输保险有何特点？
2. 机动车第三者责任保险与交强险有何不同？
3. 简述共同海损的成立条件。

五、计算题

1. 某企业投保财产保险综合险，机器设备的保险金额为 780 万元，存货的保险金额为 260 万元。保险合同有效期内，因火灾导致机器设备损失 136 万元，存货损失 172 万元。事故发生后，保险公司在理赔中确定受损机器设备的重置成本为 800 万元，存货的账面余额为 320 万元。计算保险公司应支付给该企业多少赔款。

2. 一批出口货物投保水渍险，保险价值和保险金额约定为 110 万元。在运输途中该批货物遭遇海难发生全损，经查，事故发生地货物的合理市场价值是 90 万元，则保险公司应赔偿多少？

六、论述题

论述财产保险的业务体系及其基本特征。

第七章 责任保险

【学习要点及目标】

- 重点掌握责任保险的概念及特征。
- 了解责任保险的作用。
- 掌握责任保险的法律基础和承保基础。
- 熟悉责任保险的主要险种。

【核心概念】

责任保险　严格责任　过失责任　公众责任保险　产品责任保险　雇主责任保险　职业责任保险

【引导案例】

松花江重大水污染事件

2005年11月13日，中石油吉林石化公司双苯厂苯胺车间发生爆炸事故，造成5人死亡、1人失踪，近70人受伤。爆炸发生后，约100吨苯、苯胺和硝基苯等有机污染物流入松花江，导致江水严重污染，沿岸数百万居民的生活受到影响，吉林省松原市、黑龙江省哈尔滨市先后停水多日。国家环保总局副局长张立军指出："这次污染事故的责任是非常明确的，应该由吉化公司双苯厂负责。"如何具体追究法律责任——刑事责任和行政责任相对比较明确，但在民事责任的承担方面却存在着问题。面对天文数字的索赔，吉化公司双苯厂根本不具备足够的赔偿能力。而重大环境污染事故引发的受害人的赔偿问题，如果不能及时解决，极易导致社会纠纷，影响社会安定。松花江污染事件发生后，在环境污染赔偿中引入风险分摊机制，构建适合我国国情的环境责任保险制度，引起了社会前所未有的关注。但在我国的保险市场中，环境责任保险几乎是空白，而环境责任保险制度作为首选的保障机制，在西方发达国家已得到了广泛的应用。

(资料来源：http://www.china.org.cn/chinese/difang/1043330.htm。)

【知识导入】

责任保险是保险业发展到高级阶段的重要标志，它的出现与各国法律制度的健全和国民法制意识的提高息息相关，是保险业直接介入社会发展的具体表现。

随着商品经济的快速发展、民事活动的急剧增加、法律制度的不断健全、人们索赔意识的不断增强，各种民事赔偿事故层出不穷，责任保险在20世纪70年代以后的工业化国家得到了全面迅速的发展。有关资料显示，美国的责任保险业务是非寿险公司的支柱性险种，其保费收入自20世纪后期就占到整个非寿险业务的40%～50%，欧洲国家占到30%左右。20世纪90年代以后，许多发展中国家开始了责任保险的发展。

第一节 责任保险概述

一、责任保险的概念及特征

责任保险作为一种独立的保险业务，始于19世纪的欧美国家，其中最先问世的是雇主责任保险。在责任保险发展最初的几十年，并没有得到足够的重视。直至20世纪中叶，随着社会经济的发展和法律制度的不断健全，各种民事活动急剧增加，人们的索赔意识不断增强，责任保险逐渐在工业化国家得到全面迅速的发展。虽然责任保险发展的时间相对其他保险而言非常短，但是目前已经成为具有相当规模和影响力的保险险种。

(一)责任保险的概念

责任保险(liability insurance)是以被保险人(致害人)对第三者(受害人)在法律上应承担的民事损害赔偿责任作为保险标的，当被保险人由于过失或无过失行为造成第三者财产损失或人身伤害，根据法律规定，需要对其承担相应的赔偿责任时，由保险人提供经济补偿的保险。

在生产经营或社会经济活动中，企业、团体和公民个人由于疏忽、过失等行为，可能造成他人的财产损失或人身伤害，由此要对受害人承担相应的民事损害经济赔偿责任，通过投保责任保险，本应由企业、团体和公民个人承担的这种赔偿责任可由保险人在合同限额内予以承担。

例如，美某航空公司一架飞机坠落导致地面一座房屋倒塌并致其屋内一人死亡，屋主向法院起诉，要求航空公司进行赔偿，最后法院判决该航空公司向其支付超过1900万美元的赔偿金。如果这家航空公司投保了相关责任保险，那么就可以由保险公司在航空公司投保的责任限额内来支付这笔赔偿金。

(二)责任保险的特征

责任保险属于广义财产保险的范畴，遵循损失补偿原则，既可以满足被保险人转嫁责任风险的需要，又不允许其通过责任保险获取额外利益。但责任保险又具有与一般财产保险明显不同的特征。

1. 健全的法律制度是责任保险产生与发展的基础

对于普通财产保险而言，其产生和发展的基础是各种自然灾害和意外事故，例如台风、洪水、火灾、爆炸等。而责任保险承保的是被保险人对第三方的民事责任风险，其产生和发展建立在一定的法制基础上。正是因为世界各国的法律、法规中都规定了侵权人一旦造成他人的财产损失或人身伤害就必须承担相应的经济赔偿责任，因此，有关单位或个人才会觉得有必要通过保险来转嫁这种风险，责任保险的必要性才会被人们所认识和接受。在当代社会，如果没有环境污染防治法，那些造成污染的单位或个人就不会对污染受害者承担赔偿责任；如果没有食品卫生法和消费者权益保护法，那些对消费者权益造成损害的单位或个人对受害人也不会有经济赔偿责任。当今世界上责任保险最发达的国家或地区，必定同时是各种民事法律制度最完备、最健全的国家或地区，它表明了责任保险产生与发展的基础是健全的法律制度，尤其是民法和各种专门的民事法律与经济法律制度。

2. 民事法律责任是责任保险的承保标的

一般财产保险承保的是实体的各种财产物资，而责任保险承保的是没有实体的各种民事法律赔偿责任。对于每一个被保险人来说，在不同的责任事故中需要对第三方受害人承担多大的经济赔偿责任，与实体财产的市场价值并没有直接关联，而往往取决于被保险人在责任事故中是负全部责任、主要责任还是次要责任，以及当地的经济发展水平、人均收入和法庭判决等，这种标的风险往往不容易识别，也很难预料。

3. 承保方式的多样性

责任保险在承保时一般根据业务种类或被保险人的要求，采用独立承保、附加承保和与其他险组合承保的方式。在独立承保方式下，保险人签发专门的责任险保单，如公众责任保险、产品责任保险、职业责任保险和雇主责任保险。在附加承保方式下，一般财产保险是主险，责任保险则是没有独立地位的附加险。比如建筑工程保险中的第三者责任保险。在组合承保方式下，在财产保险中就包含有责任风险，既不需要签订单独的责任保险合同，也不必签订责任险的附加或特约条款。例如船舶碰撞责任保险就是和船舶保险组合承保的。

4. 补偿对象具有"替代性"和"保障性"

在一般财产保险中，保险人的赔款直接支付给被保险人，用以补偿其经济损失。而在责任保险中，保险人不仅直接保障被保险人(致害人)的利益，还间接地保障了受到损害的第三者的利益。责任保险的直接补偿对象是与保险人签订保险合同的被保险人，间接补偿对象是不确定的第三者即受害人。保险人的赔款既可以直接支付给受害人，也可以在被保险人赔偿受害人后补偿给被保险人。这就是说，原来应由被保险人(致害人)支付给受害人的经济赔偿，由于致害人事先投保了责任保险，转由保险人代为承担，这样，既使被保险人避免了经济赔偿损失，又保障了受害人应有的合法权益。

5. 只设赔偿限额而没有保险金额

在一般财产保险中，保险金额是保险人承担的最高赔偿限度，它主要依据财产的实际价值进行确定；而责任保险承保的是被保险人对第三者依法应承担的民事经济赔偿责任，这种责任没有固定的价值，很难准确预计。因此，不论何种责任保险，均无保险金额的规定，而是采用在承保时由保险双方约定赔偿限额的方式来确定保险人的赔偿额度，凡超过赔偿限额的索赔仍须由被保险人自行承担。

6. 赔偿处理复杂

第一，由于每一起责任保险赔案，均以被保险人对第三者(受害人)的损害并依法应承担经济赔偿责任为前提条件，因此并非只是保险人和被保险人双方的事情，还要涉及受到损害的第三者；第二，责任保险中的被保险人是否要对第三者承担赔偿责任、需要支付多少赔偿金不是由保险人决定，而是由法院根据被保险人的责任大小、受害人的实际损害程度、相关法律规定进行裁定；第三，由于保险人要在限额以内代替被保险人承担对第三者的经济赔偿责任，因此责任事故的处理与保险人的利益密切相关，从而使保险人具有处理责任事故的参与权；第四，责任保险赔款最后并非归被保险人所有，而是实质上支付给了受害方。可见，责任保险的赔偿处理具有自己明显的特色。

二、责任保险的作用

责任保险是一种以被保险人的民事损害赔偿责任作为保险标的的保险。责任保险的特定作用表现在以下几个方面。

(一)为被保险人承担民事赔偿责任，解决他们的后顾之忧

一方面，经济的发展、社会的进步离不开企业、个人从事各项活动，而在这些活动中责任事故的发生是难以避免的。一旦这类事件发生并造成后果，责任方就必须依法对受害的第三方进行赔偿。另一方面，因为法制的健全和公民收入水平的不断提高，企业、团体、家庭个人可能面临的索赔金额越来越大，有了责任保险，被保险人就可以通过交付保险费的办法，将自己可能承担的、较大金额的民事赔偿责任转嫁给保险公司，从而达到化不确定为确定的目的。由于心理上和经济上的后顾之忧得以解除，被保险人就能安心地从事各项活动。

(二)保证无辜受害者的经济利益，促进社会安定

在责任事故发生后，如果责任方无力赔偿受害人的经济损失，受害者的经济利益就无法得到保障。而通过责任保险，由保险人代替被保险人对受害人承担赔偿责任，从而保障受害者的经济利益不受侵害，维护和促进社会的安定。

(三)有利于民事纠纷的顺利解决，保证法律的贯彻执行

各国法律规定，造成他人伤害、财产损失的肇事单位和个人要依法承担经济赔偿责任。尽管法律已明文规定，但在实际中，难免有少数负有赔偿责任的法人和公民，由于种种原因，没有经济能力来承担对受害方的赔偿责任，因此，难以保证最终法律判决的实施。而通过责任保险，只要被保险人依法需要承担的民事赔偿责任，是由保险责任范围内的原因所导致的，保险公司就有义务替被保险人承担这份经济赔偿责任，向受害方支付赔偿金。这样，责任保险就从经济上维护了法律的尊严，切实保障法律的贯彻执行。由此可见，责任保险，在某种意义上，对完善法制建设是十分有意义的。

三、责任保险承保的民事法律责任

法律责任分为民事责任、刑事责任和行政责任，责任保险仅承保被保险人对第三者依法应负的民事损害赔偿责任。

民事责任一般分为过失责任和绝对责任。

(一)过失责任

过失责任又称过错责任，是指行为人因疏忽或过失而违反法律应尽义务或违背社会公

共准则致使他人人身伤亡或财产损毁时,对受害人应承担的法律赔偿责任。过失责任可因"作为"而导致,也可因"不作为"而导致。例如医生给病人动手术时忘记将止血棉从病人体内取出导致其腹部感染而应承担的赔偿责任;驾驶机动车转弯不打转向灯致使行人被撞受伤而应承担的赔偿责任,等等。过失责任是目前责任保险所承保的主要责任风险。在过失责任下,受到损害的第三方要让致害方对其人身伤害或财产损失承担法律赔偿责任,必须要举证致害方存在过失行为。

(二)绝对责任

绝对责任又称严格责任,是指无论行为人有无过失,根据法律规定均须对他人受到的损害负赔偿的责任。例如,世界上许多国家对核电站引起的放射性污染等损害事故实行绝对责任;美国对产品造成消费者损害的事故实行绝对责任。还有些国家的法律规定,雇员在工作时受到意外伤害,不论雇主有无过失,均应承担赔偿责任。显然这种民事责任与一般的民事责任(以过失为条件)有本质上的区别。

总体而言,责任保险一方面剔除了故意行为所致的民事损害赔偿责任,将故意行为列为除外责任,因而缩小了被保险人(致害人)转嫁民事损害赔偿责任的范围;另一方面,它又扩展了无过失责任的承保,超越了民法中一般民事损害赔偿责任的范围。因此责任保险的承保对象不能等同于一般民事损害赔偿责任。

【拓展阅读7-1】

上海11岁男孩乘自动扶梯夹伤下颌 商场被判赔偿

11岁的男孩小祺跟随母亲在商场里乘坐自动扶梯,因探头张望被扶梯与楼板的夹角夹伤,导致下颌受伤,为此,小祺将商场告上法庭,索赔7万余元。近日,浦东新区法院作出一审判决,被告上海市第一八佰伴有限公司(以下简称八佰伴)赔偿小祺医疗费、护理费等3198元。2010年8月6日上午,小祺母亲带着小祺前往八佰伴10楼的新世界影城看电影。乘自动扶梯至四楼时,二楼的展销活动吸引了小祺的注意,虽然墙壁顶上悬挂着"小心碰头"字样的提示牌,好奇的小祺依然探出头来张望。突然,小祺"哎哟"一声惨叫,右脸下方被扶梯与楼板的夹角处弄破一个大口子,经诊断为右下颌挫伤。伤口好了后,小祺的颌部又出现了瘢痕,于是又去了专门的整形医院进行诊治。同年12月底,小祺父母将八佰伴告到浦东新区法院,索赔医疗费、护理费、精神抚慰金等共计7万余元。经鉴定,小祺因伤致右下颌软组织损伤并形成瘢痕,损伤后的休息日为30日,护理期、营养期为30日。

法庭上,小祺一方认为,虽然事发时商场设有"小心碰头"警示标志,但其在位置和使用上不符合国家的标准,不具备有效提醒原告注意的警示作用;被告作为公共场所的管理人,未能尽到安全保障义务,故被告应对原告的损伤负主要责任,根据其过错应承担80%以上的赔偿责任。

八佰伴辩解,原告受伤是由于其家人疏于监护的过错所致,与被告没有直接关系,被告自动扶梯上的警示标志符合国家标准,不应承担赔偿责任。

经调查,事发时八佰伴商场的自动扶梯入口处左右两侧都张贴了"必须紧拉住小孩""头不要伸出电梯,危险"等提示。在距离自动扶梯与楼板夹角近一米处用2根金属链条悬挂了一块提示牌,透明塑料板上用黑色字体标注中英文"小心碰头"。

法院审理后认为,被告张贴安全标志、悬挂提示牌表明其已尽到一定注意义务,但提示牌不是免责牌,对于在使用中可能存在的安全隐患,被告没有进一步采取措施保证消费者的人身安全,未尽到合理限度内的安全保障义务;"小心碰头"的提示牌,除具有提醒警示作用外,没有任何防止碰撞的功能。

法院同时认为,事发时原告对乘坐扶梯的注意事项应当有一定程度的认知;原告母亲作为法定监护人,未尽到充分的监护职责,故原告及母亲疏忽大意的过错程度应当重于被告在安全保障措施方面的瑕疵;在法院认定的7900多元费用中,原告应自行承担60%的责任,被告承担40%的责任。

(资料来源: http://news.sohu.com/20110810/n315930075.shtml.)

四、责任保险保险事故成立的条件

责任保险的保险事故是指保险合同中列明的被保险人由于侵权对于第三者造成损害事实时应承担的民事赔偿责任。

责任保险的保险事故的成立必须具备如下条件。

第一,损害事实或违约事实的存在。

第二,受害人(第三者)向致害人(被保险人)提出索赔要求。

上述两个条件必须同时具备,责任保险的保险事故才能成立。

五、责任保险的承保基础

责任保险的承保基础是指确定保险责任事故有效期间的方法。在责任保险中,损失的起因、损失的发生、损失的发现、索赔提出以及赔款支付通常间隔时间较长,可能长达几年甚至数十年,所以对责任保险的承保人来说,确定保险的有效期间至关重要。

在责任保险实务中有两种确定保险责任事故有效期间的方法。

(一)期内发生式

期内发生式(occurrence-made basis)是以保险事故发生的时间作为承保基础。在这种承保基础下,保险人仅对在保险有效期内发生的责任事故而引起的索赔负责,而不论受害方是否在保险有效期内提出索赔,其实质是将保险责任的期限延长了。按照这种承保基础承保的业务,保险公司须随时准备处理那些保险单早已到期,但是因发现损失较晚而刚刚报来的索赔案件,从而形成"长尾责任"。如美国著名的石棉纤维尘肺案、硅胶隆胸案等,由于采用期内发生式保险单承保,使其保险责任长达几十年,现在保险人还在为几十年前的保单承担责任、支付赔款。对此,在实务处理上,保险人一般会根据各类事故潜伏期的时间规定一个索赔的截止期。

(二)期内索赔式

期内索赔式(claim-made basis)是以索赔提出的时间作为承保基础。在这种承保基础下,保险人仅对在保险期内受害人向被保险人提出的有效索赔负赔偿责任,而不论导致该索赔案的事故是否发生在保险有效期内,其实质是将保险时间前置了。以这种方式承保的保险单,保险人可能赔偿在保险单起保日期以前发生的责任事故所引起的损失。为了避免将保险人承担责任的时间无限前置,避免现有保单的承保人承受过重的负担,在实行以索赔提出为基础的责任保险中，实务处理上保险人一般会规定一个追溯期。追溯期是指追溯以往的期限。一般情况下，保险人仅对于追溯期以后，保险期满日前发生的责任事故并且在保险有效期内提出索赔的那些法律责任进行赔付。

【拓展阅读7-2】

美国石棉赔案与责任保险

保险界中流行的"美国责任险"的说法产生于20世纪80年代，它主要指由石棉、污染和健康损害(即APH)引起的保险责任。原中国人民保险公司在改革开放后从国际保险市场上大量接业务，几乎涵盖了所有的险种，后来才知道其中大部分为美国责任险业务。但在当时，由于刚刚对外开放，对国际再保险市场不熟悉，更没有人想到这些业务是难以摆脱的"长尾巴"业务，到1996年成立中保再保险有限公司时，原人保将所有的"长尾巴"业务都划归中保再保险有限公司，估计赔付责任高达23亿元人民币。美国责任险中，石棉赔案占了很大的比例。石棉因其危害面广、给人身造成的疾病潜伏期长、法庭判决的赔付金额高而闻名于世。它不仅使石棉产品的制造商和销售商纷纷破产，还让保险公司和再保险公司受到重创。石棉方面的赔款有逐年增长的趋势。环境损失和理算费用方面的已决赔款从1995年的20亿美元上升到1996年的22亿美元，增幅为11%；而石棉损失和理算费用方面的已决赔款由1995年的13亿美元上升到1996年的20亿美元，增幅为58%。保险界为尽可能地减少损失，采取了三项主要措施予以应对：一是提高赔款准备金；二是建立专门的赔款基金；三是防灾防损。

(资料来源：任文殊. 美国石棉赔案与保险[J]. 中国保险管理干部学院学报，2001(5): 43-44.)

六、责任保险的主要内容

(一)适用范围

责任保险的适用范围十分广泛，普遍适用于一切可能造成他人财产损失与人身伤亡的工商企业、团体组织和家庭个人。具体而言，责任保险的适用范围包括如下几部分：各种公众活动场所的所有者、经营管理者；各种产品的生产者、销售者、维修者；各种运输工具的所有者、经营管理者或驾驶员；各种需要雇用员工的法人或个人；各种提供职业技术服务的单位或个人；城乡居民家庭或个人。

(二)保险责任

责任保险中保险人承担的责任，大致有两方面。

(1) 被保险人对造成他人财产损失或人身伤亡依法应承担的损害赔偿金。它以受害人的损害程度、索赔金额及相关法律规定为依据，由保险人在保险单上约定的责任限额以内予以赔偿。

(2) 因责任事故引起的由被保险人支付的诉讼、律师费用及其他事先经过保险人同意支付的费用。

保险人承担的上述责任应由不可预料和不可抗力的事件引起，而且这些责任仅限于民法上的经济赔偿责任，对被保险人的其他法律责任，例如刑事责任、行政责任，保险人概不承担。

(三)除外责任

被保险人的故意责任、未经特别约定的合同责任、战争、军事行动及罢工、被保险人的家属、雇员的人身伤害或财产损失等。

(四)赔偿限额与免赔额

赔偿限额作为保险人承担赔偿责任的最高限额,通常有以下几种类型。

(1) 每次责任事故或同一原因引起的一系列责任事故的赔偿限额,又可以分为财产损失赔偿限额和人身伤亡赔偿限额两项。

(2) 保险期内累计的赔偿限额,也可以分为累计的财产损失赔偿限额和累计的人身伤害赔偿限额。

(3) 在某些情况下,保险人也将财产损失和人身伤亡两者合成一个限额,或者只规定每次事故和同一原因引起的一系列责任事故的赔偿限额,而不规定累计赔偿限额。

责任保险的免赔额,通常是绝对免赔额,即无论受害人的财产是否全部损失,免赔额内的损失均由被保险人自己负责赔偿。

(五)保险费率

责任保险费率的制定通常根据各种责任保险的危险大小及损失率的高低来确定。不同的责任保险种类,制定费率时所考虑的因素亦存在着差异,但从总体上看,保险人在制定责任保险费率时,主要考虑的影响因素包括:被保险人的业务性质及其产生意外损害赔偿责任可能性的大小、法律制度对损害赔偿的规定、赔偿限额的高低、承保区域的大小、每笔责任保险业务的量以及同类业务的历史损失等因素。

第二节 责任保险的主要种类

一、公众责任保险

(一)公众责任保险的概念

法人或公民因某种违法行为损害公众利益依法应承担的赔偿责任叫作公众责任。公众责任的范围很广,它包括了除汽车、飞机引起的责任风险,以及雇主对雇员应承担的责任风险之外的,所有企业、团体和个人的责任风险。

我国侵权法规定,宾馆、商场、娱乐场所、银行、车站等公共场所的管理人或者群众性活动的组织者,未尽到安全保障义务造成他人损害的,应当承担侵权责任。这种侵权责任就属于一种典型的公众责任。

公众责任保险(public liability insurance)又称普通责任保险或综合责任保险,是承保被保险人在公共场所进行生产经营或其他活动时,因发生意外事故造成他人的人身伤害或财产损失,依法应由被保险人承担的经济赔偿责任的保险。

例如,顾客因为酒店地面湿滑未尽告知义务而摔倒,起诉酒店赔偿其由此而产生的医疗费用 18 400 元。如果酒店投保了公众责任保险，本来应由酒店承担的这项法律赔偿责任就由保险人承担。

公众责任保险是责任保险中独立的、适用范围最为广泛的保险类别。

(二)公众责任保险的主要险种

1. 场所责任保险

场所责任保险承保被保险人因保单载明的固定场所存在结构上的缺陷或管理不善，或被保险人在该场所进行生产经营活动时因疏忽发生意外事故，造成他人人身伤害或财产损失，依法应由被保险人承担的经济赔偿责任。场所责任保险是公众责任保险中业务量最大的险种。如宾馆责任保险、展览会责任保险、电梯责任保险、车库责任保险、机场责任保险以及各种公众体育、娱乐活动场所责任保险等均属于场所责任保险。

2. 环境污染责任保险

环境污染责任保险，又称绿色保险，是围绕环境污染风险，以被保险人发生污染水、土地或空气等污染事故对第三者造成损害依法应承担的赔偿责任为保险标的的保险。它是一种生态保险，投保人以向保险人缴纳保险费的形式，将突发、意外的恶性污染风险或累积性环境责任风险转嫁给保险公司。环境污染责任保险是一项国际上普遍采用的应对环境污染问题的绿色保险制度。

3. 个人责任保险

个人责任保险是指由保险人承担在保险期间内，因被保险人(个人或家庭成员)的过失而发生意外事故并造成第三人人身伤亡或财物损失，依法应承担的赔偿责任的保险。由于西方国家在法律上强调私有财产神圣不可侵犯和个人价值，使个人责任风险日益扩大，个人责任保险范围逐渐由住宅内扩展到住宅外的个人一切日常活动乃至专业工作。

(三)保险责任

在我国，保险公司在公众责任保险中主要承担两个方面的赔偿责任：一是被保险人在保单列明的地点范围内从事生产、经营等活动以及由于意外事故造成第三者人身伤亡或财产损失时，依法应承担的经济赔偿责任。这里的"第三者"是指公众，即除保险人和被保险人之外的任何人，但不包括被保险人的雇员。二是在责任事故发生后，如果引起法律诉讼，由被保险人承担的诉讼抗辩费用。但保险人的最高赔偿不会超过保单上所规定的每次事故的赔偿限额或累计的赔偿限额。

(四)除外责任

公众责任保险的除外责任规定较多，主要包括三类：一是不能承保的风险，即绝对除外责任，如战争、核风险、被保险人的故意行为等；二是可以在其他保险中承保的风险，如被保险人的雇员所遭受的人身伤害；三是经过特别约定可以扩展承保的风险，如被保险人的合同责任等。

二、产品责任保险

(一)产品责任保险的概念

产品责任保险(products liability insurance)是指以产品制造者、销售者、维修者等的产品责任为承保风险,一旦他们因产品责任造成消费者或其他人的人身伤害或财产损失,依法应由其承担的赔偿责任以及由此而导致的有关法律费用,由保险人在保单规定的赔偿限额内予以赔偿的保险。

例如,顾客因割草机刀片飞出而受伤,起诉割草机生产商,法院审理后判决厂商赔偿其医疗费、误工费、营养费等共计124 800元。如果厂商事先投保了产品责任保险,这笔赔偿金额就由保险人承担。

(二)产品责任的归责原则

目前国际上对产品责任实行的法律制度有两种:一种是以美国为代表的严格责任制,另一种是其他国家的过错(疏忽)责任制。两者有较大差别。美国按严格责任原则,消费者因使用某种产品造成人身、财产损害,即使未能证明制造商或销售商有过失,其也要负赔偿责任。其他国家主要采用过错(疏忽)责任原则,即消费者在使用产品过程中受到损害,便可向制造商或销售商提出索赔,但需承担"举证之责",证明损失是由于制造商和销售商的疏忽所致。显然,严格责任制比过错责任制对受害者更为有利,因而其他国家对产品责任实行严格责任制成为未来发展趋势。我国《民法典》规定,生产者的产品责任为严格责任,销售者的产品责任为过错责任。

(三)保险责任

产品责任保险的保险责任,包括下面两个方面。

(1) 在保险有效期内,被保险人生产、销售的产品在承保区域内发生事故,造成用户、消费者或其他任何人的人身伤害、财产损失,依法应由被保险人负责赔偿时,保险人在保单规定的赔偿限额内予以赔偿。

在产品责任保险中,保险人承担赔偿责任以产品有缺陷为前提,且产品责任事故,须具有"意外""偶然"的性质,而非被保险人事先所能预料。此外,还强调产品责任事故必须是发生在制造或销售该产品场所之外的地点,而且产品的所有权必须已转移至用户。

(2) 被保险人为产品责任所支付的诉讼、抗辩费用以及其他经保险人事先同意支付的费用。

(四)除外责任

产品责任保险的除外责任,一般包括:根据合同或协议应由被保险人承担的责任;根据劳工法律制度或雇用合同等应由被保险人承担的对其雇员及有关人员的损害赔偿责任;被保险人所有、照管或控制的财产的损失;产品仍在制造或销售场所,其所有权仍未转移至用户或消费者手中时的责任事故;被保险人故意违法生产、出售或分配的产品造成的损害事故;被保险产品本身的损失以及退换、回收有缺陷产品造成的费用损失;不按照被保险产品说明去安装、使用或在非正常状态下使用时造成的损害事故。

第七章 责任保险

【案例7-1】

出口压力锅产品责任险案

【案件摘要】美国洛杉矶的用户在使用电压力锅时发生爆炸,造成用户胸部、腹部、大腿二至三级烫伤,用户在美国当地法院以被保险人为被告提出诉讼。华泰财险在接到被保险人索赔后,及时为其指定律师,并根据律师意见协助被保险人完成涉案产品确认、产品检测、产品信息披露等工作,共同与律师、被保险人商讨事故处理、受害人损失程度及赔偿金额,最终与受害人达成理赔协议,赔款金额为100万美元。

【案件特点】本案是体现产品责任险为中国出口企业提供良好风险保障的典型案例。

【专家点评】本赔案是我国出口企业在海外发生的产品责任纠纷事故,保险机构通过协调海外理赔合作伙伴,及时帮助被保险人处理在海外市场上面临的责任风险,为制造行业提供专业的海外风险保障。

(资料来源:https://finance.jrj.com.cn/2017/03/14184022176474.shtml。)

三、雇主责任保险

(一)雇主责任保险的概念

雇主责任保险(employer's liability insurance)是以被保险人(雇主)的雇员在受雇期间从事业务活动时因遭受意外导致伤、残、死亡或患有职业性疾病,而依法或根据雇用合同应由被保险人承担的经济赔偿责任为承保风险的保险。

例如,小张在从事井下作业时,因矿井瓦斯爆炸而受伤住院,医疗费用高达9万元,由于小张是在工作期间因遭受意外而导致的伤害,所以这笔医疗费用应由其雇主承担。如果雇主事先投保了雇主责任保险,那么保险公司就可以在责任限额内代替雇主承担对受害人小张的这笔费用。

雇主责任保险是责任保险中产生最早的险种,在许多国家是一种普遍性的法定保险。在没有劳动法和雇主责任法的国家和地区,以民法作为法律基础,以雇主和雇员之间的雇佣合同作为法律依据,在这种状态下,保险人承担的仅是一种合同责任,尚未上升至法律责任。

(二)保险责任

根据雇主责任保险的通常做法,保险人一般承担四项责任:一是雇员在保单列明的地点和保险期限内从事与其职业有关的工作时遭受意外而致伤残、死亡,被保险人依据法律或雇用合同应承担的经济赔偿责任;二是因患有与业务有关的职业性疾病而致雇员人身伤残、死亡的经济赔偿责任;三是被保险人依法应承担的雇员的医药费,此项医药费的支出以雇员遭受前述两项事故而致伤残为前提条件;四是被保险人应支出的法律费用,包括抗辩费用、律师费用、取证费用以及经法院判决应由被保险人代雇员支付的诉讼费用,但该项费用必须是用于处理保险责任范围内的索赔纠纷或诉讼案件,且是合理的诉诸法律而支出的额外费用。

(三)除外责任

雇主责任保险的常规责任免除,一般有如下几项:战争、类似战争行为、叛乱、罢工、暴动或由于核辐射所致的被雇人员的伤残、死亡或疾病;被保险人的故意行为或重大过失;被雇人员由于疾病、传染病、分娩、流产以及因这些疾病而施行内外科治疗手术所致的伤残或死亡;由于被雇人员自伤、自杀、打架、斗殴、犯罪、酗酒及无照驾驶各种机动车辆所致的伤残或死亡;被保险人对其承包商雇用的员工的责任。

【案例 7-2】

某电厂施工平台倒塌致多人死伤事故案

【案件摘要】 2016 年 11 月 24 日 7 时 40 分左右,江西某电厂在建工程发生冷却塔平桥吊倒塌事故,造成 74 人死亡、2 人受伤。事故发生后,中国人民财产保险公司(以下简称人保财险)第一时间启动应急预案,事发当日中午即赶赴现场,协助政府开展善后工作。出险 72 小时内,将此案死亡人员包括意外险和雇主责任险在内的全部保险赔款 6570 万元赔付完毕。

【案件特点】 本案具有社会影响大、受关注度高以及赔付金额大的典型特点。

【专家点评】 针对重大安全生产事故,保险行业积极响应,主动服务,第一时间参与事故处理。外部与政府部门积极联动,对内全面部署,充分发挥网点优势,无缝对接事故处理工作组,高效配合政府开展事故处理工作,确保事故受害者得到及时赔付,保证企业有效恢复生产,充分发挥保险行业社会稳定器的功能,体现责任险保障民生社会的作用。

(资料来源:https://finance.jrj.com.cn/2017/03/14184022176474.shtml)

四、职业责任保险

(一)职业责任保险的概念

职业责任保险所承保的职业责任风险,是从事各种专业技术工作的单位或个人因工作上的失误导致的损害赔偿责任风险。在当代社会,医生、会计师、律师、设计师、经纪人、代理人、工程师等技术工作者均存在着职业责任危险,从而均可以通过职业责任保险的方式来转嫁其风险。

职业责任保险(professional liability insurance)是以各种专业技术人员因工作中的疏忽、过失造成他人财产损失或人身伤害依法而产生的经济赔偿责任为保险标的的保险。职业责任保险一般是由提供各种专业技术服务的单位(如医院、会计师事务所等)投保的团体业务,个体职业技术工作的职业责任保险通常由专门的个人责任保险来承保。

例如,医生在给病人动手术时,由于疏忽大意将一块纱布遗留在病人腹腔内,导致其腹痛多年。后来病人通过法律途径起诉该医院,法院判决该医院应对这起医疗责任事故负全部责任,赔偿病人各项费用总计 136 000 元。如果该院事先投保了职业责任保险,就可以将自身应承担的这笔法律赔偿责任转由保险人承担。

(二)职业责任保险的主要险种

在西方工业化国家,职业责任保险的险种多达 70 多种,但主要的职业责任保险业务不外乎以下几种。

1. 医疗职业责任保险

医疗职业责任保险也叫医生失职保险,它承保医务人员由于医疗责任事故而致病人死亡或伤残、病情加剧、痛苦增加等,受害者或其家属要求赔偿且依法应当由医疗方负责的经济赔偿责任。医疗职业责任保险是职业责任保险中最主要的业务来源,它几乎覆盖了整个医疗、健康领域及其一切医疗服务团体。

2. 律师责任保险

它承保被保险人作为一个律师在自己的能力范围内在职业服务中发生的一切疏忽行为、错误或遗漏过失行为所导致的法律赔偿责任,包括一切侮辱、诽谤以及赔偿被保险人在工作中发生的或造成的对第三者的人身伤害或财产损失。

3. 建筑工程设计责任保险

这一险种面向从事各种建筑工程设计的法人团体(如设计院、所等),承保工程设计单位因设计工作中的疏忽或失职,导致所设计的工程发生工程质量事故,造成工程本身的物质损失及第三者的人身伤亡和财产损失,依法应由设计单位承担的经济赔偿责任。

4. 会计师责任保险

它承保因被保险人或被保险人对其负有法律责任的那些人,因违反会计业务上应尽的责任及义务,而使他人遭受损失,依法应负的经济赔偿责任,但不包括身体伤害、死亡及实质财产的损毁。

5. 董事责任保险

董事责任保险是指由公司或者公司与董事、高级管理人员共同出资购买,对被保险董事及高级管理人员在履行公司管理职责过程中,因被指控工作疏忽或行为不当(其中不包括恶意、违背忠诚义务、信息披露中故意的虚假或误导性陈述、违反法律的行为)而被追究其个人赔偿责任时,由保险人负责赔偿该董事或高级管理人员进行责任抗辩所支出的有关法律费用并代为偿付其应当承担的民事赔偿责任的保险。

此外,还有建筑、工程技术人员责任保险,美容师责任保险,保险经纪人和保险代理人责任保险,情报处理者责任保险等多种职业责任保险业务,它们在发达的保险市场上同样是受欢迎的险种。

(三)保险责任

由于职业责任风险千差万别,不可能设计统一的或综合的保险条款及保险单格式,也不可能规定统一的责任范围,需要根据不同种类的职业责任设计制定专门的条款和保险单。但是,由于职业责任保险承保的内容是职业风险,在职业责任保险业务的保险责任的范围上又有许多共性的规定:第一,保险单承担被保险人的职业责任风险,包括被保险人、被保险人的前任以及前任的前任，被保险人的雇员以及雇员的前任及前任的前任在从事规定的职务过程中，由于疏忽或过失所导致的职业赔偿责任；第二，保险单负责被保险人的职业责任风险必须与保险单列明的职业存在直接关系，不负责与该职业无关的原因及其他非职业行为所形成的赔偿责任；第三，保险人承担的赔偿责任包括被保险人对合同对方或其他人的财产损失及人身伤害应负的赔偿责任，以及经保险人同意或在保险单列明的有关诉讼费用的补偿。

(四)除外责任

职业责任保险的一般责任免除，可以概括为以下几项：被保险人的故意行为所致的任何索赔；被保险人被指控有对他人诽谤或恶意中伤行为而引起的索赔；因职业文件或技术档案的灭失或损失引起的任何索赔；因被保险人的隐瞒或欺诈行为而引起的任何索赔；被保险人在投保时或保险有效期内不如实向保险人报告应报告的情况而引起的任何索赔；职业责任事故造成的间接损失或费用。

【拓展阅读7-3】

康美药业案带火董事责任险

康美药业案一审落槌后，高管们面临的天价赔偿令"董责险"需求升温。多家保险公司表示，董责险迎来了一波咨询高峰，其中不少已经确定了购买意向。

据广州市中级人民法院一审判决结果，康美药业应向5.2万名投资者赔偿投资损失24.59亿元；公司实控人马兴田以及5名直接责任人承担连带清偿责任，时任公司"董监高"的13名个人按过错程度分别承担20%、10%、5%的连带清偿责任。这样算来，即使是连带责任最少的个人，责任金额也超过了1亿元。天价赔偿也让董责险再次大火了一把。据不完全统计，截至目前，2021年全年共有154家A股上市公司发布了董责险购买计划，同比大幅增长53%。

"董责险"的全称为董事、监事、高级管理人员以及公司赔偿责任险，是一种保障公司以及公司董事及高级职员个人财务风险的保险。此保险是对公司董事及高级职员在行使其职责时所产生的错误或疏忽的不当行为进行赔偿的保险合同。承保范围包括：庭外和解、判决或和解损失、律师费以及对于公司事务正式调查的抗辩费用等。

11月23日，昆药集团(600422)发布公告，表示为公司董事、监事及高级管理人员购买董事责任险。根据公告，此次投保的责任限额不超过1亿元，保费总额不超过50万元。具体金额以昆药集团与保险公司的协商签订数额为准。保障期限为12个月，当保险合同期满时或期满前，可办理续保、重新投保等。昆药集团在公告中表示，购买董事责任险是为了进一步完善公司风险管理体系，保障公司董事、监事及高级管理人员充分履行工作职责，该事项尚需提交股东大会审议。这也是在"康美药业"案宣判后，又一家购买董责险的上市公司。仅在11月，昊志机电(300503)、金通灵(300091)、海优新材、天音控股(000829)等公司均发布了购买董责险的公告。

华泰财产保险公司(以下简称华泰财险)方面指出，根据今年上市公司公布的购买董责险的公告大致来看，保险赔偿限额约在3000万元至2亿元间，以5000万元至1.5亿元的区间较为集中。保费则低至15万元，高达100多万元。

第七章 责任保险

> 同花顺(300033)中的公告显示,目前已有 540 家企业投保董责险;而根据粗略统计,截至 2021 年 11 月 23 日,今年年内已有 162 家上市公司披露了董责险拟购买事宜。较早开展董责险业务的华泰财险也证实了此轮"投保"热潮,该公司相关人士表示,近期从中介渠道和客服中心收到的咨询有大幅增加。
>
> (资料来源:https://finance.sina.com.cn/jjxw/2021-11-26/doc-ikyamrmy5114309.shtml.)

本 章 小 结

(1) 责任保险是以被保险人对第三者在法律上应承担的民事损害赔偿责任作为保险标的,当被保险人由于过失或无过失行为造成第三者财产损失或人身伤害,根据法律规定,需要对其承担相应的赔偿责任时,由保险人提供经济补偿的保险。

(2) 责任保险的特点是:健全的法律制度是责任保险产生与发展的基础;承保风险为法律责任;承保方式多样;具有"替代"和"保障"双重性;只设赔偿限额;赔偿处理较为复杂。

(3) 责任保险的作用:为被保险人承担民事赔偿责任,解决其后顾之忧;保证无辜者、受害者的经济利益,促进社会安定;有利于民事纠纷的顺利解决,保证法律的贯彻执行。

(4) 责任保险承保的民事责任一般分为过失责任和绝对责任。过失责任又称过错责任,是指行为人因疏忽或过失而违反法律应尽义务或违背社会公共准则致使他人人身伤亡或财产损毁时,对受害人应承担的法律赔偿责任。绝对责任又称严格责任,是指无论行为人有无过失,根据法律规定均须对他人受到的损害负赔偿的责任。

(5) 责任保险保险事故的成立必须具备两个条件:损害事实或违约事实的存在;受害人(第三者)向致害人(被保险人)提出索赔要求。

(6) 责任保险的承保基础有期内发生式和期内索赔式。期内发生式是以保险事故发生的时间作为承保基础。在这种承保基础下,保险人仅对在保险有效期内发生的责任事故而引起的索赔负责,而不论受害方是否在保险有效期内提出索赔。期内索赔式是以索赔提出的时间作为承保基础。在这种承保基础下,保险人仅对在保险期内受害人向被保险人提出的有效索赔负赔偿责任,而不论导致该索赔案的事故是否发生在保险有效期内。

(7) 公众责任保险是责任保险中独立的、适用范围最为广泛的保险类别。公众责任保险又称普通责任保险或综合责任保险,是承保被保险人在公共场所进行生产经营或其他活动时,因发生意外事故造成他人的人身伤害或财产损失,依法应由被保险人承担的经济赔偿责任的保险。其主要险种有场所责任保险、环境污染责任保险和个人责任保险等。

(8) 产品责任保险是指以产品生产者或销售者等的产品责任为承保风险,一旦他们因产品责任造成消费者或其他人的人身伤害或财产损失,依法应由其承担的赔偿责任以及由此而导致的有关法律费用,由保险人在保单规定的赔偿限额内予以赔偿的保险。

(9) 雇主责任保险是责任保险中产生最早的险种,在许多国家是一种普遍性的法定保险。它是以被保险人(雇主)的雇员在受雇期间从事业务活动时因遭受意外导致伤、残、死亡或患有职业性疾病,而依法或根据雇用合同应由被保险人承担的经济赔偿责任为承保风险的保险。

(10) 职业责任保险是以各种专业技术人员因工作中的疏忽、过失造成他人财产损失或人身伤害依法而产生的经济赔偿责任为保险标的的保险。

实训课堂

基本案情：

某市人民医院于 2013 年 3 月向中国人民财产保险公司投保医疗责任保险，保险期限为 1 年(2013 年 3 月 1 日至 2014 年 2 月 28 日)，追溯期从 2011 年 3 月 1 日起。保险合同约定：累计赔偿限额为 320 万元，每次事故赔偿限额为 20 万元。患者徐某于 2013 年 3 月 25 日因交通事故致颅骨骨折、胸腹积压综合征并胸腔急性出血，急诊住甲医院后经抢救无效死亡，医患双方由此产生医疗赔偿纠纷。经某市医疗纠纷调解中心组织专家鉴定组鉴定，专家对医疗行为是否违反法律规范及医疗护理操作规范、是否存在医疗过失、医疗过失与死亡后果进行了因果分析与责任分析。鉴定组一致认为：被保险人的医疗行为违反了医疗法律规范及各种医疗护理操作常规，医疗行为与患者死亡后果中的责任程度达到主要责任以上，构成一级甲等医疗事故。经调解，纠纷双方达成协议：由被保险人一次性补偿患者近亲属医疗费、丧葬费、被抚养人生活费等共计 23 万元。事后，甲医院向乙保险公司索赔。

思考讨论题：

1. 什么是医疗责任保险？
2. 你认为保险公司是否应该赔偿？
3. 赔偿多少？

分析要点：

1. 医疗责任保险采用过失责任原则。
2. 责任保险事故成立的条件是否满足。
3. 结合责任限额来考虑。

复习思考题

一、基本概念

责任保险　期内发生式　期内索赔式　严格责任　过失责任　公众责任保险　产品责任保险　雇主责任保险　职业责任保险

二、判断题

1. 责任风险在很大程度上与民法有关。　　　　　　　　　　　　　　　　　（　　）
2. 我国《民法典》规定，生产者的产品责任为严格责任，销售者的产品责任为过错责任。　　　　　　　　　　　　　　　　　　　　　　　　　　　　　　（　　）
3. 责任险保单中既有保险金额，也有责任限额。　　　　　　　　　　　　　（　　）

4. 责任保险中的被保险人是否需要对第三者承担赔偿责任、需要支付多少赔偿金通常是由保险人决定的。（ ）

5. 采用期内索赔式的责任险保单容易形成"长尾责任"，保险人通常会根据各类事故潜伏期的时间规定一个索赔的截止期。（ ）

6. 责任保险中保险人的赔款既可以直接支付给受害人，也可以在被保险人赔偿受害人以后补偿给被保险人。（ ）

三、不定项选择题

1. 产品责任事故需满足的条件包括(　　)。
   A. 须具有意外、非被保险人事先所能预料
   B. 产品的所有权须已转移至用户
   C. 须发生在制造或销售该产品的场所
   D. 须发生在制造或销售该产品场所之外的地点

2. 责任保险是以(　　)依法应承担的民事损害赔偿责任作为承保对象的保险。
   A. 投保人对被保险人　　　　　　　B. 保险人对被保险人
   C. 被保险人对第三者　　　　　　　D. 保险人对第三者

3. 责任保险的主要赔偿范围包括(　　)。
   A. 为减少财产损失的施救费用
   B. 被保险人依法应承担的对第三者的经济赔偿责任
   C. 受损财产的修理费用
   D. 诉讼费等合理的抗辩费用

4. 责任保险承保的民事责任一般分为(　　)。
   A. 绝对责任　　　B. 故意责任　　　C. 过失责任　　　D. 行政责任

5. 某药厂在 2021 年 1 月投保了产品责任险，保险期限为 1 年，责任限额为 20 万元，保单采取"事故发生制"为承保基础。2021 年 3 月，一名患者因服用该药物，致使其身体受到伤害。2022 年 3 月，该患者以该药配方存在过错致使其受到伤害为由起诉该药厂，法院判定药厂赔偿患者 63 000 元。问：保险人是否要支付这笔赔偿金(　　)。
   A. 是，因为导致患者伤害的事故是在保险期内发生的
   B. 是，因为导致患者伤害的药物是在保险期限内生产的
   C. 否，因为索赔是在保险期满后提出的
   D. 否，因为患者的伤害是在保险期满后发现的

6. 某职业责任保险单采用赔款发生制，保险期限是 2011 年 5 月 1 日至 2012 年 4 月 30 日，追溯日期为 2009 年 1 月 1 日。那么下列选项中可以得到理赔的是(　　)。
   A. 事故发生在 2009 年 5 月，在 2010 年 5 月索赔
   B. 事故发生在 2010 年 3 月，在 2011 年 11 月索赔
   C. 事故发生在 2008 年 5 月，在 2011 年 6 月索赔
   D. 事故发生在 2010 年 4 月，在 2012 年 6 月索赔

7. 某宾馆大堂一幅装饰画意外跌落，把一位当时正在大堂等人的女士砸伤。之后，该宾馆承担了由此引起的经济损失 12 000 元。该宾馆承担的这种责任被称作(　　)。

A. 经济责任　　　　B. 公众责任　　　　C. 行政责任　　　　D. 赔偿责任

8. 在责任保险中，单独承保、适用范围最广的险种是(　　)。

　　A. 职业责任保险　　B. 产品责任保险　　C. 公众责任保险　　D. 雇主责任保险

9. 某厂为其生产的洗衣机投保了产品责任保险，责任限额为50万元。下列各项中，属于能获得保险人赔偿的情况的是(　　)。

　　A. 因洗衣机漏电导致消费者死亡，该厂依法对受害人家属支付的赔偿金28万元

　　B. 洗衣机因漏电而报废的损失2500元

　　C. 因洗衣机漏电致使该消费者电视机损失4000元

　　D. 厂家在这场洗衣机事故诉讼中支付的诉讼费1500元

10. 职业责任保险是以各类专业技术人员的职业责任为承保风险的责任保险。下列人员中，适合投保职业责任保险的是(　　)。

　　A. 国家公务人员　　B. 执业会计师　　C. 私营饭店经理　　D. 学校校长

四、简答题

1. 责任保险具有什么作用？
2. 简述责任保险与民事法律责任的关系。
3. 举例说明责任保险的承保基础。

五、论述题

责任保险与一般财产保险相比，具有哪些特征？

第八章　信用保险与保证保险

【学习要点及目标】

- 重点掌握信用保险、保证保险的概念以及出口信用保险的相关内容。
- 掌握信用保险的作用。
- 了解信用保险和保证保险的主要险种。
- 区分产品质量保证保险与产品责任保险。

【核心概念】

信用保险　出口信用保险　保证保险

【引导案例】

某贸易有限公司国内贸易短期信用保险案例

某投保国内贸易短期信用保险客户报案称,其贸易合同发生逾期欠款事件,涉案金额高达8000余万元。阳光财险接到报案后,立即成立专案组开展理赔工作。信用保险融合法律、贸易、财务等多领域专业知识,而且该案涉及的关系复杂,调查取证难度大,这些对案件的定责、核损都是一种巨大考验。本着一切为了客户的服务理念,为加快理赔速度,给客户排忧解难,阳光财险抽调系统内专家,并先后聘请会计师事务所、律师事务所介入案件处理。经梳理贸易关系、明确保险责任、核定实际损失,最终与客户达成一致,赔付6000万元。

此案为信用保险的典型案例,用实际行动诠释了信用保险在现代贸易中的保障功能,体现保险服务实体经济的重要作用。

(资料来源:http://heze.dzwww.com/lcjr/bx/201704/t20170412_15760274.htm.)

【知识导入】

信用保险和保证保险是伴随着商业信用的发展而产生的一类新兴保险业务。它们一方面反映出一个社会市场经济的成熟程度,另一方面对促进一个国家国内和国际贸易活动,维护以信用经济为其主要特征的市场经济的正常秩序起到了重要的作用。

第一节　信　用　保　险

一、信用保险概述

(一)信用保险的概念

信用是商品买卖中延期付款和货币的借贷行为,它表现为以偿还为条件的商品和货币的让渡形式,即债权人用这种形式赊销商品或贷出货币,债务人则按规定日期支付欠款或偿还贷款并支付利息。信用保险是在这种借贷活动中,商品赊销方(卖方)赊销商品后不能得到相应的偿付,即赊购方(买方)出现信用危机后产生的。信用危机的出现,在客观上要求建立一种经济补偿机制以弥补债权人所遭受的损失,从而能够充分发挥信用制度对商品流通的促进作用,可见信用保险是伴随着信用制度的发展应运而生的。

信用保险产生于19世纪中叶的欧美国家,最初由一些私营保险公司在本国范围内经营。第一次世界大战结束后,英国政府为保护本国与东方和中欧诸国的出口贸易的顺利进行,专门成立了出口信贷担保机构——英国出口信用担保局,逐步创立了一套完整的信用保险制度,以后各国纷纷效仿。1934年,英国、法国、意大利和西班牙的私营和国营信用保险机构成立了"国际信用和投资保险人联合会",简称"伯尔尼联盟",标志着出口信用保险已为世界所公认。伴随着国际信用保险协会的成立,各国的国内信用保险业务也逐步稳定地发展起来。

我国信用保险的发展始于20世纪80年代初期。1986年中国人保开始试办短期出口信用保险,1994年以后,中国进出口银行也经办各种出口信用保险业务,2001年12月,我国组建第一家专门经营出口信用保险的国有独资的中国出口信用保险公司。

信用保险(credit insurance)是权利人向保险人投保义务人的信用,在义务人未能履约而使权利人遭受经济损失时,由保险人向其提供补偿的一种保险。信用保险的投保人、被保险人为权利人,保险标的为义务人的信用。例如,某货物买卖合同约定,买方应在卖方发货后45天内付清货款。如果卖方(权利人)担心买方(义务人)不能按期支付货款而使自己遭受损失,就可以向保险人投保买方的信用,这样,卖方因买方不守信用而造成的经济损失就由保险人给予补偿。

从业务内容来看,信用保险一般分为国内信用保险、出口信用保险和投资保险三类。

(二)信用保险的作用

信用保险的作用主要体现在以下几个方面。

1. 有利于贸易活动的健康发展

在商业贸易活动中,当事人能否按时履行供货合同,销售货款能否按期收回,一般受到多种因素的影响。而商品的转移又与生产商、批发商、零售商及消费者有着连锁关系。一旦商品交易中的一道环节出现信用危机,不仅会造成债权人自身的损失,而且常常会引起连锁反应,使商品交易关系中断,最终阻碍商品经济的健康发展。有了信用保险,无论在何种交易中出现信用危机,均有保险人提供风险保障。因此,即使一道环节出了问题,也能及时得到弥补,从而促进商品贸易的健康发展。

2. 有利于帮助企业提高自身的风险管理能力

保险公司在提供信用保险服务中,要对买方的资信和履约能力进行调查,协助投保企业进行销售分账户管理、应收账款的催收、及时跟踪买方的经营状况,协助企业将风险管理纳入日常的工作,这些都有助于增强企业的风险防范意识,提高企业的整体管理水平。总体来看,投保企业一方面通过信用保险转移了自己本应承担的信用风险,另一方面又获得了保险公司完备的信用风险管理服务,提高了自身的风险管理能力。

3. 有利于企业获取融资便利

企业投保了信用保险以后，就可以通过转让或抵押应收账款收取保障权益的方式，使银行得到收回贷款的可靠保证，解除银行发放贷款的后顾之忧。同时，在信用保险的保障下，银行贷款的风险也能被限定在可控范围内，从而也提高了银行提供信贷的积极性。可见，信用保险的介入，使企业较容易得到银行贷款，这对于缓解企业资金短缺压力，促进生产经营的发展具有举足轻重的作用。

4. 有利于强化损失追偿机制

通过信用保险，可以强化损失追偿机制，保证市场的正常运行和发展。信用保险区别于其他保险的一个重要特点就是，保险人对权利人履行赔偿义务以后，有权向不守信用的义务人进行追偿。通过这种追偿，让失信者无法逃避，从而保证市场经济的有效运行。

二、国内信用保险

(一)国内信用保险的概念

国内信用保险又叫商业信用保险，它是指在商业活动中，作为权利人的一方当事人要求保险人将另一方当事人(义务人)作为被保证人，并承担由于被保证人的信用风险而使权利人遭受商业利益损失的保险。

国内信用保险承保的标的是义务人的商业信用，这种商业信用的实际内容通过列明的方式在保险合同中予以明确，其保险金额根据当事人之间的商业合同的标的价值来确定。如果义务人发生信用风险，保险人首先向权利人履行赔偿责任，同时自动取得向义务人代位求偿的权利。

(二)国内信用保险的主要险种

国内信用保险主要包括赊销信用保险、贷款信用保险和个人贷款信用保险。

1. 赊销信用保险

赊销信用保险是指在商品赊销活动中，保险人为卖方的应收账款提供的保险。当企业采用延期付款或者分期付款时，卖方因收不到买方全部或者部分货款遭受损失时，就由保险人对该损失进行补偿，目的在于保证被保险人(即权利人)能按期收回赊销货款，保障商业贸易的顺利进行。赊销信用保险一般只承保批发业务，不承保零售业务；只承保3~6个月的短期商业信用风险，不承保长期商业信用风险。

2. 贷款信用保险

贷款信用保险是保险人对银行或其他金融机构与企业之间的借贷合同进行担保并承保其信用风险的保险。在市场经济的条件下，贷款风险是客观存在的，究其原因既有企业经营管理不善或决策失误的因素，又有灾害和意外事故的冲击等。这些因素都可能造成贷款不能安全回流，对此必然要建立起相应的贷款信用保险制度来予以保证。

3. 个人贷款信用保险

个人贷款信用保险是指以金融机构对自然人进行贷款时,由于债务人不履行贷款合同致使金融机构遭受经济损失为保险对象的信用保险。它是保险人面向个人承保的较特别的业务。由于个人的情况千差万别,且居住分散,风险不一,保险人要开办这种业务,必须对贷款人贷款的用途、经营情况、日常信誉、私有财产物资等做全面的调查了解,必要时还要求贷款人提供反担保,否则,不能轻率承保。

三、出口信用保险

(一)出口信用保险的概念

在国际贸易市场上,出口商扩大销售、提高竞争能力的一个重要手段,就是向买方提供商业信用,允许买方以非银行信用证方式付款,甚至延期付款。目前,欧美等经济发达国家的出口贸易中,有 85%以上都采用非信用证结算方式,这样就大大增加了出口商的收汇风险。于是,为了保障出口商的收汇安全,大部分国家都成立了专门的出口信用保险机构。

出口信用保险(export credit insurance)是承保出口商在经营出口业务的过程中因进口商的商业风险或进口国的政治风险而遭受经济损失的保险,是国家为了推动本国的出口贸易,保障出口企业的收汇安全而制定的一项由国家财政提供保险准备金的非营利性的政策性保险业务,也是世界贸易组织(WTO)补贴和反补贴协议原则上允许的支持出口的政策手段。

(二)出口信用保险的特点

出口信用保险作为一种政策性保险,其主要特点表现为以下几方面。

1. 不以营利为目标

出口信用保险在经营目标上并非为了营利,而是为了保护本国出口商的利益,鼓励扩大出口,促进对外贸易的发展。

2. 风险高且控制难度大

出口信用保险承保的是出口商的收汇风险。造成出口商不能安全收汇的风险,主要有进口商的商业风险和进口商所在国家的政治风险。商业风险通常包括:买方无力偿还债务和买方破产;买方收货后拖欠货款;货物出运后买方违约拒绝收货和拒绝付款等。政治风险一般包括:买方所在国实行外汇管制、进口管制、禁止和限制汇兑、买方的许可证被撤销、买方国发生战争暴动等。由于出口商所在国与买方所在国分属不同的国家,彼此在政治、经济、外交、法律以及经营作风、贸易习俗方面相差甚大,由此造成买方违约的原因非常复杂,因此出口信用保险不仅出险的概率大,而且风险很难控制。

3. 政府参与程度高

出口信用保险的经营目标、所承保风险的性质以及承保标的等因素决定了它是一种离不开政府参与的政策性很强的险种。出口信用保险的经营机构通常由政府出资设立或给予资金支持，并提供各种税收优惠政策，同时政府也是风险的最终承担者。

【拓展阅读 8-1】

中国出口信用保险公司

中国出口信用保险公司(以下简称中国信保)是由国家出资设立、支持中国对外经济贸易发展与合作、具有独立法人地位的国有政策性保险公司，于2001年12月18日正式挂牌运营，服务网络覆盖全国。

中国信保通过为对外贸易和对外投资合作提供保险等服务，促进对外经济贸易发展，重点支持货物、技术和服务等出口，特别是高科技、附加值大的机电产品等资本性货物出口，促进经济增长、就业与国际收支平衡。其主要产品及服务包括：中长期出口信用保险、海外投资保险、短期出口信用保险、国内信用保险、与出口信用保险相关的信用担保和再保险、应收账款管理、商账追收、信息咨询等出口信用保险服务。

中国信保以"履行政策性职能，服务高水平开放"为己任，有效服务国家战略，精准支持企业发展，确保财务可持续，积极扩大出口信用保险覆盖面，在服务共建"一带一路"、全力促进外贸稳中提质、培育国际经济合作和竞争新优势、推动经济结构优化等方面发挥了不可替代的作用。

中国信保在信用风险管理领域深耕细作，成立了专门的国别风险研究中心和资信评估中心，资信数据库覆盖全球3.6亿家企业银行数据，拥有海内外资信信息渠道超过400家，资信调查业务覆盖全球所有国别、地区及主要行业。截至2022年年末，中国信保累计支持的国内外贸易和投资规模超过7.06万亿美元，为超过28万家企业提供了信用保险及相关服务，累计向企业支付赔款193.77亿美元，累计带动近300家银行为出口企业提供保单融资支持超过4万亿元人民币。根据伯尔尼协会统计，2015年以来，中国信保业务总规模连续在全球官方出口信用保险机构中排名第一。

作为适应经济全球化和我国外经贸发展需要而成立的政策性金融机构，中国信保将紧紧围绕服务国家战略目标，以政策为导向，以客户为中心，把公司建设成为负责任、可信赖、具有全球影响力的政策性出口信用保险机构，为服务国家新一轮高水平对外开放作出新的更大贡献。

(资料来源：https://www.sinosure.com.cn/gywm/gsjj/gsjj.shtml.)

(三)出口信用保险的种类

目前我国办理的出口信用保险有：短期出口信用保险、中长期出口信用保险和特约出口信用保险三种。短期出口信用保险，是指承保支付货款信用期不超过180天的出口贸易的保险。它一般用于大批量、重复性出口的初级产品和消费性工业成品。中长期出口信用保险，是指承保放账期在1年以上的出口贸易的保险。它适用于大型资本性货物(如飞机、船舶、成套设备等)的出口。特约出口信用保险，适用于资信程度较高的被保险人因临时性的或比较特殊的业务需要，在其他出口信用保险中不能承保的业务。

(四)保险责任

出口信用保险承保的范围包括商业风险和政治风险两种。

1. 进口商的商业风险

进口商的商业风险,也称买家风险,是指进口商付款信用方面的风险。该风险包括:买方破产或无力偿付债务;买方拖欠货款;买方拒绝接收货物。

2. 进口商所在国的政治风险

进口商所在国的政治风险,又叫国家风险,是指与被保险人进行贸易的进口商所在国家内部的政治经济状况的变化而导致的收汇风险。该类风险主要包括:买方所在国颁布政令,禁止或者限制买方向被保险人支付货款;禁止进口、撤销许可证、发生战争叛乱等。

(五)除外责任

出口信用保险一般将汇率变更的损失,被保险人或其代理人违约、欺诈及其他违法行为所引起的损失,被保险人在发货前信用限额被撤销时效而引起的损失等作为除外责任。

【案例8-1】

买家恶意拖欠货款寻借口 中国信保妙手追讨解忧愁

【案情】河北石家庄一家出口化工品的小微贸易企业A公司与印度买方B公司自2015年结识后开始交易。2018年12月24日和2019年1月11日,A公司向B公司出运了2票除草剂,出运货值金额共计USD75 100.00。合同约定支付方式为提单日后60日内支付货款。B公司正常提取了货物,但在应付款日到期后拖欠支付货款。B公司告知A公司其企业当前遇到资金周转困难的情况,要求A公司给予其一年的宽限期。A公司认为买方提出的宽限期时间太长,应收账款风险较高,试图同B公司谈判达成一个较好的还款方案。但贸易双方最终并未就新的还款方案达成一致意见。A公司于2019年4月26日向中国信用保险公司(以下简称中国信保)申请索赔,索赔金额USD75 100.00。

【案件处理】中国信保委托印度的海外追偿渠道向买方进行勘查追讨。2019年5月23日,中国信保的印度渠道反馈称B公司全额认债并确认收到了货物,B公司承诺本周末就支付货款。但是中国信保的海外渠道特别提示,其对于B公司较为熟悉,B公司在历史上已经有多次拖欠中国企业货款被追讨的记录,历史拖欠共涉及三家不同的中国出口企业。渠道称B公司作出的付款承诺不可信赖,如果B公司不遵守付款承诺也不会感到意外。2019年5月28日中国信保向A公司针对本案项下的损失支付赔款USD67 590.00。

后B公司果然未按照其承诺支付欠款。中国信保的追偿渠道向B公司质询,B公司提出其公司的账户被冻结等借口,并随后数次提出新的还款计划,但均未按照还款计划支付欠款。

面对B公司屡次拖延付款的行为,中国信保的海外渠道针对B公司开展了深度调查。B公司于2012年9月成立,为经营农药和其他农业化工制品的生产批发商,其属于印度一家集团公司旗下的子公司,资金规模实力较强,当前经营状态正常。中国信保追偿渠道经过分析,决定针对B公司采取停业整顿申请的法律程序(winding-up proceedings)。2019年9月2日,中国信保将A公司签署的POA授权文件寄送至海外渠道,海外渠道即刻向B公司寄送了停业整顿通知函(winding-up notice),书面要求B公司自收到通知之日起3周内偿还债务,如B公司在规定时限内不支付欠款,债权人将向B公司注册地法院提出强制停业整顿的申请，B公司届时将面临被强制破产清算的可能性。B公司收到中国信保海外渠道寄送的通知函后立刻感到巨大压力，2019年9月12日，B公司向出口企业A公司支付了案件项下的全部欠款。

(资料来源：https://www.sinosure.com.cn/xwzx/xbsa/2020/02/208247.shtml。)

四、投资保险

投资保险又称政治风险保险，是为鼓励和保障海外投资开办的保险，主要承保被保险人(投资者)由于政治原因或签约双方不能控制的原因遭受的损失。国外的投资保险，一般由投资商在本国投保，保障的是本国投资商在外国投资的风险，投资商是被保险人；而我国的投资保险则可由保险公司为外国的投资商保险，保障的是外国人在我国投资的风险，以配合国家引进外资的政策，从而亦带有保证保险的性质。

投资保险的责任范围如下。

第一，汇兑风险。例如，东道国政府实行外汇管制，禁止外汇汇出；因东道国发生战争、革命或内乱，无法进行外汇交易；东道国政府对投资者各项应得的金额实行管制(如冻结)；东道国政府取消对各项应得金额汇回本国的许可；东道国政府对各项金额予以没收。

第二，征用风险，又叫国有化风险。即投资者在国外的投资资产被东道国政府或地方政府、团体征收或国有化。

第三，战争及类似行为风险。由于战争、革命、暴乱而使投资者的保险财产遭受损失、破坏或被夺取留置，均属承保范围。投资保险仅保障投资财产的有形资产的直接损失，不包括间接损失，对证券、档案文件、债权以及现金的损失和一般的骚乱风险都不承保。

投资保险的保险金额一般规定为投资金额的90%，保险费率一般根据保险期间的长短、投资接受国的政治形势、投资者的能力、工程项目以及地区条件等因素确定。保险期限分为短期和长期两种：短期为1年；长期保险期限最短的为3年，最长的为15年。

【小贴士】

伯尔尼协会(BERNE UNION)

伯尔尼协会，全称"国际信用和投资保险人协会"(The International Union of Credit & Investment Insurers)，1934年在瑞士伯尔尼成立，协会秘书处现设立在英国伦敦。截至目前，该协会共有51名会员及1名观察员，成员包括全球各私营及官方出口信用及投资保险机构。一直以来，伯尔尼协会在全球出口和海外投资领域发挥着重要的核心作用。

伯尔尼协会的宗旨：努力达成世界共识，维护并确立国际贸易信用条件和基本原则；促进良好的投资环境的形成，并确立海外投资保险的基本原则；为协会成员间及协会与其他国际金融组织之间提供信息交流的论坛。

中国人民保险公司(PICC)于1996年以"观察员"身份加入伯尔尼协会，1998年成为正式会员。2001年，经伯尔尼协会大会批准，由中国出口信用保险公司取代中国人民保险公司成为协会正式会员。2016年3月，中国人保重返伯尔尼协会。

第二节 保证保险

一、保证保险的概念

19世纪初，在欧洲就出现了忠诚保证保险，它最初只是由一些个人、商行或银行办理。1852—1853年，英国几家保险公司试图开办合同担保业务，但因缺乏足够规模的资本而没有成功。1901年，美国马里兰州的诚实存款公司在英国首次提供合同担保。随后，英国的几家担保公司也开办了该业务。1914年，诚实存款公司从欧洲撤回，几家英国的保险公司则开辟了欧洲合同担保业务市场。第二次世界大战后，美国等经济发达国家的一些保险公司也开始经营各类保证保险业务。20世纪60年代后，保证保险作为保险业新的业务增长点，在全世界迅速发展起来。

保证保险(bond insurance)是被保证人(义务人)根据权利人的要求，请求保险人担保自己信用，如果由于被保证人不履行合同义务，致使权利人受到经济损失，由保险人负责赔偿的保险。保证保险的投保人为义务人，被保险人为权利人。例如，建筑工程承包合同规定，承包商(义务人)应在和业主(权利人)签订承包合同后20个月内交付工程项目，承包商为了让业主放心，就可以将自己的信用到保险公司投保履约保证保险。如果因承包人不能如期完工让业主遭受经济损失，就由保险公司进行赔偿。

二、保证保险的特点

保证保险属于广义的财产保险，与一般保险相比，它具有如下特征。

第一，一般保险只有投保人和保险人两方，而保证保险却涉及被保证人(义务人)、被保险人(权利人)和保险人(保证人)三方。例如，某承包商要求保险公司承保自己的信用，保证他将按照设计和质量标准来建造某中学的一所教学大楼，这里承包商是保证保险中可能给权利人造成损失的被保证人(义务人)，某中学是被保险人(权利人)，保险公司即保证人。

第二，在一般保险中，保险关系是建立在预期可能发生损失的基础之上，即有损失发生的可能才有保险关系存在的必要。而在保证保险中，保险人是在损失不可能发生的预期下提供服务的。也就是说，如果保险人预期将发生损失，就不会向被保证人提供保险。从本质上看，保证保险是一种具有担保性质的业务。

第三，在保证保险中，被保证人(义务人)对保险人给予权利人的补偿具有偿还的义务，而一般财产保险的被保险人没有这样的义务。

第四，保证保险的保险费实质上是一种担保手续费。因为保证保险是一种担保业务，它基本上是建立在无赔款基础上的，因此保证保险的保险费实质上是一种担保手续费，它只是保险公司出借自己信誉提供担保的一种报酬。保险公司在确定费率时，主要参考的是其他担保机构的收费标准。

三、保证保险的种类

(一)忠诚保证保险

忠诚保证保险又称为诚实保证保险，是指在权利人因被保证人的不诚实行为而遭受经济损失时，由保险人作为保证人提供经济补偿的保险。此保险常为雇主(权利人)提供保险，以被保证人(雇员)的诚实信用为保险标的，当雇员由于偷盗、侵占、伪造、私用、非法挪用、故意误用等不诚实行为造成雇主受损时，由保险人负责赔偿。

忠诚保证保险具有以下特点：第一，保险合同涉及雇主与雇员之间的关系。第二，承保的风险只限于雇员的不诚实行为。第三，投保人既可以是被保证人(雇员)，也可以是权利人(雇主)。

(二)履约保证保险

履约保证保险是指在被保证人不按约定履行合同义务，从而造成权利方受损时，由保险人负责赔偿的一种保险。保险标的是被保证人的违约责任。

【拓展阅读8-2】

农民工工资支付履约保证保险 让城市建设者更安"薪"

"这下放心了，企业投保了农民工工资支付履约保证保险，再也不用担心项目停工，工程款不到位导致工资没着落的问题了，现在安心把活儿干好，多挣点钱……"在南京某建筑工地干活的农民工师傅说。

作为"城市的建设者"，一直以来，农民工都是社会经济发展的重要依靠力量，农民工工资保障问题事关百姓民生和社会稳定。党中央、国务院历年来高度重视农民工工资支付工作。早在2016年，国务院办公厅印发《关于全面治理拖欠农民工工资问题的意见》，首次提出"积极引入商业保险机制，保障农民工工资支付"。2020年，国家出台《保障农民工工资支付条例》，2021年，国家发布《工程建设领域农民工工资保证金规定》，在工资保证金制度中引入保险力量来化解农民工工资风险。2022年，《江苏省工程建设领域农民工工资保证金管理办法》正式实施，该管理办法的出台旨在着力解决工程建设拖欠农民工工资问题，维护农民工基本权益。

为服务新时期、新经济、新市场的发展需求，保障农民工合法权益，中国人寿财产保险公司(以下简称中国人寿财险)江苏省分公司主动发挥社会"稳定器"作用，积极响应政府号召，践行金融央企社会责任，开办农民工工资支付履约保证保险，为农民工薪酬"兜底"，让农民工不烦"薪"、不忧"薪"、不愁"薪"。

以南京地区为例，辖内南京市中心支公司根据地方政府关于农民工工资保障相关要求，围绕国家高质量发展战略目标，切实发挥自身优势，促进保险服务区域经济社会建设，主动出击，通过创新承保农民工工资支付履约保证保险，为建筑施工企业减负，为工程质量护航。

作为农民工工资支付履约保证保险试点机构，南京市中心支公司与政府部门共同推进，严格按照监管要求，制定承保方案。为进一步提升服务效能，根据南京市服管中心要求，需要实现保险凭证电子化即时传输，我司立即推进系统对接，紧密跟进开发进度，并努力克服疫情带来的不利影响，三个月内便实现了系统的成功上线，为后续业务的开展奠定了坚实的基础。

据中国人寿财险南京市中心支公司相关负责人介绍，"农民工工资支付履约保证保险"是保险公司代替施工承包人向相关主管部门保证施工承包人按规定支付农民工工资的保险产品。作为农民工工资保证金的创新替代方式,其工资支付保障、欠薪风险管理、促进欠薪维权等重要功能价值,日益成为政府部门治理农民工工资拖欠问题的创新管理工具。"农民工工资支付履约保证保险"的开办,是工程担保新时代的必然进程,也是保险服务实体经济的一大有力举措。

据悉,自该险种开办以来,中国人寿财险江苏省分公司累计出单8000余件,为近4500家企业释放超过46亿元工资保证金用于农民工工资兑现,为近百万农民工群体提供风险保障。该险种在保障农民工合法权益的同时,也减轻了企业资金压力,有效助推社会和谐稳定发展。

(资料来源:https://www.sohu.com/a/682290236_362042.)

(三)产品质量保证保险

产品质量保证保险,简称产品保证保险,主要承保被保险人因制造或销售的产品丧失或不能达到合同规定的效能而应对买主承担的经济赔偿责任,即保险人对有缺陷产品的本身以及由此引起的有关间接损失和费用负赔偿责任。

产品保证保险的责任范围如下。

(1) 对用户或消费者负责更换或整修不合格产品或赔偿有质量缺陷产品的损失和费用。

(2) 赔偿用户或消费者因产品质量不符合使用标准而丧失使用价值的损失及由此引起的额外费用。如运输公司因购买不合格汽车而造成的停业损失(包括利润和工资损失)以及为继续营业临时租用他人汽车而支付的租费等。

(3) 被保险人根据法院判决或有关行政当局的命令,收回、更换或修理已投放市场的质量有严重缺陷的产品造成的损失及费用。

【拓展阅读8-3】

产品质量保证保险与产品责任保险

产品质量保证保险与产品责任保险都与产品直接相关,容易混淆。但作为两类不同性质的保险业务,它们仍然有本质的区别。

第一,风险性质不同。产品质量保证保险承保的是被保险人的违约行为;产品责任保险承保的是被保险人的侵权行为。

第二,处理原则不同。产品质量保险的违约责任只能采取过错责任的原则进行处理,即产品的制造者、销售者、修理者等存在过错是其承担责任的前提条件;而产品责任事故的处理原则,在许多国家采用严格责任的原则,即只要不是受害人出于故意所致,便能够从产品的制造者或销售者、修理者等处获得经济赔偿,并受到法律的保护。

第三,责任承担者与受损方不同。从责任承担方来看,在产品质量保证保险中,责任承担者仅限于提供不合格产品的一方,受损人只能向他提出索赔请求;而在产品责任保险中,责任承担者可能是产品的制造者、修理者,也可能是产品的销售者,其中制造者与销售者负连带责任,受损方可以任择其一提出赔偿损失的要求,也可以同时向多方提出赔偿请求。从受损方来看,产品质量保证保险的受损方只能是购买了该产品的消费者或用户;而产品责任保险的受损方可以是产品的直接消费者或用户,也可以是与产品没有任何关系的其他法人或者自然人。

第四，保险的内容不同。产品质量保险由保险人对被保险人制造、销售的产品本身因质量问题而应承担的修理、更换等经济损失进行补偿，是带有担保性质的保险，属于保证保险的范畴，保险公司承担的责任一般不会超过产品本身的实际价值；而产品责任保险是由保险人代替被保险人承担其对第三者造成财产损失、人身伤害应负的法律赔偿责任，属于责任保险，其赔偿标准与经济水平、法律制度相关，不受产品本身实际价值的制约。

(资料来源：张虹，陈迪红. 保险学教程[M]. 北京：中国金融出版社，2012.)

本 章 小 结

(1) 信用保险是权利人向保险人投保义务人的信用，在义务人未能履约而使权利人遭受经济损失时，由保险人向其提供补偿的一种保险。信用保险的投保人、被保险人为权利人，保险标的为义务人的信用。它一般分为国内信用保险、出口信用保险和投资保险三类。

(2) 信用保险有利于贸易活动的健康发展；有利于帮助企业提高自身的风险管理能力；有利于企业获取融资便利；有利于强化损失追偿机制。

(3) 国内信用保险又叫商业信用保险，它是指在商业活动中，作为权利人的一方当事人要求保险人将另一方当事人(义务人)作为被保证人，并承担由于被保证人的信用风险而使权利人遭受商业利益损失的保险。

(4) 出口信用保险是承保出口商在经营出口业务的过程中因进口商的商业风险或进口国的政治风险而遭受经济损失的保险，是国家为了推动本国的出口贸易，保障出口企业的收汇安全而制定的一项由国家财政提供保险准备金的非营利性的政策性保险业务。出口信用保险不同于一般的商业保险，特点是：不以营利为目标；风险高且控制难度大；政府参与程度高。目前我国办理的出口信用保险有：短期出口信用保险、中长期出口信用保险和特约出口信用保险三种。

(5) 投资保险又称政治风险保险，是为鼓励和保障海外投资开办的保险，主要承保被保险人(投资者)由于政治原因或签约双方不能控制的原因遭受的损失。

(6) 保证保险是被保证人(义务人)根据权利人的要求，请求保险人担保自己信用，如果由于被保证人不履行合同义务，致使权利人受到经济损失，由保险人负责赔偿的保险。保证保险的投保人为义务人，被保险人为权利人。保证保险的特点为：保证保险涉及被保证人(义务人)、被保险人(权利人)和保险人(保证人)三方；在保证保险中，保险人是在损失不可能发生的预期下提供服务的；被保险人对保证人(保险人)给予权利人的补偿具有偿还的义务；保险费实质上是一种担保手续费。

(7) 保证保险的主要类型有忠诚保证保险、履约保证保险和产品质量保证保险。

实 训 课 堂

基本案情：

2004年6月20日，A银行与B保险公司签订了《个人汽车消费贷款保证保险合作协议》，约定：为推动A银行贷款及B保险公司保险业务共同发展，双方合作开展个人汽车消费贷款及保证保险业务，由 B 保险公司负责向 A 银行提供有关借款人购车资料(包括购车合同、发票、购车完税凭证等)并确保真实；B 保险公司应当对借款人(即保证保险投保人)的资信状况进行认真审查，并对自己书面确认同意承保的有关借款承担保证保险责任。除协议规定的不可抗力、政策变动、投保人与银行恶意串通等免责范围外，不论何种原因造成保证保险投保人连续三个月未能按照贷款合同约定按期供款，即为保险事故发生，保险人(B 保险公司)承诺在收到被保险人(A 银行)的书面索赔申请及相关资料后 10 个工作日内确认保险责任并予以赔付。协议签订后，根据 B 保险公司提供的购车资料及购车人身份和资信审查资料，以及 B 保险公司在 A 银行《个人汽车消费贷款审批表》上同意承保的签字盖章承诺，A 银行先后与借款人 C 等 20 人签订了《个人汽车消费贷款合同》，并依约发放贷款共 500 万元，B 保险公司在收取投保人支付的有关保费后向 A 银行出具了以该 20 名借款人为投保人、以 A 银行为被保险人的个人汽车消费贷款保证保险保单正本。2004 年 12 月，C 等 20 名借款人先后出现连续 3 个月以上未按期供款，A 银行即依照合作协议约定向 B 保险公司提出了书面索赔申请，但 B 保险公司以有关借款人涉嫌诈骗正被立案侦查，是否属于保险责任尚不清楚为由予以推拖。在多次索赔未果的情况下，A 银行以保证保险合同纠纷为由将 B 保险公司诉诸法院。

(资料来源：http://www.51test.net/show/825144_2.html.)

思考讨论题：

1. 什么是保证保险？该合同是否有效？
2. 你认为 B 保险公司是否要对 A 银行的索赔进行赔付？

分析要点：

1. 本保证保险合同合法有效。
2. B 保险公司既然已经收取保费，并签订保证保险合同，按照合同约定，当投保人无法按期还款时，保险事故发生，B 保险公司应承担保证保险责任，直接将赔款支付给贷款银行 A，但赔付后可向未按期还款的投保人进行追偿。

复习思考题

一、基本概念

信用保险　商业信用保险　出口信用保险　投资保险　保证保险　忠诚保证保险　履约保证保险　产品质量保证保险

二、判断题

1. 权利人投保义务人信用的保险是信用保险。（　）
2. 义务人要求保险人担保其信用的保险是保证保险。（　）
3. 出口信用保险和一般财产保险业务一样，都属于商业保险。（　）
4. 在保证保险中，被保证人对保险人给予权利人的补偿具有偿还的义务。（　）
5. 忠诚保证保险承保雇员的偷盗、侵占、伪造、非法挪用等不诚实行为。（　）

6. 产品保证保险的保险人对有缺陷产品的本身以及由此引起的损失和额外费用负赔偿责任。（   ）

三、不定项选择题

1. 信用保险一般分为(   )。
   A. 国内信用保险　　B. 出口信用保险　　C. 诚实信用保险　　D. 投资保险
2. 世界上最早建立以政府为背景的出口信用保险和担保机构的是(   )。
   A. 美国　　　　　B. 英国　　　　　C. 法国　　　　　D. 日本
3. 出口信用保险承保的是出口商的收汇风险，主要包括(   )。
   A. 财产风险　　　B. 商业风险　　　C. 责任风险　　　D. 政治风险
4. 目前我国的出口信用保险是由(   )经营。
   A. 中国银行　　　　　　　　　　　B. 外汇管理局
   C. 中国出口信用保险公司　　　　　D. 中国人民保险公司
5. 我国开办的短期出口信用保险，信用期限不超过(   )。
   A. 90天　　　　B. 120天　　　　C. 150天　　　　D. 180天
6. 我国已加入国际出口信用保险和海外投资保险组织(   )。
   A. 洛桑协会　　B. 伯尔尼协会　　C. 马尼拉协会　　D. 安特卫普协会
7. 以下属于商业风险的有(   )。
   A. 无力偿付债务　　B. 拒绝接收货物　　C. 撤销进口许可证　　D. 拖欠货款
8. 以下属于政治风险的是(   )。
   A. 发生战争叛乱
   B. 禁止进口
   C. 撤销许可证
   D. 买方所在国颁布政令禁止或者限制买方向被保险人支付货款
9. 下列(   )风险属于投资保险的保险责任。
   A. 国有化　　　　B. 战争　　　　C. 汇兑限制　　　D. 自然灾害
10. 保证保险的主要类型有(   )。
    A. 忠诚保证保险　　　　　　　　B. 产品质量保证保险
    C. 投资保证保险　　　　　　　　D. 履约保证保险

四、简答题

1. 简述信用保险的作用。
2. 简述保证保险与一般保险的不同之处。
3. 产品质量保证保险与产品责任保险有何区别？

五、论述题

论述出口信用保险所承保的风险及其特征。

第九章 人身保险

【学习要点及目标】

- 掌握人身保险的概念及特征。
- 重点掌握人身保险合同的常见条款。
- 掌握人寿保险的相关内容。
- 掌握人身意外伤害保险及其保险责任。
- 掌握健康保险的特征及种类。

【核心概念】

人身保险 人寿保险 健康保险 人身意外伤害保险

【引导案例】

410万元重大疾病大额理赔案例

天津客户G先生自2009年开始陆续为自己投保了年金保险和两全保险等保险保障。2016年2月8日G先生突发脑梗昏迷，生命垂危，急需巨额费用救治，但其名下银行存款却因家人不知道密码无法取出，治疗费用一度面临中断。新华保险接到报案后，第一时间安排保单服务人员协助客户家属准备各项理赔资料，并前往医院看望伤者、核实情况，在G先生昏迷4日后即支付了首笔赔款10.6万元，缓解了家属筹款治疗的压力。

不幸的是，G先生终因病情危重去世。新华人寿保险公司为其家属开通各环节VIP客户绿色通道服务，3月29日全部赔付工作完成，第二笔400万元身故理赔款顺利送达到客户家人手中。

重疾赔付如及时雨，当普通家庭遭遇急病急需救治时，大额治疗费用短期内难以周转，保险机构的及时赔付缓解了被保险人的筹款压力，充分体现保险保障功能。在此次的大额赔付案件中，集中体现了人寿保险在家庭资产配置中的重要作用。客户通过寿险销售人员的合理规划对家庭资产进行了有效的固化锁定，使得大部分资产在经济下行的大环境下得以有效保全，实现保值增值，最终在罹患疾病身故后使得家庭资产完整传承。同时重大疾病保险的及时赔付，极大缓解了大额治疗费用短期内难以周转的压力，为客户的积极救治提供了物质保证。

(资料来源：中国保险报，2017年3月15日.)

【知识导入】

人的一生中，会遇到许多意想不到的风险，如疾病、意外伤害、过早死亡等，这些风险事故的发生，会给人们的生活、生命安全及社会发展带来严重的危害。尽管人类采取各种措施来提高预防和抵御这些风险的能力,但无论如何也不可能完全避免这些风险的发生,从而产生了人身保险的必要。

第一节 人身保险概述

一、人身保险的概念与分类

人身保险是以人的寿命和身体为保险标的的保险。人身风险是客观存在的,包括生、老、病、死、伤、残等,因此人身保险的保险责任包括当被保险人在合同期限内发生死亡、伤残、疾病等保险事故或达到合同约定的年龄、期限时由保险人给付保险金。

在西方保险业发达的国家和地区如西欧、北美、日本等,按照保险构造技术的不同,将全部保险业务划分为寿险和非寿险两大类。寿险即人寿保险,健康和意外伤害保险划归非寿险范围,在人身保险业务范围内与人寿保险构成相对的两大种类。

我国人身保险业务一般分为三大类,即人寿保险、健康保险和意外伤害保险。这是按照保险合同所涵盖的保障范围来划分的。本章也将按照这种分类方法来逐一介绍人身保险业务。

人身保险还可以有许多其他分类方式。例如,按实施方式,可分为自愿保险与强制保险;按投保主体,可分为个人人身保险与团体人身保险;按保单是否参与分红,可分为分红保险和不分红保险;按被保险人的风险程度,可分为标准体保险和次标准体保险等。

二、人身保险的特征

人身保险以人的寿命或身体为保险标的,因而具有一些不同于财产保险的特点。

(一)保险标的的不可估价性

人身保险的保险标的是人的寿命和身体,而人的寿命和身体是很难用货币来衡量其价值的。对于财产保险,保险标的在投保时的实际价值是确定保险金额的客观依据,但人身保险金额的确定没有人的生命和身体的实际价值作为客观依据。在实务中,人身保险的保险金额是由投保人和保险人双方约定后确定的,此约定金额既不能过高,也不宜过低,一般从两个方面来考虑这个问题:一方面是被保险人对人身保险需要的程度,另一方面是投保人缴纳保费的能力。对于人身保险的需求程度可以采用"生命价值"理论或者"人身保险设计"的方法来进行粗略的测算,而缴费能力则主要是根据投保人的职业和经济收入来判断。

(二)保险金额的定额给付性

人身保险金额的确定与给付的特殊性是由于人的生命和身体无法用货币衡量这一特殊性决定的。人身保险是定额给付性保险(健康保险的一些险种例外)。补偿原则是保险的基本原则,其派生出来的比例分摊原则和代位追偿原则也是保险经营中非常重要的原则。人身保险标的的特殊性使得当被保险人发生保险责任范围内的保险责任时,不能像财产保险那样根据事故发生时财产损失的实际程度支付保险赔款,并以保险金额为最高限额。人身保险只能按照保险合同规定的保险金额支付保险金,不能有所增减。因此,人身保险一般不适用补偿原则,也一般不存在比例分摊和代位追偿。同时,人身保险一般没有重复投保、超额投保和不足额投保等问题。

值得注意的是,人身保险中的医疗保险可以采用定额给付方式,也可以采用补偿方式。当采取补偿方式时,适用补偿原则,保险人对被保险人给付的医疗保险金不超过被保险人实际支出的医疗费用,可以进行比例分摊和代位追偿。

(三)保险期限的长期性

人身保险合同,特别是人寿保险合同一般是长期合同,保险期限可为人的一生,在既定的保费缴纳方式下,人身保险的保费收入稳定,可积聚巨额的、可供长期运用的资金,保险人可从中获得收益,也可以利息方式返还给投保人,如分红保险等。但也正因为其保险期限的长期性使人身保险的经营易受到外界因素的影响。

1. 利率因素的影响

人身保险合同一般具有长期性,并且多数人身保险单具有保险性和储蓄性两种性质,因此在人身保险的长期合同中都有预定利率假设,即保险人承诺给投保人的利率保证。这种预定利率与银行利率的变动有着直接的关系。一年期业务和短期业务往往可以忽略利率因素的影响,长期合同中利率因素则会产生很大的影响,时间越长,利率产生的影响越大。也就是说,同样的本金在不同的利率的积累下,经过较长的时间,最终的积累值相差极大。

2. 通货膨胀因素的影响

通货膨胀是经济发展过程中难以避免的一种经济规律,传统寿险的主要特征是固定利率和固定给付,即保险合同规定的预定利率和约定的保险金额不会因为通货膨胀的存在而改变,因此持续的通货膨胀会导致人身保险实际保障水平的下降。例如,某一人寿保险合同,其保险金额是10万元,保险期限是30年。若在第20个保单年度,发生了保险事件,保险人则给付保险金10万元。而在生活中,由于通货膨胀的影响,保障水平会远远低于10万元。

为了克服通货膨胀的影响,主要的办法是进行险种的不断变革。目前比较流行的利率敏感性险种主要包括变额寿险、万能寿险、变额万能寿险、变额年金等,这些险种都可以在一定程度上克服通货膨胀对人身保险的影响。

3. 预测因素偏差的影响

人身保险合同尤其是人寿保险合同的长期性,使保险公司对于未来某些因素的预测变得困难,面临着预测偏差的风险。影响人寿保险费率的因素有死亡率、利率、费用率、失效率和平均保额因素,但为了简化对人寿保险费率厘定原理的分析过程,往往主要考虑死亡率因素、利率因素、费用率因素,这三个因素就是我们常说的计算人寿保险费率的三要素。

对于死亡率因素,各家寿险公司之间的经验死亡率差别是很大的。高的经验死亡率可能是低的经验死亡率的1.5倍。实际上死亡率因素是会变动的,往往与预测有所偏差,如果死亡率的预测偏低，会影响公司的偿付能力；偏高则会损害被保险人的利益或丧失市场竞争能力。

对于利率因素，寿险公司的预定必须十分慎重，因为寿险公司预定的利率能否实现，要看其未来投资收益。我国利率自1996年不断下调，使保险公司的实际收益水平不断下降，但是保险公司承诺给客户的利率是不能因此而改变的，显然这将给保险公司的经营稳定带来很大的冲击，利差损很大。利率因素永远是动态的，它不可能长期稳定于某个固定值，而多数寿险合同是长期合同，因此对于利率因素可能发生的变动及其对寿险业务的影响必须进行非常谨慎的预测。

对于费用率因素的考虑也有类似的问题。不同的公司费用率一般是不同的，同一保险公司在不同时期其费用率的预测也是有一定的偏差的。

(四)生命风险的相对稳定性

作为人身保险中重要部分的人寿保险，其主要风险因素是死亡率。死亡率的规律直接影响人寿保险的成本。对于死亡保险而言，死亡率越高，则费率越高。影响死亡率的因素很多，如年龄、性别、职业、个人偏好等。当然，死亡率也是随着经济的发展、医疗保健技术、条件等的提高和生活水平的提高而不断降低，它也是在变动的。但据死亡率的研究结论，死亡率因素较其他非寿险风险发生的概率的波动则是相对稳定的，所以在寿险经营中的巨灾风险相对较少，经营稳定性较强，对于再保险的运用相对于财产保险较少，保险公司只对大额的次标准体保险进行再保险安排。

(五)保险费率的均衡性

人身保险，尤其人寿保险，风险是以死亡为基础测定的。不同年龄的人死亡率不同，特别是人到晚年，死亡率更是加速度上升。如果单纯按危险率来确定保险费率，那么保险费率就会年年变动。被保险人年龄越大，保费越高，而大多数被保险人在晚年最需要保险保障的时候就会因无力缴纳高额保费而退出保险，这样人寿保险就失去了存在的意义；而且还可能出现身体健康的人因费率上升而退出保险，体弱多病的人因其危险程度增大而坚持投保的逆选择，而且自然保费实际操作复杂，对保险人的经营很不利。为了避免费率频繁变动，使人到晚年仍可获得保险保障，保证保险人的正常经营，人身保险一般采用"平准保费法"，以均衡的费率代替每年更新的自然保险费率。

(六)人身保险的储蓄性

除提供一般保险保障外，大多数人身保险还具有储蓄性。大部分人身保险业务中，无论保险事故是否发生，被保险人都可以收回一部分保险费(一般称作保单的现金价值)。因为人身保险的多数险种具有这种储蓄性质，所以人身保险的被保险人可以在规定的额度内，用保单作抵押向保险人借款，也可以在中途解除保险合同时领取退保金等。

三、人身保险合同的常见条款

世界各国的保险监管部门，为了使不同的保险人的人身保险条款比较统一，在各自的保险法律、法规中都规定了一些标准条款，供保险人设计保险条款时采用。在我国最新修订的《保险法》中,人身保险合同一节也规定了若干标准条款,如年龄误报条款、宽限期条款、复效条款、受益人条款以及自杀条款等,并且在保险合同第十六条规定不可抗辩条款适用范围扩展到了被保险人的健康状况。以下是国际上常见的人身保险标准条款。

(一)不可抗辩条款

不可抗辩条款又称不可争议条款。此条款规定,自保单生效之日起满两年后,保险人将不得以投保人在投保时的隐瞒、误告、遗漏或不实说明作为理由,而主张合同无效或拒绝给付保险金。即保险人有两年的时间来调查投保人或被保险人的诚信情况,若发现投保人或被保险人违反了诚信原则,保险人可以解除保险合同,且不退还已收的保费。但两年过后,保险人丧失此权利。

保险合同是最大诚信合同,它要求投保人在投保时如实告知、据实回答保险人的询问,否则保险人有权解除保险合同。但在人寿保险业务的实务中,如果不加时间限制,保险人就可能滥用该规定,特别是对长期性的人寿保险合同来说,更是如此。死亡保险合同保障的是受益人的利益,经过很多个保单年度后,不易查清当时的告知是否属实,且被保险人死亡后,受益人也不一定了解当时的告知情况,保险人因投保人或被保险人的不实告知而解除合同或拒付保险金,受益人的保障就失去了,从而实际上让受益人承担了投保人的误告之责。因此为了保护被保险人或受益人的利益,许多国家都制定了不可抗辩条款。

我国《保险法》第十六条规定:"订立保险合同,保险人就保险标的或者被保险人的有关情况提出询问的,投保人应当如实告知。

投保人故意或者因重大过失未履行前款规定的如实告知义务,足以影响保险人决定是否同意承保或者提高保险费率的,保险人有权解除合同。

前款规定的合同解除权,自保险人知道有解除事由之日起,超过三十日不行使而消灭。自合同成立之日起超过二年的,保险人不得解除合同;发生保险事故的,保险人应当承担赔偿或者给付保险金的责任。"

可见,不可抗辩条款在我国属于法定条款。这一条款的实施,对于平衡保险公司与被保险人之间的利益冲突,保护处于弱势地位的被保险人及受益人的合法权益以及改善社会公众对保险业的负面印象都发挥了巨大的作用。

在保险实务中,该条款有例外情况。一般来说,保险人基于以下几种事由所提出的抗辩不受不可抗辩条款的拘束:第一,在抗辩期间内发生保险事故的,保险人的合同解除权不受 2 年抗辩时间的限制。即不可抗辩条款不适用于抗辩期间内发生的保险事故。如果在抗辩期间内发生保险事故,被保险人、受益人为了获得保险金,故意拖延至抗辩期间届满才向保险公司索赔,保险公司可以不受这一条款约束。也就是说,即使合同成立已满 2 年,保险公司仍能拒赔。英美法系很多国家通常规定,如果被保险人在抗辩期间内死亡,则不能适用不可抗辩条款,以降低道德风险,避免少数投保人、被保险人的投机行为。第二,未缴纳保险费的情形,不受不可抗辩条款的约束。第三,投保人必须对保险标的具有可保利益,以防止利用生命赌博和道德危险因素。因此,保险利益的争辩不在此规则的调整范围内。第四,此条款虽适用一般的欺诈行为,但特别严重的欺诈行为仍可能使合同无效,如冒充被保险人进行体检等行为。

第九章 人身保险

【案例9-1】

保险人未及时行使保险合同解除权

2008年9月,王某自己投保了某寿险及附加终身重疾险,保险金额分别为12万元和4万元。2010年11月,王某被医院诊断为脑干梗塞后遗症、二型糖尿病、高血压病3级、高脂血症(均属于保险合同约定的重大疾病范围)。2011年3月3日,王某向保险公司申请理赔。同年3月11日,保险公司做出拒赔决定:解除保险合同;退还所交保费12 000元。经多次协商理赔未果,王某遂诉至法院,要求保险公司给付保险金。

庭审中,保险公司辩称,王某在投保前曾因患冠心病、二型糖尿病住院治疗,而在投保前王某未履行如实告知义务,因此保险公司有权解除保险合同。

法院经审理认为:保险合同生效日为2008年9月29日,保险公司于2011年3月11日才提出与原告解除保险合同,已超出法律规定的二年期限,原告作为投保人依法享有取得理赔款的权利,遂判决保险公司赔偿投保人王某4万元。

(资料来源:https://www.sohu.com/a/121861625_469464。)

【案例9-2】

重疾险没有如实告知两年后理赔?

客户周女士于2010年3月16日投保某公司重疾险,缴费6000元。2015年因乳腺癌申请报案,要求保险公司给付保险金。经调查,2010年3月11日—15日周女士在人民医院因发现右乳肿块一年进行住院治疗,出院诊断:右侧乳房癌,癌症确诊时间为2010年3月11日。周女士15日出院16日就向公司进行投保。保险公司以客户隐瞒病情、带病投保为由,对此案件做拒付处理。

周女士不服,起诉至法院,辩称:合同成立已满2年,不可争议,应判保险公司给付保险金。法院审理认为,周女士投保前已被确诊乳房癌,其故意隐瞒病史投保、恶意骗保行为证据确凿,因此不适用于两年不可抗辩条款,驳回了周女士的请求,支持保险公司拒付保险金。

(资料来源:https://www.sohu.com/a/121861625_469464。)

(二)宽限期条款

多数人寿保险合同是长期性的,并且交费期间也是长期的,在这种情况下,投保人就可能有多种因素如疏忽、外出、经济变化等原因而不能按时缴纳保险费,如果保险人据此解除保险合同,不仅将使投保方失去保障,也不利于自身业务的巩固。因此通常规定宽限期条款。

宽限期条款规定,投保人在交纳续期保费时,保险人给予其一定的宽限时间(通常为1个月或2个月),在这一期限内,投保人即使未缴保费也不影响保单的有效性。也就是说,如果在宽限期内发生保险事故的,保险人承担给付保险金的责任,但要从保险金中扣除当期应交的保险费和利息。若宽限期满,投保人仍未交付保险费,保险合同自宽限期满翌日效力中止。例如,王先生以自己的生命为保险标的,向某寿险公司购买了一份十年期的定期寿险,保险金额为10万元,以普通的年缴保费方式支付保险费。王先生在交纳了首期保费后,由于出差在外未能在保单规定的期限(60天)内续缴保费,在保单没有另外规定的情况下,该保险合同效力中止。也就是说,若王先生在过了宽限期后,即使发生了保单中规定的责任范围内的事故,保险人也不会给付保险金。但如果王先生是在宽限期内发生了保险事故,保险人还是应给付小于10万元的保险金(10万元再扣除当期应缴纳的保费和利息)。

我国《保险法》第三十六条规定:"合同约定分期支付保险费,投保人支付首期保险费后,除合同另有约定外,投保人自保险人催告之日起超过三十日未支付当期保险费,或者超过约定的期限六十日未支付当期保险费的,合同效力中止,或者由保险人按照合同约定的条件减少保险金额。被保险人在前款规定期限内发生保险事故的,保险人应当按照合同约定给付保险金,但可以扣减欠交的保险费。"

(三)复效条款

合同履行过程中,在一定的期间内,由于失去某些合同要求的必要条件,致使合同失去效力,称为合同中止;一旦在法定或约定的时间内所需条件得到满足,合同就恢复原来的效力,称为合同复效。该条款规定,人寿保险单因欠缴保费而效力中止的,投保人可以在一定期限内申请复效。

为了保护被保险人和受益人的利益,保险人给投保人交纳保险费的宽限期,在宽限期结束后仍未交纳应付保险费的,保险合同的效力中止。一旦投保人重新具备缴纳保险费的能力并且愿意补缴合同效力停止期间的保险费和利息,保险合同效力将恢复。但如果中止期限届满,投保人仍未能就复效问题与保险人达成一致意见并补缴保险费,那么保险人有权解除保险合同。我国保险法规定,合同的中止期限为二年。

投保人如果申请合同复效,须满足以下条件:第一,必须在规定的期限内办理复效申请。第二,被保险人要符合可保条件。第三,申请复效时须补缴失效期间未缴的保险费和利息。

我国《保险法》第三十七条规定:"合同效力依照本法第三十六条规定中止的,经保险人与投保人协商并达成协议,在投保人补交保险费后,合同效力恢复。但是,自合同效力中止之日起满二年双方未达成协议的,保险人有权解除合同。"

(四)保费自动垫缴条款

该条款规定,投保人在合同有效期内已缴足两年以上保险费的,若以后的续期保险费超过宽限期仍未交付,而保险单当时的现金价值足以垫缴应缴保险费及利息时,除投保人事先另以书面作反对申明外,保险人将自动垫缴其应缴保险费及利息,使保险单继续有效。如果垫缴后,投保人续期保费仍未交付,垫缴应继续进行,直到累计的贷款利息达到保单上的现金价值时,保险合同的效力中止,此中止适用复效条款。如果被保险人在垫缴期间发生保险事故,保险人应从给付的保险金中扣除贷款利息。规定该条款的目的是为了减少保单失效,维持较高的续保率。

(五)不丧失价值条款

人寿保险合同的投保人享有保单现金价值的权利,不因保险合同效力变化而丧失。也就是说，即使保险单失效了，保单中的现金价值所有权不变。

在人寿保险发展之初，对保险单失效后是否给付投保人保险单中的现金价值没有统一的规定。因此，各保险人做法不一，有的保险人给付保险单持有人部分现金价值，有的保险人没收失效保险单的现金价值，使其成为保险公司的利润来源之一。后来，这些做法逐步被人们认识到对投保人极不公平。于是，一些国家的法律就规定，储蓄性的人寿保险单失效，其投保人对保险单享有的现金价值权利不丧失。

由于人寿保险实行均衡费率，使得投保人在交付一定时期(一般为二年或三年)保险费之后，人寿保险合同就具有了一定量的现金价值，且大部分险种的现金价值是不断递增的。这部分现金价值如同储蓄存款一样(在不发生给付的情况下)，应为投保人所拥有。也就是说，当保险费交给保险人后，其中的一部分用于支付保险人的费用，大部分被积存用作责任准备金，保险事故发生前，保险人也可以使用这部分现金价值；保险事故发生后，投保人可以取回全部保险金；而当投保人不愿继续投保而致使保险合同失效时，投保人仍然享有现金价值的权利，因此称为不丧失价值条款。

【小贴士】

保单现金价值

保单现金价值(cash value of insurance policy)，又称解约退还金、退保价值，是指带有储蓄性质的人身保险单所具有的货币价值。在长期性寿险合同中，保险人为履行合同责任，通常需要提存一定数额的责任准备金。当被保险人于保险有效期内因故要求解约或退保时，保险人按照规定，将提存的责任准备金减去解约扣除后的余额退还给被保险人，这部分余额即解约金，亦即退保时保单所具有的现金价值。

(六)保单贷款条款

该条款规定，人寿保险单经过两年时间后，投保人可以以保单为质押向保险人申请贷款。根据不丧失价值条款，保单经过一定时期之后会积存一定的现金价值，且该现金价值归保单持有人所有。因此，如果投保人有经济上的临时性需要，保险人应该将该现金价值暂时借给投保人使用。贷款的金额只能是保单现金价值的一定比例，如75%或80%等。保险人将按照保单上规定的利率收取利息。当贷款本利和达到保单的现金价值时，投保人应按照保险人的通知日期还清款项，否则保单失效。因为它相当于投保人已经领取了退保金，所以此种失效一般不得申请复效。如果被保险人或受益人领取保险金时，保险单上的借款本息尚未还清，保险人将在保险金内扣除贷款本息。

保单贷款的期限多以6个月为限，贷款利率略高于或等于金融机构的贷款利率，通常到期可以自动更新。保单贷款并非真正的"贷款"，一般贷款是指债权人借款给债务人，两者签订协议，约定债务人到期还本付息。保单贷款与一般贷款的区别在于：在保险人给予保单贷款时，投保人并未许诺将来还贷款。更准确地说，保单贷款是保险人将最终必然要支付的款项预付给投保人。实行保单贷款方便了投保人，降低了保单解约率，增加了保险人的资金运用渠道。但由于贷款金额较小，笔数较多，保单贷款的净收益率远小于保险人将此笔资金运用于其他投资所能得到的净收益。所以，该条款实际上是保险人给予投保人的优惠条款。

(七)年龄误报条款

被保险人的年龄是确定保险费率的重要依据之一，也是保险人是否承保的条件。投保人是在申请投保时提供被保险人的年龄的，保险人则是在发生保险事件时对被保险人的年龄进行核实的。一般规定：第一，在被保险人生存期间发现年龄误报，可调整保费而维持原保额不变；第二，在被保险人死亡时发现年龄误报，则只能按真实年龄调整保额；第三，在真实年龄超过保险公司规定的最高年龄时，保险合同自始无效，保险人退还保险费。

我国《保险法》第三十二条规定："投保人申报的被保险人年龄不真实，并且其真实年龄不符合合同约定的年龄限制的，保险人可以解除合同，并按照合同约定退还保险单的现金价值。保险人行使合同解除权，适用本法第十六条第三款、第六款的规定。投保人申报的被保险人年龄不真实，致使投保人支付的保险费少于应付保险费的，保险人有权更正并要求投保人补交保险费，或者在给付保险金时按照实付保险费与应付保险费的比例支付。投保人申报的被保险人年龄不真实，致使投保人支付的保险费多于应付保险费的，保险人应当将多收的保险费退还投保人。"

被保险人死亡时发现年龄误报，保险金额的调整方法如下。

> 【例9-1】某人投保10年期的定期寿险，保险金额为10万元，保费的缴纳方式是10年限交，投保年龄为30岁，年交保费为3300元。6年后，此被保险人死亡。保险人在理赔时发现此被保险人投保时的实际年龄为31岁，而31岁的人年交保费为3500元。因此，保险人实际应给付受益人的保险金调整为多少？
>
> 【解 析】保险人应给付受益人的保险金为
> $$100\ 000 \times (3300/3500) = 94\ 286(元)$$
> 即保险人给付受益人保险人94 286元。

(八)自杀条款

所谓自杀，在法律上是指故意剥夺自己生命的行为。如果没有主观上的故意，则不能称为自杀。在人寿保险合同中，一般都将自杀作为责任免除条款来规定，这主要是为了避免蓄意自杀者通过保险方式谋取保险金，防止道德危险的发生。但自杀毕竟是死亡的一种，有时被保险人遭受意外事件的打击或心态失常亦会做出结束自己生命的行为，并非是在有意图谋保险金。为了保障投保人、被保险人、受益人的利益，很多国家在人寿保险合同中都将自杀列入保险责任范围，但规定保险合同生效一定期限后(通常是2年)发生被保险人的自杀行为，保险人才承担给付保险金责任。

我国《保险法》第四十四条规定："以被保险人死亡为给付保险金条件的合同，自合同成立或者合同效力恢复之日起二年内，被保险人自杀的，保险人不承担给付保险金的责任，但被保险人自杀时为无民事行为能力人的除外。保险人依照前款规定不承担给付保险金责任的，应当按照合同约定退还保险单的现金价值。"如果自杀发生在两年以后，保险人履行给付保险金责任。

在寿险业务中，曾在很长一段时间内将自杀作为除外责任，人们认为如把自杀包括在保险责任范围内，会助长道德风险。但是后来人们发现对自杀完全免除责任是不尽合理的，因为：第一，人寿保险是保障受益人的利益的，因此当被保险人与受益人并非为同一人的情况下，被保险人自杀，若保险人一概不负给付保险金责任，会给受益人带来生活上的困难。第二，自杀，也是死亡率中的若干原因之一，这种死亡是包括在据以计算保险费的死亡表之内的。所以，保险人完全把自杀排除在保险责任之外是不合理的，因为投保人已为自杀缴付保险费了。第三，虽然为了保护保险公司的利益，防止某些蓄意自杀以谋取保险金的行为是必要的，但对这种损害保险公司利益的逆选择行为规定一个免责期限就可以了。根据心理学的调查，一个人在一两年以前即开始自杀计划，这一自杀意图能够持续 2 年期限并最终实施的可能性很小。因为随着时间的推移、环境的变化、新机会的出现，人的不理智决定会发生改变。因此，自杀条款的规定既可避免道德风险的发生，也可最大限度地保障被保险人和受益人的利益。

需要注意的是，自杀条款只适用于死亡为给付条件的合同，不适用意外伤害，在人身意外伤害保险中，对被保险人故意自杀，保险人一律不承担保险金给付责任。

【案例 9-3】

港星自杀能否获保险理赔

2003 年 4 月，香港影星张国荣选择自杀结束生命，除了留给影、歌迷无限的怀念以外，死因谜团与所留下的财产如何处置，也倍受人们关心。

张国荣先生去世后，负责他生前人寿保险的香港某保险公司正式开具了一张价值 4000 多万港币的人寿保险理赔单，但没有理赔自 2002 年 1 月自杀未遂后签署下的一张千万(美金)保额的保险。原因是什么？

自杀条款：合同成立两年内的自杀行为不属于理赔范围。

(资料来源: http://www.xiangrikui.com/shouxian/dingqi/505306.html.)

【案例 9-4】

未成年人自杀能否得到保险赔付

2017 年 4 月 28 日，严某为其 9 岁的女儿向某保险公司投保了 5 份少儿保险，身故受益人为严某。2018 年 3 月 22 日，严女因不满父亲训斥而在家中自缢。经公安部门现场勘察和调查询问，认定刘女的死亡性质为自杀。同年 5 月 17 日，受益人严某持相关资料向保险公司申请赔付身故保险金。保险公司是否需要给付保险金？

本案的焦点是无民事行为能力人自杀是否适用法定或约定的自杀免责条款问题。

我国《保险法》第四十四条规定："以被保险人死亡为给付保险金条件的合同，自合同成立或者合同效力恢复之日起二年内，被保险人自杀的，保险人不承担给付保险金的责任，但被保险人自杀时为无民事行为能力人的除外。"本案被保险人自杀的时间虽然在合同成立的 2 年内，但是其为 9 岁的未成年人，不受这一时间的约束。因此保险公司需要向受益人给付保险金。

(九)保单转让条款

人寿保险单是一种特殊的金融资产，其现金价值逐年递增，同时它需要在一定的条件下，才能从依法占有变为实际占有。人寿保险单持有人在不侵犯受益人的既得权利的情况下可以将其保单转让。转让分为绝对转让和质押转让两种。绝对转让是指把保单所有权完全转让给另一个所有人。如母亲购买了一份以其女儿为被保险人的寿险保单,在其女成人后,将保单赠予她,这就属于绝对转让。质押转让是指把保单作为被保险人的信用担保或贷款的质押品。人寿保单的转让仅仅是一种民事权利和义务的转移,并不改变被保险人。保单转让时,必须书面通知保险人,否则不发生法律效力。通常,受让人取得保单后,一方面取得了权利,另一方面也要承担相应的原保险合同规定的一些尚未履行的义务。

我国保险法规定,按照以死亡为给付保险金条件的合同所签发的保险单,未经被保险人书面同意,不得转让。

第二节 人寿保险

一、人寿保险的概念与种类

人寿保险(life insurance)是以人的寿命为保险标的,以人的生死为保险事件,当发生保险事件时,保险人履行给付保险金责任的一种人身保险。人寿保险是人身保险的主要组成部分,当被保险人在保险有效期内发生合同规定的保险事件时,保险人按照约定给付死亡保险金或满期生存保险金。

人寿保险的产品种类随着人们对寿险产品的需求和当今金融产品以及现实条件的成熟而不断增加。其主要险种体系可以分为传统型人寿保险和创新型人寿保险两大类。其中传统型人寿保险是最基本的险种,它保障的是人的生、死等基本危险,包括死亡保险、两全保险和生存保险。年金保险是一种特殊的生存保险,保险金的支付是一系列形式的。创新型人寿保险包括分红保险、万能保险、变额寿险等带有投资理财功能的险种。

二、传统型人寿保险

(一)死亡保险

死亡保险是以被保险人的死亡为保险事件,在保险事件发生时,由保险人给付保险金的一种保险。它保障的是被保险人的受益人在被保险人死亡后能维持一定的生活水平。按照保险期限的不同,死亡保险分为定期死亡保险和终身死亡保险。

1. 定期死亡保险(term life insurance)

定期死亡保险即定期寿险,是以被保险人在保险合同规定的一定期限内发生死亡事件而由保险人给付保险金的一种人寿保险。也就是说,如果被保险人在规定的期限内死亡,保险人向受益人给付保险金;如果被保险人在期满仍然生存,保险人不需给付保险金,也不退还保费。

通常,定期寿险的特点可以概括为:①保险期限灵活,可长可短。一般可在合同中约定年限,也可约定保险期限达到一定的年龄为保险期满。②保费低廉。定期寿险的保费低廉是因为它提供的完全是危险保障,不包括储蓄的性质。在保险有效期内,发生合同约定的死亡事件,保险人则给付保险金;倘若期满未发生合同约定的死亡事件,保险人与被保险人所签订的保险合同清结。③由于其低费率高保障,使得被保险人的逆选择增加,同时也容易诱发道德风险。④可续保性。几乎所有的 1 年期、5 年期、10 年期等定期寿险保单都包含一项续保选择权。该选择权允许保单持有人在保单到期时，不经可保性检查便可以续保，通常续保的期间长度有一定的限制，保单持有人续保时的年龄也有一定限制。⑤可转换性。很多定期寿险都可以进行转换，即允许保单持有人将定期寿险转换成终身寿险或其他等额的寿险而无须提供可保性证明。通常，定期寿险的可转换期较保单有效期要短，过了可转换期而没有提出保单转换的要求，则视为自动放弃该权利。

2. 终身死亡保险(whole life insurance)

终身死亡保险又称终身寿险，即终身提供死亡保障的保险。在保险合同有效期间发生保险责任范围内的事件，不论被保险人何时死亡，保险人都给付保险金。

通常，终身寿险的特点为：第一，保险期限是被保险人的终身；第二，保险金额通常保持不变，除非保单有特约条款允许在一定情况下进行调整，如按物价指数调整；第三，具有储蓄性。保单经过一定年期就具有了现金价值，投保人对保单现金价值具有处置权。几乎所有的终身寿险都基于生命表所假设的 100 岁为人的寿命极限，尽管实际上许多被保险人能生存至 100 岁以后，但保险人在定价时，假定所有被保险人的最大寿命为 100 岁。在中国，生命表中规定的最高年龄为 105 岁。这样，为求得公平，保险人就应在被保险人生存至 100 或 105 岁时就支付全部保险金，而不是等到被保险人在 100 岁或 105 岁后死亡时支付。

(二)生存保险

生存保险是以被保险人于保险期满或达到某年龄时仍生存为给付保险金条件的一种人寿保险。生存保险保障的目的主要是为年老的人提供养老保障，或者为子女提供教育基金等。

1. 单纯的生存保险

单纯的生存保险以被保险人在保险期满或达到某年龄时仍生存为给付条件，并一次性给付保险金。若被保险人在保险期限内死亡，则不能得到保险金，且所缴保费也不予退还。在寿险实务中，单纯的生存保险一般不作为独立的险种。

2. 年金保险

年金保险是指在被保险人生存期间，保险人按照合同约定的金额、方式，在约定的时间开始时有规则地、定期地向被保险人给付保险金的保险。年金保险大多数用于养老，所以又称养老年金保险。

年金保险可以按不同的标准进行分类。

(1) 按缴付保费的方式分类，可分为趸缴年金和分期缴费年金。

趸缴年金是指保费由投保人在投保时一次全部缴清，然后于约定时间开始，可以在趸缴保费后不久，也可以在很长时期以后，按期由年金受领者领取年金。

分期缴费年金是指年金保费是由投保人采取分期缴付的方式，如在一个规定时期内按年缴费，也可以按半年、季、月缴费，然后于约定给付开始日起按期由年金受领者领取年金。

(2) 按年金给付开始日期分类，可分为即期年金和延期年金。

即期年金是年金受领者在订立合同后，仅间隔一个给付期间就开始按期领取年金。即期年金必须采用趸缴保费的方式。

延期年金是指购买年金保险后，须经过一定时期，这个一定时期必须比一个给付间隔长，如几年或几十年才开始给付第一次的年金。人们通常在工作时期购买延期年金，以满足其退休后的生活需要。延期年金可以趸缴保费方式购买，也可以用分期缴费方式购买。延期的时间愈长，缴付保费的方式也就愈灵活。

(3) 按被保险人人数分类，可分为单生年金和联合年金。

单生年金是指被保险人为一个人的年金保险，并以其本人的生存作为给付年金的条件。

联合年金是指有两人或两人以上的被保险人，以他们的同时生存作为年金给付的条件，只要其中一个人死亡则终止保险金给付。

(4) 按年金给付条件分类，可分为生存年金、确定年金和定期生存年金。

生存年金是以年金受领者的生存作为给付年金的条件。即，年金受领者在合同规定的期限内生存，可以按期领取年金，直到死亡为止。

确定年金是以合同约定的一定期限为给付年金的条件，而不受年金受领者是否生存的限制。即，在合同约定的时期内，无论年金受领者是否生存都可以由年金受领者或其受益人领取年金。

定期生存年金在一个规定时期期满或年金受领者死亡时停止给付年金，以两者先发生的为准。

(5) 按年金给付金额是否变动分类，可分为定额年金和变额年金。

定额年金是指每期年金给付额保持不变。

变额年金是指每期年金给付额会有所变化，给付额主要是根据投资收益进行调整，以保持年金的实际购买力，抵消通货膨胀。

(三)两全保险(endowment insurance)

两全保险是既提供死亡保障，又提供生存保障的一种保险。两全保险中的死亡给付对象是受益人，而期满生存给付的对象是被保险人。

从数学的概念上看，两全保险的保险人提供两种承诺：一是若在保险有效期内被保险人死亡，则向其受益人支付保单规定数额的死亡保险金；二是若被保险人生存至保险满期，则也向其支付保单规定数额的生存保险金。这样，在保险期内提供死亡给付，只需在生存保险中增加一个同期的定期寿险。可以看出，两全保险是将定期寿险及生存保险合在一起，既提供死亡保障又提供生存保障的保险。

从经济学的角度看，两全保险可以分为两个部分：保额递减的定期寿险及保额递增的储蓄性保险。储蓄部分的价值，保单持有人可以通过退保及保单贷款获得，递增的储蓄部分与递减的定期寿险部分相结合，恰好等于保单规定的保额。

【案例9-5】

被保险人被宣告死亡 保险公司应否赔付

案情回放

原告：张某某、刘某某　　被告：某保险公司

第九章 人身保险

2003年，投保人刘某在保险公司购买了两份人寿保险，保险金额分别为6万元、10万元，被保险人均为刘某，受益人均为张某某、刘某某。保险合同分别约定：在本合同有效期内，被保险人身故，保险公司按照基本保额的3倍给付身故保险金，但应扣除已给付的重大疾病保险金，本合同终止；在本合同约定的养老金开始领取日前被保险人身故，本公司按所交保险费(不计利息)与现金价值数额较高的给付身故保险金，本合同终止。此后，刘某自2003年开始缴纳保费直至2006年。2007年8月26日，刘某最后一次与家人联系后失踪。张某某、刘某某先后向江阴法院申请宣告刘某失踪、死亡，江阴法院于2013年4月28日判决宣告刘某死亡。

刘某欠缴保费后，根据保险条款的规定，保险公司按照保险合同的现金价值自动垫交了保险费。审理中，张某某、刘某某提出，其本不知晓刘某投保了上述保险，2015年6月接到保险公司电话通知领取保险合同现金价值时，才知道刘某投保的事情；刘某下落不明后，事实上其本人没有办法继续履行交费义务，若法院判决保险公司承担理赔责任的话，张某某、刘某某同意将刘某被宣告死亡前未缴纳的保险费及利息直接从身故保险理赔款中扣除，对于第二份保险同意领取剩余的现金价值。本案争议的焦点为：刘某被宣告死亡，是否属于保险责任范围；刘某欠交保费超过二年，保险合同是否中止，保险公司能否解除保险合同。

裁判结果

江阴法院经审理认为：刘某与保险公司之间的保险合同关系依法成立。

关于争议焦点一，根据传统民法理论及民法通则的相关规定，死亡包括生理死亡和宣告死亡，保险合同中未对"身故"的含义进行明确界定，亦未将宣告死亡排除在保险责任范围外，在双方对合同条款发生争议时，法院应当作出对提供格式合同一方不利的解释，故刘某被宣告死亡应属于保险责任范围。

关于争议焦点二，宣告死亡是人民法院依照法律规定所作的死亡认定判决，必须经法定的程序和期间，所需时间较长，刘某失踪这一客观事实导致不论在客观上还是主观上，其均不能履行交费义务，应与因投保人主观上的故意或疏忽未交纳保费不同。保险合同属于最大诚信合同，保险公司不能以此为由解除保险合同，同时从公平原则考虑亦应在理赔款中扣除相应保费。遂于2015年9月23日判决保险公司给付张某某、刘某某保险理赔款158 555元，驳回张某某、刘某某的其他诉讼请求。

法官后语

保险合同属于最大诚信合同。双方应按照约定全面履行自己的义务。根据传统民法理论及民法通则的相关规定，死亡包括生理死亡和宣告死亡，在双方对合同条款发生争议时，法院应当作出对提供格式合同一方不利的解释，故本院认定刘某被宣告死亡应属于保险合同约定给付身故保险金的保险责任范围。而宣告死亡必须经法定的程序和期间，所需时间较长，投保人因失踪等客观原因导致未能按时交纳保费应与主观上的故意或疏忽未交纳保费不同。根据诚信原则，保险合同中对投保人、被保险人被宣告死亡期间发生拖欠保费的情况应如何处理未作约定，保险人因投保人在此期间未按时缴纳保费而中止或解除保险合同，有违保险合同保障风险之目的，故保险公司不能以此为由解除保险合同，同时从公平原则考虑亦应在理赔款中扣除相应保费。

本案判决于最高人民法院《关于适用〈中华人民共和国保险法〉若干问题的解释(三)》颁

布前，该解释规定的"投保人为被保险人订立以死亡为给付条件的人身保险合同，被保险人被宣告死亡的，当事人要求保险人按照保险合同约定给付保险金的，人民法院应予支持，被保险人被宣告死亡之日在保险责任期间之外，但有证据证明下落不明之日在保险责任期间之内，当事人要求保险人按照保险合同约定给付保险金额，人民法院应予支持"即属于本案所涉情形。

(资料来源：http://insurance.jrj.com.cn/2017/12/08140223763543.shtml)

三、创新型人寿保险

创新型人寿保险相对于传统寿险的主要区别在于充分考虑了通货膨胀的影响，在我国，主要包括分红保险、万能寿险和变额寿险。

【拓展阅读9-1】

创新型人寿保险的产生与发展

20世纪70年代至80年代，欧美国家正值高通货膨胀及高利率时代，消费者想通过购买金融工具来获取高回报，银行和证券公司开发出大量创新的金融产品，从而吸引了大量的个人金融资产，而保险公司的传统型保险产品的给付选择无法应对高通胀，造成保险公司的资金外流，这就迫使欧美的寿险从业者纷纷调整传统型寿险产品的设计方向，开发出"投资型保险"即创新型寿险产品。由于创新型寿险产品的竞争对手不再是同行业的产品，而是其他金融产品，因此其应运而生了。

20世纪70年代后期，投资型保险(基金连结保险)在英国的保险市场上逐渐取代传统型保险，越来越多的传统型业者开始拓展与共同基金相结合的寿险商品，再加上在股票市场的稳定获利，大多数英国人开始意识到创新型产品的好处，需求不断上升。从1987年至1997年间，英国的基金连结保险在寿险市场上的份额由39%提高到50%，增长了11%。

1976年，美国Equitable人寿保险公司开发出名为"变额保险"的第一代创新型寿险产品。从80年代开始，变额保险在美国获得迅速发展，共有30多家保险公司销售此类保单。截至1999年，变额保险在美国寿险市场所占份额已超过30%。

创新型寿险产品的推出产生了三大趋势：消费者意识的提高、投资选择自主性以及保险公司经营创新。

(资料来源：荆涛. 人寿与健康保险[M]. 北京：北京大学出版社，2011)

(一)分红保险(participating insurance)

分红保险是指保险人除了按照保单所载明的保险责任对被保险人进行给付以外，还将该产品经营中所取得的一部分盈利以保单红利的方式返还给保单持有人的保险。对客户来说，购买这种保险，不仅可以享有充分的保险保障，还能够从保险公司经营的利润中获得稳定、较高的投资回报。

在最初的相互保险公司的组织结构中，公司的所有人就是保单持有人，他们参与公司的利润分配。后来股份制寿险公司为了吸引客户并规避利率风险，同时考虑到保单持有人的公平性，开始推出一种可以将保单盈余返还给客户的保险，即分红保险。

第九章　人身保险

分红保险目前在世界各国的人寿保险市场上占有较高的比例。在北美地区，所有的相互保险公司以及一些股份制寿险公司的人寿保险主流产品均带有分红性质。在北美地区，80%以上的产品具有分红功能；在德国，分红保险占该国人寿保险市场份额的85%；在香港，这一数字更是高达90%。

(二)万能寿险(universal life insurance)

万能寿险是一种缴费灵活、保额可调整的非约束性的寿险。万能寿险是为了满足要求保费支出较低且方式灵活的寿险消费者的需求，于1979年后最早出现于美国寿险市场的。

万能寿险和传统寿险相比具有以下特点。

1. 保费缴付的灵活性

万能寿险对投保人的首期保费的金额有最低的限制，以后各年的保费则由保单持有人来决定，但未来各年的保费必须足够支付定期寿险的费用，否则保单的效力中止。万能寿险通常也规定了最高限制金额，保单持有人可以在最低与最高金额之间决定自己的缴费金额。在不低于最低保险金额的前提下，如果是减少保险金额，不需要提供可保性证明；如果是增加保险金额，则需要提供可保性证明。

2. 保险金额的可调整性

万能寿险有两种供投保人选择的给付方式：方式A是一种均衡式给付。在该方式下，净风险保额每期都进行调整，以使得净风险保额与现金价值之和成为均衡的死亡保险金。这样，如果现金价值增加了，则风险保额就会等额减少；反之，若现金价值减少了，则风险保额就会等额增加。方式B是一种随保单现金价值变化而变化的给付方式。在该方式下，死亡给付金额为均衡的净风险保额与保单现金价值之和。这样，如果现金价值增加了，则死亡给付额会等额增加。

3. 账户透明

在万能寿险经营中，每个保单持有人单独设立账户，该账户的收入项目有：新缴纳的保费、保证利息和超额利息。支出项目有：定期寿险费用和管理费用。收入项目与支出项目相抵后的余额用来增加保单的现金价值量。保险人每年向保单持有人寄送报告，说明各账户的具体收支情况。

(三)变额寿险(variable life insurance)

变额寿险在不同的国家有不同的名称，美国叫变额寿险，英国称为单位连接保险，加拿大叫权益连接保险，新加坡和中国称为投资连结保险(简称投连险)。变额寿险20世纪70年代初出现在欧洲和加拿大，1976年，美国的人寿保险公司也开始销售这个险种。变额寿险是通货膨胀的产物。20世纪70年代初，整个西方资本主义国家发生了严重的通货膨胀，传统的固定保险费、固定保险金额的险种受到了极大的挑战，甚至整个保险业都受到了威胁。在此背景下，一种固定保险费而死亡给付金额不固定但有最低保证的新险种就产生了，即变额寿险。经营变额寿险的保险人将本保险的资产设立单独账户，单独进行投资，死亡给付金额将随着投资结果进行调整。

保险人为了稳妥经营，大多采用了投资组合方法。保险人提供的投资账户有：股票基金、债券基金和货币市场基金等。保单持有人有投资选择权，他们可以决定净保费投入各种基金的比例或投入每一种基金的限额。保险人每年还要向保单持有人寄送报告，以说明他们所持有保单的现金价值、死亡保障金额和各项费用。

变额寿险大多是终身寿险。投保的根本目的是希望受益人得到较大的死亡保险金数额，但最终结果如何取决于投资业绩。如果投资收益率高，现金价值和死亡保障都会增加；如果投资收益率低，只能保证最低死亡给付金额。也就是该保单的死亡给付包括两个部分：第一部分是保单约定的最低死亡给付额，这一部分是固定的；第二部分是可变的死亡给付部分，即随投资收益变化的部分。投资收益超过保单预定利率的部分用来购买一份额外的保险。这份保险通常按纯费率购买，购买时间可以按天、按周、按月、按年进行，如果投资收益低于保单预定的利率，则会相应减少过去已增加了的保额，直至保额的最低限度。保单持有人承担了几乎全部的投资风险，但死亡率和费用率的变动风险仍由保险人承担。

变额寿险还提供许多传统的保单选择权，如家庭定期保障、意外死亡保障、保费豁免保障和保证可保。变额寿险的保单抵押贷款一般以现金价值的75%为限，这是因为变额寿险的现金价值数额波动性比较大。保单持有人要求退保时，退保金根据当时的保单现金价值计算。

【拓展阅读9-2】

记者观察：个人养老金来了，期待更"接地气"

翘首以盼的个人养老金制度终于落地。

2022年11月25日，个人养老金制度在北京、天津、河北石家庄、山西晋城市等36个先行城市和地区启动实施。先行城市符合条件的群众可自愿参加个人养老金业务，购买符合规定的储蓄存款、理财产品、商业养老保险、公募基金等金融产品。

多家银行网点的账户办理业务也相继上线，打响激烈的"客户争夺战"。根据规定，开立个人养老金资金账户，银行免收年费、账户管理费、短信费、转账手续费。还有多家银行推出"开户有礼"活动，例如福利金、支付贴金券礼包奖励等。

不过与业内的"火热"略有不同，部分普通百姓对政策还处于一知半解，甚至还有个别人开户是被"优惠"吸引。记者的多位非业内朋友也纷纷表示，"不了解个人养老金能买啥，无法分辨与养老保险有何不同，不过应该是好事吧"。

在我国人口老龄化态势愈发紧迫的情况下，大力发展作为第三支柱的个人养老金是必要之举，一方面，可以为个人养老保障提供多个选择；另一方面，也有助于建成覆盖全民、权责清晰、保障适度的多层次养老保险体系。与此同时，我们也应客观认识到其门槛，应该想办法让其更"接地气"。

与第一支柱的基本养老保险、第二支柱企业年金等不同，作为第三支柱的个人养老金，需要我们自己去选择投资。相应地，投资门槛就变高了。因此，银行保险机构就应该在这方面多做普及，一是要有的放矢，养老产品适合什么人群，要有针对性地进行科普；二是多渠道拓展，利用媒体、自有账号、自媒体等展开答疑，包括如何选择适合自己的产品，个人养老金可以解决哪些问题，产品的持有及赎回或者领取应注意哪些问题，甚至包括"三支柱"养老保险体系间的异同等基础知识。而"开户优惠"等，可以作为推广的辅助手段。

如今，个人养老金制度的落地，是一个大的进步，人们的养老保障又多了一种选择。但同时，在国人养老尤其是低收入群体养老方面，还需要政策加力。国家统计局的数据显示，2021年，全国居民人均可支配收入中位数29975元，这意味着对于部分人而言，除去生活所需现金流后的结余资金并不多，但是养老需求却实际存在。第一支柱基本养老保险之外的空白领域，亟待弥补。

发展第三支柱个人养老金，是适应国情的必须之举，也是利民的好事，如何能让政策红利遍及目标群体甚至更多群体，是需要时间和多方共同努力的，期待36个入选个人养老金先行城市(地区)，可以带来积极的总结经验。

(资料来源：http://www.cbimc.cn/content/2022-11/30/content_472801.html.)

第三节 人身意外伤害保险

一、人身意外伤害保险的概念与分类

(一)人身意外伤害保险的概念

人身意外伤害保险(accident injury insurance)是以被保险人因遭受意外伤害造成死亡或残疾为给付保险金条件的一种人身保险。人身意外伤害保险有三层含义：第一，必须有客观的意外事故发生，且事故原因是意外的、偶然的、不可预见的；第二，必须有客观事故造成被保险人人身的死亡或残疾的结果；第三，意外事故的发生和被保险人遭受人身伤亡的结果，两者之间有着内在的、必然的联系，即意外事故的发生是被保险人遭受伤害的原因，而被保险人遭受伤害是意外事故的后果。

意外伤害保险的保障项目主要有两项：一是死亡给付，被保险人因遭受意外伤害造成死亡时，保险人给付死亡保险金。二是残疾给付，被保险人因遭受意外伤害造成残疾时，保险人给付残疾保险金。死亡给付与残疾给付是意外伤害保险的基本责任。

意外伤害保险的派生责任包括医疗费用给付、误工给付、丧葬费给付和遗属生活费给付等责任。医疗费用给付，即被保险人因遭受意外伤害事故支出医疗费用时，由保险人按合同约定予以补偿。意外伤害医疗不是意外伤害保险的责任范围，它必须经当事人同意，以特约条款方式附加于意外伤害保险单或人寿保险单上。误工给付，即被保险人因遭受意外伤害，暂时丧失劳动能力时，由保险人给付停工收入保险金。此险种一般不能单独投保，只能作为意外伤害保险的附加险。丧葬费给付和遗属生活费给付一般情况下，也是作为意外伤害保险的附加险或在附加责任中体现。

(二)意外伤害保险的分类

(1) 按保险责任分类，人身意外伤害保险主要分为以下三种：一是意外伤害死亡残疾保险。保险责任是死亡给付和残疾给付。二是意外伤害医疗保险。保险责任是意外造成的医疗费用给付。三是意外伤害停工收入损失保险。保险责任是意外造成暂时丧失劳动能力的停工收入给付。

(2) 按保险危险分类，人身意外伤害保险可分为两种：第一，普通意外伤害保险。它

所承保的危险是在保险期限内发生的各种意外伤害。即指被保险人在保险有效期内，因遭受意外伤害而致死亡、残疾或暂时失去工作能力时，由保险人给付保险金的保险。第二，特种意外伤害保险，它是以特定时间、特定地点或特定原因发生的意外伤害为保险危险的意外伤害保险。例如，旅行意外伤害保险。特种意外伤害保险还包括游泳者意外伤害保险、索道游客意外伤害保险、登山意外伤害保险和电梯乘客意外伤害保险等。

(3) 按保险期限分类，意外伤害保险分为三种：一年期意外伤害保险，即保险期限为1年的意外伤害保险业务；极短期意外伤害保险，即保险期限不足1年，往往只有几天、几小时甚至更短的意外伤害保险，如索道游客意外伤害保险、航空意外伤害保险等；多年期意外伤害保险，其保险期限超过1年的意外伤害保险。

(4) 按承保方式分类，意外伤害保险可分为：个人意外伤害保险和团体意外伤害保险。个人意外伤害保险，即以个人方式投保的人身意外伤害保险。团体意外伤害保险，即以团体方式投保的人身意外伤害保险，其保险责任、给付方式均与个人投保的意外伤害保险相同。该保险也就是一个团体内的全部或大部分成员集体向保险公司办理投保手续，以一张保险单承保的意外伤害保险。团体指投保前即已存在的机关、学校、社会团体、企业、事业单位等，而不是为了投保而结成的团体。

二、人身意外伤害保险的保险责任

人身意外伤害保险的保险责任与死亡保险的保险责任既有重合又有区别。人身意外伤害保险的保险责任是被保险人因意外伤害所致的死亡或残疾，不负责疾病所致的死亡。死亡保险的保险责任是被保险人因疾病或意外伤害所致的死亡，不负责意外伤害所致的残疾。

意外伤害保险的保险责任由三个必要条件构成，即被保险人在保险期限内遭受了意外伤害；被保险人在责任期限内死亡或残疾；被保险人所受意外伤害是其死亡或残疾的直接原因或近因。三者缺一不可。

(一)被保险人遭受了意外伤害

被保险人在保险期限内遭受意外伤害是构成意外伤害保险的保险责任的首要条件。这一条件包括以下两方面的要求：一是被保险人遭受意外伤害必须是客观发生的事实，而不是臆想或推测的。二是被保险人遭受的意外伤害的客观事实必须发生在保险期限之内。

(二)被保险人死亡或残疾

被保险人在责任期限内死亡或残疾，是构成人身意外伤害保险的必要条件之一。这一必要条件包括以下两方面的要求。

1. 被保险人死亡或残疾

死亡即机体生命活动和新陈代谢的终止。在法律上发生效力的死亡包括两种情况：一是生理死亡，即已被证实的死亡；二是宣告死亡，即按照法律程序推定的死亡。我国《民法典》第四十条规定："自然人下落不明满二年的，利害关系人可以向人民法院申请宣告该自然人为失踪人。"第四十六条规定："自然人有下列情形之一的，利害关系人可以向人民法院申请宣告该自然人死亡：下落不明满四年；因意外事件，下落不明满二年。因意外事件下落不明，经有关机关证明该自然人不可能生存的，申请宣告死亡不受二年时间的限制。"

残疾包括两种情况：一是人体组织的永久性残缺，如肢体断离等；二是人体器官正常机能的永久丧失，如丧失视觉、听觉、嗅觉、语言能力、运动障碍等。

2. 被保险人的死亡或残疾发生在责任期限之内

责任期限是人身意外伤害保险特有的概念，是指自被保险人遭受意外伤害之日起的一定期限(如90天、180天、360天等)。

如果被保险人在保险期限内遭受意外伤害，在责任期限内生理死亡，则显然构成保险责任。但是如果被保险人是宣告死亡，例如在保险期限内因意外事件下落不明满二年，或者被法院宣告失踪满两年，此时该人身意外伤害保险的责任期限已经超过。为了解决这一问题，可以在意外伤害保险条款中订立失踪条款或在保险单上签注关于被保险人失踪的特别约定，规定被保险人确因意外伤害事件下落不明超过一定期限时，视同被保险人在责任期限内死亡，保险人应该给付保险金，但如果被保险人以后生还，受领保险金的人应将领取的保险金返还给保险人。

责任期限对于意外伤害造成的残疾实际上是确定残疾程度的期限。如果被保险人在保险期限内遭受意外伤害，治疗结束后被确定为残疾，且责任期限尚未结束，当然可以根据确定的残疾程度给付残疾保险金。但是，如果被保险人在保险期限内遭受意外伤害，责任期限结束时治疗仍未结束，尚不能确定最终是否造成残疾以及造成何种程度的残疾，那么，就应该推定责任期限结束时这一时点上被保险人的组织残缺或器官正常机能的丧失是不是永久性的，即以这一时点的情况确定残疾程度，并按照这一残疾程度给付残疾保险金。以后，即使被保险人经过治疗痊愈或残疾程度减轻，保险人也不追回全部或部分残疾保险金。反之，即使被保险人加重了残疾程度或死亡，保险人也不追加给付保险金。

(三)意外伤害是死亡或残疾的直接原因或近因

在意外伤害保险中，被保险人在保险期限内遭受了意外伤害，并且在责任期限内死亡或残疾，并不意味着必然构成保险责任。只有当意外伤害与死亡、残疾之间存在因果关系，即意外伤害是死亡或残疾的直接原因或近因时，才构成保险责任。

意外伤害与死亡、残疾之间的因果关系包括以下三种情况：一是意外伤害是死亡、残疾的直接原因。即意外伤害事故直接造成被保险人死亡或残疾。当意外伤害是被保险人死亡、残疾的直接原因时，构成保险责任，保险人应该按照保险金额给付死亡保险金或按照保险金额和残疾程度给付残疾保险金。二是意外伤害是死亡或残疾的近因。即意外伤害是直接造成被保险人死亡、残疾的事件的最初、最有效的原因。三是意外伤害是死亡或残疾的诱因。即意外伤害使被保险人原有的疾病发作，从而加重后果，造成被保险人死亡或残疾。当意外伤害是被保险人死亡、残疾的诱因时，保险人不是按照保险金额和被保险人的最终后果给付保险金，而是比照身体健康者遭受这种意外伤害给付保险金。

【案例9-6】

猝死属于意外伤害保险的责任范围吗？

56岁的胡某，是福建省古田县水口镇的一位农民，2015年12月30日夜晚，胡某在自己的寝室意外死亡，其家属同时向保险公司报案。胡某生前为发展食用菌生产，分别向农村信用社和邮政储蓄银行借款16万元，胡某还办理了借款人意外伤害保险。对于胡某死亡能否获得保险赔偿的问题，家属认为，昨天人还是好好的，突然间死亡就是意外伤害。保险公司认为，意外伤害死亡是指被保险人遭受外来的、突发的、非本意的、非疾病的外因，导致身体受到伤害的客观事件。但猝死的直接原因是由于疾病造成的，比如心肌梗死、脑出血、肺栓塞、急性坏死性胰腺炎等，并在短时间内死亡，所以猝死不属于意外伤害死亡，不能给付保险金。双方争执不下，诉至法院。最终福建正信司法鉴定所根据当地医院提供的医疗诊断证明和现场勘查，对胡某死亡作出法医学鉴定意见：死者胡某系原有高血压疾病的基础上，头部受到钝性外力的作用导致急性特重型闭合性颅脑损伤，考虑诱发脑干功能衰竭死亡。不属于意外伤害，判决保险公司胜诉。

(资料来源：中国保险报，2016年1月14日。)

三、人身意外伤害保险的保险金给付

意外伤害保险属于定额给付保险，当保险责任构成时，保险人按保险合同中约定的保险金额给付死亡保险金或残疾保险金。

在意外伤害保险合同中，死亡保险金的数额是保险合同中规定的，当被保险人死亡时如数支付。

残疾保险金的数额由保险金额和残疾程度两个因素确定。残疾程度一般以百分率表示，残疾保险金数额的计算公式为

$$残疾保险金 = 保险金额 \times 残疾程度百分率$$

在意外伤害保险合同中，应列举残疾程度百分率，列举得越详尽，给付残疾保险金时保险方和被保险方就越不易发生争执。但是，列举不可能完备穷尽，残疾程度百分率列举得无论如何详尽，也不可能包括实务中可能发生的所有情况。对于残疾程度百分比率中未列举的情况，只能由当事人之间按照公平合理的原则，参照列举的残疾程度百分率协商确定。协商不一致时可提请有关机关仲裁或由人民法院判决。

在意外伤害保险中，保险金额不仅是确定死亡保险金、残疾保险金数额的依据，而且是保险人给付保险金的最高限额，即保险人给付每一被保险人死亡保险金、残疾保险金累计以不超过该被保险人的保险金额为限。当一次意外伤害造成被保险人身体若干部位残疾时，保险人按保险金额与被保险人身体各部位残疾程度百分率之和的乘积计算残疾保险金，但如果各部位残疾程度百分率之和超过100%，则按保险金额给付残疾保险金。

被保险人在保险期限内多次遭受意外伤害时，保险人对每次意外伤害造成的残疾或死亡均按保险合同中的规定给付保险金，但给付的保险金累计以不超过保险金额为限。

第四节 健 康 保 险

一、健康保险的概念及特征

(一)健康保险的概念

健康保险(health insurance)是指由保险公司对被保险人因健康(疾病)原因或者医疗行为的发生给付保险金的保险,主要包括医疗保险、疾病保险、失能收入损失保险、护理保险以及医疗意外保险等。

(二)疾病的含义及其成立条件

在这里强调疾病的一个重要原因是,相当一部分健康保单只承保由于疾病造成的费用损失等,而对于意外事故造成的费用损失或收入损失不予承担给付保险金责任。那么明确疾病的含义及其成立的条件是划清责任的关键。

疾病是指由于人体内在的原因而造成精神上或肉体上的痛苦或不健全。构成健康保险所指的疾病必须满足以下三个条件。

(1) 由于明显非外来原因所造成的。由于外来的、不可预料的突发原因造成的病态视为意外伤害,而疾病是由身体内在的生理的原因所致。但若因饮食不慎、感染细菌引起的疾病,则不能简单视为外来因素。因为外来的细菌还是经过体内抗体的抵抗以后,最后才形成疾病。因此,一般讲,要以是不是明显外来的原因,作为疾病和意外伤害的分界线。

(2) 由于非先天的原因所造成的。健康保险仅对被保险人的身体由健康状态转入病态承担责任。由于先天原因,身体发生缺陷,例如,视力、听力的缺陷或身体形态的不正常,这种缺陷或不正常,则不能作为疾病由保险人负责。

(3) 由于非长存的原因所造成的。在人的一生中,要经历生长、成年、衰老的过程,因此在机体衰老的过程中,也会显示一些病态,这是人生必然要经历的生理现象。对每一个人来讲,衰老是必然的,但在衰老的同时,诱发出其他的疾病却是偶然的,需要健康保险来提供保障。而属于生理上长存的原因,即对人到一定年龄以后出现的衰老现象,则不能称为疾病,也不是健康保险的保障范围。

(三)健康保险的特征

(1) 保险性质的双重性。健康保险既有对患病给付一定保险金的险种,也有对医疗费用和收入损失的补偿的险种,其给付金额往往是按照实际发生的费用或收入损失而定。也就是说,健康保险的一些险种具有人寿保险的属性,一些险种具有损害保险的属性。正因为如此,有些国家把医疗费用保险列入损害保险,允许财产保险公司承保健康保险。我国新修订的《保险法》也规定"经营财产保险业务的保险公司经保险监督管理机构核定,可以经营短期健康保险业务和意外伤害保险"。

(2) 承保标准的复杂性。健康保险的承保条件一般比寿险的承保条件更加严格,其对疾病产生的因素,需要相当严格的审查,一般是根据被保险人的病历来判断。另外,为防止已经患有疾病的被保险人投保，保单中常规定一个等待期或观望期，等待期或观望期多为180天(不同的国家有不同的规定)，被保险人在等待期或观望期内因疾病支出医疗费用或收入损失，保险人不负责任。等待期或观望期结束后，健康保险保单才正式生效，亦即观察期内所患疾病推定为投保以前患有的。健康保险中，对在体检中不能达到标准条款规定的身体健康要求的被保险人，一般按照次健体保单来承保，或提高保费，或重新规定承保范围。对于被保险人所患有的特殊疾病，可单独制定特种条款，额外收费或注明列为除外责任。

(3) 代位追偿的适用性。健康保险中保险人一般拥有代位求偿权。代位求偿权主要是防止被保险人通过保险而获取额外收益。对于具有损害性质的保险，保险人所支付的保险金至多只是保险事故造成的实际损失的赔偿，被保险人不能因保险事故发生而得到额外的赔偿。在健康保险中，被保险人发生医疗费用支出后，若医疗费用已经从第三方全部或部分赔偿，保险人可以不再给付保险金，或只给付第三方赔偿后的差额部分。若保险人已经支付医疗保险金，而保险事故责任应当由第三方承担时，被保险人应当将向第三方的追偿权转移给保险人。

(4) 成本分摊的制约性。健康保险的基本责任主要是疾病(通常不包括分娩)医疗给付责任，即对被保险人的疾病医治所发生的医疗费用支出，保险人按规定给付相应的疾病医疗保险金。由于健康保险有风险大、不易控制和难以预测的特性，因此，在健康保险中，保险人对所承担的疾病医疗保险金的给付责任往往带有很多限制或制约性条款，通常使用的条款有免赔额条款、比例给付条款、给付限额条款等。

二、健康保险的种类

健康保险是一个很大的范畴，具体包括医疗保险、疾病保险、失能收入损失保险、护理保险以及医疗意外保险等。

(一)医疗保险

医疗保险，是指按照保险合同约定为被保险人的医疗、康复等提供保障的保险。按照保险金的给付性质，医疗保险分为：费用补偿型医疗保险和定额给付型医疗保险。费用补偿型医疗保险，是指根据被保险人实际发生的医疗、康复费用支出，按照约定的标准确定保险金数额的医疗保险。费用补偿型医疗保险的给付金额不得超过被保险人实际发生的医疗、康复费用金额。定额给付型医疗保险，是指按照约定的数额给付保险金的医疗保险。

(二)疾病保险

疾病保险，是指发生保险合同约定的疾病时，保险人为被保险人提供保障的保险。疾病保险具有如下几个特点：①定额给付性。只要被保险人在保险期限内确诊为保单中约定的疾病，就由保险人一次性按照合同约定金额给付保险金，至于被保险人患病以后的具体治疗地点、过程和实际花费，与保险人并无关系。②保险期限较长。保险期限可以为10年、20年或者终身等，一般都能使被保险人"一次投保，终身受益"。③保费交付方式灵活多样，且通常设有宽限期条款，采用均衡保费方式。④经营上的复杂性。由于疾病保险专业性极强，对疾病定义不明确或者对保险条款的曲解都会引起理赔争议，因此疾病保险的承保和理赔，要比一般寿险更为严格。

【案例9-7】

重大疾病保险赔付

邱小姐，上海人，一般普通上班族，2009年10月，邱小姐有了小宝宝，为了给孩子的未来做好准备，她希望投保一些能兼具寿险和健康保障的保险产品。后来经过权衡，邱小姐投保了某保险公司的重大疾病保险和女性保险，保额共50万元人民币，保障比较全面。

2011年4月，邱小姐在体检时发现甲状腺上有个小结节，第二天去医院进行检查，检查后医生说要做手术，她马上办理了住院手续，同时给她的代理人——陈女士打了电话，说自己要住院。邱小姐当时没有想到自己患的是癌症，以为只会产生一些医疗费用。后来手术确诊是甲状腺乳头状腺癌，邱小姐马上告诉了陈女士。住院期间，在陈女士的帮助下，邱小姐准备好了大病和住院等方面的理赔资料。

出院结账后3天，保险公司通知邱小姐可以报销其所有的住院医疗和手术费用以及每日住院给付，共计8000多元，同时获得20万元的重大疾病理赔款。从邱小姐开始办理理赔手续到获得理赔款，一共只有1个月左右的时间，期间没有反反复复，邱小姐自己都没想到理赔过程会如此顺利。

(资料来源：http://www.xiangrikui.com/jiankang/zhongji/372491.html.)

(三)失能收入损失保险(或残疾收入补偿保险)

失能收入损失保险，是指以保险合同约定的疾病或者意外伤害导致工作能力丧失为给付保险金条件，为被保险人在一定时期内收入减少或者中断提供保障的保险。在实践中，因疾病而致的失能比因伤害所致的更为多见一些。

(四)护理保险

护理保险，是指按照保险合同约定为被保险人日常生活能力障碍引发护理需要提供保障的保险。20世纪70年代，该险种起源于美国，随后进入法、德、英、爱尔兰等欧洲国家和南非。在亚洲，日本于2000年将长期护理保障作为公共服务产品引入国家社会保障体系，要求40岁以上的人都要参加新的长期护理方案。在我国，护理保险还处于起步阶段，仅有少数保险公司开设这一险种。

【拓展阅读9-3】

记者观察：商业长护险空间待补

如今，具有社保性质的长期护理保险制度在我国各地的试点如火如荼，相比而言，商业长护险有点受冷落。目前整个健康险市场中，商业护理保险占比不足2%，且绝大多数产品形态以理财型产品为主，只提供护理金给付责任，产品价值和特色难以体现。

随着我国人口老龄化加速，老年人对长期护理保障的需求大幅增长。国家统计局发布的最新数据显示，2022年末，我国60岁及以上人口数达到2.8亿，占总人口的19.8%。另据国家卫生健康委披露，在2021年年底，我国60岁以上老年人口中的失能人数就已经达到 4500 万左右。北京大学一项人口学研究显示，如果不加以预防和控制，到 2030 年，我国失能老人规模或将超过 7700 万人。

目前全国长护险试点取得较好成效，减轻了失能老人家庭负担，促进了护理人员队伍建设和康养产业发展。但现阶段人民群众长期护理保障需求增长，仅靠"社保"长护险不能满足人们多层次的养老护理需求。

记者在北京市石景山区采访时获悉，享受长护险待遇的失能老人每月可得到 1044 元补助，同时每月可享受养老护理员上门服务 12 小时。一位失能老人家属表示，每个月 4 次、每次 3 个小时的服务缓解了自身压力，但仍不够。在探访基层经办网点时，相关工作人员表示，很多失能老人与家人都有获得更多服务的需要。这种需要或许就是商业长护险发展的空间。

为了助推完善多层次长期护理保障制度，满足人们多元化需求，发展商业长护险势在必行。2023 年 3 月 31 日，银保监会发布《关于开展人寿保险与长期护理保险责任转换业务试点的通知》，要求自 2023 年 5 月 1 日起开展转换业务试点，试点期限暂定为两年，经营普通型人寿保险的人身保险公司均可参与转换业务试点。在目前商业长护险供给不足的情况下，充分利用存量寿险产品开展转换业务，能够在短时间内有效提升长期护理保险供给能力，缓解失能人群护理费用压力，同时也创新了保险服务的内容和形式。

(资料来源：中国银行保险报，2023 年 5 月 9 日.)

(五)医疗意外保险

医疗意外保险，是指按照保险合同约定发生不能归责于医疗机构、医护人员责任的医疗损害时，保险人为被保险人提供保障的保险。

本 章 小 结

(1) 人身保险是以人的寿命和身体为保险标的的一种保险。人身保险具有保险标的的不可估价性、保险金额的定额给付性、保险期限的长期性、生命风险的相对稳定性、保险费率的均衡性及人身保险的储蓄性等特征。

(2) 人身保险合同的常见条款包括：不可抗辩条款、宽限期条款、复效条款、保费自动垫缴条款、不丧失价值条款、保单贷款条款、年龄误报条款、自杀条款、保单转让条款。

(3) 人身保险主要分为人寿保险、人身意外伤害保险和健康保险三大类。

(4) 人寿保险是以人的寿命为保险标的的保险。传统的寿险产品包括死亡保险、生存保险和两全保险。

(5) 年金保险是一种特殊的生存保险，保险金的支付是一系列形式的。

(6) 创新型人寿保险包括分红保险、万能寿险、变额寿险等带有投资理财功能的险种。

(7) 人身意外伤害保险是以被保险人因遭受意外伤害造成死亡或残疾为给付保险金条件的一种人身保险。

(8) 判断是否属于意外伤害保险责任须遵从三个规定：被保险人在保险期限内遭受了意外伤害；被保险人在责任期限内死亡或残疾；被保险人所受意外伤害是其死亡或残疾的

第九章 人身保险

直接原因或近因。三者缺一不可。

(9) 健康保险是指由保险公司对被保险人因健康原因或者医疗行为的发生给付保险金的保险，主要包括医疗保险、疾病保险、失能收入损失保险、护理保险以及医疗意外保险等。

(10) 与其他人身保险相比，健康保险具有保险性质的双重性、承保标准的复杂性、代位追偿的适用性和成本分摊的制约性这四个特点。

实 训 课 堂

基本案情：

2012年4月，小佳与福建某保险公司签订了人身保险合同。合同约定：小佳向该保险公司投保某款终身寿险，被保险人也是小佳，基本保险金额为10万元。在保险期间，若小佳因意外伤害身故或因疾病身故，保险公司将按她身故之日的保险金额给付身故保险金；她自保险合同生效之日起两年内自杀的，保险公司不承担给付保险金的责任。

合同签订后，小佳依约交纳了保险费。2012年6月11日晚，她被人发现死于湖北省监利县的某宿舍院内。经监利县公安局的法医学尸体检验，鉴定为"小佳系高处坠落死亡"。就在小佳死亡前一周，她刚被监利县医院确诊为抑郁症。小佳死后，她的家属要求保险公司支付保险金。保险公司的理赔人员到现场勘查后发现，小佳坠落大楼的天台、楼层围栏均只有0.9米高，围栏未见毁损和塌方，非主动攀爬无法坠落大楼，由此推断出她不是意外身故。公安机关未对此事件立案侦查，可证明小佳非他杀身故，再结合她死前患有抑郁症，因而推定她为自杀身亡，由此拒赔。

无奈之下，小佳的家属只得将保险公司告上法庭。一审法院经审理认为，小佳的家属没有证据表明小佳"高坠死亡"为意外伤害导致的死亡结果，因而她的死亡不属于本案保险理赔范围，遂驳回小佳的家属的诉请。小佳的家属不服，提起上诉。福州市中院经终审审理，改判保险公司向小佳的家属支付保险赔偿金10万元。

(资料来源：http://www.xiangrikui.com/shouxian/zhuanjia/472994.html.)

思考讨论题：

1. 本案中保险公司能否免除保险责任的关键判断依据应该是什么？
2. 保险公司有没有充分的证据证明小佳死亡的原因是自杀呢？

分析要点：

1. 我国《保险法》规定："以被保险人死亡为给付保险金条件的合同，自合同成立或者合同效力恢复之日起二年内，被保险人自杀的，保险人不承担给付保险金的责任，但被保险人自杀时为无民事行为能力人的除外。"本案中，被保险人小佳是否"自杀"身故，系保险公司能否免除保险赔偿责任的判断依据。

2. 保险公司认为小佳系自杀身故，应承担举证责任。保险公司据以证明小佳为自杀身故的证据主要有她生前患抑郁症的有关就诊材料、监利县公安局的法医鉴定书、对相关人员的询问笔录等，但上述证据并不能必然得出小佳系自杀身故的结论。并且，根据《保险法》以及涉案保险条款的相关规定，行为人"自杀"时应具有民事行为能力，但小佳生前被确诊为患有抑郁症，而抑郁症患者对自身行为的认识与自控能力均较弱，与正常人的精神状态存在明显不同。因此，现有证据并不能证明小佳系自行结束生命，也无法证明其当时的精神处于正常状态。

复习思考题

一、基本概念

人身保险　人寿保险　死亡保险　定期死亡保险　终身死亡保险　年金保险　两全保险　分红保险　变额寿险　万能寿险　健康保险　人身意外伤害保险　残疾收入补偿保险　重大疾病保险

二、判断题

1. 年金保险是一种特殊的死亡保险。（　）
2. 意外伤害保险是以被保险人因遭受意外伤害或疾病造成死亡或残疾为给付保险金条件的一种人身保险。（　）
3. 传统寿险产品具有投资理财功能。（　）
4. 疾病保险是定额给付的。（　）
5. 费用补偿型医疗保险的保险人拥有代位求偿权。（　）
6. 健康保险的承保条件一般比寿险的承保条件更加严格。（　）

三、不定项选择题

1. 人身保险的特征包括(　　)。
   A. 保险标的的不可估价性　　　　B. 保险金额的定额给付性
   C. 保险期限的长期性　　　　　　D. 生命风险的相对稳定性
2. 判断是否属于意外伤害保险责任须遵从(　　)。
   A. 被保险人在保险期限内遭受了意外伤害
   B. 被保险人在责任期限内遭受了意外伤害
   C. 被保险人在责任期限内死亡或残疾
   D. 被保险人所受意外伤害是其死亡或残疾的直接原因或近因
3. 下列属于健康保险所指疾病的有(　　)。
   A. 先天畸形　　B. 心脏病　　　C. 年老色衰　　D. 癌症
4. 人身保险按被保险人的风险程度，可分为(　　)。
   A. 个人保险　　B. 标准体保险　C. 团体保险　　D. 次标准体保险
5. 人身保险中的医疗保险可以采用的赔付方式有(　　)。
   A. 定额给付　　B. 补偿方式　　C. 均衡保费　　D. 分红方式
6. 下列期限为两年的有(　　)。
   A. 中止期限　　B. 自杀免责期限　C. 宽限期　　D. 责任期限

7. 为了简化对人寿保险费率厘定原理的分析过程，往往主要考虑(　　)，这三个因素就是我们常说的计算人寿保险费率的三要素。
  A. 死亡率   B. 利润率   C. 费用率   D. 利率
8. 创新型人寿保险有投资理财功能，一般包括(　　)。
  A. 两全保险   B. 年金保险   C. 万能保险   D. 变额寿险
9. 人身意外伤害保险的基本保障项目主要有(　　)。
  A. 死亡给付   B. 残疾给付   C. 医疗费用补偿 D. 误工损失补偿
10. 健康保险包括(　　)。
  A. 失能收入补偿保险   B. 医疗保险
  C. 疾病保险   D. 护理保险

四、简答题

1. 简述人身保险合同的不可抗辩条款。
2. 定期寿险的特点有哪些？
3. 终身寿险的特点有哪些？
4. 列举年金保险的分类。
5. 简述万能寿险及其与传统寿险相比所具有的特点。
6. 简述人身意外伤害保险的含义。
7. 简述健康保险并列举其主要险种。

五、论述题

1. 论述人身保险与财产保险相比较所具有的特征。
2. 论述创新型人寿保险产生的背景及特点。

第十章 再 保 险

【学习要点及目标】

- 掌握再保险及相关术语、再保险的作用与分类。
- 重点掌握再保险与原保险之间的联系和区别。
- 列举再保险的主要类别。
- 理解比例再保险和非比例再保险的责任划分。

【核心概念】

再保险 危险单位 自留额 分保额 比例再保险 非比例再保险

【引导案例】

财险业最大赔案：SK海力士80亿保单分保解构

2013年，全球第二大DRAM生产商——SK海力士无锡工厂发生大火，由此所引发的保险赔案估损金额高达约9亿美元，堪称中国最大保险赔案。

承保本标的的5家直接保险公司本以为是一次稳赚不赔的买卖，殊不知竟以巨额赔付收场。总保费340万美元的这张保单，最后赔出去的数额竟然高达9亿美元，约占我国企业财产险2012年保费收入(约360亿元人民币)的15%。国内共有25家保险机构牵涉其中。其中，现代、人保、太保、大地和乐爱金等5家财险公司共同承保了该项目的物质损失一切险及营业中断险，共保份额分别为50%、35%、5%、5%和5%，主承保人为现代财险。5家共保公司又分别通过合约分保、临时分保等方式，进行了相应的再保险安排，再保险人涉及境内14家产险直保公司、6家再保险公司和多家境外再保险接受人。5家共保公司的毛损失金额为9亿美元，向境内其他14家产险直保公司分出损失金额约3.68亿美元，向境内再保险公司分出损失金额约1.74亿美元，向境外再保险接受人分出损失金额约3.33亿美元。这5家共保公司的最终净自留损失金额约0.25亿美元，占总估损金额的2.8%。赔付的大头最终由境外再保险接受人承担，损失金额约为6.24亿美元；参与再保险业务的境内14家产险直保公司，通过合同分保或临时分保的方式接受相关风险后，最终净自留损失金额约为1.15亿美元；6家境内再保险公司的净自留损失金额约为1.36亿美元。也就是说，在9亿美元的估损金额中，约2.76亿美元的损失由境内保险公司承担，占总估损金额的30.7%；约6.24亿美元的损失由境外再保险接受人承担，约占总估损金额的69.3%。

(资料来源：http://money.163.com/.)

【知识导入】

随着社会经济和科学技术的发展，社会财富日益增多，财产日益集中，保险金额和保险赔付金额越来越高，保险人承担的风险也越来越大。为此，保险人必须通过再保险分散损失风险，稳定保险经营，所以再保险已成为现代保险经营不可或缺的一项重要活动。世界各国的保险公司，无论规模大小，都需要根据自身的偿付能力和业务结构状况，将其所承担的大小不一的风险责任在本国或国际保险市场办理再保险。再保险表面上与一般投保人的关系并不大，但如果投保人所投保的保险标的价值巨大，此时考虑保险人再保险安排对投保人而言就非常有意义了。

第一节　再保险概述

一、再保险及其相关术语

(一)再保险的定义

与原保险一样，再保险也是从海上业务开始的。随着社会经济和海上贸易的发展，原保险业务有了一定程度的发展，一些保险人对保险金额较大的业务因自己承担不起而与几个保险人共保。但共保因地域及竞争问题限制了业务发展，于是出现了临时再保险，即由一个保险人直接承保全部业务后，再将超过自己能力的部分分给其他保险人。随着18世纪工业革命带来的工商业繁荣，临时再保险因手续复杂而被合同再保险取代。随着再保险业务的进一步发展，19世纪出现了专门经营再保险业务的专业再保险公司。1846年在德国成立的科隆再保险公司是世界上第一家专业再保险公司，这之后，瑞士再保险公司、慕尼黑再保险公司的出现进一步推动了再保险业务的发展。

再保险(reinsurance)又称分保，是保险人在原保险合同的基础上，通过订立合同，将其所承保的部分风险和责任转让给其他保险人承担，当发生保险责任范围内的损失时，从其他保险人处取得相应部分的赔偿补偿的一种保险业务。

在再保险业务中，分出保险业务的保险人称为原保险人(original insurer)或分出公司(ceding company)，接受分保业务的保险人称为再保险人(reinsurer)或分入公司(ceded company)。与直接保险一样，原保险人通过办理再保险将其所承保的一部分风险责任转移给再保险人，相应地也要支付一定的保险费，这种保险费称为再保险费或分保费(reinsurance premium)；同时，为了弥补原保险人在直接承保业务过程中支出的费用开支，再保险人也必须向原保险人支付一定的费用报酬，这种费用报酬称为分保手续费或分保佣金(reinsurance commission)。

同样，为了分散风险，控制责任，避免巨额损失，再保险人也可以将分入的保险业务再转分给其他保险人，这种经营活动称为转分保(retrocession)，双方当事人分别称为转分保分出人和转分保接受人，通过转分保，巨额风险责任就在众多保险人之间得到分散(如图10-1所示)。所以，无论是原保险人还是再保险人都需要开展再保险业务，都可能充当再保险的分出人或分入人。

再保险可以发生在一国范围内，也可以发生在国家与国家之间。尤其对于一些超过国内保险市场承受能力的巨额风险，如航天飞机、万吨巨轮、大型工程、核电站、卫星发射等在实验和运行过程中的风险，通常要超越国界进行分保。因此，再保险具有明显的国际性。

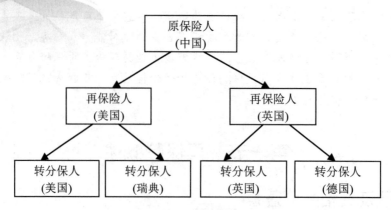

图10-1 再保险分散风险示意图

(二)再保险的相关术语

1. 危险单位

危险单位是指保险标的发生一次灾害事故可能造成的最大损失范围。

危险单位的划分既重要又复杂,应根据不同的险别和保险标的来决定。例如,船舶险以一艘船为一个危险单位,车辆险以一辆汽车为一个危险单位,人寿保险以一个人为一个危险单位等。关于火险,通常以一栋独立的建筑物为一个危险单位,但如果数栋建筑物在一起毗连,则应根据其使用性质、间距、周围环境等因素决定划分为一个或是数个危险单位。

危险单位划分的恰当与否,直接关系到再保险当事人双方的经济利益,甚至影响到被保险人的利益,因而是再保险实务中一个技术性很强的问题。

2. 自留额与分保额

对于每一危险单位或一系列危险单位的保险责任,分保双方通过合同按照一定的计算基础对其进行分配。分出公司根据偿付能力所确定承担的责任限额称为自留额;经过分保由接受公司所承担的责任限额称为分保额。

自留额与分保额可以以保额为基础计算,也可以以赔款为基础计算。计算基础不同,决定了再保险的方式不同。以保险金额为计算基础的分保方式属比例再保险;以赔款金额为计算基础的分保方式属非比例再保险。自留额与分保额可以用百分率表示,如自留额与分保额分别占保险金额的30%和70%,或者用绝对数表示,如超过100万元以后的200万元。而且,根据分保双方承受能力的大小,自留额与分保额均有一定的控制,如果保险责任超过自留额与分保额的控制线,则超过部分应由分出公司自负或另行安排分保。

二、再保险与原保险的联系和区别

再保险与原保险之间的关系如图10-2所示。

第十章 再保险

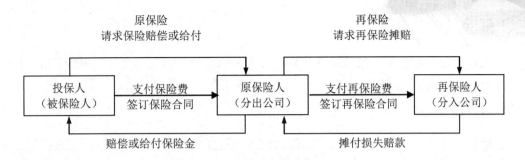

图 10-2 再保险与原保险的关系

(一)再保险与原保险的联系

再保险是保险人将原保险业务(即直接保险业务)分给其他保险人的过程。当原保险合同约定的保险事故发生时,再保险人按照再保险合同的规定对原保险人承担的损失给予补偿。可见,再保险与原保险具有十分密切的关系,二者是相辅相成、相互促进的。

(1) 原保险是再保险的基础。从保险发展的历史逻辑上看,先有保险,而后才有再保险。再保险的产生和发展,是基于原保险人分散风险的需要。再保险是以原保险人承保的风险责任为保险标的,以原保险人的实际赔款和给付为摊赔条件的。所以,其保险责任、保险金额、保险期限等,都必须以原保险合同为基础,没有原保险就没有再保险。

(2) 再保险支持和促进原保险的发展。再保险是对原保险的保险,原保险人将自己所承保的一部分风险责任向再保险人分保,从而也将一部分风险责任转移给再保险人。当原保险人承保的保险标的发生损失时,再保险人必须按保险合同的规定分担相应的赔款。原保险人从再保险人那里摊回分保部分的赔款,有利于保障原保险人经营的安全和稳定。可见,再保险作为原保险的保险,是对原保险人所承保的风险的进一步分散,原保险人通过再保险可以控制自己的保险责任,扩大承保能力,从而支持和促进了原保险的发展。

(二)再保险与原保险的区别

原保险和再保险都是为了分散风险,补偿损失,但在保险经营中两者还是有很大的区别。

(1) 保险主体不同。原保险关系的主体是保险人与投保人或被保险人,原保险体现的是保险人与被保险人之间的经济关系;而再保险关系的主体是原保险人与再保险人,再保险体现的是保险人之间的经济关系。

(2) 保险标的不同。原保险的保险标的包括财产、人身、责任、信用以及有关的利益,既有财产保险、人身保险,也有责任保险和信用保证保险;而再保险的保险标的则是原保险人所承担的风险责任,是一种具有责任保险性质的保险。

(3) 保险合同性质不同。原保险人在履行赔付职责时,对财产保险是损失补偿性的,而对人身保险则是给付性的,所以原保险合同包括补偿性合同和给付性合同两种;而再保险人对原保险合同的分摊,无论是财产再保险还是人身再保险,都是对原保险人承担的风险损失的补偿,所以再保险合同均为补偿性合同。

三、再保险的作用

再保险的基本职能是分散风险,是将保险人所承担的风险在同业之间进行分散,以补偿可能遭遇的巨灾损失和巨额损失。其作用主要表现在以下几个方面。

(一)分散风险

保险公司是经营风险的企业,在其经营过程中同样也会面临各种风险,这些风险主要是巨额风险、巨灾风险和经营风险。保险人通过再保险可以使这些风险得以分散。

(1) 分散巨额风险。当标的价值巨大时,其保险金额也巨大,一份保单的责任也就很重大,如果标的遭遇保险风险,那么,保险人一次将要支付巨额赔款,这类风险诸如人造卫星、航天飞机、核电站、高额寿险、责任险等。通过再保险,原保险人可以将超过自己承保能力的保险金额分由再保险人来承担,从而分散巨额风险。

(2) 分散巨灾风险。尽管一些单一风险保单的标的价值额与保额并不算巨大,但很多保单所保标的的风险单位集中,某些保险事故发生,波及这些集中的标的,就会使众多遭灾受损标的的损失累积金额巨大,同样会使保险人在一次事故后给付巨额保险金。如洪水对沿岸聚居区财产、生命的威胁,火灾对密集的商业区、街区、工业区的侵袭,核泄漏、核爆炸等有毒物质对聚居区生命、财产的危害,都将使得保险人可能面临累积赔款和保险金给付总额巨大的风险。

(3) 分散经营风险。由于保险人受地域与经营性质等因素影响,往往难以承保到大数法则所要求的足够多的保险标的的数量和同质性的风险。而预定的费率将可能与实际所发生的损失补偿和给付之间存有较大的差异,损失补偿和给付间的差异甚大,对于新成立或成立时间不长的公司来说,虽达到资本金方面的要求,但仍会出现因财力的限制而难以提留到足够的应付经营风险的准备金的情况。对此,可以通过分保,将那些风险同质性较差、标的数量太少、保额过高的保险业务部分或全部地转嫁给其他保险人,以分散风险。

(二)控制保险责任

再保险可以根据保险人自己的技术、资金能力确定自留额度,从而控制保险人的保险责任额度,保证经营的稳定性与安全。

(1) 控制每个风险单位的责任。控制每个风险单位的责任又称险位控制。保险人在决定分保时,通常是根据有关法律、条例以及自身的承保能力,首先确定对每个风险单位的自留额,将超过自留额以上的部分进行分保。这样,自留额尺度将所有风险单位的责任整齐划一了,从而增强了标的与风险的同质性。

(2) 控制一次巨灾事故的责任累积。控制一次巨灾事故的责任累积也称事故责任控制。因巨灾风险事故可能使大量风险单位的标的一次受损,如果仅用险位控制则难以控制巨灾造成的责任累积。对此,通过确定一次事故的累积责任自留额,将超过累积责任自留额的部分通过再保险方式分由再保险人来承担,这样就可以将巨灾风险的累积责任加以控制。

(3) 控制全年的责任累积。灾害事故极易造成损失的年度的不平衡性,使保险人各年度承担的赔偿、给付责任不均衡,甚至会出现很大的差异。险位控制与事故责任控制还难以平衡年度责任的差异,一年内多次责任事故累积责任的平衡,可以通过分保方式来确定年度累积自留责任限额，保险人将超过部分分保出去，就可以稳定保险公司的经营。

(三)扩大承保能力

保险公司的承保能力是受资本金和总准备金等自身财务状况的限制的。由于保险公司的自有资金额是有限的，因而其自身的承保能力也就是一定的。

通常各国都通过保险的有关立法，制定资本金、偿付能力等对保险公司的限制标准，以此来控制保险公司的经营额度和经营范围。但是，如果利用再保险，不仅可以扩大保险人的业务发展，突破限额，而且还能合法地保证经营的稳定性。因为在计算保费收入时可扣除分出保费，只计算自留保费。因此，在不增加资本的情况下，可利用分保增加业务量。另外，由于保险人可利用分保增加承保数额，使保费收入增加，而管理费用并未按比例增加，从而降低了经营成本。保险人将业务分出，再保险人返还分保佣金；当分出业务良好时又可再得到盈余佣金。对保险人来说，有了分保，降低了成本，增加了保费及各项佣金，提高了经营利润，增大了保险人的承保能力。

(四)增进国际间的交流

对于保险业正处于发展中的国家以及一些新成立的保险公司来说，由于保险的经验、资料、技术和财力都比较薄弱，在保险的经营方面会遇到很多障碍。通过再保险的方式，可以获得再保险公司在业务、技术方面的指导和协助，避免一些失误，少走一些弯路，从而迅速发展起来。由于再保险业务是超越空间与国界的，又主要是在国际范围内进行的，所以，通过再保险纽带，可以增进对国际保险市场、再保险市场的了解。通过业务往来，学习发达国家的保险先进经验和技术，促进同业之间的技术交流和友好往来。

(五)形成巨额联合保险基金

现代科学技术的高速发展，使财富得以迅速积累的同时也带来了更大的风险。巨大的风险，如果仅靠一家或几家保险公司独自积累的保险基金，是难以应付的。而通过再保险则可以将各保险集团集合成更大的分散风险的网络，在更大范围内将保险基金积累起来，使保险基金由分散走向联合，形成同业性或国际性的联合保险基金，增强保险的整体经营能力和抗御巨大风险的能力。

四、再保险的分类

再保险的分类，主要有两种标准：一是按责任限制划分；二是按分保安排划分。

(一)从责任限制上分类

再保险按责任限制，可以分为比例再保险和非比例再保险。
比例再保险是以保险金额为基础来确定再保险双方的责任。
非比例再保险是以损失(赔款)金额为基础来确定再保险双方的责任。

(二)从分保安排上分类

再保险按分保安排，可以分为临时再保险、合同再保险和预约再保险。

临时再保险(facultative reinsurance)是最早采用的再保险安排，是原保险人在有分保需要时，将分出业务的具体情况和分保条件逐笔与再保险人协商，再保险人是否接受或按什么条件接受也可以自由选择的再保险。

合同再保险(treaty reinsurance)也称固定再保险，是由原保险人和再保险人事先签订合同，将分保业务范围、条件、额度、费用等予以固定，在合同期内，对于约定的业务，原保险人必须按约定的条件分出，再保险人也必须按约定的条件接受。合同再保险对双方都具有强制性。

预约再保险(open cover)，是一种介于临时再保险和合同再保险之间的再保险。它规定对于约定的业务，原保险人可以自由决定是否分出，而原保险人一经决定分出，再保险人就必须接受，不能拒绝。也就是说，这种安排对于原保险人没有强制性，而对再保险人则具有强制性。

第二节 比例再保险

比例再保险(proportional reinsurance)是以保险金额为基础来确定分出公司自留额和接受公司责任额的再保险方式，故有金额再保险之称。在比例再保险中，分出公司的自留额和接受公司的责任额都表示为保额的一定比例，该比例也是双方分配保费和分摊赔款时的依据。也就是说，分出公司和接受公司对于保费和赔款的分配，按照其分配保额的同一比例进行，这就充分显示了保险人和再保险人利益的一致性。所以，比例再保险最能显示再保险当事人双方共命运的原则，因而其应用范围十分广泛。比例再保险分为成数再保险和溢额再保险两种形式。

一、成数再保险

成数再保险(quota share reinsurance)是指原保险人将每一危险单位的保险金额，按照约定的比率分给再保险人的再保险方式。按照成数再保险方式，不论分出公司承保的每一危险单位的保额大小，只要是在合同规定的限额之内，都按双方约定的比率进行分配和分摊。总之，本再保险方式的最大特征是"按比率"再保险。成数再保险堪称比例再保险的代表方式，同时也是最简便的再保险方式。

由于成数再保险对每一危险单位都按一定的比率分配责任，故在遇有巨额风险责任时，原保险人和再保险人承担的责任仍然很大。因此，为了使承担的责任有一定范围，每一份成数再保险合同都按每一危险单位或每张保单规定一个最高责任限额，分出公司和接受公司在这个最高责任限额中各自承担一定的份额。习惯上，若自留40%，分出60%，则称合同为60%的成数再保险合同。

假设一成数再保险合同，每一危险单位的最高限额规定为500万元，自留部分为45%，分出部分为55%(即为55%的成数再保险合同)，则合同双方的责任分配如表10-1所示。

表 10-1 成数分保责任分配表   单位：元

保险金额	自留部分 45%	分出部分 55%	其 他
800 000	360 000	440 000	0
2 000 000	900 000	1 100 000	0
5 000 000	2 250 000	2 750 000	0
6 000 000	2 250 000	2 750 000	1 000 000

本例中，原保险金额为 600 万元时，原保险自留及再保险接受部分，与原保险金额为 500 万元时相同，但还剩下 100 万元的责任需寻找其他方式处理。否则，这 100 万元的责任将复归原保险人承担。

一旦各公司承担责任的百分比率确定，则保费和赔款就按相应百分比率来计算。我们通过表 10-2 来说明成数再保险责任、保费和赔款的计算。假定表中的原保险金额均在合同最高限额之内。

表 10-2 成数分保计算表   单位：万美元

船名	总额 100%			自留 20%			分出 80%		
	保险金额	保费	赔款	自留额	保费	自负赔款	分保额	分保费	摊回赔款
A	200	2	0	40	0.4	0	160	1.6	0
B	400	4	10	80	0.8	2	320	3.2	8
C	600	5	20	120	1.2	4	480	4.8	16
D	800	6	0	160	1.6	0	640	6.4	0
E	1000	10	0	200	2	0	800	8	0
总计	3000	30	30	600	6	6	2400	24	24

二、溢额再保险

溢额再保险(surplus reinsurance)，是由保险人与再保险人签订协议，对每个危险单位确定一个由保险人承担的自留额，保险金额超过自留额的部分称为溢额，分给再保险人承担。

溢额再保险与成数再保险相比较，其最大区别在于：如果某一业务的保险金额在自留额之内时，就无须办理分保，只有在保险金额超过自留额时，才将超过部分分给溢额再保险人。也就是说，溢额再保险的自留额，是一个确定的自留额，不随保险金额的大小变动，而成数再保险的自留额表现为保险金额的固定百分比，随保险金额的大小而变动。

溢额再保险也是以保险金额为基础来确定再保险当事双方的责任。对于每一笔业务，自留额已先定好，将保险金额与自留额进行比较，即可确定分保额和分保比例。例如，溢额分保的自留额确定为 40 万元，现有三笔业务，保险金额分别为 40 万元、80 万元和 200 万元，第一笔业务在自留额之内无须分保，第二笔业务自留 40 万元，分出 40 万元，第三笔业务自留 40 万元，分出 160 万元。溢额和保险金额的比例即为分保比例。如本例第二笔业务的分保比例为 50%，第三笔业务的分保比例为 80%。

溢额再保险关系成立与否，主要看保险金额是否超过自留额，超过自留额的部分即由溢额再保险吸收承受。但溢额再保险的吸收承受并非无限制，而是以自留额的一定倍数为限度。这种自留额的一定倍数，称为线数(lines)。所以，危险单位、自留额和线数是溢额再保险的三大关键项目或称三要素。

溢额再保险的合同容量或合同限额，通常以自留额的倍数计算。换句话说，自留额是厘定再保险限额的基本单位，在溢额再保险中称为"线"，前述一定倍数，即指此线数而言。如某溢额再保险合同的限额定为 20 线，则一线的责任为再保险限额的 5%，假定自留额为 100 万元时，该合同的限额即为 2000 万元。为简便起见，保险同业之间通常仅以线数表示溢额再保险合同。例如本例，可称为 20 线的合同(20 lines treaty)。但每线的金额大小，要同时予以注明，以便真正掌握合同容量(capacity)的大小。

综上所述，在溢额再保险合同中，再保险人的责任额和原保险人的自留额与总保险金额之间存在一定的比例关系，这是溢额再保险归属于比例再保险的原因所在。但溢额再保险的比例关系随着承保金额的大小而变动，这是与成数再保险的比例固定不变所不同的。

一般而言，分出公司根据其承保业务和年保费收入来制定自留额和决定溢额分保合同的最高限额的线数。由于承保业务的保额增加，或是由于业务的发展，有时需要设置不同层次的溢额，依次称为第一溢额、第二溢额等。当第一溢额的分保限额不能满足分出公司的业务需要时，则可组织第二甚至第三溢额，作为第一溢额的补充，以适应业务的需要。

了解了溢额再保险的危险单位、自留额、线数和合同的最高限额及其关系，以及溢额分保比例之后，如何计算各自的责任、保费的分配和确定赔款的分摊就比较容易了。下面举例来予以简单说明。

现组织一份海上货运险溢额分保合同，危险单位按每一船每一航次划分，自留额为 10 万美元。第一溢额合同限额为 10 线，第二溢额合同限额为 15 线，有关责任、保费和赔款的计算如表 10-3 所示。

表 10-3 溢额分保计算表　　　　　　　　　　　　　　　单位：美元

		A 轮 50 000	B 轮 500 000	C 轮 2 000 000	D 轮 2 500 000	共计
总额	保险金额					
	总保费	500	5 000	20 000	25 000	50 500
	总赔款	0	10 000	20 000	100 000	130 000
自留部分	保险金额	50 000	10 000	100 000	100 000	
	比例	100%	20%	5%	4%	
	保费	500	1 000	1 000	1 000	3 500
	赔款	0	2 000	1 000	4 000	7 000
第一溢额	分保额	0	400 000	1 000 000	1 000 000	
	分保比例	0	80%	50%	40%	
	分保费	0	4 000	10 000	10 000	24 000
	分摊赔款	0	8 000	10 000	40 000	58 000
第二溢额	分保额	0	0	900 000	1 400 000	
	分保比例	0	0	45%	56%	
	分保费	0	0	9 000	14 000	23 000
	分摊赔款	0	0	9 000	56 000	65 000

现以第三笔业务 C 轮为例对表 10-3 略作说明。C 轮保险金额为 200 万美元，自留 10 万美元，第一溢额承受 10 线计 100 万美元，分保比例为 50%，自留与第一溢额之后尚余 90 万美元的责任，由第二溢额承受，第二溢额分保比例为 45%。现发生赔款 20 000 美元，保险人承担 5% 为 1000 美元，第一溢额再保险人分摊 50% 为 10 000 美元，第二溢额再保险人分摊 45% 为 9000 美元。其他可依此类推。

从表 10-3 统计的保费收入及支付的赔款来看，这是一个亏损严重的合同，整个合同的赔付率为 257.43%。但亏损的程度，原保险人、第一溢额再保险人、第二溢额再保险人各不相同。计算可知，他们的赔付率分别为 200%、241.67%、281.61%。这显示出高层次溢额再保险的危险度比低层次溢额再保险的危险度大，这是由于进入高层次溢额的标的数量减少的原因所致。这说明，溢额再保险合同双方的利益并非是完全一致的。因此，在实务中，各层次的溢额再保险，除次序有先后差别外，其再保险条件可能不相同，但责任、保费和赔款的计算方法是一样的。

第三节　非比例再保险

非比例再保险(non-proportional reinsurance)以损失为基础来确定再保险当事人双方的责任，故又称损失再保险，一般称之为超过损失再保险(excess of loss reinsurance)。非比例再保险分为险位超赔再保险、事故超赔再保险和赔付率超赔再保险三种形式。

一、险位超赔再保险

险位超赔再保险(risk excess or working excess of loss)，以每一危险单位所发生的赔款来计算自负责任额和再保险责任额。假若总赔款金额不超过自负责任额，全部损失由分出公司赔付；假若总赔款金额超过自负责任额，超过部分由接受公司赔付。但再保险责任额在合同中的规定，也是有一定限度的。关于险位超赔在一次事故中的赔款计算，有两种情况：一是按危险单位分别计算，没有限制；二是有事故限额，即对每次事故总的赔款有限制，一般为险位限额的 2 至 3 倍，即每次事故接受公司只赔付 2 至 3 个单位的损失。现举例说明如下。

现有一超过 100 万元以后 900 万元的火险险位超赔分保合同，在一次事故中有三个危险单位遭受损失，每个危险单位损失 150 万元。

如果每次事故对危险单位没有限制，则赔款的分摊如表 10-4 所示。

表 10-4　险位超赔的赔款分摊　　　　　　　　　　　单位：元

危险单位	发生赔款	分出公司承担赔款	接受公司承担赔款
Ⅰ	1 500 000	1 000 000	500 000
Ⅱ	1 500 000	1 000 000	500 000
Ⅲ	1 500 000	1 000 000	500 000
共　计	4 500 000	3 000 000	1 500 000

但如果每次事故有危险单位的限制，譬如为险位限额的 2 倍，则赔款分摊的方式如表 10-5 所示。

表 10-5　限额险位超赔的赔款分摊　　　　　　　　　　　　　　　　　　单位：元

危险单位	发生赔款	分出公司承担赔款	接受公司承担赔款
I	1 500 000	1 000 000	500 000
II	1 500 000	1 000 000	500 000
III	1 500 000	1 500 000	0
共　计	4 500 000	3 500 000	1 000 000

在此情形下，由于接受公司已承担了两个危险单位的赔款，所以第三个危险单位的损失全部由分出公司自己负责。

二、事故超赔再保险

事故超赔再保险(catastrophe excess of loss)，以一次巨灾事故所发生赔款的总和来计算自负责任额和再保险责任额。事故超赔再保险的责任计算，关键在于一次事故的划分。有的巨灾事故如台风、洪水和地震，有时间条款来规定多少时间作为一次事故，有的还有地区规定。例如有的规定台风、飓风、暴风连续 48 小时内为一次事故，地震、洪水连续 72 小时内为一次事故。洪水还有地区上的规定，如以河谷或以分水岭来划分洪水地区。其他巨灾事故连续在 168 小时内为一次事故。对于事故持续较长时间的，如森林大火和地震，按一次事故或几次事故，在责任分摊上是不同的。

假设有一超过 100 万元以后的 100 万元的巨灾超赔分保合同，一次台风持续了 6 天，该事故共损失 400 万元。若按一次事故计算，原保险人先自负 100 万元赔款，再保险人承担 100 万元赔款，剩下 200 万元赔款仍由原保险人自负，即原保险人共承担 300 万元赔款。若按两次事故计算，例如第一个 72 小时损失 150 万元，第二个 72 小时损失 250 万元。则对于第一次事故，原保险人和再保险人分别承担赔款 100 万元和 50 万元，第二次事故分别承担赔款 150 万元和 100 万元，即分出公司共负责 250 万元赔款，接受公司负责 150 万元赔款。但在实际情况中，可能无法区分一次台风在某一时间内的损失，则应该由分出公司和接受公司各负责 200 万元赔款。

在超额赔款再保险方式中，有一种分"层"(layering)的安排方法，即将整个超赔保障数额分割为几层，便于不同的再保险人接受。例如，某保险人对他承保的 500 万英镑的业务，分为四层安排超额再保险：第一层为超过 10 万英镑以后的 40 万英镑；第二层为超过 50 万英镑以后的 50 万英镑；第三层为超过 100 万英镑以后的 100 万英镑；第四层为超过 200 万英镑以后的 300 万英镑。

三、赔付率超赔再保险

赔付率超赔再保险(excess of loss ratio or stop loss)，是按赔款与保费的比例来确定自负责任和再保险责任的一种再保险方式，即在约定的某一年度内，对于赔付率超过一定标准时，由再保险人就超过部分负责至某一赔付率或金额。赔付率超赔再保险的赔付按年度进行，有赔付率的限制，并有一定金额的责任限制。由于这种再保险可以将分出公司某一年度的赔付率控制于一定的标准之内，所以，对于分出公司而言，又有停止损失再保险或损失中止再保险(stop loss reinsurance)之称。

赔付率超赔再保险合同中，分出公司的自留责任和接受公司的再保险责任，都是由双方协议的赔付率标准限制的。因此，正确地、恰当地规定这两个标准，是该再保险的关键。议定的标准既要能够在分出公司由于赔款较多，遭受过重损失时给予保障，又不能使分出公司借此从中谋利，损害再保险人的利益。通常，在营业费用率为 30%时，再保险的起点赔付率规定为 70%，最高责任一般规定为营业费用率的两倍即 60%，也就是，再保险责任是负责赔付率在 70%至 130%部分的赔款。

【例 10-1】 分出公司与分入公司订立了一个超过 70%以后的 50%的赔付率超赔分保合同。假设分出公司某年的净保费收入为 1 000 000 元，赔款净额为 800 000 元，则：

【解析】 赔款分担：分出公司负责70%　　700 000 元
　　　　　　　　　接受公司负责10%　　100 000 元

【拓展阅读 10-1】

"9·11"事件改写了保险业历史

2001 年 9 月 11 日恐怖分子劫持了飞机袭击美国的世贸大厦和五角大楼，震惊了全世界。也因为这个导火索，使美国把国内主要矛盾转移到中东地区。此次恐怖袭击重创了航空业和保险业，其中超过 13 家小型保险公司破产，全球几大再保险公司损失惨重。它也成为全球保险历史上赔付最多的恐袭事件。

1. 再保险公司走到前台。"9·11"恐袭事件充分展现了再保险的作用，2/3 的赔款最终落到再保公司头上。其中受冲击最大的就是德国慕尼黑再保险公司。再保险公司是保险公司的保险公司。很多大保单，都会由多家保险公司和再保险公司共同完成。

2. 恐怖风险法案推出。"9·11"恐袭中所有经济损失，保险公司承担51%。受此影响，美国国会通过了《恐怖风险法案》。它规定在发生重大恐袭时，允许保险业和联邦政府根据具体公式分担损失。

3. "一次事件"被重新定义。世贸大楼被飞机撞了两次，再保险公司认为是一起统一行动的恐袭，但是世贸大厦认为是分两次撞击，应该两次赔付。最终法院判定并定义所谓一次事件(72 小时内)。

4. "9·11"事件是保险业的重要转折点，几大险企的股票大跌，标普也调低了他们的信用等级。这也让美国及欧洲的保险公司对可保风险及费率进行了重新评价和调整：恐袭不再是一般保险责任，作为绝对除外责任排除在保单之外；个别险种，提高保费，降低保额；离政治金融中心越近的公司和建筑，保费越高；航空战争责任险市场濒临崩溃。"9·11"以后，航空险保费增加了 459%。

5. "9·11"事件使得各国对保险的监管方向发生了变化，从对保险服务主体业务活动的全面监管转向了对偿付能力控制的监管，以提高险企的赔付后存活率。

6. 虽然在"9·11"事件中遇难或受伤的公民每人平均获赔 310 万美元，共计 87 亿美元;政府救援机构(消防员等)遇难或受伤的人员共获赔19亿美元,总赔付超过500亿美元,但是美国保险业并没有实质的危机,因为美国保险业是成熟的行业,有足够的保险责任准备金,且再保险制度完善。美国保险公司正是通过早已签订的再保险合同,将60%~80%的损失进行转移分散,将涉及金融、航空等不同领域的风险分摊了出去。

(资料来源:https://zhuanlan.zhihu.com/p/236448312。)

本 章 小 结

(1) 再保险又称分保,是保险人在原保险合同的基础上,通过订立合同,将其所承保的部分风险和责任转让给其他保险人承担,当发生保险责任范围内的损失时,从其他保险人处取得相应部分的赔偿补偿的一种保险业务。

(2) 在再保险业务中,分出保险业务的保险人称为原保险人或分出公司,接受分保业务的保险人称为再保险人或分入公司。原保险人为了将其所承保的一部分风险责任转移给再保险人,向再保险人支付的保险费,称为再保险费或分保费。为了弥补原保险人在直接承保业务过程中支出的费用开支,再保险人向原保险人支付的费用报酬,称为分保手续费或分保佣金。

(3) 为了分散风险,控制责任,避免巨额损失,再保险人将分入的保险业务再转分给其他保险人,这种经营活动称为转分保。危险单位是指保险标的发生一次灾害事故可能造成的最大损失范围。分出公司根据偿付能力所确定承担的责任限额称为自留额;经过分保由接受公司所承担的责任限额称为分保额。

(4) 再保险与原保险具有十分密切的关系:原保险是再保险的基础,再保险支持和促进原保险的发展。原保险和再保险在保险主体、保险标的、保险合同的性质三个方面有所不同。

(5) 再保险具有分散风险、控制保险责任、扩大承保能力、增进国际间交流、形成巨额联合保险基金的作用。

(6) 再保险按责任限制,可以分为比例再保险和非比例再保险。比例再保险是以保险金额为基础来确定再保险双方的责任,分为成数再保险和溢额再保险两种形式。非比例再保险是以损失(赔款)金额为基础来确定再保险双方的责任,分为险位超赔再保险、事故超赔再保险和赔付率超赔再保险三种形式。再保险按分保安排,可以分为临时再保险、合同再保险和预约再保险。

实 训 课 堂

基本案情:

在实际再保险的操作中,比例再保险与非比例再保险结合运用很普遍。

例如,原保险人A保险公司与B保险公司签有一份20线的溢额再保险合同,每线50万元,为避免自留部分危险过分集中,A公司对自留部分又与C保险公司签订了一份超过

20 万元以后的 30 万元的超赔再保险合同。

在分保合同有效期内，A 保险公司发生赔款 500 万元。

思考讨论题：

1. 溢额再保险人 B 公司应承担多少？
2. 超赔再保险人 C 公司应承担多少？
3. 原保险人 A 公司应承担多少？

分析要点：

1. 先计算溢额再保险人 B 公司所承担的责任额，为：
$$5\ 000\ 000 \times 1000/(1000+50) = 476.19(万元)$$
2. 然后再计算原保险人 A 公司在超赔分保前所承担的自留赔款额：
$$5\ 000\ 000 - 4\ 761\ 900 = 23.81(万元)$$
3. 最后，这部分自留赔款额由原保险人与超赔分保人分别承担。

原保险人净自留赔款额为：20 万元

超赔分保人 C 公司承担：3.81 万元

复习思考题

一、基本概念

再保险　转分保　分出公司　分入公司　分保费　分保佣金　危险单位　自留额　分保额　比例再保险　非比例再保险　成数分保　溢额分保　险位超赔分保　事故超赔分保　赔付率超赔分保　临时分保　合同分保　预约分保

二、判断题

1. 在成数再保险中，若分出公司自留 40%，分出 60%，则称本合同为 40% 的成数再保险合同。（　）
2. 赔付率超赔再保险又称停止损失再保险或损失中止再保险。（　）
3. 再保险合同是脱离原保险合同的独立合同，但就其实质内容而言，仍以原保险合同为基础。（　）
4. 原保险人不能以投保人不交付保险费为由而拒绝向再保险人支付再保险费。（　）
5. 按照事故超赔再保险方式，在一次事故中，只要总赔款是在分出公司自负责任限额内，就由分出公司自行赔付。（　）
6. 德国的慕尼黑再保险公司是世界上最早成立的专业再保险公司。（　）

三、不定项选择题

1. 比例再保险是以（　）为基础来确定分出公司自留额和接受公司分保额的再保险方式。

　　A. 保险金额　　　B. 保险利益　　　C. 重置成本　　　D. 保险合同

2. 原保险人将每一危险单位的保险金额，按照约定的分保比率分给再保险人的再保险方式指的是(   )。
   A. 溢额再保险   B. 成数再保险
   C. 事故超赔再保险   D. 赔付率超赔再保险

3. 溢额再保险是指原保险人将每一危险单位的保险金额,超过约定(   )的部分分给再保险人的再保险方式。
   A. 比例   B. 金额   C. 保险价值   D. 自留额

4. 在进行再保险安排时需要将分出业务的具体情况和分保条件逐笔告知对方，而接受公司是否接受和接受多少均可自主决定的再保险是(   )。
   A. 临时再保险   B. 合约再保险   C. 预约再保险   D. 混合再保险

5. 对于约定的业务，原保险人可以自由决定是否分出，而原保险人一经决定分出，再保险人就必须接受，不能拒绝，这种再保险是(   )。
   A. 临时再保险   B. 合约再保险   C. 预约再保险   D. 混合再保险

6. 下列对再保险作用的表述中，正确的是(   )。
   A. 分散风险   B. 扩大承保能力
   C. 直接保障了被保险人的经济利益 D. 扩大国际交流

7. 有一险位超赔再保险合同，分出公司自赔额为 2000 万元,分入公司的分入责任为 4000 万元，现有一危险单位发生赔款 5000 万元。则分入公司应承担的赔款金额是(   )。
   A. 2000 万元   B. 3000 万元   C. 4000 万元   D. 5000 万元

8. 下列关于再保险的描述正确的有(   )。
   A. 再保险是对风险的第一次转嫁
   B. 再保险合同的当事人是投保人与保险人
   C. 再保险合同都具有补偿性质
   D. 分入人将所接受的风险再分给其他保险人的行为称为转分保

9. 再保险与原保险的区别主要在于(   )。
   A. 保险标的不同   B. 合同当事人不同
   C. 保险合同的性质不同   D. 经营目的不同

10. 某一赔付率超赔再保险合同规定，分入人承担超过 60%之后的 50%，假设当分出人保费为 2000 万元，赔款为 2100 万元，则分出人负担(   )。
    A. 1200 万元   B. 1500 万元   C. 900 万元   D. 1250 万元

四、简答题

1. 怎样理解再保险与原保险之间的关系？
2. 根据溢额分保合同，如何分配再保险双方的责任？

五、计算题

1. 假定有一个自留额为 50 万元、责任限额为 5 线的溢额分保合同。如果分出公司发生以下几笔业务，再保险双方该如何分摊赔款？
   (1) 保额 40 万元，赔款 8 万元。
   (2) 保额 100 万元，赔款 57 万元。

(3) 保额 250 万元，赔款 200 万元。

2. 某一赔付率超赔再保险合同规定，分入人承担超过 60% 之后的 50%，假设分出人保费为 2000 万元，赔款为 2500 万元，试计算分出人与分入人各自负担的赔款金额。

六、论述题

再保险的作用体现在哪些方面？

第十一章 保险经营

【学习要点及目标】

- 重点掌握保险经营的特征与原则。
- 了解保险费率的厘定。
- 明确各种保险展业渠道的优缺点。
- 了解保险防灾防损。
- 掌握保险承保、理赔及投资。

【核心概念】

保险经营　保险费率　展业　承保　防灾防损　理赔　保险投资

【引导案例】

当前保险经营模式存在三大挑战，何以应对？

"当前中国保险行业的增长模式已经从'机会驱动'转为'能力驱动'，核心能力才是未来竞争的'护城河'。"日前，普华永道发布的《全生命周期风险保障经营模式研究报告》(以下称《报告》)对保险行业发展做出了上述判断。

《报告》认为，保险公司应该通过生态化、品牌化、专业化和数字化来打造全生命周期风险保障的保险经营模式。客户全生命周期风险保障的经营模式基于健康、家庭和财富三个视角。三大维度从保险的长期主义经营理念来看，存在周期特点，且不同的周期阶段体现为不同的风险特性，并产生不同的保障需求。从这三大维度出发，可以帮助客户综合评估全生命周期下的疾病、意外、责任、养老、子教、资产等保障需求。

《报告》显示，当前保险行业生命周期风险保障模式演进中体现为四种典型模式：单一保单模式、保单组合模式、保单+服务模式和保险+财富管理模式。而目前的全生命周期风险保障模式存在以下三个主要挑战：一是经营理念，产品本位和销售导向造成同质竞争格局。以产品为中心和以销售为导向的传统保险经营理念，没有充分关注消费者的动态需求，使得市场的产品互相抄袭，同质化严重，而代理人的销售文化又导致短视的销售误导普遍，客户满意度低。二是渠道能力，传统渠道能力不足无法长期经营客户。目前寿险的主力渠道仍是庞大的代理人团队，保险营销员以大专学历为主并且有高脱落率，以短期的销售佣金为主的传统激励方式和以线下为主的传统接触模式，无从对客户进行全生命周期的保障与服务。三是产品策略，跟随策略使得市场产品众多却不够丰富。保险产品的条款本身并不具备专利保护，创新产品往往很快被同业模仿，所以大部分的保险公司都采取跟随的产品策略。虽然市场上的保险产品数量众多，但适用人群和保障范围并不能完全覆盖不同客户不同周期的风险保障需求。

(资料来源：https://finance.eastmoney.com/a/202109272121075713.html.)

第十一章 保险经营

【知识导入】

保险公司的利润产生于费差、死差和利差,随着大量外资保险公司的进入以及互联网保险发展的深入,保险行业费差将逐步收缩;由于死亡率的相对稳定性,在无特殊情况下,死差基本维持稳定,保险公司在死差方面的获利空间较为狭窄;最为关键的利差,将由保险公司的投资能力主导。

第一节 保险经营概述

一、保险经营的特征

保险经营是指保险公司为实现保险分散风险、补偿损失的基本职能和资金融通、社会管理的派生职能所从事的业务活动的总称,通常包括承保业务经营和投资业务经营。保险业的经营,不同于一般工商企业的经营,有其自身的特殊性。

(一)保险经营资产的负债性

一般企业的经营资产来自自有资本的比重较大,这是因为它们的经营受其自有资本的约束,所以必须拥有雄厚的资本为其经营后盾。保险企业也必须有资本金,尤其在开业初期需要一定的设备资本和经营资本,正因为如此,我国《保险法》第六十九条规定:"设立保险公司,其注册资本的最低限额为人民币二亿元。"但是保险企业的经营资产主要来自投保人按照保险合同向保险企业所缴纳的保险费和保险储金,具体表现为从保险费中所提取的各种准备金。由于保险企业的经营资产相当部分是来源于保险人所收取的保险费,而这些保险费正是保险企业对被保险人未来赔偿或给付责任的负债,故其经营资产具有负债性。

(二)保险经营活动的特殊性

保险经营是以特定风险的存在为前提,以集合尽可能多的单位和个人风险为条件,以大数法则为数理基础,以经济补偿和给付为基本功能。因此,保险企业的经营活动,不是一般的物质生产和商品交换活动,而是一种具有经济保障性质的特殊的劳务活动。首先,这种劳务活动依赖于保险业务人员的专业素质,如果保险企业拥有一批高素质的业务人员,提供承保前、承保时和承保后的系列配套服务,社会公众对保险企业的信心就会增强,保险企业的竞争能力就会进一步提高。其次,这种劳务活动体现在保险企业的产品质量上。保险企业根据保险市场需求精心设计保险条款,合理规定保险责任,科学厘定保险费率,保险险种就能切合实际,保险合同的数量就能逐渐增加;而保险合同的数量愈多,保险的平均成本就愈少;同时,一般来说,保险经营也愈稳定。

(三)保险经营成本、利润核算的专业性

保险经营成本与一般工商企业产品成本核算的差异,表现在一般产品成本发生在过去,是确定的;而保险经营成本却发生在未来,具有不确定性。由于保险商品现时的价格(即保险费率)制定所依据的成本是过去的、历史的支出的平均成本,而现时的价格又是用来补偿

将来发生的成本,即过去成本产生现时价格,现时价格补偿将来成本。同时,在确定保险历史成本时,也需要大量的统计数据和资料。事实上,一般保险企业无法获得足够的历史资料和数据,而且影响风险的因素随时都在变动,这就使得保险人确定的历史成本很难与现时价格吻合,更难以与将来成本相一致。因此,保险经营成本的不确定性决定了保险价格的合理度不如其他商品高,保险成本与保险价格的关系也不如其他商品密切。

此外,保险利润的核算也与一般企业不同。经营一般商品时,企业只需将商品的销售收入减去成本、税金,剩下来的就是利润。由于保险企业在一年当中任何时候均可签发保险合同,而保险合同都有一定的存续期,因此在会计年度结算时,保险责任通常并未终结,对一些索赔案件还不能结案,所以在核算保险利润时不能简单地将当年保费收入减去当年赔款、费用和税金,而必须将未到期责任和未决赔款等考虑进去,在扣除了上述各项准备金之后,剩余的部分才是保险企业的营业利润。保费收入中除去当年的赔款、费用和税金外,还要减去各项准备金和未决赔款,如果提存的各项准备金数额较大时,则对保险利润会有较大的影响。

(四)保险经营影响的广泛性

一般企业的经营过程是对单一产品、单一系列产品或少数几种产品进行生产管理或销售的过程,其产品只涉及社会生产或社会生活的某一方面,即使企业的破产倒闭所带来的影响也只会涉及某一行业或某一领域。保险经营则不然,一般来说,保险企业所承保的风险范围之宽,经营险种之多,涉及的被保险人之广泛是其他企业无法相比的。例如,被保险人包括法人和自然人就法人来说,包括各种不同所有制的工业、农业、交通运输业、商业、服务业和各种事业单位以及国家机关;就自然人来说,有各行各业和各个阶层的人士。无论是自然人还是法人,既可以在国内的不同地区,又可以在世界各国家和地区。一旦保险经营失败,保险企业丧失偿付能力,势必影响到全体被保险人的利益乃至整个社会的安定。所以说,保险经营的过程,既是风险的大量集合过程,又是风险的广泛分散过程。众多的投保人将其所面临的风险转嫁给保险人,保险人通过承保将众多风险集合起来,而当发生保险责任范围内的损失时,保险人又将少数人发生的风险损失分摊给全体投保人。

二、保险经营的原则

保险经营的原则是指保险企业从事保险经济活动的行为准则。由于保险商品除具有一般商品的共性外,还具有自身特性,因此,在经营保险这一特殊商品的过程中,既要遵循企业经营的一般原则,又要遵循保险企业的特殊原则:

(一)风险大量原则

风险大量原则是指保险人在可保风险的范围内,应根据自己的承保能力,争取承保尽可能多的风险和标的。风险大量原则是保险经营的基本原则。这是因为:第一,保险的经营过程实际上就是风险管理过程,而风险的发生是偶然的、不确定的,保险人只有承保尽可能多的风险和标的,才能建立起雄厚的保险基金,以保证保险经济补偿职能的履行。第二,保险经营是以大数法则为基础的,只有承保大量的风险和标的,才能使风险发生的实际情形更接近预先计算的风险损失概率,以确保保险经营的稳定性。第三,扩大承保数量是保险企业提高经济效益的一个重要途径。因为承保的标的越多,保险费的收入就越多,营业费用则相对越少。遵循风险大量原则,保险企业应积极组织拓展保险业务的队伍,在维持、巩固原有业务的同时,不断发展新的客户,扩大承保数量,拓宽承保领域,实现保险业务的规模经营。

(二)风险同质原则

风险同质原则是指保险人承保的同一类业务中,不同保险标的在风险性质上要基本相同。在现实生活中,保险标的千差万别,风险的性质各异,其发生频率和损失程度各不相同。为了保证保险经营的稳定,保险人在承保时对所保风险必须有所选择,尽量使同一类业务在风险性质上做到基本一致。只有这样,才能满足大数法则的要求,使估算的损失概率趋于可靠和稳定。

(三)风险选择原则

为了保证保险经营的稳定性,保险人在承保时不仅需要签订大量的、以可保风险和标的为内容的保险合同,还需对所承保的风险加以选择。风险选择原则要求保险人充分认识、准确评价承保标的的风险种类与风险程度,以及投保金额的恰当与否,从而决定是否接受投保。保险人对风险的选择表现在两方面:一是尽量选择同质风险的标的承保,从而使风险能从量的方面进行测定,实现风险的平均分散;二是淘汰那些超出可保风险条件或范围的保险标的。可以说,风险选择原则否定的是保险人无条件承保的盲目性,强调的是保险人对投保意愿的主动性选择,使集中于保险保障之下风险单位的风险程度不断地趋于一致,有利承保质量的提高。

(四)风险分散原则

风险分散原则,是指将某一风险责任由众多的人共同分担。保险经营的实践证明,如果保险人承担的风险过于集中,那么一旦发生较大的风险事件,保险人就无法赔付巨额损失。这既威胁着保险企业的生存,也有损于被保险人的利益。因此,保险人为保证经营的稳定性,应使风险分散的范围尽可能扩大。风险分散一般分为承保时的分散和承保后的分散两种。承保时,保险人分散风险的手段包括控制保险金额、规定免赔额(率)和实行比例承保。承保后,保险人主要通过运用再保险和共同保险来进一步分散风险。

第二节 保险费率

一、保险费率及其厘定准则

(一)保险费与保险费率

保险费简称保费,是投保人为获得经济保障而缴纳给保险人的费用或保险人为承担约定的保险赔付责任而向投保人收取的费用。

保险费是建立保险基金的主要来源,也是保险人履行赔付义务的基础。计算保险费时,主要考虑三个因素:一是保险金额;二是保险费率;三是保险期限。这三个因素均与保险费成正比关系,即保险金额越大,费率越高;保险期限越长,应缴纳的保险费就越多。但由于保险金额一般是根据保险标的的实际价值或由保险双方当事人协商确定的,保险期限在具体险种中也是事先规定好的,两者的弹性都比较小,因此,保险费的问题也就转化为保险费率的问题。

保险费率简称费率,又被称为保险价格,是保险费与保险金额的比率,通常以每百元或每千元的保险金额应缴的保险费来表示。一般地,保险金额×保险费率=保险费。保险费率由纯费率和附加费率两部分构成。

(二)保险费率厘定的准则

保险人在厘定费率时要遵循权利与义务平衡的准则,具体包括以下几个方面。

1. 公平性

保险费率的公平性主要体现在对保险费率进行合理分类,消除歧视性。对保险人来说,其收取的保费应与其承担的风险相当;对投保人来说,其负担的保费应与被保险人获得的保障相对称。在保险经营技术上,费率差别的存在是一种正常现象。各险种的保险费率不在于没有差别,而在于不同的费率是否真正反映其风险大小。总之,不能将某一类保险的费率定得特别高,另一类保险的费率定得特别低,从而形成由前者填补后者的一种歧视性费率。

2. 充足性

保险费等于预期损失和合理的附加费用之和。从保险人的角度看,保费收入应能足以支付其各项赔款和费用支出,并且以合理的利润与安全系数避免保险公司偿付能力不足的情况发生。如果保费过低,就会降低保险人的偿付能力,结果使保险人的经营处于一种不稳定状态,不利于其稳健发展。在竞争激烈的保险市场上,为了提高自己的竞争力,保险人常常不惜降低保险费率以招徕顾客,结果导致盲目竞争。为了贯彻充足性原则,避免恶性竞争,许多国家都对保险费率进行管制,以保证偿付能力。

3. 稳定性

稳定性原则是指在一定时期内应保持费率的相对稳定。稳定的费率有利于保险公司核算。对投保人来说,稳定的费率可使其保费支出确定,免遭费率变动之苦;反之,如果费率经常上涨,尽管保险人可以获得一定的利润,但势必激起投保人的不满,以至于逐步减少对保险的购买。如果保险费率呈下降趋势,投保人也将会减少对保险的购买,以等待一个更低的价格。可见,不稳定的价格会给保险机构的经营活动带来负面影响,因此,在厘定费率上,要遵循相对稳定原则。但这一原则并不是指保险费率一成不变,当风险环境、保险责任以及保险需求状况发生变化时,费率应及时改变。

4. 促进防灾防损

促进防灾防损原则是指保险费率的厘定应有利于促进防灾防损。具体来说,就是对注重防灾防损工作的被保险人采取较低的费率。贯彻这一原则有两个好处:其一,减少了保险人的赔付支出;其二,减少了整个社会财富的损失。

二、非寿险费率的厘定

保险费率的厘定，关键在于纯费率的确定。而纯费率的确定通常有两种方法：一是依据统计资料计算保额损失率，进而确定纯费率 r；二是在损失分布和赔款条件已知的情况下，用赔款金额的期望值 E 除以保险金额 I 而得到 r，即 $r=E/I$。

上述两种计算纯费率的方法都涉及许多专门知识，在此不详述。但在财产保险实务中，厘定保险费率并不仅仅是计算理论上的费率，而是要确定一定条件下的实用费率。实务上确定保险费率的方法主要有判断法、分类法和增减法。

(一)判断法(judgement rating)

判断法又称为个别法或观察法，是就某一被保风险单独厘定费率，费率在很大程度上取决于承保人的判断。当损失风险形式多样且多变，不能使用分类法时，或者当不能取得可信的损失统计资料时，就会采用这种方法。例如，宇航员作首次月球登陆飞行时购买了人寿保险，但当时没有外层空间的死亡损失数据，只能使用判断法厘定费率。在海上运输保险和一些内陆运输保险中也广泛使用判断法，这是因为各种船舶、港口、货物和风险水域的情况错综复杂，各不相同。

(二)分类法(class rating)

分类法是依据某些重要的标准，对风险进行分类，并据此将被保险人分成若干类别，把不同的保险标的根据风险性质归入相应群体，分别确定费率的方法。分类法是基于这样一种假设：被保险人将来的损失很大程度上由一系列相同的因素决定。这一方法有时也被称为手册法，因为各种分类费率都印在手册上，保险人只需查阅手册，便可决定费率。这是一种最常用也是最主要的保险费率厘定方法，被广泛运用于财产保险、人寿保险和大部分人身意外伤害保险中。对于财产保险，一般根据标的物的使用性质分为不同的类别，每一类又可以分为若干等级。不同类别，不同等级，费率各异。对于人身保险，一般按照性别、年龄、健康状况、职业等分类。分类法的思想符合保险运行所遵循的大数定律。大数定律要求保险标的损失概率相同。只有标的物面临同质风险，才能较好地符合这个条件。因此，必须在对风险进行分类的基础上确定不同类别的保险费率。

(三)增减法(merit rating)

增减法是指在同一分类中，对投保人给以变动的费率。它是在凭借分类法确定的基本费率的基础上，再依据实际情况予以细分所测定的费率。与分类费率相比，在增减法下厘定出来的费率，有可能高于或低于分类法所确定的费率。增减法主要分为三种：表定法、经验法、追溯法。但无论何种方法，均适用于较大规模的投保人，这是因为：第一，对小规模投保人而言，费率的些许变动对其影响不大，但对大规模投保人而言，由于保险金额高，费率稍微发生变动就会产生影响。第二，增减费率所花的费用较大。只有经过调整的保费存在较大变动的情况下，调整保费的费用支出才可能得到弥补。

三、寿险费率的厘定

(一)生命表

人寿保险费率与财产保险费率一样,由纯费率和附加费率构成。在确定纯费率时,须遵循收支平衡的原则,即保险人收取的纯保费加上利息等于今后应给付的保险金或年金。而生命表就是费率厘定的科学基础。

生命表又称为死亡表(mortality table),是根据以往一定时期内各种年龄的死亡统计资料编制的,由每个年龄死亡率所组成的汇总表。生命表可以分为国民生命表和经验生命表两种。前者是根据全体国民或者以特定地区的人口的死亡统计数据编制的生命表。它主要来源于人口普查的统计资料。后者是根据人寿保险、社会保险以往的死亡记录(经验)所编制的生命表。保险公司使用的是经验生命表,主要因为国民生命表是全体国民生命表,没有经过保险公司的风险选择,一般情况下与保险公司使用的生命表中的死亡率不同。

现摘录中国人寿保险业经验生命表(2000—2003)的一部分,如表 11-1 所示。

表 11-1　中国人寿保险业经验生命表(2000—2003)(非养老金业务男表)

年龄(x)	q_x	l_x	d_x	e_x
0	0.000 722	1 000 000	722	76.7
1	0.000 603	999 278	603	75.8
2	0.000 499	998 675	498	74.8
3	0.000 416	998 177	415	73.9
4	0.000 358	997 762	357	72.9
5	0.000 323	997 405	322	71.9
6	0.000 309	997 082	308	70.9
7	0.000 308	996 774	307	70.0
8	0.000 311	996 467	310	69.0
9	0.000 312	996 157	311	68.0
10	0.000 312	995 847	311	67.0
11	0.000 312	995 536	311	66.0
12	0.000 313	995 225	312	65.1
13	0.000 320	994 914	318	64.1
14	0.000 336	994 595	334	63.1
15	0.000 364	994 261	362	62.1

在生命表中,首先要选择初始年龄且假定在该年龄生存的一个合适的人数,这个数称为基数。一般选择 0 岁为初始年龄,并规定此年龄的人数通常取整数如 10 万、100 万、1000 万等。在生命表中还规定最高年龄,用 ω 表示,满足 $l_{\omega+1}=0$。一般生命表中都包含以下内容。

x:表示年龄。

l_x：生存人数，是指从初始年龄至满 x 岁期望生存的人数。例如：l_{25} 表示在初始年龄定义的基数中预期有 l_{25} 人活到 25 岁。

d_x：死亡人数，是指 x 岁时生存的人在接下来一年内预期死亡的人数，即指 x 岁的生存人数 l_x 人中，经过一年所死去的人数。已知在 $x+1$ 岁时生存数为 l_{x+1}，于是有 $d_x = l_x - l_{x+1}$。

q_x：死亡率，表示 x 岁的人在一年内死亡的概率。显然，$q_x = \dfrac{d_x}{l_x} = \dfrac{l_x - l_{x+1}}{l_x}$。

p_x：生存率。表示 x 岁的人在一年后仍生存的概率，即到 $x+1$ 岁时仍生存的概率。$p_x = \dfrac{l_{x+1}}{l_x}$，所以 $p_x + q_x = 1$。

e_x：完全平均余命或生命期望值，表示 x 岁的人以后还能生存的平均年数。若假设死亡发生在每一年的年中，则有：$e_x = \dfrac{1}{l_x}(l_{x+1} + l_{x+2} + \cdots + l_\omega) + \dfrac{1}{2}$。

(二)均衡纯保费

为了减轻投保人的缴费负担，保险公司一般允许投保人在购买保险时，将保险费分期按年、按季、按月或每半年交付一次，而以一年交付一次的方式最为普遍。按年等额交付的保险费即为年均衡纯保费。

假定 n 年定期死亡保险的纯保费分 m 年付清，用 ${}_mP^1_{x:\overline{n}|}$ 来表示其年缴纯保费，则保险公司各年收取的纯保费分别为 $l_x \cdot {}_mP^1_{x:\overline{n}|}$ 元、$l_{x+1} \cdot {}_mP^1_{x:\overline{n}|}$ 元、……、$l_{x+m-1} \cdot {}_mP^1_{x:\overline{n}|}$ 元。不难理解，年缴纯保费的现值之和应与趸缴纯保费的现值相等，即应有

$$l_x \cdot A^1_{x:\overline{n}|} = l_x \cdot {}_mP^1_{x:\overline{n}|} + l_{x+1} \cdot v \cdot {}_mP^1_{x:\overline{n}|} + \cdots + l_{x+m-1} \cdot v^{m-1} \cdot {}_mP^1_{x:\overline{n}|}$$

整理可得：

$$_mP^1_{x:\overline{n}|} = \frac{M_x - M_{x+n}}{N_x - N_{x+m}}$$

读者自己用同样的方法可以推导出终身死亡保险和两全保险的年均衡纯保费。

人寿保险纯费率的计算，被公认为比其他保险种类纯费率的准确度高，其原因是由生命表提供的死亡率准确度高。前面已经说过，生命表的编制也是寿险精算的重要内容之一，限于篇幅，我们不在此论述生命表的编制。另外需要注意的是，在寿险费率计算中，采用了 C_x、D_x、M_x、N_x 等换算函数，依据生命表和一定的预定利率计算这些换算函数的值，同样也是寿险精算的重要内容之一。

第三节 保险展业与承保

一、保险展业

(一)保险展业的概念

保险展业是指通过保险宣传，引导和促使具有保险需求的单位或个人购买保险的行为。保险展业是保险经营活动的起点，它由保险宣传和保单销售构成。保险展业的根本目

的是增加保险标的数量,以分散风险、扩大保险基金。展业面越宽,承保面越大,获得风险保障的风险单位数越多,风险就越能在空间和时间上得以分散。

在展业中,保险公司应该注意商业保险大都属于自愿保险,保险双方当事人的地位是平等的。我国《保险法》第十一条规定:"订立保险合同,应当协商一致,遵循公平原则确定各方的权利和义务。除法律、行政法规规定必须保险的外,保险合同自愿订立。"因此,保险公司在开展保险业务活动中,不能用利诱或强迫的手段来招揽业务。

(二)保险展业渠道及其特点

保险展业渠道是指保险商品从保险公司向保险客户转移过程中所经过的途径。保险展业渠道一般包括直接展业渠道与间接展业渠道两大类,如图11-1所示。

直接展业渠道,称为直销制,是指保险公司通过领取薪金的业务人员向保户直接提供各种保险商品的销售和服务。间接展业渠道,亦称中介制,是指保险公司通过保险代理人与保险经纪人等中介销售保险商品。

在保险业发展的初期,保险公司大都采用直销制展业。但随着保险业的发展,保险公司仅仅依靠自己的业务人员和分支机构进行保险展业远远不够,同时也不经济。因为无论保险公司的资金实力有多雄厚,都不可能建立一支足以包容整个保险市场的展业队伍,即使可能,庞大的工资支出和业务费用势必提高保险经营的成本。因此,在现代保险市场上,保险公司在依靠自身的业务人员进行直接展业的同时,更广泛地利用保险中介人进行间接展业。

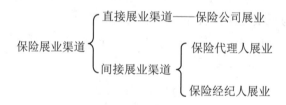

图 11-1　保险展业渠道图

1. 保险公司展业的特点

保险公司是非银行金融机构的一种形态,主要分为人寿保险公司和财产保险公司。保险公司展业就是保险公司依靠自身专业人员直接承揽业务,即直销制。

这种展业方式的优点表现为:保险公司的业务人员直接代表保险公司开展业务,具有较强的公司特征,有利于在客户中树立公司良好的外部形象,有利于控制保险欺诈行为,减少因不熟悉保险业务而欺骗投保人的道德风险的发生,给保险消费者增加安全感。

由于保险服务需要与大量的目标顾客进行长时间的接触,而保险公司所雇用的直销人员总是有限的,因此,保险公司展业也表现出一定的缺点:一是不利于保险公司争取更多的客户。因为有限的业务人员只能提供有限的服务,同时他们预定任务较重,无法与所有客户建立较为密切的关系。因此,许多保户的潜在保险需求无法转化为现实的购买能力,使保险公司失去了很多现实的客户。二是不利于扩大保险业务的经营范围。由于直销人员有限,他们只能侧重于进行某些大型险种的营销活动,如企业财产保险、团体人身保险的业务,而对于某些极有潜力的业务领域无暇顾及,如个人寿险、家庭财产保险等业务,导

第十一章 保险经营

致保险公司对市场需求的变化不能做出充分合理的预测而错失发展良机。三是不利于发挥业务人员的工作积极性。由于在直销方式下业务人员的收入与其业务量不发生必然的联系，当其超额完成预定工作任务后，没有业务提成或提成太少，这在一定程度上有损其展业积极性。

【拓展阅读 11-1】

互联网保险销售模式及其优缺点对比

随着网络经济的发展，人们保险意识的增强，互联网保险风生水起，互联网保险销售模式有哪些，不同的销售模式又有何优点和缺点呢？

一、官方网站

官方网站指保险公司通过自建官网销售保险产品。目前已有超过 60 家保险公司开通了官网销售保险的功能。实力较强的保险公司，如中国人寿、中国人保、平安保险等都有自己的官方网站。以中国人寿官网商城为例，官网上主要销售意外险、健康险、车险、家财险。购买流程为选产品—算价格—填写投保信息—支付保费—下载电子保单或凭证，车险实现了保单寄送。保单服务及理赔全程实现了互联网服务。

优点：有助于保险公司品牌建设与推广。官网销售注重品牌效应，可以为具有品牌忠诚度的客户提供网上购买渠道，对产品的介绍较专业、集中、详细。缺点：网站建设和维护的成本高，为了增加流量和获得广告投入，需要企业具有雄厚的资本；而且访问流量有限，客户无法横向对比，销量上无法保障。

二、第三方电子商务平台(电子商务渠道)

第三方电子商务平台指保险公司利用大型第三方电商平台，以店铺的形式组织销售保险产品。比较有代表性的有淘宝网，目前已有多家保险公司进驻淘宝网平台开设旗舰店，集中售卖自己的保险产品。此外，像京东商城、网易、和讯等网站也开设了保险频道。以淘宝网为例，淘宝"保险理财"服务板块，销售车险、意外险、健康险和家财险。每一类目下，又有保险公司、保障类型、保额、期限等子类目。每一种产品的购买页面，有"宝贝详情"和"成交记录"，便于客户对比产品和选择，还有在线客服，方便与商家直接联系，与一般生活服务领域的网购体验相似。然而，对于每一款产品的介绍上，宣传语言传递出"物美价廉""性价比高""优惠折扣不容错过""快来投保吧"等信号，对产品风险提示存在疏漏，误导的嫌疑较为明显，很难消除投保人疑虑。此外，保单服务和理赔服务仍需要线下完成，服务流程不完善。

优势：流量大，用户多；产品全，便于比较；销售成本降低；与目前互联网行业中多数生活服务领域的业务相似，购买体验好，为大众所普遍接受。劣势：服务流程不完整，后续服务如理赔等仍需落地服务；存在销售误导性质的宣传，需要更到位的监管。

三、网络兼业代理

网络兼业代理主要是以银行为代表的保险兼业代理机构在网络上实现的保险销售。通常银行会将投资、理财、保险类产品的销售集成到网络银行中。此外，还有一些网站也兼业销售保险产品，如旅行网、云网、福佑网等，这些网站多数仅销售短期意外保险或卡折式保单，产品种类较为单一。

优缺点：以银行为代表的网络兼业代理，用户量有一定保障，产品比较丰富，可直接通过网银购买,付款安全便捷。但由于银行网站功能的设置多以银行主业为主,对保险销售不能投入更大精力,因此,受制于网络银行架构设置,保险用户体验可能不佳。

其他网络兼业代理平台,多数仅销售短期意外保险或卡折式保单,产品种类较为单一。

四、专业中介代理

专业中介代理由保险专业经纪或代理公司建立的网络销售平台。专业中介代理网站有中民保险网、优保网、慧择网、大童网等。以慧择网为例,寿险、意外险、健康险、车险、家财险和企业险等险种涉猎全面。每一险种可以按照期限和保险金等进行筛选。用户评价给投保人提供了选择产品的参考。还有典型案例和购买提示,对产品的介绍和讲解比较专业、客观。每一产品页面上有黑色字体提示"投保险请您仔细阅读"一栏,包括产品条款、保险金赔付比例、索赔方式、特别约定、客户告知书,做到了保险要求的最大诚信原则,尽到了明确告知的义务。另外还有"同款产品不同计划"和"同款产品热销排行",便于客户比较和选择。用户可以获得从投保到保单服务和报案理赔的一站式在线服务。

优点:其功能类似于保险超市,可以提供多家保险公司的产品和服务,种类丰富,产品对比和筛选起来比较方便,咨询也更便捷,用户在这里可以得到全面的一站式在线服务,相对而言专业化程度较高。缺点:这一渠道尚未发展形成规模,广大消费者目前接受度低,主动寻找专业中介机构网站购买保险的欲望不高,因此受众面较窄。

五、专业互联网保险公司

2013年,国内首家专业互联网保险公司众安财产保险公司设立,通过"众安在线"开展专业网络保险销售。主要经营与互联网交易直接相关的企业或家庭财产保险、货运保险、责任保险、信用保证保险、短期健康或意外伤害保险;上述业务的再保险分出业务;国家法律、法规允许的保险资金运用业务;经中国保险监督管理委员会批准的其他业务。

优势:腾讯和阿里为众安保险提供了强大的渠道资源。作为中国最大的电商阿里巴巴,它拥有的大量客户涵盖了企业和个人,这些客户不但能成为互联网保险产品的消费者,而且阿里还掌握着大量客户群的信用水平和交易记录,这成为众安保险研发新产品的重要资料库。同时,阿里集团旗下支付宝拥有庞大的用户群,能够为客户提供即时消费、安全支付的保证,使得客户在购买保险产品的同时,保证支付的安全性。腾讯拥有大量的个人用户基础的同时,还有丰富的媒体资源和营销渠道。

六、保险信息类网站

一些信息类网站通过导航功能给保险销售者和购买者提供一个沟通和交易的平台,如中国保险网、易保网保险广场、生命天空保险中间站等。通过行业的优势代理销售,通过广告和引流的作用,能够吸引到海量的访问量。这些网站自身并不销售保险产品,只展示或对比产品,通常用户点击购买后,页面会自动跳转到保险公司网站,消费者实际购买行为并未发生在该网站中。因此,这种保险信息类网站不能算作真正意义上的保险电子商务网站。

七、移动互联网新兴销售渠道

目前,以国华人寿为代表的众多保险公司已经在移动应用上推出微信商城,可实现微信投保、支付、在线客服、产品展示、查询等功能。如泰康的"微互助"、阳光保险的"摇钱术"和"爱升级"、太保的"救生圈"、幸福人寿推出的微信公众号"幸福产品在线"、安邦保险联合微商城,还有2014年年初,泰康人寿推出用微信购买"春运保险"。

相较传统的销售渠道，移动互联保险具有便捷、时间碎片化、用户体验优先等特点，在产品研发上会更加贴近客户需求，凸显个性化特色。

(资料来源：http://baoxian.southmoney.com/zhishi/49598.html.)

2. 保险代理人展业

保险代理人是根据保险人的委托，向保险人收取代理手续费，并在保险人授权的范围内代为办理保险业务的单位和个人。

保险代理人展业的优势具体表现在以下几方面：一是有利于降低保险成本。由于保险代理人是按劳取酬，保险公司只需向代理人支付代理手续费，这样就节约了在直销制下必须支付的各项费用，如员工管理费、宣传费、防灾费和员工福利等，从而大大降低了保险成本。二是有利于增强保险供给能力。保险代理人弥补了保险公司营业网点少、展业人员不足的缺点，通过"多渠道、广代理"的方式，满足社会的保险需求，提高了保险公司的供给能力。三是有利于沟通保险信息。保险代理人接触的客户多，信息灵通，保险公司通过对代理人采集的市场信息进行分析，不断完善保单条款，改进经营策略，最终提高服务水平。

保险代理人展业的缺点主要表现在：保险公司核保与保险代理人推销之间的冲突难以解决。保险代理人的任务是力求推销更多的保险单，以获取更多的代理手续费，而保险核保则要求在扩展业务的同时，更要注意提高承保质量，显然两者的冲突是难免的。保险代理人单纯为获取手续费而开展业务的做法，会导致保险公司承保质量下降。而保险代理人滥用代理权，则更有损于保险人的利益。

3. 保险经纪人展业

保险经纪人是基于投保人的利益，为投保人与保险人订立保险合同提供中介服务，并依法收取佣金的单位。

保险经纪人展业的优势表现在：一方面，保险经纪人提供服务的专业性强。保险经纪人具有丰富的保险经验，可以帮助投保人识别潜在风险，帮助投保人寻找合适的保险公司和保险产品。另一方面，投保人通过保险经纪人投保，不会增加额外开支，一般保险公司在获得业务后会向经纪人支付酬劳。此外，如果因为保险经纪人的疏忽致使被保险人的利益受到损害，经纪人要承担法律责任。

保险经纪人展业的缺点在于：由于保险经纪人不依托某家保险公司进行中介活动，因此如果保险经纪人缺乏法律、法规的限制，就可能导致保险经纪人以中介为名，行欺诈之实，如提供虚假信息来牟取暴利，使交易者在经济上蒙受损失，扰乱保险市场的正常秩序。

二、承保

(一)承保的概念

承保是指签订保险合同的过程，即保险人对投保人所提出的投保申请经过审核，同意接受风险的合同行为。

承保是保险经营中必不可少的环节，通过承保，保险人可筛选出非可保风险及不合格的被保险人和保险标的，从而实现风险的分散、费率的公正，从而保证承保质量，增强企业在市场上的竞争力。

(二)承保的主要环节

1. 核保

核保是指保险公司在对投保信息全面掌握、核实的基础上，对风险进行评判与分类，进而决定是否承保、以什么样的条件承保的过程。

核保的主要目标在于辨别保险标的的危险程度，并据此对保险标的进行分类，按不同标准进行承保、制定费率，从而保证承保业务的质量。核保工作的好坏直接关系到保险合同能否顺利履行，关系到保险公司的承保盈亏和财务稳定。因此，严格规范的核保工作是衡量保险公司经营管理水平高低的重要标志。保险核保的信息来源主要有：投保单、销售人员和投保人提供的情况以及保险人通过实际查勘获取的信息。

2. 做出承保决策

保险承保人员对收集的核保信息加以整理，并对这些信息经过承保选择和承保控制之后，可做出以下承保决策：一是正常承保。对于属于标准风险类别的保险标的，保险公司按标准费率予以承保。二是优惠承保。对于属于优质风险类别的保险标的，保险公司按低于标准费率的优惠费率予以承保。三是有条件地承保。对于低于正常承保标准但又不构成拒保条件的保险标的，保险公司通过增加限制性条件或加收附加保费的方式予以承保。例如，在财产保险中，保险人要求投保人安装自动报警系统等安全设施才予以承保；如果保险标的低于承保标准，保险人采用减少保险金额，或者使用较高的免赔额或较高的保险费率的方式承保。四是拒保。如果投保人的投保条件明显低于保险人的承保标准，保险人就会拒绝承保。对于拒绝承保的保险标的，要及时向投保人发出拒保通知。

3. 签发保单

对于同意承保的投保申请，承保人员要缮制保险单，并向投保人及时签发。保单的签发意味着保险经济关系的确立，保险双方将各自行使权利，履行义务。

(三)核保要素

在财产保险中，保险人主要的核保要素包括：保险标的物所处的环境；保险财产的占用性质；保险标的物的主要风险隐患和关键防护部位及防护措施状况；是否有处于危险状态中的财产；各种安全管理制度的制定和实施情况；被保险人以往的事故记录等。

在人身保险中，保险人主要的核保要素包括：被保险人的年龄、性别、职业、健康状况、体格、习惯、嗜好、居住环境、个人病史、家族病史等。

(四)承保控制

承保控制是指保险人在承保时，控制保险责任，防止和避免道德风险和心理风险的行为。主要包括以下几个方面。

1. 控制逆选择

所谓逆选择，就是指那些有较大风险的投保人试图以平均的保险费率购买保险。保险人控制逆选择的方法是对不符合承保条件者不予承保,或者有条件地承保。例如,投保人就自己易遭受火灾的房屋投保火灾保险,保险人就会提高保险费率承保。又如投保人患有超出正常风险的疾病,保险人就会不同意他投保定期死亡保险的要求,而劝他改为投保两全保险。这样一来,保险人既接受了投保,又在一定程度上抑制了投保的逆选择。

2. 控制责任范围

只有通过风险分析与评估,保险人才能确定承保责任范围,才能明确对所承担的风险应负的赔偿责任。一般来说,对于常规风险,保险人通常按照基本条款予以承保,对于一些具有特殊风险的保险标的,保险人需要与投保人充分协商保险条件、免赔数额、责任免除和附加条款等内容后特约承保。

3. 控制人为风险

人为风险包括:道德风险、心理风险。从承保的观点来看,保险人控制道德风险发生的有效方法就是将保险金额控制在适当额度内。因此,保险人在承保时要注意投保金额是否适当,尽量避免超额承保。保险人在承保时对心理风险的控制常采用限额承保和规定免赔额(率)的手段,以激发被保险人克服心理风险因素,加强对保险标的的安全维护。

第四节 保险防灾与理赔

一、保险防灾

(一)保险防灾的含义

保险防灾,是指保险人与被保险人对所承保的保险标的采取措施,减少或消除风险发生的因素,防止或减少灾害事故所造成的损失,从而降低保险成本,增加经济效益的一种经营活动。保险防灾防损,是全社会防灾防损的一个重要组成部分,两者既相互补充,又相互促进,共同发挥着保险保障社会财富安全和社会经济稳定的作用。

(二)保险防灾的主要内容

1. 加强同各防灾部门的联系与合作

保险公司作为社会防灾防损组织体系中的重要一员,以其特有的经营性质和技术力量,受到社会各界的重视,发挥着越来越大的作用。因此,保险公司一方面要注意保持和加强与各专业防灾部门的联系,并积极参加各种专业防灾部门的活动,比如公安消防部门对风险建筑的防灾检查,防汛指挥部对防汛措施落实的检查,商检部门对进出口货物的商品检验等;另一方面要充分利用自身信息和技术的优势,向社会提供各项防灾服务,比如防灾技术咨询服务、风险评估服务、社会协调服务、事故调查服务、灾情信息服务和安全技术成果推广服务等。

2. 开展防灾防损的宣传教育

目前,人们对风险的防范意识还比较薄弱,保险公司应该运用各种宣传方式,向投保人和被保险人宣传防灾防损的重要性，加强有关防灾防损的基本知识和技能的宣传教育，提高安全意识，使广大投保人和被保险人了解灾害事故的性质及危害，学会识别风险隐患，分析事故原因，掌握风险管理和处置措施(如灭火、抗洪和防震等技术措施)，以提高全社会防灾减损能力。保险公司还应积极宣传国家的防灾减损政策与法令法规，作为保险合同订立的基础，各项政策与法令法规是解决保险合同纠纷的重要依据，保险合同双方必须认真执行，提高投保单位守法的自觉性，树立以预防为主的指导思想，把防灾减损工作纳入制度化、法制化轨道。

3. 及时处理灾害因素和事故隐患

保险公司要进行经常性的防灾防损检查，同时与聘请专家或技术人员进行的定期重点检查相结合，通过防灾防损检查，在发现不安全因素和事故隐患时，保险人应及时向投保单位提出整改意见，并在技术上予以指导和帮助，将事故隐患消灭在萌芽状态。

4. 参与抢险救灾

保险公司在接到重大保险事故通知时，应立即赶赴事故现场，直接参与抢险救灾：一是在灾害正在蔓延时，与被保险人一道组织抢救保险财产，防止灾害蔓延；二是在灾害发生之后，同被保险人一道，对受灾财产进行整理、保护和妥善处理残余物资。为做好抢险救灾工作，保险企业要对全体员工进行抢险救灾技术培训，使其掌握在风险环境中的各种救灾技术，并且能够在救灾过程中有效地保护各种财产和个人生命安全，减少不必要的人员伤亡。

5. 提取防灾费用，建立防灾基金

保险公司应每年从保险费收入中提取一定比例的费用作为防灾专项费用，建立防灾基金，主要用于增强社会防灾设施和保险公司应对突发性的重大灾害时的急用。例如，用于资助地方消防、交通、航运和医疗卫生部门，帮助它们添置公共防灾设备，奖励防灾部门和人员。

6. 开展灾情调查，积累灾情资料

保险人除了搞好防灾工作以外，还应经常对各种灾情进行调查研究并积累丰富的灾情资料，掌握灾害发生的规律，提高防灾工作的效果。例如，有的保险公司要求对资产在500万元以上的投保人建立防灾档案。此外，保险人还应开展防灾技术服务活动，帮助事故发生频繁、损失额度大的投保人开展防灾技术研究。

【拓展阅读 11-2】

拓展风险减量服务领域，做企业值得信赖的风险管理伙伴

近日，中国银保监会发布《关于财产保险积极开展风险减量服务的意见》，以推动财产险风险减量服务高质量发展。阳光财产保险公司(以下简称阳光财险)积极响应银保监会精神，立足于"一切为了客户"的核心价值观，以客户思想全面推动面向企业组织的专业风控工作，凭借"保险+服务+科技"的创新模式，创新科技应用，拓宽服务范围，丰富风险减量服务形式，持续主动地开展了一系列体系化风险减量服务，不断提升风险减量服务水

平，做企业值得信赖的风险管理伙伴。

阳光财险专注于"保险+服务+科技"模式创新和实践，强化科技赋能防灾减灾行动，不断加快科技创新与风险减量服务融合，利用大数据、云计算、人工智能、物联网等科技手段重塑风险减量服务理念，压缩服务时空距离，优化服务模式，提升财险业风险减量服务整体效能。

通过卫星遥感监测、无人机航拍+3D建模、红外热像等技术，阳光财险打造出了多个客户满意的风险减量服务创新案例。2021—2022年，阳光财险为首席承保的重庆轨道交通项目制定了基于卫星遥感变形监测技术的专项防灾防损服务方案，针对施工过程中、工程竣工后两个阶段对周边环境的变形影响较大、周期长、范围广的特点，设计监测覆盖范围，并根据季度监测报告提供建设性的防灾防损建议。

2022年6月，阳光财险在广西龙川高铁工程项目中引入无人机查勘和3D建模技术，对全线路进行无人机航拍，对暴雨天气容易出险的边坡、路基、基坑、涉水桥、便道以及沿线三者财产等区域进行了逐一拍照，并对线路中跨河大桥、跨铁路线路等重要风险管控区域建立三维立体模型，通过影像资料对工程中的重要风险隐患进行提示，指导施工。搭建线上风控平台，完善风险减量评估模型。为满足风险减量服务中对于风险评估、灾害预警的需求，阳光财险推出了"阳光天眼风险地图平台"，融合灾害、地理、气象、保险等多学科，以暴雨、台风、地震、洪水、雪灾、大风、冰雹、雷电、风暴潮等九种常见气象灾害为研究范围，建立风险评估模型，实现客户自动化线上评估自然灾害风险与强风降水的功能。平台集成全国布设的物联网设备运行数据，通过中央监控大屏实时监测运行状态，并在设备发生预警时及时向企业安全负责人和阳光财险的风控工程师同步发送信息，实现企业的风险监控、快速预警和及时处置。通过搭建全国气象预警地图和微信端预警小程序，向客户提供实时的灾害预警和台风实时与预测路径追踪。截至2023年1月，累计通过短信、微信等方式，为客户精准推送25万余次气象灾害预警信息，帮助企业客户提高风险防范能力。开展防灾减损行动，拓展风险减量服务内容。风险减量服务是财险业服务实体经济发展的有效手段之一，对于提高社会抗风险能力、降低社会风险成本具有积极作用。阳光财险基于季节性风险特点，分阶段推行企业防汛、工程风险巡防、企业防火、灾前预警与防控等多项体系化、常态化防灾减灾专项行动。结合企业客户对风险减量服务的需求，特别是安全生产领域高危行业，对台风、暴雨、洪涝等自然灾害易带来的风险隐患和潜在火灾爆炸、机械伤害等安全生产隐患进行全面排查，根据国内外标准、最佳防灾实践及客户的客观情况，有针对性地提出专业、适用、可行的防损改善措施。同时，向客户安全人员普及防汛应急、安全生产知识，并结合实际隐患改善需求，配置多种应急防汛物资。2022年，阳光财险风控团队累计为企业客户提供5000余次现场隐患排查和风险防控服务，为100余个建设期的大型工程项目提供现场风险巡防服务。

(资料来源：https://www.163.com/dy/article/HU3FQUQ40530WJIN.html。)

二、保险理赔的意义及原则

(一)保险理赔的意义

保险理赔是指保险人在保险标的发生风险事故后，对被保险人提出的索赔请求进行处理的行为。投保人投保的主要目的就是为了在发生保险事故的时候得到保险保障，所以保险事故发生后，保险人应及时履行赔偿、给付保险金的责任。因此，保险理赔的意义在于以下几方面。

1. 保险理赔是保险发挥其经济补偿职能最具体和最明显的表现

保险的主要职能，是通过其业务的开展，建立庞大的保险基金，用以补偿被保险人因特定灾害或意外事故所致的经济损失。它的实际效果，对于个人来讲，可以使其家庭经济生活获得安定；对于经济组织来讲，可使其经营活动获得经济保障；对于整个社会来讲，可以使国民经济不致因个别地区或部门遭受灾害损失而受影响。

2. 保险理赔是加强防灾、减少社会财富损失的重要依据

保险与防灾防损相结合，是社会主义保险的重要标志。保险不仅能在灾害发生之后发挥它的经济补偿职能，而且可以在灾害发生之前，进行防灾防损的检查工作，以减少社会财富的损失和安定社会经济生活。保险理赔工作，通过大量的灾害事故的实地查勘、案件调查、情况分析、资料积累等一系列活动，能从中吸取教训，发现被保险人在财产管理上的缺点，提出改进的建议，促使企业防止日后类似事故的发生。同时保险理赔工作还能通过大量同类企业、同类案件的归集分析，从中找出并掌握某地区或某行业同一险种发生灾害的规律，为日后防灾工作提供导向，并对一些影响面大、带有共性的灾害进行重点攻关。

3. 保险理赔是加强保险经营管理的重要内容

承保、防灾和理赔，是整个保险业务经营管理的三个基本内容。理赔工作与承保业务工作、防灾防损工作有着极其密切的联系，共同对保险经营管理起着制约作用和直接的影响。通过理赔工作，可以检验承保业务和防灾防损的好坏，同时也可以发现展业工作对条款宣传解释是否详尽深入，承保手续是否齐全，保险费率是否合理，保险金额是否恰当，保险标的是否合法等方面的问题。平时不易发现和觉察的问题，在理赔工作中也可能被调查出来。当理赔工作发现保险经营管理上的问题并反馈到各有关业务部门(展业、承保、防灾等)后，可以促使这些部门改善经营管理工作。保险经营管理的改善，促使保险赔付率的降低，最终又为调低保险费率创造了条件。

保险理赔工作主要靠理赔人员来做。保险理赔人员作为专门从事保险理赔工作的人员可以分为两种类型：一是保险公司的专职核赔人员，二是理赔代理人。前者直接根据被保险人的索赔要求处理保险公司的理赔事务。后者则接受保险公司的委托从事理赔工作。在国际保险市场上就有专门从事代为处理赔案和检验工作的代理人，他们在某些险种(如海洋货物运输保险、远洋船舶保险等)的理赔工作中对于提高理赔工作质量和节省查勘费用起到了一定的作用。

(二)保险理赔的原则

保险理赔是一项政策性极强的工作，涉及面广，情况复杂。为了更好地贯彻保险经营方针，提高理赔工作质量，杜绝"错赔、乱赔、滥赔"的现象，保险理赔必须遵循以下原则。

1. 重合同、守信用

保险理赔是保险人对保险合同履行义务的具体体现。在保险合同中，明确规定了保险人与被保险人的权利和义务，保险合同双方当事人都应恪守合同约定，保证合同顺利实施。对于保险人来说，在处理各种赔案时，应严格按照保险合同的条款规定，受理赔案，确定损失。理算赔偿金额时，应提供充足的证据，拒赔时更应如此。

2. 实事求是

被保险人提出的索赔案件形形色色，案发原因也错综复杂。因此，对于一些损失原因极为复杂的索赔，保险人除了按照条款规定处理赔案外，还须实事求是、合情合理地处理，在评估事故损失时，既不夸大，也不缩小，在补偿事故损失时，既不惜赔，也不滥赔。此外，实事求是的原则还体现在保险人的通融赔付方面。所谓通融赔付，是指按照保险合同条款的规定，本不应由保险人赔付的经济损失，由于一些其他原因的影响，保险人给予全部或部分补偿或给付。当然，通融赔付不是无原则的随意赔付，而是对保险损失补偿原则的灵活运用。具体来说，保险人在通融赔付时应掌握的要求有：第一，有利于保险业务的稳定与发展；第二，有利于维护保险公司的信誉和在市场竞争中的地位；第三，有利于社会的安定团结。

3. 主动、迅速、准确、合理

"主动、迅速"，是指保险公司在处理赔案时积极主动、不拖延，应及时深入现场进行查勘，及时审理损失金额，对属于保险责任范围内的灾害损失，要迅速估算损失金额，及时赔付。"准确、合理"，就是保险人应正确找出致损原因，合理估计损失，科学确定赔付与否及赔付额度。任何拖延赔案处理的行为都会影响保险公司在被保险方心目中的声誉，给被保险方带来不良的精神损伤，从而影响、抑制其今后的投保行为，甚至造成不良的社会影响和后果。因此，保险人在理赔时，应主动了解受灾损失情况，及时赶赴现场查勘，分清责任，准确定损，迅速而合情合理地赔偿损失。

为了保护被保险人的利益，贯彻"主动、迅速、准确、合理"的原则，我国《保险法》第二十三条明确规定："保险人收到被保险人或者受益人的赔偿或者给付保险金的请求后，应当及时做出核定；情形复杂的，应当在三十日内作出核定，但合同另有约定的除外。保险人应当将核定结果通知被保险人或者受益人；对属于保险责任的，在与被保险人或者受益人达成有关赔偿或者给付保险金额的协议后十日内，履行赔偿或者给付保险金义务。"此外，我国《保险法》第二十五条还规定："保险人自收到赔偿或者给付保险金的请求和有关证明、资料之日起六十日内，对其赔偿或者给付保险金的数额不能确定的，应当根据已有证明和资料可以确定的数额先予支付；保险人最终确定赔偿或者给付保险金的数额后，应当支付相应的差额。"

【拓展阅读 11-3】

国内首例 102 万大型跨国理赔现身新华保险

2008年12月10日，新华人寿保险公司(以下简称新华保险)功勋总监金爱丽率团紧急奔赴日本东京"癌研有明医院"，将 102 万元理赔金亲自送到这位出险的旅居日本的汪先生手中。由此，国内寿险行业首例大额跨国理赔服务在新华保险诞生。

经了解，此位汪先生于 2006 年 11 月在新华保险投保了 100 万保额的"健康天使重大疾病保险"，前不久在日本当地的常规身体检查中被医院确诊为小细胞肺癌，并在日本东京"癌研有明医院"接受治疗。当新华保险接到这位客户的跨国理赔申请后，充分考虑保障客户利益，新华保险功勋总监金爱丽立即向公司报案；尤其在首次进行大型跨国理赔且尚无先例经验的情况下，新华保险相关部门负责人特批以"理赔绿色通道"推进相关工作。

保险公司跨国理赔案件的处理难度较大，牵扯到众多方面的问题，在处理时间上往往会拖延很长。由于此次跨国理赔保险理赔额度较大达到 102 万元，需要通过再保险公司、国际 SOS 组织的协作，且在日本医院不针对保险公司以外机构和个人提供相关资料的情况下，新华保险遇到了跨国理赔手续复杂、信息联络不畅等困难。金爱丽总监急客户之所急，一方面安抚客户和业务员，一方面和有关部门积极协调。终于在 12 月 10 日不顾旅途劳累于当晚赶往日本"癌研有明医院"，见到客户核实身份后迅速办理了全部理赔单证的签字手续，十分钟后理赔金即到账。客户满怀感激地说："新华保险是世界上最好的保险公司！"

从赔案发生到理赔结束，理赔工作是否及时高效，决定了客户对保险企业及产品的忠诚度，这更是验证保险企业业务品质、服务质量、工作效率的最关键环节，是保险企业赖以生存的"生命线"。从充分保障客户利益出发的新华保险，自成立以来坚守"客户满意度提升"的唯一评价标准、"客户价值增长"的唯一服务目标和"以客户为中心"的唯一服务理念，致力于为客户提供诚实守信、尽心尽责、方便快捷的服务体验，坚持搭建优质的客户服务平台，特别是高品质的理赔服务平台。

对于新华保险此次诚信、高效的大型跨国理赔服务，中央财经大学保险学院院长郝演苏教授表示："新华保险对待所有的客户，无论国内国外一视同仁。只要有需要理赔的地方，不管客户在世界的哪一个角落，新华保险都会把理赔金在最短的时间内送到客户手里。新华保险用行动维护了中国保险业的国际形象。"同时，郝演苏教授也提示民众："保险是经济危机环境下最安全的保护伞。"

对外经贸大学保险学院院长王稳则表示："老百姓对保险行业最大的意见就是理赔难，而新华保险一贯重视理赔工作，在新华保险理赔就是不难。希望不久的将来百姓对保险行业不再有类似的误解。"

（资料来源：https://zhidao.baidu.com/question/562190279.html？qbl=relate_question_6.）

三、保险理赔的程序

保险理赔的程序包括接受损失通知书、审核保险责任、进行损失调查、赔偿给付保险金、损余处理及代位追偿等步骤，如图 11-2 所示。

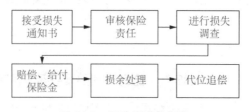

图 11-2　保险理赔的程序

1. 接受损失通知书

保险事故发生后，被保险人或受益人应将事故发生的时间、地点、原因及其他有关情况，以最快的方式通知保险人，并提出索赔请求。发出损失通知书是被保险人必须履行的义务。发出损失通知书通常有时限要求，根据险种不同，被保险人在保险财产遭受保险责任范围内的盗窃损失后，应当在 24 小时内通知保险人，否则保险人有权不予赔偿。此外，有的险种没有明确的时限规定，只要求被保险人在其可能做到的情况下，尽快将事故损失通知保险人，如果被保险人在法律规定或合同约定的索赔时效内未通知保险人，可视为其放弃索赔权利。

被保险人发出损失通知的方式可以是口头的，也可用函电等其他形式，但随后应及时补发正式书面通知，并提供各种必需的索赔单证，如保险单、账册、发票、出险证明书、损失鉴定书、损失清单、检验报告等。如果损失涉及第三者责任时，被保险人还需出具权益转让书给保险人，由保险人代为行使向第三者责任方追偿的权益。

2. 审核保险责任

保险人收到损失通知书后，应立即审核该索赔案件是否属于保险人的责任，其审核的内容可包括以下几方面：保险单是否仍有效力；损失是否由所承保的风险所引起；损失的财产是否为保险财产；损失是否发生在保单所载明的地点；损失是否发生在保险单的有效期内；请求赔偿的人是否有权提出索赔；索赔是否有欺诈。

3. 进行损失调查

保险人审核保险责任后，应派人到出险现场进行实际勘查，了解事故情况，以便分析损失原因，确定损失程度。

(1) 分析损失原因。在保险事故中，造成损失的原因通常是错综复杂的。例如，船舶发生损失的原因有船舶本身不具备适航能力、船舶机件的自然磨损、自然灾害或意外事故的影响等。只有对损失的原因进行具体分析，才能确定其是否属于保险人承保的责任范围。可见，分析损失原因的目的在于保障被保险人的利益，明确保险人的赔偿范围。

(2) 确定损失程度。保险人要根据被保险人提出的损失清单逐项加以查证，如对于货物短少的情况，要根据原始单据的到货数量，确定短少的数额；对于不能确定货物损失数量的，或受损货物仍有部分完好或经加工后仍有价值的，要估算出一个合理的贬值率来确定损失程度。

(3) 认定被保险人的求偿权利。保险合同中规定的被保险人的义务是保险人承担赔偿责任的前提条件。如果被保险人违背了这些事项，保险人可以此为由不予赔偿。例如，当保险标的的风险增加时，被保险人是否履行了通知义务；保险事故发生后，被保险人是否采取了必要的合理的抢救措施，以防止损害扩大等。这些问题足以使被保险人丧失索赔的权利。

4. 赔偿、给付保险金

保险事故发生后，经调查属实并估算赔偿金额后，保险人应立即履行赔偿给付的责任。对于人寿保险合同，只要保险人认定寿险保单有效，受益人的身份合法，保险事故发生属实，便可在约定的保险金额内给付保险金。对于财产保险合同，保险人则应根据保险单类别、损害程度、标的价值、可保利益、保险金额、补偿原则等理算赔偿金额后，方可赔付。财产保险的赔偿金额计算方法有多种，详见各险种中的介绍。

保险人对被保险人请求赔偿或给付保险金的要求应按照保险合同的规定办理，如果保险合同没有约定，就应按照有关法律的规定办理。赔偿的方式通常以货币为多，在财产保险中，保险人也可与被保险人约定其他方式，如恢复原状、修理、重置等。

5. 损余处理

一般来说，在财产保险中，受损的财产会有一定的残值。如果保险人按全部损失赔偿，其残值应归保险人所有，或是从赔偿金额中扣除残值部分；如果按部分损失赔偿，保险人可将损余财产折价给被保险人以充抵赔偿金额。

6. 代位追偿

如果保险事故是由第三者的过失或非法行为引起的，第三者对被保险人的损失须负赔偿责任。保险人可按保险合同的约定或法律的规定，先行赔付被保险人。然后，被保险人应当将追偿权转让给保险人，并协助保险人向第三者责任方追偿。如果被保险人已从第三者责任方那里获得了赔偿，保险人可承担不足部分的赔偿责任。

【拓展阅读 11-4】

2022 年度保险服务质量指数出炉

保险业发挥风险管理、损失补偿等功能，离不开优质高效的服务。从中国银行保险信息技术管理有限公司(以下简称"中国银保信")近日发布的 2022 年度保险服务质量指数结果来看，指数表现和大部分指标稳中有进，显示出行业服务水平进一步提升。

18 家公司得分超 90。

据介绍，2022 年度保险服务质量指数编制对象为截至 2022 年 12 月 31 日，开业满两个会计年度的财产保险公司及人身保险公司法人机构，养老保险公司、农业保险公司、再保险公司、保险集团公司等类型的保险公司暂未纳入指数编制范围。指数选取的险种为与保险消费者关系密切且覆盖范围较大的财产保险公司的车险业务，人身保险公司的寿险、意外险及健康险业务。

具体来看，2022 年度财产保险(车险业务)服务质量行业指数为 90.49，较 2021 年度同比提升 4.83。

其中，9 家财产保险公司的指数得分超过 90，得分由高到低依次为太保产险、平安产险、人保财险、利宝保险、大地保险、中航安盟保险、太平财险、中华财险、合众财险，指数得分超过 90 的公司数量较上一年度增加了 5 家。此外，两家财产保险公司的指数得分低于 60，三井住友海上火灾保险指数得分为 55.98，长江财险 50.55。

人身保险公司方面，2022 年度人身保险(寿险、意外险、健康险业务)服务质量行业指数为 85.28。太保寿险、国寿寿险、友邦人寿、安联人寿、交银人寿、财信吉祥人寿、太平人寿、泰康人寿、中信保诚人寿 9 家人身保险公司的指数得分超过 90，数量较 2021 年度增加了 4 家。人身保险公司中，仅有汇丰人寿一家指数得分低于 60，为 50.24。

据中国银保信介绍，与 2021 年度指数结果相比，财产保险业案均索赔支付周期、结案率及续保率等指标实现提升；人身保险业退保率及保单继续率等多个指标获得改善，结案率指标保持在较高水平。

(资料来源：金融时报，2023年4月26日。)

第五节 保险投资

一、保险投资及其意义

保险投资，也称为保险资金运用，是指保险公司在组织经济补偿过程中，利用保险资金收支的时间差，将集聚的保险资金进行有偿运营，使其增值的活动。在此，保险公司是保险投资的主体，保险资金是保险投资的客体，获取稳定的投资收益就是保险投资的目标。

保险投资是维持保险公司偿付能力的重要保证，对于保险公司健康运营以及金融市场都具有重要的意义，主要表现在以下几个方面。

1. 降低保险产品的价格，增强保险公司的竞争力

保险产品的价格是保险公司间展开竞争的手段之一。在同样的保险保障和服务的前提下，哪家公司的产品价格低，就能赢得客户的青睐。而保险产品的价格制定的假设之一是对保险基金未来投资收益率的假定，如果保险公司能够在其他定价条件保持不变的情况下通过保险基金的合理运用，获得超过假设的投资收益率，那么保险公司就可以在保持利润目标的前提下通过降低保险产品价格来吸引更多的客户，增强保险公司总体的竞争力。世界各国的实践表明，保险基金投资收益理想，不仅能够增加保险公司的利润，而且能够使得保险公司在激烈的竞争中保持较强的竞争优势。因此保险投资对保险竞争力的加强具有重要意义。

2. 促进金融市场的健康发展

保险业已经成为现代金融业的重要组成部分，保险业的健康发展能够促进金融业的持续繁荣，而金融市场的完善成熟也为保险基金的合理运用提供了良好的平台。一方面，保险基金唯有投资资本市场和债券市场，才能实现自身保值增值的目的；另一方面，保险基金的积极介入，也促进了资本市场和债券市场的稳定与繁荣。实践证明，保险行业与资本市场是良性互动的。以美国为例，美国的保险业是全世界最发达的，同时，其资本市场也是全世界最发达的，对美国的经济发展起了很大的作用。1999年美国保险业资产总额达到了12万亿美元，占美国资本市场资产总额的比例达到34.7%，保险基金是美国资本市场当中最大的机构投资者，也是提供长期稳定资金的重要来源。同时保险基金作为重要的资金来源，与证券市场之间有着一种相互促进的良性关系：证券市场为保险基金提供较高的投资收益，而保险基金的证券投资也有利于稳定证券市场。保险基金投资一般是在专业化操作下进行的长线投资，必然要求有一个发达、成熟且规范的证券市场。因此总体而言，保险基金的合理运用，将能推进资本市场和债券市场的完善成熟，更能促进金融市场的健康发展。

3. 增加社会资金的供应量，促进国民经济发展

规模庞大的保险基金投资于金融市场，通过资本市场和债券市场的投资行为，不仅有利于金融市场的发展完善，而且间接地为微观企业提供了大量的资金支持，有效地解决了企业资金短缺的问题。同时保险基金也常常直接投资于基础设施建设，为国民经济的健康快速发展提供资金支持。

二、保险投资的资金来源

保险公司在经营过程中形成的闲置的保险基金是保险投资的必要条件，保险基金的规模决定了保险投资的规模。一般来说，保险基金中的 70%可用以投资，随着保险基金的增加，保险投资规模也增加。

保险投资的资金来源，从总体上说主要包括以下几项。

(一)自有资本金

保险公司的自有资本金也称为开业资金或备用资金，各国政府一般都对保险公司的开业资本金规定一定的数额。例如在加拿大，按保险公司的业务经营范围，规定财产责任保险公司的资本金为 150 万加元，人寿保险公司的资本金为 200 万加元；在日本，对国内保险公司和外国保险公司分别规定，前者为 3000 万日元的实收股份资本，后者为 1000 万日元的存款准备金；根据我国的现行法律，规定在全国范围内开办业务的保险公司，实收货币资本不得低于人民币 5 亿元，在特定区域内开办业务的保险公司，实收资本金不得低于 2 亿元人民币。

保险公司自有资本金的另一特性属于备用资金，当发生特大自然灾害，各种准备金不足以支付时，可动用资本金来承担给付责任。但在正常情况下，保险公司的资本金，除按规定上缴部分保证金外，绝大部分处于闲置状态，而成为保险投资的重要来源。

(二)责任准备金

责任准备金是保险公司为保障被保险人的利益，从收取的保险费当中提取的资金。它是保险公司对广大投保人或被保险人的负债(总准备金除外)，是公司在未来某一时期须偿付的资金。从资金来源上看，责任准备金包括保费准备金、赔款准备金和总准备金。我国《保险法》第九十八条规定："保险公司应当根据保障被保险人利益、保证偿付能力的原则，提取各项责任准备金。"

1. 保费准备金

保费准备金又称为未到期责任准备金，是指在每个会计年度决算时，保险公司对于保险责任尚未满期的保单，将属于未到期责任部分的保险费提存出来而形成的责任准备金。也就是说，保险公司在某一会计年度内收取的保费，在会计年度末不能全部视为已赚保费，因为还有一部分是属于未赚保费，将作为以后会计年度的赔付。因此应将这部分未赚保费提取出来作为未到期责任准备金。

2. 赔款准备金

赔款准备金是指在会计年度末保险公司进行决算时，为本会计年度末之前发生的应付而未付的保险赔付所提存的准备金。赔款准备金包括以下几项。

1) 未决赔款准备金

在每一会计年度结束时，被保险人已向保险人提出索赔，但保险人对这些索赔案件尚未确定是否属于保险责任以及保险赔付的金额，称为未决赔案。对这些未决赔案提取的责任准备金即为未决赔款准备金。未决赔款准备金的提取方法有：逐案估计法和平均估计法。逐案估计法即对未决赔案逐个估计在将来结案时需要支付的赔款数。这种方法比较适用于业务规模较小的保险公司。平均估计法即根据以往的保额损失经验，预先估计出某类业务的每件索赔的平均赔付额，再乘以该类未决索赔的件数，取得未决赔款准备金数额。这种方法适用于业务规模足够大、索赔件数较多的保险公司。

2) 已发生未报告赔款准备金

一些保险损失在年内发生，但被保险人或受益人可能要等到下一年才向保险人提出索赔。这些赔案因为发生在本会计年度，仍属本年度支出，故称已发生未报告赔案。为其提取的责任准备金即为已发生未报告赔款准备金。由于已发生未报告赔案件数和金额都是未知的，只能由每家保险公司根据不同业务的不同经验来确定。最简单的办法可用若干年该项赔款额占这些年份内发生并报告的索赔额的比例来确定提取数。

3) 已决未付赔款准备金

保险人对索赔案件已经理算完结，应赔金额也已确定，但保险金尚未实际赔付给被保险人或受益人，或尚未向其支付全部款项，称为已决未付赔案，为其提取的责任准备金则为已决未付赔款准备金。该项是赔款准备金中最为确定的部分，只需逐笔计算即可。

3. 总准备金

总准备金是指保险公司为满足年度超常赔付以及巨灾损失赔付的需要而提取的准备金。它一般是按管理当局的规定，从税前利润中提取，逐年累积而成。总准备金不用于平时的小额赔付，而只有在当年保险业务经营发生亏损并且当年投资利润也不足以弥补该业务亏损时才可动用。所以在正常情况下，总准备金是不断积累的。保险公司每年留存总准备金，经长期积累后数量十分可观。同时，总准备金既不受企业年度预算、决算的影响，也不像银行存款那样受存款期限的制约，是非常适合保险公司长期运用的一项资金来源。

(三)寿险准备金

人寿保险的各种准备金，是经营寿险业务的保险公司为保障未来时期的给付责任而提取的责任准备金。国外一般按长期人寿保险单的价值净额提存准备金，我国的通常做法是将本业务年度的寿险项总额抵补业务年度的寿险全部支出后的差额全数转入寿险责任准备金。

(四)储金

储金是一种返还性的保险形式，它由保户以存入资金的利息充缴保费，在保险期间若发生保险事故，保险公司给予赔付；若未发生保险事故，则到期偿还本金。这时，这笔存入的资金就可作为一项可运用资金。

(五)其他资金

其他资金是指除以上介绍的资本金、准备金之外的其他可运用资金。这部分资金随保险人业务规模的不同而有所差异，通常包括：保留盈余、结算中形成的短期负债等。保留盈余是指平时的保费收支结余。这一部分资金随保险经营的科学化和合理化，在一般情况下是稳步增长的。它除了抵补某些年度的保费不足赔付外，一般可长期运用。通常，大的保险公司运用的比例较高。结算中形成的短期负债是指资产负债表中流动负债项下的应付账款、拟派股息等。这笔资金虽然数额不大，且需在短期内归还，但仍可作为一种补充的资金来源。保险公司在运用这笔资金的过程中，应注意它们的变现性和风险性，以避免因投资活动而损害保险公司的信誉。

其他还有企业债券、借入资金、信托资金和其他融入资金等，这些资金一般都是在经营中为某些目的而有偿借入的，也是一种补充资金来源，在投资运用时必然受到期限和收益率的约束。

三、保险投资的原则及形式

(一)保险投资的原则

依据各国具体情况的不同和保险公司所处环境的差异，其投资原则有所不同。但其共有的原则一般包括以下几个。

1. 安全性原则

保险基金的增值性特点要求对它进行投资运用，但保险基金是保险公司对被保险人的负债，当保险事故发生时，保险基金将用于保险赔款或给付。本质上，保险公司对于保险基金只有使用权而没有所有权，保险基金的大部分还是要以各种形式返还给被保险人或受益人。因此，对于保险投资而言，安全性原则是其最重要、最根本的原则。只有在保证安全的前提下，才能谋求保险基金的增值。我国《保险法》第一百零六条规定："保险公司的资金运用必须稳健，遵守安全性原则。"而要实现保险投资的安全性，可以采用两种方法：一是对于风险高的投资项目，禁止或限制保险基金进入；二是在进行投资时，保险基金在投资项目上的分配要尽量分散，以求分散风险，达到保险资金运用安全性的目标。

2. 收益性原则

保险投资的最直接的目的是为了实现基金的保值增值，保险公司在对保险产品进行定价时，已经对保险基金的未来投资收益率作了假设。为了保证履行未来的保险给付责任，保险基金的运用必须能够为保险公司带来超过收益率假设的盈利。因此，收益性原则是保险投资的指导性原则，具有重要意义。

3. 流动性原则

保险公司承担的保险金给付责任具有不确定的特点，也就是说，保险事故的发生具有时间和损失程度上的不确定，作为保险公司并不能确定任意时刻所需要的保险赔付数额。

第十一章 保险经营

因此，就要求保险基金在运用时保持一定的流动性，要能够保证在必要时有一定数量的资金能够无成本或低成本地兑现。保险投资的流动性原则对人身保险与财产保险的要求是不一样的。由于人身保险的保险期限比较长，并且大量的满期给付都是可以预测的，所以对于保险投资的流动性要求就比较低。而财产保险的保险期限比较短，一般为一年以内，这对于保险投资的流动性提出了较高的要求，因此二者要区别对待，对于投资中的保险投资保持一个恰当的流动性。

(二)保险投资的形式

依据保险投资的三原则和各类保险基金的特点，来选择合适的投资渠道和投资对象，是保险投资的重要一环。可供保险公司选择的保险投资的形式主要有以下几种。

1. 银行存款

银行存款是指将保险基金存放于银行或其他金融机构。这种投资方式较好地满足了保险金的安全性、流动性要求，但它的收益是非常低的。除非该国的金融市场非常落后，可供投资的选择很少，否则，银行存款是不能作为保险基金投资的主要形式的。而保险公司将少部分保险基金用于银行存款，主要是便于随时支付赔款。

2. 债券

债券是表明债权债务关系的凭证，债券的持有人可以在约定时期内要求债券发行人还本付息。购买债券也是保险基金进行投资一种方式。依据发行主体的不同，债券分为以下几种。

1) 国家债券

顾名思义，国家债券是指由国家作为债务人发行的债券。这种债券是以国家信用作为担保，而且各国的国债二级市场一般比较活跃，因此国债的安全性和流动性比较好。但这种投资方式的收益甚至低于银行存款。

2) 金融债券

金融债券是指由金融机构作为债务人发行的债券。能够发行债券的金融机构其信用一般都比较好，并且金融债券的收益率较高。

3) 企业债券

企业债券是指由企业作为债务人发行的债券。这种债券的风险相对于前两种债券要高，它的收益也比较高。

由于债券的种类较多，不同类型的债券其风险和收益也是不同的，这给保险基金的运用提供了多种选择。保险公司可以根据保险基金对于收益性和流动性的不同要求，将保险基金在不同的债券种类中进行搭配。各国的实践表明，债券投资已经成为保险基金投资的重要选择之一。

3. 股票

股票是股份公司发给股东的股权凭证，投资者购买了公司的股票之后，便成为公司的股东，享有参与公司决策及分红派息的权利。股票投资具有高风险、高收益的特点，同时股票的流动性很好，因此它可以作为保险公司进行短期或长期投资的选择。但由于股票的系统风险很大程度上受到一国资本市场的成熟度的影响,因此,保险监管机构对于保险基金投资股票进入资本市场是十分慎重的。

4. 不动产投资

不动产投资包括两种:一种是通过购买不动产的债券或股票来实现对不动产的间接投资;一种是直接购买不动产。保险基金一般是直接进行不动产投资。不动产投资的周期比较长,安全性较好,但是投资的流动性较差。因此保险公司对于不动产的投资也比较谨慎。

5. 贷款

保险基金进行贷款主要表现为两种形式:一般贷款和保单质押贷款。一般贷款是指保险公司作为非银行金融机构向单位或个人提供贷款。保险公司的这种贷款非常注意限制风险,一般为抵押贷款,而不发放信用贷款。保单质押贷款是指保险公司以具有现金价值的寿险保单作为质押向保单所有人提供的贷款。这种贷款的安全性很高,但收益较低。贷款额一般不超过保单现金价值的一定比例。

我国《保险法》第一百零六条规定,"保险公司的资金运用限于下列形式:(一)银行存款;(二)买卖债券、股票、证券投资基金份额等有价证券;(三)投资不动产;(四)国务院规定的其他资金运用形式。保险公司资金运用的具体管理办法,由国务院保险监督管理机构依照前两款的规定制定"。

【拓展阅读 11-5】

银保监会:十年来保险资金规模增至 24.71 万亿元,年均增速达 15.6%

11 月 8 日,银保监会官微发布"保险资金这十年"相关数据。统计信息显示,这十年,保险资金规模快速增长至 24.71 万亿元,累计增长 2.94 倍,年均增速达 15.6%。

具体来看,投资品种方面,这十年,保险资金投资品种不断丰富,由银行存款、债券、股票等传统种类拓展至股权、不动产、资产管理产品、金融衍生工具、证券出借、公募 REITs 等品种;投资收益方面,这十年,保险资金投资收益保持稳定,2021 年达 1.05 万亿元,年均财务收益率达 5.28%,每年均实现正收益,波动幅度远小于其他机构投资者。

十年间,专业保险资产管理机构从最初的 13 家增至 33 家,管理规模从 4.98 万亿元增至 21.35 万亿元,累计增长 3.29 倍。险资核心管理能力不断提升,受托管理保险业 70%以上的资金,具体来看,保险资金管理规模从 4.94 万亿元增至 17.83 万亿元,累计增长 2.61 倍,年均增速 14.04%。与此同时,保险资管产品业务也发展迅速,存续产品数量 3494 只,存续规模 6.37 万亿元,年均增速 37.33%,这十年,保险资金通过债券、股票、股权、保险资管产品等方式为实体经济提供的中长期资金支持,由 4 万亿元增长至 21.85 万亿元,累计增长 4.46 倍。

在支持资本市场发展方面,这十年,保险资金投资股票 2.67 万亿元,累计增长 5.51 倍,占 A 股流通市值的 3.77%,保险机构成为债券市场、股票市场最大的机构投资者之一。

(资料来源: http://insurance.hexun.com/2022-11-08/207065560.html。)

本 章 小 结

（1）保险经营是指保险公司为实现保险分散风险、补偿损失的基本职能和资金融通、社会管理的派生职能所从事的业务活动的总称。保险经营包括保险费率厘定、保险展业、承保、防灾防损、理赔和投资。保险经营的特征表现为：保险经营资产的负债性，保险经营活动的特殊性，保险经营成本、利润核算的专业性和保险经营影响的广泛性。保险经营的原则包括风险大量原则、风险同质原则、风险选择原则以及风险分散原则。

（2）保险费简称保费，是投保人为获得经济保障而缴纳给保险人的费用。保险费率又被称为保险价格，是保险费与保险金额的比率，由纯费率和附加费率两部分构成。即保险费=保险金额×保险费率。保险人在厘定费率时要遵循公平性、充足性、稳定性和促进防灾防损的准则。

（3）保险展业是指通过保险宣传，引导和促使具有保险需求的单位或个人购买保险的行为。展业是保险经营活动的起点，它由保险宣传和保单销售构成。保险展业渠道包括保险人直接展业和保险代理人、保险经纪人展业。承保是指保险人对投保人所提出的投保申请经过审核，同意接受风险的合同行为，包括核保、做出承保决策和签发保单。

（4）保险防灾是指保险人与被保险人对所承保的保险标的采取措施，减少或消除风险发生的因素，防止或减少灾害事故所造成的损失，从而降低保险成本，增加经济效益的一种经营活动。保险理赔是指保险人在保险标的发生风险事故后，对被保险人提出的索赔请求进行处理的行为。保险理赔须遵循重合同、守信用；实事求是；主动、迅速、准确、合理的原则。保险理赔的程序包括：接受损失通知书，审核保险责任，进行损失调查，赔偿、给付保险金，损余处理及代位追偿。

（5）保险投资是指保险公司在组织经济补偿过程中，利用保险资金收支的时间差，将集聚的保险资金进行有偿运营，使其增值的活动。保险投资需遵循安全性、收益性和流动性原则。

实 训 课 堂

背景简介：

风电企业新疆金风科技股份有限公司日前发布公告称，安邦保险集团股份有限公司(以下简称安邦保险)旗下和谐保险、安邦养老、安邦人寿合计持有金风科技普通股股票共计1.37亿股，占公司总股本的5.000003%。公告称，安邦保险旗下公司增持公司股票主要是出于对金风科技未来前景的看好。

作为一家近期在国际上动作频频的险企，安邦在海内外的并购案例大多是金融及地产业，安邦保险此次投资绿色能源，不仅初步昭显了其长远的发展战略，也体现了坚定履行企业社会责任的决心。此前，在谈到集团的投资策略时，安邦保险内部人士曾讲道："安邦的任何投资都从三个维度考虑，即选择成本和效益、综合成本和效益、财务成本和效益。在这个基础上，安邦对不同的项目进行比较选择，对不同地区行业进行资产配置，筛选回报率高的项目进行投资。"

根据金风科技财报，前三季度综合来看公司业绩增长强劲，实现营业收入 185.44 亿元人民币，同比增长 74.61%；实现归属于母公司所有者的净利润 21.08 亿元人民币，同比增长 76.40%；实现稀释每股收益 0.78 元人民币，同比增长 76.10%；实现加权平均净资产收益率 13.34%，同比提高 4.74%。而作为中国最大风力发电机组整机制造商之一，金风科技 2014 年度国内新增装机 443.4 万千瓦，市场占有率为 19.12%，连续四年国内排名第一，2014 年公司国内外新增装机容量全球排名第四。金风科技所处的风电行业，一方面拥有风能发电资产产生的相对可预测的、有保障的、长期的现金流；另一方面，投资绿色环保能源行业，亦是长期价值投资者对企业社会责任的长远视野。新疆金风科技股份公司是中国成立最早、自主研发能力最强的风电设备研发及制造企业之一。公司主营业务为大型风力发电机组的开发研制、生产及销售，中试型风力发电场的建设及运营，是国内最大的风力发电机组整机制造商。从 2015 年 9 月开始，安邦集团旗下子公司和谐保险、安邦人寿、安邦养老多次通过 A 股市场增持金风科技，截至 2015 年 12 月 31 日，安邦集团及其子公司合计持有的金风科技 A 股 3.69 亿股，占比 16.5%；持有金风科技 H 股 4122.4 万股，合计持有金风科技股票 4.1 亿股，占公司总股本的 14.99%。

(资料来源：http://insurance.hexun.com//181250519.html.)

思考讨论题：

请简要评析上述安邦保险入股金风科技的案例。

分析要点：

1. 低利率环境下要求险资配置更加多元。

在国内外低利率环境下，以固定收益类资产为主的保险资产投资回报率长期内存在下降风险。受刚性负债成本的影响，保险利差逐渐收窄，资产负债错配风险不断上升。在这种背景下，保险公司需要通过适度增加对风险资产的配置来获取较高的投资回报。安邦集团举牌金风科技即是低利率环境下险资资产配置路径转变的最好写照。

2. 险企服务实体经济的愿望逐步提升。

无论是纲领性的新"国十条"，还是保险投资基金、保险私募股权基金、保险创投基金，以及保险资金参与资产支持计划业务的相关规定，都不同程度指出，保险长效资金在支持国家战略性项目、战略性新兴产业、现代物流、健康养老、能源资源、信息科技、绿色环保、中小微企业等领域的作用。保险资金也将成为实体经济发展最重要的推手之一。

3. 环保行业巨大的投资需求催生了金融和股权投资领域的活跃。

2015 年 9 月，中共中央、国务院发布了《生态文明体制改革总体方案》，其中第 45 条首次明确提出要建立我国的绿色金融体系。金风科技是风电标杆企业，而且兼具绿色环保、战略性新兴产业等多重优良属性，具有良好的发展前景，自然会成为投资者重点投资的对象。

第十一章 保险经营

复习思考题

一、基本概念

保险经营　保险费率　生命表　保险展业　承保　逆选择　防灾防损　保险理赔　保险资金　保险投资　资本金　责任准备金　总准备金　储金

二、判断题

1. 保险企业的经营资产主要来自自有资本金。（　）
2. 保险企业的利润是从当年保险费收入中减去当年的赔款、费用和税金的剩余。（　）
3. 保险公司使用的是经验生命表，主要因为国民生命表是全体国民生命表，没有经过保险公司的风险选择，一般情况下与保险公司使用的生命表中的死亡率不同。（　）
4. 保险展业渠道一般包括直接展业渠道与间接展业渠道两大类。直接展业又称为直销制，间接展业又称中介制。（　）
5. 要实现保险投资的安全性，可以采用两种方法：一是对于风险高的投资项目，禁止或限制保险基金进入；二是在进行投资时，保险基金在投资项目上的分配要尽量分散，以求分散风险，达到保险资金运用安全性的目标。（　）
6. 保险公司的资金运用限于下列形式：贷款；买卖债券、股票、证券投资基金份额等有价证券；投资不动产；国务院规定的其他资金运用形式。（　）

三、不定项选择题

1. 我国《保险法》规定，设立保险公司其注册资本的最低限额为人民币(　)。
   A. 1亿元　　　B. 2亿元　　　C. 5亿元　　　D. 10亿元
2. 保险人在承保时，应该依据自身的承保能力控制保险责任，尽量防止和避免道德风险和心理风险。在进行承保控制时，要做到(　)。
   A. 控制保险金额　B. 控制逆选择　C. 控制责任范围　D. 控制人为风险
3. 在人寿保险精算过程中，一般选用(　)。
   A. 经验生命表　B. 国民生命表　C. 年金生命表　D. 混合生命表
4. 财产保险纯费率计算的依据是(　)。
   A. 损失概率　　B. 利率　　　C. 死亡率　　　D. 损失种类
5. 保险费通常与(　)相关。
   A. 保险价值　　B. 保险金额　　C. 保险费率　　D. 保险利率
6. 保险经营需要遵循的原则有(　)。
   A. 风险大量原则　　　　　　　B. 风险选择原则
   C. 风险同质原则　　　　　　　D. 风险分散原则
7. 责任准备金是保险公司为保障被保险人的利益，从收取的保险费中提取的资金。从资金来源上看，责任准备金包括(　)。
   A. 保费准备金　B. 赔款准备金　C. 总准备金　　D. 存款准备金
8. 各国保险投资共有的原则主要包括(　)。

A. 安全性原则　　　B. 收益性原则　　　C. 流动性原则　　　D. 实事求是原则

9. 债券是表明债权债务关系的凭证，依据发行主体的不同，债券分为(　　)。

　　A. 国家债券　　　B. 短期债券　　　C. 金融债券　　　D. 企业债券

10. 从保险公司税前利润中提取的准备金是(　　)。

　　A. 保费准备金　　B. 存款准备金　　C. 赔款准备金　　D. 总准备金

四、简答题

1. 保险展业的各种渠道各有什么样的适应性？
2. 保险公司应从哪些方面进行承保控制？
3. 实务中确定非寿险费率的方法有哪几种？
4. 简述保险理赔的原则与程序。
5. 说明我国法律允许的保险投资渠道及具体规定。

五、论述题

1. 论述保险经营与一般工商企业的经营有何不同。
2. 保险公司的经营需要遵循哪些原则？

第十二章 保险市场及其监管

【学习要点及目标】

- 掌握保险市场的要素及其特征。
- 重点掌握影响保险市场供给和需求的各种因素。
- 了解保险监管及其产生的原因。
- 理解保险监管的主要内容。

【核心概念】

保险市场　保险供给　保险需求　保险监管　偿付能力

【引导案例】

迟到的监管：澳大利亚 HIH 保险公司破产案

2001年3月15日，原澳大利亚第二大非寿险公司 HIH Insurance Limited(以下简称 HIH)被澳大利亚新南威尔士地方高等法院勒令临时清算，涉及亏损金额约50亿澳元，该案成为澳大利亚史上最大破产案，在使得澳大利亚保险业遭受重创的同时，也在全球范围内引发了对于保险监管的广泛思考。

HIH 的前身为 Williams 于1968年创立的一家承保代理公司，在创立后的32年时间里，经过一系列的并购和转换股权的过程，发展为总共包括250余家全球范围内分子公司的庞大的保险集团，成为澳大利亚第二大非寿险保险公司，并于1992年在澳大利亚证券交易所挂牌上市。HIH 在2000年6月前的毛保费收入达28亿澳元，总资产80亿澳元，总负债71亿澳元，净资产9亿澳元，该数据经由原国际五大会计事务所之一的安达信会计师事务所审计通过(该事务所后因2002年著名的"安然事件"而倒闭)。

HIH 公司在资本市场的快速崛起，一度使其成为澳大利亚非寿险保险公司的标杆企业，而事后回顾，该公司破产的背后，一方面是保险公司盲目的扩张兼并和非理性的市场竞争策略使其赔付能力不断下降，如以3亿澳元的高价收购涉及财务造假的另一家实际价值约1亿澳元的非寿险保险公司；另一方面是 HIH 公司管理人员及安达信会计师事务所审计人员通过蓄意签订再保协议、降低准备金、虚增利润等财务造假手段不断掩盖其亏损的事实。而与此同时，澳洲保险监管局 APRA 在保险公司发展过程中未能尽到监管职责，也是引致 HIH 最终走向破产不可忽视的原因。

HIH 事件之后，为最大限度弥补保险客户损失，澳洲政府层面提供了高达15亿元的经济援助，新南威尔士州政府也因此计划每年向保险业征收6900万元税收。HIH 的阵痛也使得澳洲非寿险业引入了认可精算师制度和更为严格的谨慎性标准。然而，对于 HIH 股东以及上述援助和税负的实际承担者(纳税人和保户)，这份监管还是迟到了一点。

(资料来源：葛云华，谢志刚，王腾. 澳大利亚 HIH 保险公司破产案例[J]. 精算通讯，2002，3(4): 34-45.)

【知识导入】

保险市场连接保险商品的需求方、供给方以及中介方，保险需求的多样性决定了保险行业自产生以来便处于不断创新和深化的过程中。保险合同的特殊性及保险技术的复杂性加深了保险行业监管的专业程度和复杂程度，而保险事业的公共性也决定了保险监管之于保险行业发展的重大意义。保险的实质是通过风险的分散，来达到降低保险需求方目标风险的最终目的，但保险市场中的保险人往往是参与市场竞争的法人组织，宏观市场环境及微观经营决策的变化以及可能面临的"委托—代理"问题等，都会对保险人的偿付能力产生影响。因此，保险监管是保险市场得以规范运行、保险行业得以稳健发展的基础，一旦出现监管缺位，后果不可估量。

第一节　保险市场概述

一、保险市场的概念

保险市场既可以指固定的交易场所如保险交易所，也可以是所有实现保险商品让渡的交换关系的总和。本书定义为保险商品交换关系的总和或是保险商品供给与需求关系的总和。保险市场的交易对象是保险人为消费者提供的保险经济保障。

较早的保险市场出现在英国的保险中心——伦巴第街。后来随着"劳合社"海上保险市场的形成，参与保险市场交易活动的两大主体——供给方与需求方渐趋明朗，但这种交换关系仍较简单。以后，随着保险业的不断发展，承保技术日趋复杂化，承保竞争日趋尖锐化，保险商品推销日趋区域化与全球化，仅由买卖双方直接参与的交换关系已经远远不适应了，这时保险市场的中介力量应运而生，使得保险交换关系更加复杂，同时也使保险市场趋于成熟。尤其当今，信息产业的高速发展，通过信息网络，足不出户就可以完成保险的交易活动。因而，保险市场的含义应从广义上去理解。

二、保险市场的特征

保险市场同一般商品市场等其他市场有着相似点，比如它们都是交换关系的总和，都要发挥价格机制、供求机制和竞争机制的基础性作用等。然而，它们之间也有不同之处，保险市场的交易对象是一种特殊形态的商品——保险经济保障，因此，保险市场表现出其独有的特征。

(一)直接交易风险

保险市场在交易标的上与其他市场有着明显的区别。一般商品市场上的交易对象是商品或者劳务关系，而保险市场上交易的则是"风险"。具体来说，在保险市场上，投保人以购买保单的方式将自己所面临的特定风险转嫁给保险公司，而保险公司则在被保险人发生约定保险事故时进行赔偿或给付。这样一种制度安排将投保人未来的"不确定性"所可能产生的严重后果限制在可预见的范围内，并"锁定"这种损失，由此在很大程度上将结果的"不确定性"变得"确定",使人类可以在比较"成本"与"收益"的基础上进行合理的决策,并从事各种生产、经营活动。由此可见,通过保险市场的交易,投保人付出了保费,同时获得了保险公司所提供的经济保障。

(二)交易具有承诺性

在一般商品市场上,买卖双方在交易时一手交钱,一手交货,钱货两清。然而,在保险市场上,当保险合同达成之时,被保险人并不能立即获得保险赔偿或给付。这是因为,保险是保险人对被保险人未来的不确定性损失进行赔偿或给付的一种承诺,只有在保险合同期限内发生了约定的保险事故,保险人才会履行赔偿或者给付的义务;反之,如果被保险人没有发生约定的保险事故,则保险人没有义务进行赔偿和给付。因此,从这个意义上说,保险合同可以被视作一种期权,而保险市场也可以被看作一种特殊的期权市场。

(三)信息不对称程度高

保险市场同时还是一个典型的信息不对称市场。在一般商品市场上,信息不对称往往是单向的,也即信息优势只存在于交易双方中的一方。然而在保险市场上,由于保险机制的固有特性,信息不对称却是双向的,即被保险人和保险人都可能存在信息优势。首先,从被保险人来看,一方面,由于被保险人总是比保险人更了解保险标的的风险状态,因此,被保险人在投保时容易通过隐藏信息做出有利于自己而不利于保险人的选择行为,即出现"逆选择";另一方面,在购买保险之后,被保险人会出现疏忽大意甚至欺诈等败德行为,或者在风险发生之后消极减损,即出现"道德风险"。其次,从保险人来看,由于保险合同的专业性、技术性较强,保险人可能会利用被保险人的相关知识缺乏而对被保险人进行误导、隐瞒或欺骗,从而损害被保险人的利益。

(四)交易成本较高

与一般商品市场相比,保险市场的交易成本更高一些。这主要表现在两个方面。首先,合约阅读成本。保险产品涉及理、工、医、农、商等多学科的专业知识,条款相对复杂,用语要求严谨,普通顾客在阅读相关内容的时候往往不能完全理解,这客观上提高了合同的阅读成本。面对较高的阅读成本,许多顾客会谨慎购买甚至放弃购买,而保险营销人员在营销过程中也需要更多的努力。其次,合约不完全带来的成本。尽管保险合约在订立时力求严谨、详细,但还是无法涵盖所有不可预期的意外状况出现。如果保险合约对约定风险事故的定义不清晰,或者对损失范围的界定不明确,或者对法律责任的认定出现偏差,被保险人和保险公司之间就可能产生理赔纠纷,而解决该纠纷的成本往往十分高昂。

三、保险市场的要素

无论是产险市场还是人身险市场,其构成必须具备如下要素:首先是为保险交易活动提供各类保险商品的卖者或供给方;其次是实现交易活动的各类保险商品的购买者或需求方;再次,就是具体的交易对象——各类保险商品即保险保障。起初的保险市场只要具备这三个要素,保险交易活动就可以完成,以后随着保险业的不断发展,保险市场内部分工的形式，除了保险供给方与需求方必须参加外，为了促成保险交易，往往还须有保险中介方的介入，因而，保险中介方也渐渐成为构成保险市场不可或缺的因素之一。而这些要素归结起来就构成了保险市场必须具备的两大要素，这就是保险市场的主体与客体。

(一)保险市场的主体

保险市场的主体是指保险市场交易活动的参与者，包括保险商品的供给方和需求方以及充当供需双方媒介的中介方。保险市场就是由这些参与者缔结的各种交换关系的总和。

1. 保险商品的供给方

保险商品的供给方是指在保险市场上，提供各类保险商品，承担、分散和转移他人风险的各类保险人。他们以各类保险组织的形式出现在保险市场上，如国有保险人、私营保险人、合营保险人、合作保险人、个人保险人。通常他们必须是经过国家有关部门审查认可并获准专门经营保险业务的法人组织。目前世界上经营保险业务的自然人保险组织，最具代表性的就是英国的"劳合社"。

2. 保险商品的需求方

保险商品的需求方是指保险市场上所有现实的和潜在的保险商品的购买者，即各类投保人。他们有各自独特的保险保障需求，也有各自特有的消费行为。保险商品的需求方就是保险营销学所界定的"保险市场"即"需求市场"。根据保险消费者不同的需求特征，可以把保险商品需求方分为个人投保人、团体投保人、农村投保人、城市投保人等。

3. 保险市场的中介方

保险市场的中介方既包括活动于保险人与投保人之间，充当双方媒介，把保险人和投保人联系起来并建立保险合同关系的人，也包括独立于保险人与投保人之外，以第三者身份接受保险合同当事人委托，办理有关保险业务的公证、鉴定、理算、精算等事项的人。前者如保险代理人、保险经纪人、保险公估人，后者如保险公证人、保险律师、保险精算师等。

【拓展阅读 12-1】

保险市场运营

风险是如何从投保人手中转移到保险公司中的呢？

投保人一般会通过保险代理人、保险经纪人或者银行等渠道多方位获取保险信息(如图 12-1 所示)，以合适对价购买保险产品从而将自身风险转移给保险公司(保险供给方)，以保障自身经济利益。与此同时，保险公司承接风险后，一方面，可通过再保险将风险进一步分散和转移，以达到稳健经营及提高经济效益的目的；另一方面，保险公司以及再保险公司都可通过合理配置保险资金开展对外投资获取补充收益，从而进一步增强风险控制能力和偿付能力。

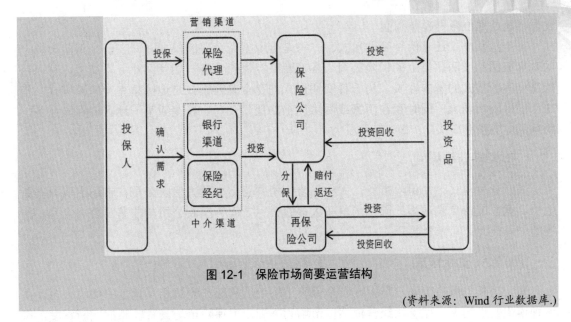

图 12-1　保险市场简要运营结构

(资料来源：Wind 行业数据库.)

(二)保险市场的客体

保险市场的客体是指保险市场上供求双方具体交易的对象,这个交易对象就是各种风险保障。因此保险市场的客体具体表现为各种保险产品。

四、保险市场的模式

当今世界保险市场有多种类型的模式,主要有完全竞争模式、完全垄断模式、垄断竞争模式、寡头垄断模式。

(一)完全竞争模式

完全竞争型保险市场,是指一个保险市场上有数量众多的保险公司,任何公司都可以自由进出市场。在自由竞争模式下,保险市场处于不受任何阻碍和干扰的状态中,同时由于大量保险人的存在,且每个保险人在保险市场上所占份额的比例都很小,因而任何一个保险人都不能够单独左右市场价格,而由保险市场自发地调节保险商品价格。在这种市场模式中,保险资本可以自由流动,价值规律和供求规律充分发挥作用。国家保险管理机构对保险企业管理相对宽松,保险行业公会在市场管理中发挥重要作用。

一般认为完全竞争是一种理想的保险市场模式,它能最充分、最适度、最有效地利用保险资源。因而,保险业发展较早的西方发达国家多为这一类型。但是,自由竞争发展的结果,必然导致垄断。自垄断资本主义以后,完全竞争已无现实性。现实保险市场中存在的竞争往往是一种不完全的竞争(寡头垄断)。

(二)完全垄断模式

完全垄断型保险市场,是指保险市场完全由一家保险公司所操纵,这家公司可以是国营的,也可以是私营的。在完全垄断的保险市场上,价值规律、供求规律和竞争规律受到极大的限制,市场上没有竞争,没有可替代产品供选择的保险人。因而,这家保险公司可凭借其垄断地位获得超额利润。

完全垄断模式还有两种变通形式。一种是专业型完全垄断模式，即在一个保险市场上同时存在两家或两家以上的保险公司，各垄断某类保险业务，相互间业务不交叉，从而保持完全垄断模式的基本性质。另一种变通形式的完全垄断模式是地区型完全垄断模式，指在一国保险市场上，同时存在两家或两家以上的保险公司，各垄断某一地区的保险业务，相互间业务没有交叉。

(三)垄断竞争模式

垄断竞争模式下的保险市场，大小保险公司并存，少数大保险公司在市场上取得垄断地位。竞争的特点表现为：同业竞争在大垄断公司之间、垄断公司与非垄断公司之间、非垄断公司彼此之间激烈展开。

(四)寡头垄断模式

寡头垄断型保险市场，是指在一个保险市场上，只存在少数相互竞争的保险公司。在这种模式的市场中，保险业经营依然以市场为基础，但保险市场具有较高的垄断程度，保险市场上的竞争是国内保险垄断企业之间的竞争，形成相对封闭的国内保险市场。存在寡头垄断模式市场的国家既有发展中国家，也有发达国家。

第二节　保险市场的供给与需求

一、保险市场供给

(一)保险市场供给的概念

保险市场供给是指在一定时期内和一定的社会经济条件下，保险供给者愿意并且能够提供的保险种类和保险总量。

保险市场供给形式体现为两种：一是"可见"的形式，即保险人对遭受损失或损害的被保险人，按照保险合同规定的责任范围给予一定金额的经济补偿或给付，体现在物质方面，是保险供给的有形形态；二是心理形态，即保险人对所有被保险人提供的心理上的安全保障，体现在精神方面，是保险供给的无形形态。一般而言，无形的经济保障供给是大量的、经常的，而有形的经济保障供给则是少量的、局部的。

保险市场供给的内容包括质和量两个方面。保险市场供给的质是指保险供给者所提供的各种不同的保险商品种类(即险种)，或每一具体的保险险种质量的高低；保险市场供给的量是指保险供给者为某一保险险种提供的经济保障额度，或所有保险人为全社提供的保险经济保障总额。

(二)影响保险市场供给的因素

保险供给是以保险需求为前提的，保险需求是制约保险供给的基本因素。在保险需求既定的前提下，保险市场供给受到以下因素的制约。

1. 保险费率

在市场经济的条件下,决定保险供给的因素主要是保险费率,保险供给与保险费率呈正相关关系,保险费率上升,会刺激保险供给增加;反之,保险供给则会减少。

2. 保险供给者的数量和素质

保险供给者的数量越多,保险供给量越大。在现代社会中,保险供给不但讲求数量,还讲求质量,而质量的高低主要取决于保险供给者的素质。保险供给者的素质与保险经营管理中的险种开发、条款设计、费率厘定、业务选择、风险管理、准备金提存、再保险、理赔、投资等密切相关,其中每一项业务水平的高低,都会直接影响保险市场的供给。

3. 保险业利润率

在市场经济条件下,平均利润率规律支配着一切经济活动,保险资本也受平均利润率规律的支配。如果保险业平均利润率高,就会吸引一部分社会资本投入保险业,从而扩大保险供给;反之,会导致保险人退出保险业,这样就缩小了保险供给。

4. 保险资本量

保险供给是由全社会的保险人提供的。保险人经营保险业务必须有一定数量的经营资本。因为保险人经营保险,需要一定的物质条件,包括基本建设费用,购买各种设备的费用和营业费用、行政费用等,还需要一定数量的资金作为责任准备金。在一定时期内,社会总资本量是一定的,能用于经营保险的资本量在客观上也是一定的。因此,有限的资本量在客观上制约着保险供给的总规模。

5. 保险市场竞争

保险市场竞争会引起保险供给者数量的增加或减少。如果保险市场上供给者数量增加,在总量上就扩大了保险供给。如果供给者数量减少,则分为几种不同的情况:若是由于合并引起的数量减少,则并不减少保险的供给总量;若是由于破产或退出市场引起的数量减少,则会减少保险的供给总量。同时,一个竞争无序的市场会抑制保险需求,从而减少保险供给;竞争有序,行为规范,则使保险市场信誉提高,从而刺激保险需求,扩大保险供给。

6. 国家政策

国家对保险业发展所实施的宏观政策直接影响着保险供给。如果国家采取积极的、宽松的宏观保险政策(如政府对保险供给者实施较优惠的税率),保险市场的供给总量就会增加;相反,如果国家采取压抑的宏观保险政策,保险市场的供给总量就会减少。

二、保险市场需求

(一)保险市场需求的概念

需求是针对消费者的购买能力而言的。保险市场需求是指在特定时期内,在各种不同的费率水平上消费者(各类经济单位和个人)对保险保障的需求量。

保险市场需求包括三个要素：有保险需求的人；为满足保险需求的购买能力；购买意愿。这三个要素相互制约，缺一不可，结合起来构成现实的保险市场需求，决定市场需求的规模和容量。人口众多但收入很低，购买力有限，不能成为容量很大的保险市场需求；反之，购买力虽然很高，但人口很少，也不能成为很大的保险市场需求，既有众多的人口，又有很强的缴费能力，才能形成一个有潜力的保险市场需求。但是，如果保险商品不适合保险消费者需要，不能引起人们的购买愿望，对保险供给者来说，仍然不能成为现实的保险市场需求。所以保险市场需求是上述三个要素的统一。

(二)影响保险市场需求的主要因素

保险市场需求是一个综合的经济现象，众多的经济、社会因素都会对它产生影响。当这些因素发生变化时，保险市场需求增大或减少。影响保险市场需求的主要因素有以下几个。

1. 风险因素

"无风险，无保险"，风险是保险产生、存在和发展的前提条件，从而也就成为产生保险需求的触发条件。风险种类越多、风险程度越大，保险需求的总量越大、越强烈。

2. 保险费率

保险费率对保险市场需求有一定的约束力，两者一般呈反方向变化。从总体上讲，费率上升会带来保险需求的减少；费率下降，则会导致保险需求的增加。保险需求量与保险费率反向变化的原因有：一是自保效应。若保险费率过高，保险需求者会选择自己承担部分或全部风险。二是转移效应。随着保险费率提高，需求者会转向投保费率较低的保险险种。

3. 经济发展水平

保险需求的产生与社会经济发展的水平密切相关。经济单位和个人对保险的需求来自对其现有财产和人身保障的需要。经济发展水平越高，科学技术越进步，生产的社会财富就越多，保险的需求也就越大。

4. 消费者的货币收入

消费者的货币收入直接关系到其保险购买力的大小。当国民收入增加时，作为保险商品的消费者——个人的货币收入、企业的利润也会随之增多，会有更强的缴费能力，保险的需求随之扩大。因此，消费者的货币收入是影响保险需求的主要因素之一。

5. 文化传统

保险需求在一定意义上受人们风险意识和保险意识的直接影响，而人们的风险意识与保险意识又受特定的文化环境的影响和控制。在我国，由于长期的封建文化的影响，对于一些风险，人们有时宁愿求助于神灵的保佑，也不接受保险的保障，从而抑制了保险需求。

6. 强制保险的实施

强制保险是国家以法律或行政的手段，强制性地要求经济单位或个人投保。强制保险的实施，人为地扩大了保险需求。

【拓展阅读 12-2】

我国商业养老保险供需匹配存在的主要问题

(一)个性化需求与同质化产品不匹配

我国的商业养老保险主要是传统型养老保险产品、分红型养老保险产品、万能型养老保险产品、投资连接型保险产品，很难有效满足消费者通过商业养老保险提升养老保障水平的客观需求，目前在养老保障领域发挥的作用还不大。随着老龄化社会的到来，我国的商业养老产品在市场化的条件下，日趋呈现多样化的发展态势，但是产品同质化的问题依旧存在。产品缴费时间、缴费金额的灵活性并不能全部涵盖客户的个性化需求，只是在一定标准上放宽了购买资格。针对客户对于投资的特殊要求以及未来实际的养老需求，大多数产品仍无能为力。目前有一些保险公司推出了长期护理保险和医疗保险，有些甚至设立了养老机构、养老社区，这是十分必要的。养老不仅与老年人相关，它与处于任何阶段、任何身份的人都息息相关。每个人在不同的状态下，产生的需求是不同的，保险公司在创新产品的同时更需要做好市场调查，进行市场细分，针对不同的人群开发不同的产品，让民众真正体会到个性化的养老需求。

(二)团体险种设计缺乏吸引力

团体养老保险是为了满足不符合建立企业年金的企业而建立的团体养老保障业务。从之前的数据中得出，团体养老保障业务在整个养老保障业务中只占了很小的一部分，就如同企业年金覆盖率很低，一般只有国有企业才会建立一样。这说明大多数的民营企业不建立企业年金的原因并非在于要求过于严苛。因为对于增加了灵活度、降低了建立难度的团体养老保障业务，对民营企业仍不具备十足的吸引力。通过企业投保的形式，可以使一批收入较低的人群同样拥有商业养老保险，才是未来的趋势。

(三)保费与投资者收入不匹配

商业养老保险的定位尴尬，目前我国把商业养老保险的定位放在了补充基本养老保险的位置，关于这样的一个定位既可以解释为商业养老保险是为那些退休后依然希望享受高质量生活的高收入人群准备的，也可以解释为购买商业养老保险是为未来可能不能保障自己老年生活的人准备的。第一种情况中，高收入人群本身就具有购买商业养老保险的能力，如何开发客户是保险公司需要考虑的问题。第二种情况中，虽然我国的人均可支配收入在不断提高，但普通人支付保费依旧存在困难。从产品分析中可以得知，尽管目前很多商业养老产品的缴费时间和缴费金额有了较大的灵活性，但是一份商业养老保险依旧不是大多数普通收入人群能够承担的。如何开发一款普通收入人群也能负担的商业养老保险产品，传统保险公司完全可以借鉴支付宝等一些网络金融平台的做法，进一步降低门槛，服务大众。

(四)农村市场供给缺乏且民众保险意识淡薄

目前，中国农村的商业养老保险市场存在供给主体缺少的情况，大多数商业养老保险公司由于在农村的保险营销成本和保险管理业务成本高于城镇，不愿意进入农村市场。由于商业养老保险在城镇的市场已经成熟稳定，若额外开辟农村市场，将面临农村截然不同的文化背景,以及因农村经济的分散性而加大的保险业务的管理难度。所以,在政策没有明显支持的情况下,传统商业养老公司缺少进入农村市场的动力。

(资料来源:朱雯倩,刘洪民. 我国商业养老保险的供需匹配分析及发展建议[J]. 决策与信息,2020(2): 93-94.)

第三节 保险监管

一、保险监管及其发展

(一)保险监管的含义

保险监管有广义与狭义之分。广义的保险监管是指在一个国家的范围内,为达到一定的目标,从国家(其代表是政府有关部门)、社会、保险行业、保险企业自身等各个层次上对保险业的监督与管理,主要包括政府监管、保险公司信用评级、保险行业自律和保险企业自控。狭义的保险监管仅指政府为保护被保险人的合法利益对保险业依法进行的监督和管理。本节内容基于政府对保险业的监管。我们可以从以下几个方面来理解保险监管的含义。

1. 保险监管的主体

保险监管的主体是指享有监督和管理权利并实施监督和管理行为的政府部门或机关,也称为监管机关。目前我国的保险监管机关是刚刚成立的国家金融监督管理总局。在此之前,保险监管机关包括:中国银行保险监督管理委员会、中国保险监督管理委员会和中国人民银行。

2. 保险监管的性质

在市场经济体制下,保险监管的性质实质上属于国家干预保险经济的行为。在市场经济条件下,为防止市场或市场配置资源失灵,国家具有干预经济的基本职能。对于保险市场而言,保险监管部门一方面要体现监督职能,规范保险市场行为,防止"市场失灵",维护保险市场秩序,保护被保险人及社会公众的利益;另一方面要体现管理职能,根据国务院授权履行行政管理职能,优化保险资源的配置,调控保险业的发展。具体而言,批准设立保险公司及其分支机构,审查保险机构高级管理人员的任职资格,制定或受理基本保险条款和费率,办理保险许可证和变更事项等。

3. 保险监管的领域、内容和对象

保险监管仅限于商业保险领域,不涉及社会保险领域。保险监管的内容是保险经营活动,除涉及保险组织的相关内容外,主要指保险业务经营活动,即"保险保障的生产"和"风险转移的生产"活动,还包括资金运用等领域。保险监管的对象是保险产品的供给者和保险中介人。保险产品的供给者是指保险人,具体包括保险公司、保险公司分支机构。保险中介人是辅助保险人和被保险人从事保险业务活动的,如保险代理人、保险经纪人和保险公估人。

4. 保险监管的依据

保险监管的依据是有关的法律、行政法规、规章和规范性文件。在我国，法律主要是指全国人民代表大会及其常务委员会通过的法律，如《中华人民共和国保险法》《中华人民共和国公司法》《中华人民共和国海商法》等；行政法规是指国务院制定和发布的条例；规章是指监管机构和国务院有关部委制定和发布的部门规章等；规范性文件是指国务院、监管机构、国务院有关部委发出的通知、指示、命令或制定的办法。

【拓展阅读 12-3】

国家金融监管总局正式挂牌 金融监管机构改革迈出重要一步

国家金融监管总局 18 日正式挂牌，新一轮金融监管机构改革迈出重要一步。金融监管机构改革进展情况怎样？国家金融监管总局将承担怎样的职责？"新华视点"记者对此进行了采访。

"一行一局一会"新格局加快形成

2023 年 5 月 18 日，国家金融监管总局正式挂牌。继 2018 年中国银保监会组建之后，金融监管格局又迎来重大调整，这是深化金融监管体制改革、加强和完善现代金融监管、促进实现金融监管全覆盖的重大举措。

今年 3 月，我国金融监管领域迎来重磅改革。中共中央、国务院印发《党和国家机构改革方案》，其中多项涉及金融监管领域：组建中央金融委员会、组建中央金融工作委员会、组建国家金融监管总局、深化地方金融监管体制改革、中国证券监管委员会调整为国务院直属机构、统筹推进中国人民银行分支机构改革。

自改革方案发布以来，有关部门正在紧锣密鼓地落实，改革稳步推进。4 月 21 日，证监会、国家发展改革委对外发布了关于企业债券发行审核职责划转过渡期工作安排的公告。4 月 23 日，证监会宣布，对国家发展改革委移交的 34 个企业债券项目依法履行了注册程序，同意核发注册批文，及时稳定预期，市场反应积极。这意味着改革方案中的企业债划转已进入实施阶段。

(资料来源：https://www.gov.cn/lianbo/bumen/202305/content_6874797.htm.)

(二)保险监管的发展

历史上，保险监管首先出现在 19 世纪的美国。1810 年，美国宾夕法尼亚州率先通过一部法律，禁止外州保险公司在本州开办保险业务，随后，马里兰州和纽约州相继通过了类似法律，保险监管开始萌芽。1814 年，纽约州通过立法规定了保险公司的破产清算程序，保护被保险人的利益，加强了对保险公司破产的管理。1837 年，马萨诸塞州要求保险公司提交关于保险准备金的资料。1849 年，纽约州通过保险分业经营的法律，要求保险公司只能经营其中的一类业务，产寿险分业经营的原则开始确立。1853 年，纽约州又通过了关于未到期责任准备金的法律。

到 19 世纪 50 年代，美国各州开始设立专门的保险监管部门。1851 年，新罕布什尔州首先成立保险委员会，次年，佛蒙特州也建立了本州的保险委员会，1855 年，马萨诸塞州也成立了类似的委员会。现代意义上的保险监管部门是于 1859 年在纽约州成立的，即纽约州保险监督委员会。

在欧洲,奥地利于 1859 年率先建立了保险监管制度,此后,英国也于 1870 年建立了保险监管制度。从此,尽管欧美各国经济政策经历了从自由放任到政府干预及自由主义复兴的变迁,但由于保险业本身的特殊性及其在整个国民经济中举足轻重的地位,各国政府对保险业的监督管理都一直朝着强化的趋势发展,其目的是建立一套严格的宏观保险监管体制,从制度上确保保险业的稳定发展。

二、保险监管的原因

纵观世界各国,无论是经济发达国家还是发展中国家,无论是崇尚自由经济的国家还是推行政府积极干预经济的国家,无不对保险业实施监管。保险监管之所以具有国际普遍性,主要是由保险业的性质及其经营的特点决定的。

(一)保险事业的公共性

建立在相互扶助观念基础上的保险业,其公共性质主要体现在其经营具有负债性、保障性和广泛性三大特征上。所谓负债性,是指保险公司通过收取保险费而建立的保险基金,很大一部分是保险公司未来的准备金。保险准备金是保险公司对其客户的负债,而不是保险公司的资产,在保险合同期满之前不为保险人所有。大数法则和收支相抵原则是保险公司稳健经营的基本准则。保险业经营的这一特征,不能任凭市场的力量使保险公司自生自灭。所谓保障性,是指保险的基本职能在于损失补偿或保险金给付,并通过这种补偿或给付保证社会生产和人民生活在遭受灾害事故造成损失时,能够及时得到恢复和弥补。如果保险公司经营不善,不能正常履行其补偿或给付职能,将会直接影响社会再生产和人民生活的安定。所谓广泛性,是指保险业对整个社会有较大的影响和渗透。从范围上看,一家保险公司可能涉及众多家庭和企业的安全问题;从期限上看,一张保险单可能涉及投保人的终身保障。如果"安全网"出现问题,即使是一家保险公司经营失败,众多的家庭和企业将失去保障,进而造成社会动荡。保险业的公共性质,决定了国家对其监管的必要性,以维护众多家庭和企业的利益,保证社会的稳定。

(二)保险合同的特殊性

与一般商业合同相比,保险合同的特殊性在于其本身所具有的附合性和射幸性。

保险合同之所以具有附合合同的性质,是因为它是保险人一方事先准备好印就的标准合同条款,被保险人不得不在既定的条件下接受合同。保险合同的内容即主要条款由保险人一方确定。保险人根据本身承保能力和技术特点,确定承保的基本条件,规定双方的权利与义务。投保人只能依据保险人设定的不同险种的标准合同进行选择,一般情况下难以对合同的内容加以变更。从表面上看,保险合同是保险关系双方自愿签订而成立的,实际上,这种保险关系是保险合同双方当事人在一种信息不对称、交易力量不相等的基础上建立起来的。在这种情况下,政府从保护被保险人的权益出发,对保险合同的条款、保险费率等内容进行严格审核,以达到公平合理的目的。单个保险合同的投保人缴纳保险费之后,能否得到保险人的赔付是不确定的,因为保险事故是否发生、发生的时间等都不确定。有的人可能只缴纳了一点点保费,却得到了很多的赔偿;有的人可能缴纳了巨额保费,却得不到一分钱赔偿。因此，必须通过政府监管，以确保保险合同交易的公平合理。

(三)保险技术的复杂性

保险技术的复杂性主要体现在保险承保的对象涵盖生产资料和人两大社会生产要素。保险承保的范围包括财产、责任、利益及人的寿命和身体等。而保险费率是以大数法则为基础，根据过去的经验数据对未来进行预测而计算出来的。另外为调整保险关系而形成的保险法规、保险条款和保险惯例，因其内容涉及专门术语和技术，并非一般投保人所能完全了解等，因而需要保险监管机关对保单条款和费率水平进行审核，以保护投保人的利益。

三、保险监管的目标

国家对保险业监管的目标，是指国家保险监管机关对保险业进行监管所要达到的要求或效果。保险业作为一个特殊行业，国家对其监管的目标如下。

(一)保证保险人具有充足的偿付能力

偿付能力是指保险人对被保险人负债的偿还能力。保险经营中，保险人先收取保险费，后对保险损失进行赔付。保险人一旦经营失败，丧失偿付能力，广大被保险人将蒙受重大损失，并有可能造成全社会的经济混乱，因此，保证保险人具有充足的偿付能力，是保险监管的最基本的目标，保险业相关法的许多条款都是为这一目标专门制定的。保险监管机构对保险公司偿付能力的监管，主要是通过对偿付能力额度的直接管理，或对影响保险人偿付能力的因素如保险费率、保险资金的运用等进行管理来完成的。由于偿付能力在保险公司的经营中具有举足轻重的地位和作用，因此，可以通过保险法制定出各种专门条款，如保险公司的设立必须满足最低资本金要求，保险业务的经营必须按规定提存各种准备金，保险经营的稳健必须安排法定再保险、建立预警系统等，以实现这一目标。

(二)维护保险市场秩序

维护保险市场秩序即为保险业提供公平竞争的机会和环境。竞争作为保险人进步的助推器，能够激励保险人为被保险人提供优质服务。不合理的恶性竞争，不但提高保险企业的经营成本，形成无效率运作，而且容易导致保险企业失去偿付能力。为保险业提供公平竞争的机会体现在：保证社会资源在保险业中的公平合理配置，保证不同的保险公司享有均等的业务经营机会。为保险业提供公平竞争的环境是指保险监督管理部门对于保险公司采取不正当的竞争手段的行为，必须采取处罚等措施，纠正不规范的竞争行为，从而保证保险公司之间能够公平竞争。

四、保险监管"三支柱"框架

国际上，保险监管框架从最初的市场行为监管发展到现在的市场行为监管、偿付能力监管和公司治理监管"三支柱"监管体系经历了三个不同的阶段。

20世纪70年代以前，是保险监管框架的第一阶段，当时仅对市场行为进行监管。保险产品的特点、保险经营的外部性、保险公司的信息不对称等容易引起市场失灵的现象，侵害保险消费者的利益。各国政府为了保护被保险人的利益，不断加深对保险市场行为的监管，重点监督保险公司的市场进入、退出以及经营状况，维护市场秩序，防止保险欺诈行为，促进保险市场的稳健经营。

20世纪70年代以后，保险监管框架进入到第二阶段，形成对市场行为与偿付能力并存监管。各国政府意识到，保险公司快速的资本流动加上危机防范技术的滞后，会导致保险公司的经营风险加大。如果这些风险不能得到有效控制，将直接损害保单持有人的利益，更为严重的后果将引起金融业乃至整个经济系统的动荡。为了维护金融保险业的安全，保险偿付能力监管应运而生。至此，保险监管形成了以偿付能力监管与市场行为监管并重的监管框架。

直到20世纪90年代以后，保险企业的公司治理开始受到重视。当时利益相关者理论的盛行，为保险公司治理提供了理论基础。保险公司的资本结构具有高负债的特点。保单持有人享有保险产品消费者和保险公司债权人的双重身份。这一特殊利益群体的存在，使保险公司的委托代理关系较一般企业复杂，不仅包括股东和经理人、大股东与小股东之间的委托代理关系，还包括保单持有人与经理人之间的委托代理关系。在90年代中后期，一些大型金融保险机构的倒闭对保险公司治理监管起到了催化剂的作用。由于公司内部治理的漏洞，英国巴林银行、公平人寿保险等大型金融机构内部经营风险没有及时化解，引起风险进一步扩散，进而导致公司经营失败，甚至进入破产的境地。随后，1997年东南亚金融危机的爆发，在社会各界引起重大反响。这一系列的事件，严重打击了社会各界投资者对金融保险业的信心。国际组织以及各地政府开始意识到，仅有市场行为监管和偿付能力监管并不能够解决保险市场中面临的所有问题，公司内部治理出现的问题才是偿付能力不足、市场行为异化的根本原因。在这种背景下，保险公司治理的监管应运而生。

(一)市场行为监管

市场行为监管是保险监管的"抓手"。国际保险监督官协会在《保险监管新框架：构建偿付能力评估的共同框架和标准》中将市场行为界定为：保险公司开展业务的行为和在市场上的其他各种表现行为。在不同的监管政策环境下，市场行为的内涵和市场行为监管范围的大小不尽相同。在我国，保险市场行为监管主要是指保险监管部门依据《保险法》等法律法规，对保险公司的市场经营和竞争行为等进行规范的活动。相对而言，在保险市场发育不够成熟、保险法制还不健全、企业内控机制尚不完善、行业自律仍不成熟的条件下，市场行为监管的重要性更为突出。

(二)偿付能力监管

偿付能力监管是保险监管的核心。保险公司偿付能力是指保险公司偿还债务的能力，偿付能力监管的重心在于防范保险公司无法履行保单责任的风险。中国第一代偿付能力监管制度体系建设始于2003年，以《保险公司偿付能力额度及监管指标管理规定》为标志，建成于2008年，以《保险公司偿付能力管理规定》为标志。第一代偿付能力监管制度体系对于促进中国保险业健康发展、提升保险监管水平作出了积极的贡献。但是，由于受到时代的局限，它不能为符合中国国情的保险偿付能力监管提供科学支撑，迫切需要改革。在这一背景下，中国第二代偿付能力监管制度体系(简称"偿二代")建设工程自2012年年初正式启动。2013 年 5 月，《中国第二代偿付能力监管制度体系整体框架》发布，明确了体系名称、总体目标、整体框架构成、技术原则等内容。2017 年 9 月，保监会发布《偿二代二期工程建设方案》，正式启动偿二代二期工程。"偿二代"是第一个基于中国国情设计的偿付能力监管体系，它对于中国保险业的改革与发展具有里程碑式的意义。偿二代的实施将进一步增强我国保险业抵御风险的能力，促进保险公司转变发展方式，引导行业转型升级，更好地服务实体经济；将进一步深化保险监管改革，通过管好后端、推动前端进一步放开，为保险业市场化改革、拓宽保险资金运用渠道等改革创新提供制度保障。

(三)公司治理监管

公司治理监管是保险监管的基础。自从 2006 年发布《关于规范保险公司治理结构的指导意见》以来，保监会围绕股东股权监管、董事会建设、内控体系和激励约束机制，开展了一系列工作，具体包括：强化股东股权监管，主要是按照"关系清晰、资质优良、结构合理、流转有序、行为规范"的标准，对持股比例较大的主要股东和控股股东实施严格监管；加强董事会建设，通过完善董事会架构、强化董事会职能、规范董事会运作，发挥董事会在公司治理中的核心作用；完善内控体系，通过规范公司章程，强化风险管理、合规管理和关联交易管理，加强内部控制和内部审计等多种手段，防范化解治理风险；完善激励约束机制，规范公司薪酬管理，落实监督问责机制。经过多年的努力，我国初步构建了具有中国特色的保险公司治理监管制度体系，被世界银行和国际货币基金组织评价为"发展中国家的典范"。

五、保险监管的方式

一个国家或地区采用什么方式对保险业实施监管，国际上没有形成固定的、统一的标准，不同的国家或地区可根据其不同的经济环境和法律环境选择不同的方式。通常使用的方式有以下三种。

(一)公示方式

公示监管又称公告监管，是指政府对保险业的经营不作直接监管，只规定保险人须按照政府规定的格式及其内容，定期将资产负债、营业结果以及其他有关事项予以公告。公示监管是国家对保险业最为宽松的方式。其优点是使保险业在自由竞争的环境中得以自由发展；局限性是一般公众对保险业的优劣的评判标准不易准确掌握，对不正当的经营无能为力。随着保险业竞争的加剧，政府对保险业监管愈加严格，这种方式逐渐被放弃。

(二)准则方式

准则监管又称规范监管或形式监管，是指国家对保险业的经营制定一定的准则，要求保险业者共同遵守的一种监管方式。政府规定的准则仅涉及重大事项，如保险公司的最低资本额、资产负债表的审查、法定公布事项的主要内容、监管机构的仲裁方式等。这种方式强调保险经营形式上的合法性，因此，与公示监管方式相比，具有更大的可操作性，曾被视为"适中的监管方式"。但是，由于这种监管方式仅从形式出发，难以适应所有保险机关，加之保险技术性强，涉及的事物复杂多变，所以，仅有某些基本准则难以起到严格有效监管的作用。

(三)实体方式

实体监管亦称为严格监管或许可监管，是指国家制定有完整的保险监管规则，主管机构根据法律法规赋予的权利，对保险市场尤其是保险公司进行全面的监管的一种方式。这种监管方式最早由瑞士创立，现已被许多国家采用。实体监管方式的过程大致可分为三个阶段，第一阶段为保险业设立时的监管，即保险许可证监管，保险主管机关依照法令规定核准其营业登记并发给营业执照，包括新公司、合资公司、分公司的设立及其增设分支机构等所需建立的最低资本金、保证金等。第二阶段为保险业经营期间的监管，此阶段的监管为实体监管的核心，因此，采用实体监管的国家，大都由保险法、保险业管理法、外国保险业许可管理法等对保险经营过程予以规范，并对保险业作实体监督和检查。第三阶段为保险业破产的监管，即在保险公司经营失败时，对其破产和清算进行监督。

六、保险监管的主要内容

各国保险监管的内容主要包括对保险人的监管和对保险中介人的监管。

(一)对保险人的监管

1. 对保险人市场行为的监管

对保险人的市场行为监管包括市场准入的资格审定，保险人对监管部门应履行的义务，对公司管理和市场行为的监管，对公司的整顿、接管和破产的监管等方面。

市场准入的资格审定。通常来说，只有当有关当局发放许可证，拟设立的保险公司方可开展保险业务。为了获得许可，拟设立的保险公司必须满足一定的法律形式要求、财务要求和其他条件如经营者的资格、管理技能、职业道德等。

保险人对监管部门应履行的义务。一旦一家公司获得了经营业务的许可，它就被持久地纳入到保险监管体系之中，并接受监管部门的持续监督。它必须对监管部门履行法定义务，如定期提交各种财务报表、接受监管人员的现场检查和非现场检查并支付法定的监管费用等。

对公司管理和市场行为的监管。这是对保险公司进行监管的很重要的一环，目的是保证公平合理的保险价格和市场交易行为。监管的主渠道是接受公众投诉，从中可以调查判断保险公司的管理层有无利用其专业技能欺骗公众、损害股东和被保险人利益的行为，公司的承保行为是否存在欺诈和不公平歧视等。

对公司的整顿、接管与破产的监管。监管部门对有违规行为公司的处理是由轻到重逐步进行的。最初发现公司具有不法行为，监管部门会责令其限期更改；如果到期未予改正，监管部门可以停止公司的某些业务经营，重则还会对该保险公司实行接管。

【拓展阅读 12-4】

重庆八家保险公司垄断"学平险"被罚没 1151 万元

6月2日，国家市场监管总局发布2023年第一批民生领域反垄断执法专项行动典型案例，其中包括重庆市市场监管局查处重庆市巴南区八家保险公司达成并实施垄断协议案。

2023年3月，重庆市市场监管局对重庆市巴南区八家保险公司达成并实施垄断协议案作出行政处罚决定，责令当事人停止违法行为，没收违法所得合计594万元，并处2016年度销售额1%的罚款合计557万元，以上罚没款共计1151万元。

上述处罚涉及的险种为中小学生平安保险(以下简称"学平险")。学平险是针对在校学生(含幼儿园)开发的一款综合保险，主要涵盖学生意外伤害、疾病身故、意外伤害医疗、住院医疗等保障，特点在于保障覆盖面广，保费便宜。《每日经济新闻》记者注意到，近年来，学平险因强制投保、高佣金、牟取不正当利益等乱象受到诟病。

(资料来源：https://baijiahao.baidu.com/s?id=1767830140829265885&wfr=spider&for=pc.)

2. 对保险人偿付能力的监管

偿付能力是保险公司的灵魂，没有充足的偿付能力就不能从根本上保证保险公司的健康发展，并最终保证被保险人的利益。尤其是在放宽管制的大环境下，对保险公司偿付能力的监管就成为监管部门最后的"堡垒"。对保险人偿付能力的监管涉及公司操作的方方面面，它通常分为两个方面：一是正常层次的监管。包括对资本金的要求、保险条款和费率的规定、投资数额及范围的规定、准备金的提存、再保险的规定等。在正常年度，如果没有巨灾发生，保险公司在保险监管机构监督下厘定适当、公平、合理的保险费率，自留与其资产相一致的承保风险，充足提取各项准备金，保险公司就能有足够的资金应付赔偿与给付，以维持其偿付能力。二是偿付能力额度监管。偿付能力额度是衡量保险公司偿付能力的重要指标。在非正常年度，发生巨额赔偿和给付的可能性较大，实际发生的赔付超过预定的额度，投资收益也可能偏离预定的目标，定价和准备金提存的精算假设本身也会产生偏差。因此，保险公司的实际资产减去负债后要保持一定的余额，以应付可能产生的偿付危机。对保险公司偿付能力额度进行监管，有利于降低经营风险，增强经营稳定性。

【拓展阅读12-5】

中国的偿付能力监管制度

1995年《保险法》首次提出偿付能力的概念，1998年中国保监会成立后，提出了市场行为监管和偿付能力监管并重的监管理念。2003年中国保监会发布偿付能力监管的具体指标规定，表明偿付能力监管迈出实质性步伐，监管内容包括保险公司内部风险管理制度、偿付能力评估标准和报告制度、财务分析和检查制度、监管干预制度、破产救济制度五个部分。

2013年中国保监会正式出台《中国第二代偿付能力监管制度体系整体框架》，2014年中国保监会陆续公布第二代偿付能力监管(简称"偿二代")的各项具体技术标准征求意见稿，并同时开展定量测试工作。"偿二代"采用"三支柱"框架体系。第一支柱是定量资本要求，主要防范能够量化的风险，通过科学地识别和量化各类风险，要求保险公司具备与其风险相适应的资本，主要包括量化资本要求、实际资本评估标准、资本分级、动态偿付能力测试和第一支柱监管措施五部分内容。第二支柱是定性监管要求，是在第一支柱的基础上，进一步防范难以量化的风险，主要包括风险综合评级、保险公司风险管理要求与评估、监管检查和分析以及第二支柱监管措施四部分内容。第三支柱是市场约束机制，是引导、促进和发挥市场相关利益人的力量，通过对外信息披露等手段，借助市场的约束力，加强对保险公司偿付能力的监管。

2015年2月，中国保监会发布中国风险导向的偿付能力体系，亦即"偿二代"体系，英文名称为"China Risk Oriented Solvency System"（简称"C-ROSS"），保险业进入"偿二代"过渡期。2016年1月1日起，"偿二代"正式实施。

(资料来源：孙祁祥. 保险学[M]. 7版. 北京：北京大学出版社，2021.)

【拓展阅读12-6】

银保监会强化保险公司偿付能力监管

为加强和改进偿付能力监管、补齐监管制度短板，银保监会近日修订并发布了《保险公司偿付能力管理规定》。偿付能力是保险公司对保单持有人履行赔付义务的能力。《保险公司偿付能力管理规定》将偿付能力监管指标扩展为核心偿付能力充足率、综合偿付能力充足率、风险综合评级三个有机联系的指标。三个指标均符合监管要求的保险公司，为偿付能力达标公司。

具体来看，核心偿付能力充足率衡量保险公司高质量资本的充足状况，不得低于50%；综合偿付能力充足率衡量保险公司资本的总体充足状况，不得低于100%；风险综合评级衡量保险公司总体偿付能力风险的大小，不得低于B类。

根据规定，银保监会应当定期披露保险业偿付能力总体状况和偿付能力监管工作情况；保险公司应当每季度披露偿付能力季度报告摘要，并在日常经营有关环节，向保险消费者、股东等披露和说明其偿付能力信息。

对于偿付能力充足率不达标的公司，银保监会应当根据保险公司的风险成因和风险程度，依法采取有针对性的监管措施。必须采取的措施包括：监管谈话；要求保险公司提交预防偿付能力充足率恶化或完善风险管理的计划；限制董事、监事和高级管理人员的薪酬水平；限制向股东分红等。

(资料来源：https://www.chinanews.com/cj/2021/01-25/9395972.shtml.)

3. 对保险人公司治理的监管

对保险人公司治理的监管是监管机构依据法律法规监督保险公司内部治理的行为，旨在保护保单持有人及中小股东的利益。保险公司治理监管包括三部分：公司治理结构、内部治理机制以及基于信息披露的利益相关者保护等。公司治理结构：由于保险公司股权集中度较一般行业较高，中小股东的权利难以得到保障，监管机构主要通过采取相关措施，促进中小股东公司治理权利的行使，并确保权利行使的公平性。公司治理结构监管中，董事会是监管的重点。内部治理机制：监管机构着重监管大股东的投资目标与公司长期发展的目标是否一致；大股东治理是否侵害了中小股东以及其他利益相关者的权益。基于信息披露的利益相关者保护：监管机构督促保险公司进行准确、完整的信息披露，实现信息在保险公司内部与外部的畅通，使不利于获得信息的一方掌握充分的信息，做出符合自身利益的决策，减少面临的风险。

第十二章 保险市场及其监管

【拓展阅读 12-7】

银行保险机构频因公司治理不当受罚 两年罚没超 8 亿元

"2021 年以来银保监会监管处罚事项中,因公司治理不当引发的处罚事项屡见不鲜。"普华永道 12 月 13 日发布的报告显示,近两年,银保监会共计开出超 6000 笔罚单,涉及银行保险机构公司治理处罚的超 300 笔,罚没金额合计超过 8 亿元。其中,股东治理、关联交易是受罚的重灾区;监事会和高管层治理暴露的问题数量不多,但处罚金额相对较高;市场约束成为近期罚单高发领域。普华永道指出,监管机构对公司治理的检查和处罚力度应当引起银行保险机构的高度关注。

自 2019 年银保监会印发《银行保险机构公司治理监管评估办法(试行)》以来,监管机构已建立起常态化的公司治理评估工作机制,以期充分发挥公司治理评估对健全行业公司治理的引领作用。2022 年 11 月 30 日,银保监会发布《银行保险机构公司治理监管评估办法》(以下简称《办法》),进一步扩展了评估对象,优化了评估机制,调整了评估指标,并强化了评估结果的应用,将进一步有效加强和改进公司治理监管能力,推动银行保险行业公司治理的高质量发展。

具体来看,《办法》将评估对象进行了拓展,在原有商业银行和商业保险公司的基础上,将农村合作银行、金融资产管理公司、金融租赁公司、企业集团财务公司、汽车金融公司、消费金融公司及货币经纪公司纳入监管评估范围。监管评估覆盖面的扩大,体现出公司治理监管趋严的态势,也传达出贯彻落实健全公司治理三年行动方案、坚持推行建设中国特色现代金融企业制度、防范公司治理风险的决心。在已试行两年的评估工作中,商业银行和商业保险公司已具备历史积累,体系已较为完备,将站在新的起点迎接新指标体系下的评估考量。"相比而言,新纳入评估范围的其他金融机构本身公司治理基础较为薄弱,加之评估经验不足,在新评估体系下将面临更大的挑战,应引起高度重视,建议新纳入的金融机构,从制度、流程、系统三个维度进行短板补足,提升公司治理水平。"普华永道在报告中指出。

在评估机制上,《办法》优化了监管现场检查的频率和覆盖范围,由每一年度现场评估比例原则上不低于同一类型机构 30%的比例转变为监管现场评估每三年实现全覆盖。从评估结果的运用上来看,《办法》更新后对年度评估结果为 B 级(良好)及以上的机构、D 级及以下机构在监管措施上,存在较大差异。

普华永道表示:"对重点监管对象采取的一系列经营限制措施,将作为'高压线'反向督促机构各层级勤勉尽责履行好公司治理相关职责,切实提升公司治理水平。而对银行保险机构自身来说,加强公司治理建设,长期来讲能够受益于现代公司治理带来的稳健运行保障,而短期又可以将检查配合资源倾斜至内部各项管理机制优化的工作中,实现良性循环。"

从评价指标来看,《办法》进一步优化了党的领导、股东股权、关联交易、董监高人员的提名和履职等方面的关键指标,更好地突出了公司治理监管关注的重点领域。同时,将每年根据宏观经济金融形势、行业公司治理风险特征、监管规则和关注重点等因素的变化情况动态调整评估方案和指标体系。

报告称,评估指标的动态调整,一方面体现了监管评估体系的科学性,另一方面对银行保险机构自身来说，打破了"按图索骥"被动式地按照检查指标倒推发展方向和制定工作方案的"应试"策略，能够更好地督促金融机构重新审视公司治理现状，全方位、多角度地提升公司治理能力。银行保险机构应重在打造管理弹性、韧性，以"打铁还需自身硬"的精神去拥抱监管新变化。

(资料来源：经济参考报，2022年12月18日。)

(二)对保险中介人的监管

保险公司出售的保险产品多数是由保险中介人面向客户进行销售的，中介人是保险公司和客户之间的一个桥梁。因此，对中介人尤其是代理人和经纪人的监管就成为保护消费者利益的一个重要环节。对保险中介人的监管通常可以从正反两个方面进行。

正面监管即规定保险中介人必须做什么。例如，大部分国家的法律都规定，保险中介人必须取得营业执照；在取得执照之前必须要通过考试；在从事保险中介工作期间，必须接受继续教育等。

反面监管即规定保险中介人不能做什么。例如，许多国家的法律都规定，中介人不允许有误导陈述、恶意招揽和保费回扣等行为。误导陈述是指代理人在向投保人介绍公司业务的时候，有意误述公司或保单的有关情况。恶意招揽是指保险中介人诱使投保人取消与另一家保险公司的合同，而购买保险中介人"推荐"的合同。在这一过程中，保险中介人可能肆意攻击另一家保险公司。保费回扣是指保险中介人向投保人许诺，如果投保人购买了保险，中介人将向其返还保费的一部分。法律之所以要禁止保费回扣，其理由在于：第一，这是一种代理人之间的不公平的竞争；第二，对保险公司的经营是非常不利的，因为这样做，不仅会大大增加保险公司的经营成本，而且将增加投保人的逆选择(如恶意退保)等种种弊端，由此阻碍保险业的健康发展。

【拓展阅读12-8】

4年899家保险中介机构被罚1.2亿元

2023年，保险中介机构延续"革故鼎新"态势。黑龙江银保监局1月17日开出罚单，因拒绝、妨碍依法监督检查，黑龙江省宏信保险代理有限公司被吊销业务许可证。此前还有4家保险中介机构的《保险兼业代理业务许可证》被注销。

近4年，保险行业全系统中介条线有899家机构共被处罚1.2亿元。在日趋严格的监管要求下，无论是因许可证期满或不符合监管要求而被淘汰，还是受利润空间被挤压影响选择主动退出，保险中介机构都面临"大浪淘沙"的格局。而与此同时，部分新能源汽车、大健康等产业的公司正在加速入场谋划相关业务布局。

"带病经营"机构加速出清。

作为保险销售和保险服务主渠道，保险中介机构是盘活保险市场不可分割的重要组成部分。在实际业务开展过程中，包括经纪、代理、公估三类专业中介机构，以及兼业代理机构在内的各类主体，更加贴近市场、了解客户。据统计，截至2022年12月月末，全国共有保险专业中介机构2600余家。其中，保险中介集团5家，全国性保险经纪公司493家，全国性保险代理公司145家，全国性保险销售公司95家，省级保险代理公司1352家，省级保险销售公司 126 家，保险公估公司 377 家。此外，还有保险兼业代理机构 2 万余家。

随着保险中介市场的迅速壮大，违法违规行为不断"冒头"。在日趋严格的监管要求下，保险中介市场违法违规行为、违规互联网保险业务得以整顿规范。银保监会披露的数据显示，截至 2022 年年底，保险行业全系统中介条线近 4 年共检查机构 2684 家，处罚机构 899 家，处罚金额 1.2 亿元。

从监管处罚情况来看，"未进行销售人员执业登记""利用业务便利为其他机构和个人牟取不正当利益""未制作客户告知书或其他缺少必要的项目""未按规定管理业务档案"和"编制或提供虚假的报告、报表、文件及资料"等成为保险中介机构涉案的主要违法违规事由。

与此同时，经营条件弱化或"带病经营"等一批扰乱市场秩序、侵害行业形象的保险中介机构也在加速"出清"。《经济参考报》记者根据银保监会披露的信息统计发现，2022 年有超过 2000 张《经营保险代理业务许可证》或《保险兼业代理业务许可证》(以下统称"保险中介许可证")被注销或拟注销。其中，广东银保监局注销超 900 张保险中介许可证，北京银保监局注销超 350 张保险中介许可证。

(资料来源：经济参考报.2023 年 1 月 19 日.)

本 章 小 结

(1) 保险市场是保险商品交易关系的总和。保险市场具有直接交易风险、交易具有承诺性、信息不对称程度高及交易成本较高等显著特征。保险产品的供给方、需求方和协助完成保险交易的中介方构成保险市场的主体，保险市场的客体是供求双方具体交易的各种风险保障，其外化为各种保险产品。保险市场的主体和客体一起组成保险市场的两大必备要素。当今世界主要有完全竞争型、完全垄断型、垄断竞争型和寡头垄断型四种保险市场模式。

(2) 保险市场供给是指在一定时期内和一定的社会经济条件下，保险供给者愿意且能够提供的保险种类和保险总量。它体现出有形形态和心理形态，并包含质和量两个层面的内容。影响保险供给的因素包括保险费率、保险供给者的数量与素质、保险业利润率、保险资本量、保险市场竞争和国家政策。保险市场需求是指在特定时期内，在各种不同的费率水平上消费者(各类经济单位和个人)对保险保障的需求量，它是保险供给的前提和制约保险供给的基本因素。保险需求的影响因素包括风险、保险费率、经济发展水平、消费者的货币收入、文化传统及强制保险的实施。

(3) 狭义的保险监管是指政府为保护被保险人的合法利益对保险业依法进行的监督和管理。保险事业的公共性、保险合同的特殊性及保险技术的复杂性使得保险监管具有国际普遍性。保险监管的目标是保证保险人具有充足的偿付能力、维护保险市场秩序。保险监管"三支柱"框架包括对保险人的市场行为、偿付能力和公司治理的监管。保险监管有公示监管、准则监管和实体监管三种方式。保险监管的主要内容包括对保险人的监管和对保险中介人的监管。

实训课堂

基本材料：

材料一： 2011年9月4日，中国保监会通告中国再保险(集团)股份有限公司2007年至2009年间运用资金投资设立子公司，财务会计核算不规范，未按规定提取、管理非寿险业务准备金，公司治理报告部分内容与事实不符等违规行为，对该公司处以合计71万元的罚款，并驳回其关于"2007年度非寿险业务准备金提取与管理行为已经超过两年处罚时效，2009年度公司治理报告部分内容与事实不符是理解差异的问题"等申辩意见。

材料二： 2013年4月16日，北京保监局在民生人寿北京公司朝阳营销服务部现场检查时发现，该公司将未揭示红利分配的不确定性的分红险宣传彩页印制后发送至各营销服务部用于培训及展业。此外，该分公司承保的某公司团体意外伤害保险备案的一类职业保险费率为1.1‰，向下最多浮动不超过50%，但申报时该险种却获得总公司"按照'三四折'费率承保"的批示，导致实际承保费率按已备案费率向下浮动66%。为此，北京保监局作出对民生人寿北京分公司罚款9万元，对直接责任人罚款3万元的行政处罚决定。

材料三： 2014年12月，河北保监局接到保险消费者投诉后调查发现，2014年1月和9月，邮政储蓄银行沙河市太行大街支行通过与代理银行网点联合开展理财产品展销会等方式片面、错误介绍宣传保险产品。该银行在销售的保单上还加盖"河北沙河太行街邮政储蓄"印章(该印章也加盖于储蓄存折)，使消费者误以为购买了银行理财产品。针对上述问题，河北保监局对新华人寿邢台中心支公司责令停止接受银行邮政代理新业务两个月并罚款10万元，对直接负责人处于警告并罚款3万元，并吊销邮政储蓄银行沙河市太行大街支行保险兼业代理业务许可证。

材料四： 2017年8月5日，保监财会发布〔2017〕205号文，通告新光海航人寿保险有限责任公司未按时报送2017年第二季度偿付能力报告，并责令新光海航人寿认真整改内控机制和审批流程，杜绝类似事件再次发生，并于2017年8月10日之前向保监会提交整改报告。

(资料来源：根据保监会网站资料整理.)

思考讨论题：

1. 结合上述案例，论证保险监管的必要性。
2. 结合上述案例，说明保险监管的主要内容及作用。

分析要点：

1. 国家之所以要对保险行业进行严格的监管，主要是由保险经营的公共性、保险合同的特殊性以及保险技术的复杂性等经营特点决定的。

2. 保险监管主要包括对保险人、中介人以及保单条款等多方面的监管。实施严格的监管，能够有效保障投保人和被保险人的利益，维护市场公平，促进保险业的健康发展。

复习思考题

一、基本概念

保险市场　保险市场的主体　保险市场的客体　保险供给　保险需求　保险监管　公示方式　准则方式　实体方式　偿付能力　保险费率　准备金

二、判断题

1. 保险市场的主体就是指保险消费者。　　　　　　　　　　　　　　　　　　　（　　）
2. "劳合社"是世界最著名的保险公司之一。　　　　　　　　　　　　　　　　　（　　）
3. 实体监管是最严格的一种监管方式。　　　　　　　　　　　　　　　　　　　（　　）
4. 保险的公共性质体现在其经营具有负债性、保障性和广泛性三大特征上。　　　（　　）
5. 保险监管的基本目标是保证保险人具有充足的偿付能力。　　　　　　　　　　（　　）
6. 保险经纪人代表保险人处理保险业务。　　　　　　　　　　　　　　　　　　（　　）

三、不定项选择题

1. 保险监管的必要性在于(　　)。
   A. 保险事业的公共性　　　　　　　　B. 保险合同的特殊性
   C. 保险交易的随机性　　　　　　　　D. 保险技术的复杂性
2. 制约保险供给的因素有(　　)。
   A. 保险费率　　　　　　　　　　　　B. 保险市场竞争
   C. 消费者的货币收入　　　　　　　　D. 国家政策
3. 保险需求的三要素是(　　)。
   A. 购买意愿　　　　　　　　　　　　B. 保险费率
   C. 有保险需求的人　　　　　　　　　D. 为满足保险需求的购买能力
4. 保险监管的方式有(　　)。
   A. 公示方式　　　B. 准则方式　　　C. 宽松方式　　　D. 实体方式
5. 国家对保险业监管的目标是(　　)。
   A. 优化市场机制　　　　　　　　　　B. 保证保险人的偿付能力
   C. 维护保险市场秩序　　　　　　　　D. 防止保险欺诈
6. 对保险偿付能力监管的内容包括(　　)。
   A. 保险条款和费率的规定　　　　　　B. 资本金要求
   C. 投资数额和范围的规定　　　　　　D. 准备金提取
7. 保险监管"三支柱"框架包括对保险人的(　　)的监管。
   A. 偿付能力　　　B. 盈利目标　　　C. 公司治理　　　D. 市场行为
8. 保险市场的主体包括(　　)。
   A. 受益人　　　　B. 投保人　　　　C. 保险中介人　　D. 保险人
9. 下列属于保险中介人的是(　　)。
   A. 保险代理人　　B. 保险理赔人　　C. 保险公估人　　D. 保险经纪人

10. 保险市场的特点是(　　)。
    A. 交易成本较高　　　　　　　　B. 交易具有承诺性
    C. 直接交易风险　　　　　　　　D. 信息不对称程度高

四、简答题

1. 简述保险市场的基本构成要素。
2. 保险市场具有哪些特点？
3. 简述保险供给的内容。
4. 简述保险监管的内容。

五、论述题

1. 论述保险市场供给与需求的影响因素。
2. 为什么说"偿付能力的监管是保险监管的核心"？

附录　中华人民共和国保险法

目　录

第一章　总则……………………………………………………………………
第二章　保险合同………………………………………………………………
　　第一节　一般规定…………………………………………………………
　　第二节　人身保险合同……………………………………………………
　　第三节　财产保险合同……………………………………………………
第三章　保险公司………………………………………………………………
第四章　保险经营规则…………………………………………………………
第五章　保险代理人和保险经纪人……………………………………………
第六章　保险业监督管理………………………………………………………
第七章　法律责任………………………………………………………………
第八章　附则……………………………………………………………………

(1995年6月30日第八届全国人民代表大会常务委员会第十四次会议通过；根据2002年10月28日第九届全国人民代表大会常务委员会第三十次会议《关于修改〈中华人民共和国保险法〉的决定》第一次修正；2009年2月28日第十一届全国人民代表大会常务委员会第七次会议修订；根据2014年8月31日第十二届全国人民代表大会常务委员会第十次会议《关于修改〈中华人民共和国保险法〉等五部法律的决定》第二次修正；根据2015年4月24日第十二届全国人民代表大会常务委员会第十四次会议《关于修改〈中华人民共和国计量法〉等五部法律的决定》第三次修订，中华人民共和国主席令第26号公布，自公布之日起施行。)

第一章　总则

第一条　为了规范保险活动，保护保险活动当事人的合法权益，加强对保险业的监督管理，维护社会经济秩序和社会公共利益，促进保险事业的健康发展，制定本法。

第二条　本法所称保险，是指投保人根据合同约定，向保险人支付保险费，保险人对于合同约定的可能发生的事故因其发生所造成的财产损失承担赔偿保险金责任，或者当被保险人死亡、伤残、疾病或者达到合同约定的年龄、期限等条件时承担给付保险金责任的商业保险行为。

第三条　在中华人民共和国境内从事保险活动，适用本法。

第四条　从事保险活动必须遵守法律、行政法规，尊重社会公德，不得损害社会公共利益。

第五条　保险活动当事人行使权利、履行义务应当遵循诚实信用原则。

第六条　保险业务由依照本法设立的保险公司以及法律、行政法规规定的其他保险组织经营，其他单位和个人不得经营保险业务。

第七条　在中华人民共和国境内的法人和其他组织需要办理境内保险的，应当向中华人民共和国境内的保险公司投保。

第八条　保险业和银行业、证券业、信托业实行分业经营、分业管理，保险公司与银行、证券、信托业务机构分别设立。国家另有规定的除外。

第九条　国务院保险监督管理机构依法对保险业实施监督管理。

国务院保险监督管理机构根据履行职责的需要设立派出机构。派出机构按照国务院保险监督管理机构的授权履行监督管理职责。

第二章　保险合同

第一节　一般规定

第十条　保险合同是投保人与保险人约定保险权利义务关系的协议。

投保人是指与保险人订立保险合同，并按照合同约定负有支付保险费义务的人。

保险人是指与投保人订立保险合同，并按照合同约定承担赔偿或者给付保险金责任的保险公司。

第十一条　订立保险合同，应当协商一致，遵循公平原则确定各方的权利和义务。

除法律、行政法规规定必须保险的以外，保险合同自愿订立。

第十二条　人身保险的投保人在保险合同订立时，对被保险人应当具有保险利益。

财产保险的被保险人在保险事故发生时，对保险标的应当具有保险利益。

人身保险是以人的寿命和身体为保险标的的保险。

财产保险是以财产及其有关利益为保险标的的保险。

被保险人是指其财产或者人身受保险合同保障，享有保险金请求权的人。投保人可以为被保险人。

保险利益是指投保人或者被保险人对保险标的具有的法律上承认的利益。

第十三条　投保人提出保险要求，经保险人同意承保，保险合同成立。保险人应当及时向投保人签发保险单或者其他保险凭证。

保险单或者其他保险凭证应当载明当事人双方约定的合同内容。当事人也可以约定采用其他书面形式载明合同内容。

依法成立的保险合同，自成立时生效。投保人和保险人可以对合同的效力约定附条件或者附期限。

第十四条　保险合同成立后，投保人按照约定交付保险费，保险人按照约定的时间开始承担保险责任。

第十五条　除本法另有规定或者保险合同另有约定外，保险合同成立后，投保人可以解除合同，保险人不得解除合同。

第十六条　订立保险合同，保险人就保险标的或者被保险人的有关情况提出询问的，投保人应当如实告知。

投保人故意或者因重大过失未履行前款规定的如实告知义务，足以影响保险人决定是否同意承保或者提高保险费率的,保险人有权解除合同。

前款规定的合同解除权,自保险人知道有解除事由之日起,超过三十日不行使而消灭。自合同成立之日起超过二年的,保险人不得解除合同;发生保险事故的,保险人应当承担赔偿或者给付保险金的责任。

投保人故意不履行如实告知义务的,保险人对于合同解除前发生的保险事故,不承担赔偿或者给付保险金的责任,并不退还保险费。

投保人因重大过失未履行如实告知义务,对保险事故的发生有严重影响的,保险人对于合同解除前发生的保险事故,不承担赔偿或者给付保险金的责任,但应当退还保险费。

保险人在合同订立时已经知道投保人未如实告知的情况的,保险人不得解除合同;发生保险事故的,保险人应当承担赔偿或者给付保险金的责任。

保险事故是指保险合同约定的保险责任范围内的事故。

第十七条　订立保险合同,采用保险人提供的格式条款的,保险人向投保人提供的投保单应当附格式条款,保险人应当向投保人说明合同的内容。

对保险合同中免除保险人责任的条款,保险人在订立合同时应当在投保单、保险单或者其他保险凭证上作出足以引起投保人注意的提示,并对该条款的内容以书面或者口头形式向投保人作出明确说明;未作提示或者明确说明的,该条款不产生效力。

第十八条　保险合同应当包括下列事项:

(一)保险人的名称和住所;

(二)投保人、被保险人的姓名或者名称、住所,以及人身保险的受益人的姓名或者名称、住所;

(三)保险标的;

(四)保险责任和责任免除;

(五)保险期间和保险责任开始时间;

(六)保险金额;

(七)保险费以及支付办法;

(八)保险金赔偿或者给付办法;

(九)违约责任和争议处理;

(十)订立合同的年、月、日。

投保人和保险人可以约定与保险有关的其他事项。

受益人是指人身保险合同中由被保险人或者投保人指定的享有保险金请求权的人。投保人、被保险人可以为受益人。

保险金额是指保险人承担赔偿或者给付保险金责任的最高限额。

第十九条　采用保险人提供的格式条款订立的保险合同中的下列条款无效:

(一)免除保险人依法应承担的义务或者加重投保人、被保险人责任的;

(二)排除投保人、被保险人或者受益人依法享有的权利的。

第二十条　投保人和保险人可以协商变更合同内容。

变更保险合同的,应当由保险人在保险单或者其他保险凭证上批注或者附贴批单,或者由投保人和保险人订立变更的书面协议。

第二十一条　投保人、被保险人或者受益人知道保险事故发生后,应当及时通知保险人。故意或者因重大过失未及时通知，致使保险事故的性质、原因、损失程度等难以确定的，保险人对无法确定的部分，不承担赔偿或者给付保险金的责任，但保险人通过其他途径已经及时知道或者应当及时知道保险事故发生的除外。

第二十二条　保险事故发生后，按照保险合同请求保险人赔偿或者给付保险金时，投保人、被保险人或者受益人应当向保险人提供其所能提供的与确认保险事故的性质、原因、损失程度等有关的证明和资料。

保险人按照合同的约定，认为有关的证明和资料不完整的，应当及时一次性通知投保人、被保险人或者受益人补充提供。

第二十三条　保险人收到被保险人或者受益人的赔偿或者给付保险金的请求后，应当及时作出核定；情形复杂的，应当在三十日内作出核定，但合同另有约定的除外。保险人应当将核定结果通知被保险人或者受益人；对属于保险责任的，在与被保险人或者受益人达成赔偿或者给付保险金的协议后十日内，履行赔偿或者给付保险金义务。保险合同对赔偿或者给付保险金的期限有约定的，保险人应当按照约定履行赔偿或者给付保险金义务。

保险人未及时履行前款规定义务的，除支付保险金外，应当赔偿被保险人或者受益人因此受到的损失。

任何单位和个人不得非法干预保险人履行赔偿或者给付保险金的义务，也不得限制被保险人或者受益人取得保险金的权利。

第二十四条　保险人依照本法第二十三条的规定作出核定后，对不属于保险责任的，应当自作出核定之日起三日内向被保险人或者受益人发出拒绝赔偿或者拒绝给付保险金通知书，并说明理由。

第二十五条　保险人自收到赔偿或者给付保险金的请求和有关证明、资料之日起六十日内，对其赔偿或者给付保险金的数额不能确定的，应当根据已有证明和资料可以确定的数额先予支付；保险人最终确定赔偿或者给付保险金的数额后，应当支付相应的差额。

第二十六条　人寿保险以外的其他保险的被保险人或者受益人，向保险人请求赔偿或者给付保险金的诉讼时效期间为二年，自其知道或者应当知道保险事故发生之日起计算。

人寿保险的被保险人或者受益人向保险人请求给付保险金的诉讼时效期间为五年，自其知道或者应当知道保险事故发生之日起计算。

第二十七条　未发生保险事故，被保险人或者受益人谎称发生了保险事故，向保险人提出赔偿或者给付保险金请求的，保险人有权解除合同，并不退还保险费。

投保人、被保险人故意制造保险事故的，保险人有权解除合同，不承担赔偿或者给付保险金的责任；除本法第四十三条规定外，不退还保险费。

保险事故发生后，投保人、被保险人或者受益人以伪造、变造的有关证明、资料或者其他证据，编造虚假的事故原因或者夸大损失程度的，保险人对其虚报的部分不承担赔偿或者给付保险金的责任。

投保人、被保险人或者受益人有前三款规定行为之一，致使保险人支付保险金或者支出费用的，应当退回或者赔偿。

第二十八条　保险人将其承担的保险业务，以分保形式部分转移给其他保险人的，为再保险。

应再保险接受人的要求，再保险分出人应当将其自负责任及原保险的有关情况书面告知再保险接受人。

第二十九条 再保险接受人不得向原保险的投保人要求支付保险费。

原保险的被保险人或者受益人不得向再保险接受人提出赔偿或者给付保险金的请求。

再保险分出人不得以再保险接受人未履行再保险责任为由，拒绝履行或者迟延履行其原保险责任。

第三十条 采用保险人提供的格式条款订立的保险合同，保险人与投保人、被保险人或者受益人对合同条款有争议的，应当按照通常理解予以解释。对合同条款有两种以上解释的，人民法院或者仲裁机构应当作出有利于被保险人和受益人的解释。

第二节 人身保险合同

第三十一条 投保人对下列人员具有保险利益：

(一)本人；

(二)配偶、子女、父母；

(三)前项以外与投保人有抚养、赡养或者扶养关系的家庭其他成员、近亲属；

(四)与投保人有劳动关系的劳动者。

除前款规定外，被保险人同意投保人为其订立合同的，视为投保人对被保险人具有保险利益。

订立合同时，投保人对被保险人不具有保险利益的，合同无效。

第三十二条 投保人申报的被保险人年龄不真实，并且其真实年龄不符合合同约定的年龄限制的，保险人可以解除合同，并按照合同约定退还保险单的现金价值。保险人行使合同解除权，适用本法第十六条第三款、第六款的规定。

投保人申报的被保险人年龄不真实，致使投保人支付的保险费少于应付保险费的，保险人有权更正并要求投保人补交保险费，或者在给付保险金时按照实付保险费与应付保险费的比例支付。

投保人申报的被保险人年龄不真实，致使投保人支付的保险费多于应付保险费的，保险人应当将多收的保险费退还投保人。

第三十三条 投保人不得为无民事行为能力人投保以死亡为给付保险金条件的人身保险，保险人也不得承保。

父母为其未成年子女投保的人身保险，不受前款规定限制。但是，因被保险人死亡给付的保险金总和不得超过国务院保险监督管理机构规定的限额。

第三十四条 以死亡为给付保险金条件的合同，未经被保险人同意并认可保险金额的，合同无效。

按照以死亡为给付保险金条件的合同所签发的保险单，未经被保险人书面同意，不得转让或者质押。

父母为其未成年子女投保的人身保险，不受本条第一款规定限制。

第三十五条 投保人可以按照合同约定向保险人一次支付全部保险费或者分期支付保险费。

第三十六条 合同约定分期支付保险费，投保人支付首期保险费后，除合同另有约定外，投保人自保险人催告之日起超过三十日未支付当期保险费，或者超过约定的期限六十日未支付当期保险费的，合同效力中止，或者由保险人按照合同约定的条件减少保险金额。

被保险人在前款规定期限内发生保险事故的，保险人应当按照合同约定给付保险金，但可以扣减欠交的保险费。

第三十七条　合同效力依照本法第三十六条规定中止的，经保险人与投保人协商并达成协议，在投保人补交保险费后，合同效力恢复。但是，自合同效力中止之日起满二年双方未达成协议的，保险人有权解除合同。

保险人依照前款规定解除合同的，应当按照合同约定退还保险单的现金价值。

第三十八条　保险人对人寿保险的保险费，不得用诉讼方式要求投保人支付。

第三十九条　人身保险的受益人由被保险人或者投保人指定。

投保人指定受益人时须经被保险人同意。投保人为与其有劳动关系的劳动者投保人身保险，不得指定被保险人及其近亲属以外的人为受益人。

被保险人为无民事行为能力人或者限制民事行为能力人的，可以由其监护人指定受益人。

第四十条　被保险人或者投保人可以指定一人或者数人为受益人。

受益人为数人的，被保险人或者投保人可以确定受益顺序和受益份额；未确定受益份额的，受益人按照相等份额享有受益权。

第四十一条　被保险人或者投保人可以变更受益人并书面通知保险人。保险人收到变更受益人的书面通知后，应当在保险单或者其他保险凭证上批注或者附贴批单。

投保人变更受益人时须经被保险人同意。

第四十二条　被保险人死亡后，有下列情形之一的，保险金作为被保险人的遗产，由保险人依照《中华人民共和国继承法》的规定履行给付保险金的义务：

(一)没有指定受益人，或者受益人指定不明无法确定的；

(二)受益人先于被保险人死亡，没有其他受益人的；

(三)受益人依法丧失受益权或者放弃受益权，没有其他受益人的。

受益人与被保险人在同一事件中死亡，且不能确定死亡先后顺序的，推定受益人死亡在先。

第四十三条　投保人故意造成被保险人死亡、伤残或者疾病的，保险人不承担给付保险金的责任。投保人已交足二年以上保险费的，保险人应当按照合同约定向其他权利人退还保险单的现金价值。

受益人故意造成被保险人死亡、伤残、疾病的，或者故意杀害被保险人未遂的，该受益人丧失受益权。

第四十四条　以被保险人死亡为给付保险金条件的合同，自合同成立或者合同效力恢复之日起二年内，被保险人自杀的，保险人不承担给付保险金的责任，但被保险人自杀时为无民事行为能力人的除外。

保险人依照前款规定不承担给付保险金责任的，应当按照合同约定退还保险单的现金价值。

第四十五条　因被保险人故意犯罪或者抗拒依法采取的刑事强制措施导致其伤残或者死亡的，保险人不承担给付保险金的责任。投保人已交足二年以上保险费的，保险人应当按照合同约定退还保险单的现金价值。

第四十六条　被保险人因第三者的行为而发生死亡、伤残或者疾病等保险事故的,保险人向被保险人或者受益人给付保险金后,不享有向第三者追偿的权利,但被保险人或者受益人仍有权向第三者请求赔偿。

第四十七条　投保人解除合同的,保险人应当自收到解除合同通知之日起三十日内,按照合同约定退还保险单的现金价值。

第三节　财产保险合同

第四十八条　保险事故发生时,被保险人对保险标的不具有保险利益的,不得向保险人请求赔偿保险金。

第四十九条　保险标的转让的,保险标的的受让人承继被保险人的权利和义务。

保险标的转让的,被保险人或者受让人应当及时通知保险人,但货物运输保险合同和另有约定的合同除外。

因保险标的转让导致危险程度显著增加的,保险人自收到前款规定的通知之日起三十日内,可以按照合同约定增加保险费或者解除合同。保险人解除合同的,应当将已收取的保险费,按照合同约定扣除自保险责任开始之日起至合同解除之日止应收的部分后,退还投保人。

被保险人、受让人未履行本条第二款规定的通知义务的,因转让导致保险标的的危险程度显著增加而发生的保险事故,保险人不承担赔偿保险金的责任。

第五十条　货物运输保险合同和运输工具航程保险合同,保险责任开始后,合同当事人不得解除合同。

第五十一条　被保险人应当遵守国家有关消防、安全、生产操作、劳动保护等方面的规定,维护保险标的的安全。

保险人可以按照合同约定对保险标的的安全状况进行检查,及时向投保人、被保险人提出消除不安全因素和隐患的书面建议。

投保人、被保险人未按照约定履行其对保险标的的安全应尽责任的,保险人有权要求增加保险费或者解除合同。

保险人为维护保险标的的安全,经被保险人同意,可以采取安全预防措施。

第五十二条　在合同有效期内,保险标的的危险程度显著增加的,被保险人应当按照合同约定及时通知保险人,保险人可以按照合同约定增加保险费或者解除合同。保险人解除合同的,应当将已收取的保险费,按照合同约定扣除自保险责任开始之日起至合同解除之日止应收的部分后,退还投保人。

被保险人未履行前款规定的通知义务的,因保险标的的危险程度显著增加而发生的保险事故,保险人不承担赔偿保险金的责任。

第五十三条　有下列情形之一的,除合同另有约定外,保险人应当降低保险费,并按日计算退还相应的保险费:

(一)据以确定保险费率的有关情况发生变化,保险标的的危险程度明显减少的;

(二)保险标的的保险价值明显减少的。

第五十四条　保险责任开始前,投保人要求解除合同的,应当按照合同约定向保险人支付手续费,保险人应当退还保险费。保险责任开始后,投保人要求解除合同的,保险人应当将已收取的保险费，按照合同约定扣除自保险责任开始之日起至合同解除之日止应收的部分后，退还投保人。

第五十五条 投保人和保险人约定保险标的的保险价值并在合同中载明的，保险标的发生损失时，以约定的保险价值为赔偿计算标准。

投保人和保险人未约定保险标的的保险价值的，保险标的发生损失时，以保险事故发生时保险标的的实际价值为赔偿计算标准。

保险金额不得超过保险价值。超过保险价值的，超过部分无效，保险人应当退还相应的保险费。

保险金额低于保险价值的，除合同另有约定外，保险人按照保险金额与保险价值的比例承担赔偿保险金的责任。

第五十六条 重复保险的投保人应当将重复保险的有关情况通知各保险人。

重复保险的各保险人赔偿保险金的总和不得超过保险价值。除合同另有约定外，各保险人按照其保险金额与保险金额总和的比例承担赔偿保险金的责任。

重复保险的投保人可以就保险金额总和超过保险价值的部分，请求各保险人按比例返还保险费。

重复保险是指投保人对同一保险标的、同一保险利益、同一保险事故分别与两个以上保险人订立保险合同，且保险金额总和超过保险价值的保险。

第五十七条 保险事故发生时，被保险人应当尽力采取必要的措施，防止或者减少损失。

保险事故发生后，被保险人为防止或者减少保险标的的损失所支付的必要的、合理的费用，由保险人承担；保险人所承担的费用数额在保险标的的损失赔偿金额以外另行计算，最高不超过保险金额的数额。

第五十八条 保险标的发生部分损失的，自保险人赔偿之日起三十日内，投保人可以解除合同；除合同另有约定外，保险人也可以解除合同，但应当提前十五日通知投保人。

合同解除的，保险人应当将保险标的未受损失部分的保险费，按照合同约定扣除自保险责任开始之日起至合同解除之日止应收的部分后，退还投保人。

第五十九条 保险事故发生后，保险人已支付了全部保险金额，并且保险金额等于保险价值的，受损保险标的的全部权利归于保险人；保险金额低于保险价值的，保险人按照保险金额与保险价值的比例取得受损保险标的的部分权利。

第六十条 因第三者对保险标的的损害而造成保险事故的，保险人自向被保险人赔偿保险金之日起，在赔偿金额范围内代位行使被保险人对第三者请求赔偿的权利。

前款规定的保险事故发生后，被保险人已经从第三者取得损害赔偿的，保险人赔偿保险金时，可以相应扣减被保险人从第三者已取得的赔偿金额。

保险人依照本条第一款规定行使代位请求赔偿的权利，不影响被保险人就未取得赔偿的部分向第三者请求赔偿的权利。

第六十一条 保险事故发生后，保险人未赔偿保险金之前，被保险人放弃对第三者请求赔偿的权利的，保险人不承担赔偿保险金的责任。

保险人向被保险人赔偿保险金后，被保险人未经保险人同意放弃对第三者请求赔偿的权利的，该行为无效。

被保险人故意或者因重大过失致使保险人不能行使代位请求赔偿的权利的，保险人可以扣减或者要求返还相应的保险金。

第六十二条　除被保险人的家庭成员或者其组成人员故意造成本法第六十条第一款规定的保险事故外，保险人不得对被保险人的家庭成员或者其组成人员行使代位请求赔偿的权利。

第六十三条　保险人向第三者行使代位请求赔偿的权利时，被保险人应当向保险人提供必要的文件和所知道的有关情况。

第六十四条　保险人、被保险人为查明和确定保险事故的性质、原因和保险标的的损失程度所支付的必要的、合理的费用，由保险人承担。

第六十五条　保险人对责任保险的被保险人给第三者造成的损害，可以依照法律的规定或者合同的约定，直接向该第三者赔偿保险金。

责任保险的被保险人给第三者造成损害，被保险人对第三者应负的赔偿责任确定的，根据被保险人的请求，保险人应当直接向该第三者赔偿保险金。被保险人怠于请求的，第三者有权就其应获赔偿部分直接向保险人请求赔偿保险金。

责任保险的被保险人给第三者造成损害，被保险人未向该第三者赔偿的，保险人不得向被保险人赔偿保险金。

责任保险是指以被保险人对第三者依法应负的赔偿责任为保险标的的保险。

第六十六条　责任保险的被保险人因给第三者造成损害的保险事故而被提起仲裁或者诉讼的，被保险人支付的仲裁或者诉讼费用以及其他必要的、合理的费用，除合同另有约定外，由保险人承担。

第三章　保险公司

第六十七条　设立保险公司应当经国务院保险监督管理机构批准。

国务院保险监督管理机构审查保险公司的设立申请时，应当考虑保险业的发展和公平竞争的需要。

第六十八条　设立保险公司应当具备下列条件：

(一)主要股东具有持续盈利能力，信誉良好，最近三年内无重大违法违规记录，净资产不低于人民币二亿元；

(二)有符合本法和《中华人民共和国公司法》规定的章程；

(三)有符合本法规定的注册资本；

(四)有具备任职专业知识和业务工作经验的董事、监事和高级管理人员；

(五)有健全的组织机构和管理制度；

(六)有符合要求的营业场所和与经营业务有关的其他设施；

(七)法律、行政法规和国务院保险监督管理机构规定的其他条件。

第六十九条　设立保险公司，其注册资本的最低限额为人民币二亿元。

国务院保险监督管理机构根据保险公司的业务范围、经营规模，可以调整其注册资本的最低限额，但不得低于本条第一款规定的限额。

保险公司的注册资本必须为实缴货币资本。

第七十条　申请设立保险公司，应当向国务院保险监督管理机构提出书面申请，并提交下列材料：

(一)设立申请书，申请书应当载明拟设立的保险公司的名称、注册资本、业务范围等；

(二)可行性研究报告；

(三)筹建方案；

(四)投资人的营业执照或者其他背景资料，经会计师事务所审计的上一年度财务会计报告；

(五)投资人认可的筹备组负责人和拟任董事长、经理名单及本人认可证明；

(六)国务院保险监督管理机构规定的其他材料。

第七十一条　国务院保险监督管理机构应当对设立保险公司的申请进行审查，自受理之日起六个月内作出批准或者不批准筹建的决定，并书面通知申请人。决定不批准的，应当书面说明理由。

第七十二条　申请人应当自收到批准筹建通知之日起一年内完成筹建工作；筹建期间不得从事保险经营活动。

第七十三条　筹建工作完成后，申请人具备本法第六十八条规定的设立条件的，可以向国务院保险监督管理机构提出开业申请。

国务院保险监督管理机构应当自受理开业申请之日起六十日内，作出批准或者不批准开业的决定。决定批准的，颁发经营保险业务许可证；决定不批准的，应当书面通知申请人并说明理由。

第七十四条　保险公司在中华人民共和国境内设立分支机构，应当经保险监督管理机构批准。

保险公司分支机构不具有法人资格，其民事责任由保险公司承担。

第七十五条　保险公司申请设立分支机构，应当向保险监督管理机构提出书面申请，并提交下列材料：

(一)设立申请书；

(二)拟设机构三年业务发展规划和市场分析材料；

(三)拟任高级管理人员的简历及相关证明材料；

(四)国务院保险监督管理机构规定的其他材料。

第七十六条　保险监督管理机构应当对保险公司设立分支机构的申请进行审查，自受理之日起六十日内作出批准或者不批准的决定。决定批准的，颁发分支机构经营保险业务许可证；决定不批准的，应当书面通知申请人并说明理由。

第七十七条　经批准设立的保险公司及其分支机构，凭经营保险业务许可证向工商行政管理机关办理登记，领取营业执照。

第七十八条　保险公司及其分支机构自取得经营保险业务许可证之日起六个月内，无正当理由未向工商行政管理机关办理登记的，其经营保险业务许可证失效。

第七十九条　保险公司在中华人民共和国境外设立子公司、分支机构，应当经国务院保险监督管理机构批准。

第八十条　外国保险机构在中华人民共和国境内设立代表机构，应当经国务院保险监督管理机构批准。代表机构不得从事保险经营活动。

第八十一条　保险公司的董事、监事和高级管理人员，应当品行良好，熟悉与保险相关的法律、行政法规，具有履行职责所需的经营管理能力，并在任职前取得保险监督管理机构核准的任职资格。

保险公司高级管理人员的范围由国务院保险监督管理机构规定。

第八十二条　有《中华人民共和国公司法》第一百四十六条规定的情形或者下列情形之一的，不得担任保险公司的董事、监事、高级管理人员：

(一)因违法行为或者违纪行为被金融监督管理机构取消任职资格的金融机构的董事、监事、高级管理人员，自被取消任职资格之日起未逾五年的；

(二)因违法行为或者违纪行为被吊销执业资格的律师、注册会计师或者资产评估机构、验证机构等机构的专业人员，自被吊销执业资格之日起未逾五年的。

第八十三条　保险公司的董事、监事、高级管理人员执行公司职务时违反法律、行政法规或者公司章程的规定，给公司造成损失的，应当承担赔偿责任。

第八十四条　保险公司有下列情形之一的，应当经保险监督管理机构批准：

(一)变更名称；

(二)变更注册资本；

(三)变更公司或者分支机构的营业场所；

(四)撤销分支机构；

(五)公司分立或者合并；

(六)修改公司章程；

(七)变更出资额占有限责任公司资本总额百分之五以上的股东，或者变更持有股份有限公司股份百分之五以上的股东；

(八)国务院保险监督管理机构规定的其他情形。

第八十五条　保险公司应当聘用专业人员，建立精算报告制度和合规报告制度。

第八十六条　保险公司应当按照保险监督管理机构的规定，报送有关报告、报表、文件和资料。

保险公司的偿付能力报告、财务会计报告、精算报告、合规报告及其他有关报告、报表、文件和资料必须如实记录保险业务事项，不得有虚假记载、误导性陈述和重大遗漏。

第八十七条　保险公司应当按照国务院保险监督管理机构的规定妥善保管业务经营活动的完整账簿、原始凭证和有关资料。

前款规定的账簿、原始凭证和有关资料的保管期限，自保险合同终止之日起计算，保险期间在一年以下的不得少于五年，保险期间超过一年的不得少于十年。

第八十八条　保险公司聘请或者解聘会计师事务所、资产评估机构、资信评级机构等中介服务机构，应当向保险监督管理机构报告；解聘会计师事务所、资产评估机构、资信评级机构等中介服务机构，应当说明理由。

第八十九条　保险公司因分立、合并需要解散，或者股东会、股东大会决议解散，或者公司章程规定的解散事由出现，经国务院保险监督管理机构批准后解散。

经营有人寿保险业务的保险公司，除因分立、合并或者被依法撤销外，不得解散。

保险公司解散，应当依法成立清算组进行清算。

第九十条　保险公司有《中华人民共和国企业破产法》第二条规定情形的，经国务院保险监督管理机构同意，保险公司或者其债权人可以依法向人民法院申请重整、和解或者破产清算；国务院保险监督管理机构也可以依法向人民法院申请对该保险公司进行重整或者破产清算。

第九十一条　破产财产在优先清偿破产费用和共益债务后，按照下列顺序清偿：

(一)所欠职工工资和医疗、伤残补助、抚恤费用，所欠应当划入职工个人账户的基本养老保险、基本医疗保险费用，以及法律、行政法规规定应当支付给职工的补偿金；

(二)赔偿或者给付保险金；

(三)保险公司欠缴的除第(一)项规定以外的社会保险费用和所欠税款；

(四)普通破产债权。

破产财产不足以清偿同一顺序的清偿要求的，按照比例分配。

破产保险公司的董事、监事和高级管理人员的工资，按照该公司职工的平均工资计算。

第九十二条　经营有人寿保险业务的保险公司被依法撤销或者被依法宣告破产的，其持有的人寿保险合同及责任准备金，必须转让给其他经营有人寿保险业务的保险公司；不能同其他保险公司达成转让协议的，由国务院保险监督管理机构指定经营有人寿保险业务的保险公司接受转让。

转让或者由国务院保险监督管理机构指定接受转让前款规定的人寿保险合同及责任准备金的，应当维护被保险人、受益人的合法权益。

第九十三条　保险公司依法终止其业务活动，应当注销其经营保险业务许可证。

第九十四条　保险公司，除本法另有规定外，适用《中华人民共和国公司法》的规定。

第四章　保险经营规则

第九十五条　保险公司的业务范围：

(一)人身保险业务，包括人寿保险、健康保险、意外伤害保险等保险业务；

(二)财产保险业务，包括财产损失保险、责任保险、信用保险、保证保险等保险业务；

(三)国务院保险监督管理机构批准的与保险有关的其他业务。

保险人不得兼营人身保险业务和财产保险业务。但是，经营财产保险业务的保险公司经国务院保险监督管理机构批准，可以经营短期健康保险业务和意外伤害保险业务。

保险公司应当在国务院保险监督管理机构依法批准的业务范围内从事保险经营活动。

第九十六条　经国务院保险监督管理机构批准，保险公司可以经营本法第九十五条规定的保险业务的下列再保险业务：

(一)分出保险；

(二)分入保险。

第九十七条　保险公司应当按照其注册资本总额的百分之二十提取保证金，存入国务院保险监督管理机构指定的银行，除公司清算时用于清偿债务外，不得动用。

第九十八条　保险公司应当根据保障被保险人利益、保证偿付能力的原则，提取各项责任准备金。

保险公司提取和结转责任准备金的具体办法，由国务院保险监督管理机构制定。

第九十九条　保险公司应当依法提取公积金。

第一百条　保险公司应当缴纳保险保障基金。

保险保障基金应当集中管理，并在下列情形下统筹使用：

(一)在保险公司被撤销或者被宣告破产时,向投保人、被保险人或者受益人提供救济;

(二)在保险公司被撤销或者被宣告破产时,向依法接受其人寿保险合同的保险公司提供救济;

(三)国务院规定的其他情形。

保险保障基金筹集、管理和使用的具体办法,由国务院制定。

第一百零一条 保险公司应当具有与其业务规模和风险程度相适应的最低偿付能力。保险公司的认可资产减去认可负债的差额不得低于国务院保险监督管理机构规定的数额;低于规定数额的,应当按照国务院保险监督管理机构的要求采取相应措施达到规定的数额。

第一百零二条 经营财产保险业务的保险公司当年自留保险费,不得超过其实有资本金加公积金总和的四倍。

第一百零三条 保险公司对每一危险单位,即对一次保险事故可能造成的最大损失范围所承担的责任,不得超过其实有资本金加公积金总和的百分之十;超过的部分应当办理再保险。

保险公司对危险单位的划分应当符合国务院保险监督管理机构的规定。

第一百零四条 保险公司对危险单位的划分方法和巨灾风险安排方案,应当报国务院保险监督管理机构备案。

第一百零五条 保险公司应当按照国务院保险监督管理机构的规定办理再保险,并审慎选择再保险接受人。

第一百零六条 保险公司的资金运用必须稳健,遵循安全性原则。

保险公司的资金运用限于下列形式:

(一)银行存款;

(二)买卖债券、股票、证券投资基金份额等有价证券;

(三)投资不动产;

(四)国务院规定的其他资金运用形式。

保险公司资金运用的具体管理办法,由国务院保险监督管理机构依照前两款的规定制定。

第一百零七条 经国务院保险监督管理机构会同国务院证券监督管理机构批准,保险公司可以设立保险资产管理公司。

保险资产管理公司从事证券投资活动,应当遵守《中华人民共和国证券法》等法律、行政法规的规定。

保险资产管理公司的管理办法,由国务院保险监督管理机构会同国务院有关部门制定。

第一百零八条 保险公司应当按照国务院保险监督管理机构的规定,建立对关联交易的管理和信息披露制度。

第一百零九条 保险公司的控股股东、实际控制人、董事、监事、高级管理人员不得利用关联交易损害公司的利益。

第一百一十条 保险公司应当按照国务院保险监督管理机构的规定,真实、准确、完整地披露财务会计报告、风险管理状况、保险产品经营情况等重大事项。

第一百一十一条 保险公司从事保险销售的人员应当品行良好,具有保险销售所需的专业能力。保险销售人员的行为规范和管理办法,由国务院保险监督管理机构规定。

第一百一十二条　保险公司应当建立保险代理人登记管理制度,加强对保险代理人的培训和管理,不得唆使、诱导保险代理人进行违背诚信义务的活动。

第一百一十三条　保险公司及其分支机构应当依法使用经营保险业务许可证,不得转让、出租、出借经营保险业务许可证。

第一百一十四条　保险公司应当按照国务院保险监督管理机构的规定,公平、合理拟订保险条款和保险费率,不得损害投保人、被保险人和受益人的合法权益。

保险公司应当按照合同约定和本法规定,及时履行赔偿或者给付保险金义务。

第一百一十五条　保险公司开展业务,应当遵循公平竞争的原则,不得从事不正当竞争。

第一百一十六条　保险公司及其工作人员在保险业务活动中不得有下列行为:

(一)欺骗投保人、被保险人或者受益人;

(二)对投保人隐瞒与保险合同有关的重要情况;

(三)阻碍投保人履行本法规定的如实告知义务,或者诱导其不履行本法规定的如实告知义务;

(四)给予或者承诺给予投保人、被保险人、受益人保险合同约定以外的保险费回扣或者其他利益;

(五)拒不依法履行保险合同约定的赔偿或者给付保险金义务;

(六)故意编造未曾发生的保险事故、虚构保险合同或者故意夸大已经发生的保险事故的损失程度进行虚假理赔,骗取保险金或者牟取其他不正当利益;

(七)挪用、截留、侵占保险费;

(八)委托未取得合法资格的机构从事保险销售活动;

(九)利用开展保险业务为其他机构或者个人牟取不正当利益;

(十)利用保险代理人、保险经纪人或者保险评估机构,从事以虚构保险中介业务或者编造退保等方式套取费用等违法活动;

(十一)以捏造、散布虚假事实等方式损害竞争对手的商业信誉,或者以其他不正当竞争行为扰乱保险市场秩序;

(十二)泄露在业务活动中知悉的投保人、被保险人的商业秘密;

(十三)违反法律、行政法规和国务院保险监督管理机构规定的其他行为。

第五章　保险代理人和保险经纪人

第一百一十七条　保险代理人是根据保险人的委托,向保险人收取佣金,并在保险人授权的范围内代为办理保险业务的机构或者个人。

保险代理机构包括专门从事保险代理业务的保险专业代理机构和兼营保险代理业务的保险兼业代理机构。

第一百一十八条　保险经纪人是基于投保人的利益,为投保人与保险人订立保险合同提供中介服务,并依法收取佣金的机构。

第一百一十九条　保险代理机构、保险经纪人应当具备国务院保险监督管理机构规定的条件,取得保险监督管理机构颁发的经营保险代理业务许可证、保险经纪业务许可证。

第一百二十条　以公司形式设立保险专业代理机构、保险经纪人,其注册资本最低限额适用《中华人民共和国公司法》的规定。

国务院保险监督管理机构根据保险专业代理机构、保险经纪人的业务范围和经营规模，可以调整其注册资本的最低限额，但不得低于《中华人民共和国公司法》规定的限额。

保险专业代理机构、保险经纪人的注册资本或者出资额必须为实缴货币资本。

第一百二十一条 保险专业代理机构、保险经纪人的高级管理人员，应当品行良好，熟悉保险法律、行政法规，具有履行职责所需的经营管理能力，并在任职前取得保险监督管理机构核准的任职资格。

第一百二十二条 个人保险代理人、保险代理机构的代理从业人员、保险经纪人的经纪从业人员，应当品行良好，具有从事保险代理业务或者保险经纪业务所需的专业能力。

第一百二十三条 保险代理机构、保险经纪人应当有自己的经营场所，设立专门账簿记载保险代理业务、经纪业务的收支情况。

第一百二十四条 保险代理机构、保险经纪人应当按照国务院保险监督管理机构的规定缴存保证金或者投保职业责任保险。

第一百二十五条 个人保险代理人在代为办理人寿保险业务时，不得同时接受两个以上保险人的委托。

第一百二十六条 保险人委托保险代理人代为办理保险业务，应当与保险代理人签订委托代理协议，依法约定双方的权利和义务。

第一百二十七条 保险代理人根据保险人的授权代为办理保险业务的行为，由保险人承担责任。

保险代理人没有代理权、超越代理权或者代理权终止后以保险人名义订立合同，使投保人有理由相信其有代理权的，该代理行为有效。保险人可以依法追究越权的保险代理人的责任。

第一百二十八条 保险经纪人因过错给投保人、被保险人造成损失的，依法承担赔偿责任。

第一百二十九条 保险活动当事人可以委托保险公估机构等依法设立的独立评估机构或者具有相关专业知识的人员，对保险事故进行评估和鉴定。

接受委托对保险事故进行评估和鉴定的机构和人员，应当依法、独立、客观、公正地进行评估和鉴定，任何单位和个人不得干涉。

前款规定的机构和人员，因故意或者过失给保险人或者被保险人造成损失的，依法承担赔偿责任。

第一百三十条 保险佣金只限于向保险代理人、保险经纪人支付，不得向其他人支付。

第一百三十一条 保险代理人、保险经纪人及其从业人员在办理保险业务活动中不得有下列行为：

(一)欺骗保险人、投保人、被保险人或者受益人；
(二)隐瞒与保险合同有关的重要情况；
(三)阻碍投保人履行本法规定的如实告知义务，或者诱导其不履行本法规定的如实告知义务；
(四)给予或者承诺给予投保人、被保险人或者受益人保险合同约定以外的利益；
(五)利用行政权力、职务或者职业便利以及其他不正当手段强迫、引诱或者限制投保人订立保险合同；

(六)伪造、擅自变更保险合同，或者为保险合同当事人提供虚假证明材料；

(七)挪用、截留、侵占保险费或者保险金；

(八)利用业务便利为其他机构或者个人牟取不正当利益；

(九)串通投保人、被保险人或者受益人，骗取保险金；

(十)泄露在业务活动中知悉的保险人、投保人、被保险人的商业秘密。

第一百三十二条　本法第八十六条第一款、第一百一十三条的规定，适用于保险代理机构和保险经纪人。

第六章　保险业监督管理

第一百三十三条　保险监督管理机构依照本法和国务院规定的职责，遵循依法、公开、公正的原则，对保险业实施监督管理，维护保险市场秩序，保护投保人、被保险人和受益人的合法权益。

第一百三十四条　国务院保险监督管理机构依照法律、行政法规制定并发布有关保险业监督管理的规章。

第一百三十五条　关系社会公众利益的保险险种、依法实行强制保险的险种和新开发的人寿保险险种等的保险条款和保险费率，应当报国务院保险监督管理机构批准。国务院保险监督管理机构审批时，应当遵循保护社会公众利益和防止不正当竞争的原则。其他保险险种的保险条款和保险费率，应当报保险监督管理机构备案。

保险条款和保险费率审批、备案的具体办法，由国务院保险监督管理机构依照前款规定制定。

第一百三十六条　保险公司使用的保险条款和保险费率违反法律、行政法规或者国务院保险监督管理机构的有关规定的，由保险监督管理机构责令停止使用，限期修改；情节严重的，可以在一定期限内禁止申报新的保险条款和保险费率。

第一百三十七条　国务院保险监督管理机构应当建立健全保险公司偿付能力监管体系，对保险公司的偿付能力实施监控。

第一百三十八条　对偿付能力不足的保险公司，国务院保险监督管理机构应当将其列为重点监管对象，并可以根据具体情况采取下列措施：

(一)责令增加资本金、办理再保险；

(二)限制业务范围；

(三)限制向股东分红；

(四)限制固定资产购置或者经营费用规模；

(五)限制资金运用的形式、比例；

(六)限制增设分支机构；

(七)责令拍卖不良资产、转让保险业务；

(八)限制董事、监事、高级管理人员的薪酬水平；

(九)限制商业性广告；

(十)责令停止接受新业务。

第一百三十九条　保险公司未依照本法规定提取或者结转各项责任准备金，或者未依照本法规定办理再保险，或者严重违反本法关于资金运用的规定的，由保险监督管理机构责令限期改正，并可以责令调整负责人及有关管理人员。

第一百四十条　保险监督管理机构依照本法第一百三十九条的规定作出限期改正的决定后，保险公司逾期未改正的，国务院保险监督管理机构可以决定选派保险专业人员和指定该保险公司的有关人员组成整顿组，对公司进行整顿。

整顿决定应当载明被整顿公司的名称、整顿理由、整顿组成员和整顿期限，并予以公告。

第一百四十一条　整顿组有权监督被整顿保险公司的日常业务。被整顿公司的负责人及有关管理人员应当在整顿组的监督下行使职权。

第一百四十二条　整顿过程中，被整顿保险公司的原有业务继续进行。但是，国务院保险监督管理机构可以责令被整顿公司停止部分原有业务、停止接受新业务，调整资金运用。

第一百四十三条　被整顿保险公司经整顿已纠正其违反本法规定的行为，恢复正常经营状况的，由整顿组提出报告，经国务院保险监督管理机构批准，结束整顿，并由国务院保险监督管理机构予以公告。

第一百四十四条　保险公司有下列情形之一的，国务院保险监督管理机构可以对其实行接管：

(一)公司的偿付能力严重不足的；

(二)违反本法规定，损害社会公共利益，可能严重危及或者已经严重危及公司的偿付能力的。

被接管的保险公司的债权债务关系不因接管而变化。

第一百四十五条　接管组的组成和接管的实施办法，由国务院保险监督管理机构决定，并予以公告。

第一百四十六条　接管期限届满，国务院保险监督管理机构可以决定延长接管期限，但接管期限最长不得超过二年。

第一百四十七条　接管期限届满，被接管的保险公司已恢复正常经营能力的，由国务院保险监督管理机构决定终止接管，并予以公告。

第一百四十八条　被整顿、被接管的保险公司有《中华人民共和国企业破产法》第二条规定情形的，国务院保险监督管理机构可以依法向人民法院申请对该保险公司进行重整或者破产清算。

第一百四十九条　保险公司因违法经营被依法吊销经营保险业务许可证的，或者偿付能力低于国务院保险监督管理机构规定标准，不予撤销将严重危害保险市场秩序、损害公共利益的，由保险监督管理机构予以撤销并公告，依法及时组织清算组进行清算。

第一百五十条　国务院保险监督管理机构有权要求保险公司股东、实际控制人在指定的期限内提供有关信息和资料。

第一百五十一条　保险公司的股东利用关联交易严重损害公司利益，危及公司偿付能力的，由国务院保险监督管理机构责令改正。在按照要求改正前，国务院保险监督管理机构可以限制其股东权利；拒不改正的，可以责令其转让所持的保险公司股权。

第一百五十二条　保险监督管理机构根据履行监督管理职责的需要，可以与保险公司董事、监事和高级管理人员进行监督管理谈话,要求其就公司的业务活动和风险管理的重大事项作出说明。

第一百五十三条 保险公司在整顿、接管、撤销清算期间,或者出现重大风险时,国务院保险监督管理机构可以对该公司直接负责的董事、监事、高级管理人员和其他直接责任人员采取以下措施:

(一)通知出境管理机关依法阻止其出境;

(二)申请司法机关禁止其转移、转让或者以其他方式处分财产,或者在财产上设定其他权利。

第一百五十四条 保险监督管理机构依法履行职责,可以采取下列措施:

(一)对保险公司、保险代理人、保险经纪人、保险资产管理公司、外国保险机构的代表机构进行现场检查;

(二)进入涉嫌违法行为发生场所调查取证;

(三)询问当事人及与被调查事件有关的单位和个人,要求其对与被调查事件有关的事项作出说明;

(四)查阅、复制与被调查事件有关的财产权登记等资料;

(五)查阅、复制保险公司、保险代理人、保险经纪人、保险资产管理公司、外国保险机构的代表机构以及与被调查事件有关的单位和个人的财务会计资料及其他相关文件和资料;对可能被转移、隐匿或者毁损的文件和资料予以封存;

(六)查询涉嫌违法经营的保险公司、保险代理人、保险经纪人、保险资产管理公司、外国保险机构的代表机构以及与涉嫌违法事项有关的单位和个人的银行账户;

(七)对有证据证明已经或者可能转移、隐匿违法资金等涉案财产或者隐匿、伪造、毁损重要证据的,经保险监督管理机构主要负责人批准,申请人民法院予以冻结或者查封。

保险监督管理机构采取前款第(一)项、第(二)项、第(五)项措施的,应当经保险监督管理机构负责人批准;采取第(六)项措施的,应当经国务院保险监督管理机构负责人批准。

保险监督管理机构依法进行监督检查或者调查,其监督检查、调查的人员不得少于二人,并应当出示合法证件和监督检查、调查通知书;监督检查、调查的人员少于二人或者未出示合法证件和监督检查、调查通知书的,被检查、调查的单位和个人有权拒绝。

第一百五十五条 保险监督管理机构依法履行职责,被检查、调查的单位和个人应当配合。

第一百五十六条 保险监督管理机构工作人员应当忠于职守,依法办事,公正廉洁,不得利用职务便利牟取不正当利益,不得泄露所知悉的有关单位和个人的商业秘密。

第一百五十七条 国务院保险监督管理机构应当与中国人民银行、国务院其他金融监督管理机构建立监督管理信息共享机制。

保险监督管理机构依法履行职责,进行监督检查、调查时,有关部门应当予以配合。

第七章 法律责任

第一百五十八条 违反本法规定,擅自设立保险公司、保险资产管理公司或者非法经营商业保险业务的,由保险监督管理机构予以取缔,没收违法所得,并处违法所得一倍以上五倍以下的罚款;没有违法所得或者违法所得不足二十万元的,处二十万元以上一百万元以下的罚款。

第一百五十九条 违反本法规定，擅自设立保险专业代理机构、保险经纪人，或者未取得经营保险代理业务许可证、保险经纪业务许可证从事保险代理业务、保险经纪业务的，由保险监督管理机构予以取缔，没收违法所得，并处违法所得一倍以上五倍以下的罚款；没有违法所得或者违法所得不足五万元的，处五万元以上三十万元以下的罚款。

第一百六十条 保险公司违反本法规定，超出批准的业务范围经营的，由保险监督管理机构责令限期改正，没收违法所得，并处违法所得一倍以上五倍以下的罚款；没有违法所得或者违法所得不足十万元的，处十万元以上五十万元以下的罚款。逾期不改正或者造成严重后果的，责令停业整顿或者吊销业务许可证。

第一百六十一条 保险公司有本法第一百一十六条规定行为之一的，由保险监督管理机构责令改正，处五万元以上三十万元以下的罚款；情节严重的，限制其业务范围、责令停止接受新业务或者吊销业务许可证。

第一百六十二条 保险公司违反本法第八十四条规定的，由保险监督管理机构责令改正，处一万元以上十万元以下的罚款。

第一百六十三条 保险公司违反本法规定，有下列行为之一的，由保险监督管理机构责令改正，处五万元以上三十万元以下的罚款：

(一)超额承保，情节严重的；
(二)为无民事行为能力人承保以死亡为给付保险金条件的保险的。

第一百六十四条 违反本法规定，有下列行为之一的，由保险监督管理机构责令改正，处五万元以上三十万元以下的罚款；情节严重的，可以限制其业务范围、责令停止接受新业务或者吊销业务许可证：

(一)未按照规定提存保证金或者违反规定动用保证金的；
(二)未按照规定提取或者结转各项责任准备金的；
(三)未按照规定缴纳保险保障基金或者提取公积金的；
(四)未按照规定办理再保险的；
(五)未按照规定运用保险公司资金的；
(六)未经批准设立分支机构的；
(七)未按照规定申请批准保险条款、保险费率的。

第一百六十五条 保险代理机构、保险经纪人有本法第一百三十一条规定行为之一的，由保险监督管理机构责令改正，处五万元以上三十万元以下的罚款；情节严重的，吊销业务许可证。

第一百六十六条 保险代理机构、保险经纪人违反本法规定，有下列行为之一的，由保险监督管理机构责令改正，处二万元以上十万元以下的罚款；情节严重的，责令停业整顿或者吊销业务许可证：

(一)未按照规定缴存保证金或者投保职业责任保险的；
(二)未按照规定设立专门账簿记载业务收支情况的。

第一百六十七条 违反本法规定，聘任不具有任职资格的人员的，由保险监督管理机构责令改正，处二万元以上十万元以下的罚款。

第一百六十八条 违反本法规定，转让、出租、出借业务许可证的，由保险监督管理机构处一万元以上十万元以下的罚款；情节严重的，责令停业整顿或者吊销业务许可证。

第一百六十九条 违反本法规定，有下列行为之一的，由保险监督管理机构责令限期改正；逾期不改正的，处一万元以上十万元以下的罚款：

(一)未按照规定报送或者保管报告、报表、文件、资料的，或者未按照规定提供有关信息、资料的；

(二)未按照规定报送保险条款、保险费率备案的；

(三)未按照规定披露信息的。

第一百七十条 违反本法规定，有下列行为之一的，由保险监督管理机构责令改正，处十万元以上五十万元以下的罚款；情节严重的，可以限制其业务范围、责令停止接受新业务或者吊销业务许可证：

(一)编制或者提供虚假的报告、报表、文件、资料的；

(二)拒绝或者妨碍依法监督检查的；

(三)未按照规定使用经批准或者备案的保险条款、保险费率的。

第一百七十一条 保险公司、保险资产管理公司、保险专业代理机构、保险经纪人违反本法规定的，保险监督管理机构除分别依照本法第一百六十条至第一百七十条的规定对该单位给予处罚外，对其直接负责的主管人员和其他直接责任人员给予警告，并处一万元以上十万元以下的罚款；情节严重的，撤销任职资格。

第一百七十二条 个人保险代理人违反本法规定的，由保险监督管理机构给予警告，可以并处二万元以下的罚款；情节严重的，处二万元以上十万元以下的罚款。

第一百七十三条 外国保险机构未经国务院保险监督管理机构批准，擅自在中华人民共和国境内设立代表机构的，由国务院保险监督管理机构予以取缔，处五万元以上三十万元以下的罚款。

外国保险机构在中华人民共和国境内设立的代表机构从事保险经营活动的，由保险监督管理机构责令改正，没收违法所得，并处违法所得一倍以上五倍以下的罚款；没有违法所得或者违法所得不足二十万元的，处二十万元以上一百万元以下的罚款；对其首席代表可以责令撤换；情节严重的，撤销其代表机构。

第一百七十四条 投保人、被保险人或者受益人有下列行为之一，进行保险诈骗活动，尚不构成犯罪的，依法给予行政处罚：

(一)投保人故意虚构保险标的，骗取保险金的；

(二)编造未曾发生的保险事故，或者编造虚假的事故原因或者夸大损失程度，骗取保险金的；

(三)故意造成保险事故，骗取保险金的。

保险事故的鉴定人、评估人、证明人故意提供虚假的证明文件，为投保人、被保险人或者受益人进行保险诈骗提供条件的，依照前款规定给予处罚。

第一百七十五条 违反本法规定，给他人造成损害的，依法承担民事责任。

第一百七十六条 拒绝、阻碍保险监督管理机构及其工作人员依法行使监督检查、调查职权，未使用暴力、威胁方法的，依法给予治安管理处罚。

第一百七十七条 违反法律、行政法规的规定，情节严重的，国务院保险监督管理机构可以禁止有关责任人员一定期限直至终身进入保险业。

第一百七十八条 保险监督管理机构从事监督管理工作的人员有下列情形之一的,依法给予处分:

(一)违反规定批准机构的设立的;
(二)违反规定进行保险条款、保险费率审批的;
(三)违反规定进行现场检查的;
(四)违反规定查询账户或者冻结资金的;
(五)泄露其知悉的有关单位和个人的商业秘密的;
(六)违反规定实施行政处罚的;
(七)滥用职权、玩忽职守的其他行为。

第一百七十九条 违反本法规定,构成犯罪的,依法追究刑事责任。

第八章 附则

第一百八十条 保险公司应当加入保险行业协会。保险代理人、保险经纪人、保险公估机构可以加入保险行业协会。

保险行业协会是保险业的自律性组织,是社会团体法人。

第一百八十一条 保险公司以外的其他依法设立的保险组织经营的商业保险业务,适用本法。

第一百八十二条 海上保险适用《中华人民共和国海商法》的有关规定;《中华人民共和国海商法》未规定的,适用本法的有关规定。

第一百八十三条 中外合资保险公司、外资独资保险公司、外国保险公司分公司适用本法规定;法律、行政法规另有规定的,适用其规定。

第一百八十四条 国家支持发展为农业生产服务的保险事业。农业保险由法律、行政法规另行规定。

强制保险,法律、行政法规另有规定的,适用其规定。

第一百八十五条 本法自2009年10月1日起施行。

各章参考答案

第一章

二、判断题

1. 对 2. 错 3. 错 4. 对 5. 错 6. 对

三、不定项选择题

1. C 2. B 3. B 4. B 5. B 6. ABC 7. BD 8. ABD 9. BD 10. ABC

第二章

二、判断题

1. 对 2. 错 3. 错 4. 对 5. 错 6. 错

三、不定项选择题

1. ABC 2. ABD 3. ABCD 4. B 5. ACD 6. AC 7. ABCD 8. AD 9. B 10. D

第三章

二、判断题

1. 对 2. 对 3. 对 4. 对 5. 错 6. 错

三、不定项选择题

1. CD 2. BD 3. ABCD 4. B 5. C 6. AD 7. AB 8. ABCD

第四章

二、判断题

1. 错 2. 错 3. 错 4. 对 5. 对 6. 错

三、不定项选择题

1. BC 2. AB 3. BD 4. C 5. B 6. ABCD 7. C 8. ABCD 9. D 10. ABC

五、案例分析题

李先生为自己购买的定期寿险保险合同合法有效，2015年5月1日，被保险人李先生遭遇车祸身亡。在保险期限内发生保险事故，属于保险责任范围，保险公司应该给付保险金。依照我国《保险法》第十八条第三款规定："受益人是指人身保险合同中由被保险人或者投保人指定的享有保险金请求权的人，投保人、被保险人可以为受益人。"李先生投保时指定其妻子赵女士为受益人，尽管后来离婚，但因为李先生没有变更受益人，保险金40万元还是应向前任妻子赵女士给付。

第五章

二、判断题

1. 对　2. 对　3. 错　4. 对　5. 错　6. 对

三、不定项选择题

1. C　2. AB　3. A　4. D　5. AD　6. ACD　7. B　8. ABC　9. BCD　10. BD

五、计算题

1.

(1) 比例责任分摊方式。

甲保险人应分摊的赔偿：550×150/1000=82.5 (万元)

乙保险人应分摊的赔偿：550×250/1000=137.5 (万元)

丙保险人应分摊的赔偿：550×600/1000=330 (万元)

(2) 限额责任分摊方式。

甲保险人的赔偿责任限额为150万，应分摊的赔偿：550×150/950≈86.84 (万元)

乙保险人的赔偿责任限额为250万，应分摊的赔偿：550×250/950≈144.74 (万元)

丙保险人的赔偿责任限额为550万，应分摊的赔偿：550×550/950≈318.42 (万元)

(3) 顺序责任分摊方式。

甲保险人应分摊的赔偿：150万元

乙保险人应分摊的赔偿：250万元

丙保险人应分摊的赔偿：150万元

2.

海洋货物运输保险为定值保险。

(1) 损失程度50%，按保险金额与损失程度的乘积赔偿。

赔偿金额=1000×50%= 500(万美元)

(2) 全损，按约定的保险金额1000万美元赔偿。

六、案例分析题

分析要点：

该旅游意外伤害保险涉及身故的保险责任分别为意外身故、残疾险(25万元)及急性病身故险(15万元)，宫先生身故应适用急性病身故保险，理由如下：第一，宫先生死亡原因符合急性病条款定义。该险种对急性病的定义为：指被保险人在保险期间开始前未曾接受诊断及治疗，并且在旅游途中突然发病必须立即在医院接受治疗方能避免损害身体健康的疾病。据此，宫先生死因符合该条款约定情形。第二，宫先生死亡符合急性病身故保险理赔约定。在本案中，保险公司已将急性病身故作为独立的保险责任予以承保，故被保险人如因急性病身故，根据保险合同承保险种约定，应以急性病身故保险进行赔付，而不应再行适用意外身故、残疾保险。

关于丧葬费用，保险条款中关于丧葬费用保险金明确约定包括死亡处理及遗体遣返费，但在该保险条款中并未对何为死亡处理费用进行解释。本案中，保险公司称丧葬费用保险金中涉及的死亡处理费用不包括死者亲属处理后事花费的住宿费及交通费。蔡女士及子女认为死亡处理应当包括亲属去国外处理后事以及到国外住宿、交通费用。依照法律规定，对合同条款有两种以上解释的，人民法院或者仲裁机构应当作出有利于被保险人和受益人的解释。现双方当事人对死亡处理费用包含范围存在争议，蔡女士及子女对于死亡处理费用包含范围的解释并无不当，且依照常理，亡者亲友对亡者后事进行处置、料理，除需花费相关安葬费用之外，亦会产生相应的交通、食宿费用。

因此，保险公司应赔付蔡女士及子女急性病身故保险金15万元、丧葬费用保险金1.6万元。

第六章

二、判断题

1. 错　2. 对　3. 对　4. 错　5. 错　6. 错

三、不定项选择题

1. ABCD　2. AD　3. BD　4. ABD　5. BC　6. ABD　7. BCD　8. A　9. AC　10. AD

五、计算题

1. 机器设备损失应赔金额 = 136 ×(780/800)= 132.6(万元)
存货损失应赔金额 = 172 ×(260/320)= 139.75(万元)
2. 应赔110万元。

第七章

二、判断题

1. 对　2. 对　3. 错　4. 错　5. 错　6. 对

三、不定项选择题

1. ABD　2. C　3. BD　4. AC　5. A　6. B　7. B　8. C　9. ACD　10. B

第八章

二、判断题

1. 对　2. 对　3. 错　4. 对　5. 对　6. 对

三、不定项选择题

1. ABD　2. B　3. BD　4. C　5. D　6. B　7. ABD　8. ABCD　9. ABC　10. ABD

第九章

二、判断题

1. 错 2. 错 3. 错 4. 对 5. 对 6. 对

三、不定项选择题

1. ABCD 2. ACD 3. BD 4. BD 5. AB 6. AB 7. ACD 8. CD 9. AB 10. ABCD

第十章

二、判断题

1. 错 2. 对 3. 对 4. 对 5. 对 6. 错

三、不定项选择题

1. A 2. B 3. D 4. A 5. C 6. ABD 7. B 8. CD 9. ABC 10. A

五、计算题

1. 参考答案：

(1) 因保额为 40 万元，在原保险人自留额范围内，所以所发生的 8 万元赔款全部由原保险人承担。

(2) 溢额再保险合同的合同容量为：50+250=300(万元)。保单保额 100 万元在合同容量内，所发生的赔款应由此溢额再保险合同双方全部承担。

原保险人承担的赔款额为：50/100×57=28.5(万元)

再保险人承担的赔款额为：57-28.5=28.5(万元)

(3) 溢额再保险合同的合同容量为：50+250=300(万元)。保单保额 250 万元在合同容量内，所发生的赔款应由此溢额再保险合同双方全部承担。

原保险人承担的赔款额为：50/250×200=40(万元)

再保险人承担的赔款额为：200-40=160(万元)

2. 参考答案：

此年度内赔付率为 2500/2000×100%=125%，大于此赔付率超赔再保险合同容量为 60%+50%=110%，那么

原保险人应承担的赔款为：60%×2000=1200(万元)

再保险人应承担的赔款为：50%×2000=1000(万元)

剩余的赔款：2500-1200-1000=300(万元)。如果原保险人与其他分保人签订了其他分保合同，则由其他分保合同的保险人承担，如果没有其他分保合同，则由原保险人承担。

第十一章

二、判断题

1. 错 2. 错 3. 对 4. 对 5. 对 6. 错

三、不定项选择题

1. B 2. BCD 3. A 4. A 5. BC 6. ABCD 7. ABC 8. ABC 9. ACD 10. D

第十二章

二、判断题

1. 错 2. 错 3. 对 4. 对 5. 对 6. 错

三、不定项选择题

1. ABD 2. ABD 3. ACD 4. ABD 5. BC 6. ABCD 7. ACD 8. BCD 9. CD 10. ABCD

参 考 文 献

[1] 魏华林,林宝清. 保险学[M]. 5 版. 北京:高等教育出版社,2023.
[2] 孙祁祥. 保险学[M]. 7 版. 北京:北京大学出版社,2021.
[3] 张洪涛,张俊岩. 保险学[M]. 5 版. 北京:中国人民大学出版社,2022.
[4] 张虹,陈迪红. 保险学教程[M]. 北京:中国金融出版社,2005.
[5] 许谨良. 保险学原理[M]. 5 版. 上海:上海财经大学出版社,2017.
[6] 哈林顿,尼豪斯. 风险管理和保险[M]. 2 版. 陈秉正,等译. 北京:清华大学出版社,2005.
[7] 乔治·E. 瑞达,迈克尔·J. 麦克纳马拉. 风险管理与保险原理[M]. 12 版. 刘春江,译. 北京:中国人民大学出版社,2015.
[8] 中国保险学会. 中国保险史[M]. 北京:中国金融出版社,1998.
[9] 法律出版社法规中心编. 中华人民共和国保险法注释本[M]. 北京:中国法律出版社,2022.
[10] 克拉克. 保险合同法[M]. 何美欢,吴志攀,等译. 北京:北京大学出版社,2002.
[11] 小罗伯特·H. 杰瑞,道格拉斯·R. 里士满. 美国保险法精解[M]. 4 版. 李之彦译. 北京:北京大学出版社,2009.
[12] 最高人民法院民事审判第二庭编. 保险案件审判指导[M]. 增订版. 北京:法律出版社,2018.
[13] 闫准. 法眼看保险:人身保险合同合规销售指引和实务问题精析[M]. 北京:法律出版社,2021.
[14] 康斯坦斯·卢瑟亚特. 财产与责任保险原理[M]. 英勇,于小东,译. 北京:北京大学出版社,2003.
[15] 陈冬梅. 财产与责任保险[M]. 上海:复旦大学出版社,2019.
[16] 粟芳. 财产保险学[M]. 上海:上海财经大学出版社,2019.
[17] 布莱克,斯基博. 人寿与健康保险[M]. 5 版. 孙祁祥,郑伟,等译. 北京:经济科学出版社,2003.
[18] 刘金章,王晓珊. 人寿与健康保险[M]. 3 版. 北京:清华大学出版社,2019.
[19] 赵苑达. 再保险[M]. 北京:中国金融出版社,2008.
[20] 杜鹃. 再保险[M]. 3 版. 上海:上海财经大学出版社,2020.